HISTOIRE PARLEMENTAIRE

DE LA

RÉVOLUTION FRANÇAISE,

OU

JOURNAL DES ASSEMBLÉES NATIONALES,

DEPUIS 1789 JUSQU'EN 1815.

PARIS. — IMPRIMERIE DE FÉLIX LOCQUIN,
rue Notre-Dame-des-Victoires, n° 16.

HISTOIRE PARLEMENTAIRE

DE LA

RÉVOLUTION

FRANÇAISE,

OU

JOURNAL DES ASSEMBLÉES NATIONALES,

DEPUIS 1789 JUSQU'EN 1815,

CONTENANT

La Narration des événemens; les Débats des Assemblées; les Discussions des principales Sociétés populaires, et particulièrement de la Société des Jacobins; les procès-verbaux de la commune de Paris; les Séances du Tribunal révolutionnaire: le Compte-rendu des principaux procès politiques; le Détail des budgets annuels; le Tableau du mouvement moral extrait des journaux de chaque époque, etc.; précédée d'une Introduction sur l'histoire de France jusqu'à la convocation des États-généraux,

PAR P.-J.-B. BUCHEZ ET P.-C. ROUX.

TOME SEPTIÈME.

PARIS.
PAULIN, LIBRAIRE,
PLACE DE LA BOURSE, N° 31.

M DCCC XXXIV.

PRÉFACE.

A mesure que nous avançons dans l'histoire de l'assemblée nationale, nos préfaces antérieures sur l'initiative se trouvent de plus en plus confirmées. L'absence de cette condition de toute activité propre abandonne la constituante aux impulsions extra-parlementaires.

Elle avait ordonné la société par rapport aux individus, car elle avait dit que le but de celle-ci était le bonheur de ses membres. Une semblable doctrine appelait et justifiait l'usurpation du bénéfice révolutionnaire par les intérêts individuels les plus forts. Après le 14 juillet 1789, nous avons vu la classe bourgeoise commencer des tentatives de ce genre, et les conduire avec beaucoup de persévérance et beaucoup d'énergie.

Les intérêts bourgeois eurent sur les travaux législatifs de l'assemblée l'influence même du principe général renfermé dans sa définition de la société. Aussi ils prirent position sur la vraie conséquence logique déduite de ce principe dans la fameuse déclaration des droits, sur le droit de propriété. De la sorte ils furent maîtres de l'œuvre constitutionnelle. Les autres sources quelconques de réalisation sociale ouvertes par la déclaration, telles que les droits de la vertu et des talens, ne fournirent pas un atôme de loi, parce qu'elles étaient inconséquentes ou contradictoires à la généralité souveraine.

Le terrain choisi par l'assemblée ne lui permettait donc que d'agir pour conserver, défendre et constituer les intérêts bourgeois. Ses décrets provisoires de conservation et de défense débutèrent par la loi martiale sur les émeutes. L'ordre nouveau avait triomphé le 14 juillet, ou tout au moins les 5 et 6 octobre ; les émeutes étaient désormais un crime contre l'ordre nouveau. Il existait une mauvaise presse, presse de désordre et d'anarchie, dont la polémique combattait le principe constituant, et dont les prédications soufflaient l'émeute sous prétexte de patriotisme. Vinrent les poursuites d'office contre les journalistes, les répressions de la police municipale, et enfin un décret de l'assemblée sur les auteurs, crieurs et colporteurs. La garde nationale, composée de cette portion de citoyens qui avait pu payer un uniforme, selon l'expression des écrivains du temps, pourvoyait à l'exécution de ces lois. On y avait ajouté des bataillons soldés, dans lesquels on avait fait entrer les vainqueurs de la Bastille bien pensans. Comment contester la légitimité des mesures appuyées par de tels hommes ? La misère et la corruption en firent bientôt de vrais sergens de ville. Nous les trouverons en décembre 1790 signalés comme mouchards, spadassins et assommeurs à la solde des intérêts bourgeois.

Le décret électoral fut l'acte constitutionnel qui livra le domaine politique à la bourgeoisie : alors son droit d'exploitation s'assit sur une base royale. Les termes de ce décret sont si décisifs et si clairs ; ils renversent si complétement la civilisation chrétienne tout entière, qu'une réfutation est ici une bonne fortune.

Cette loi divise les citoyens en deux classes, la classe active et la classe passive, l'une gouvernante, l'autre gouvernée. Les mots *citoyens actifs*, *citoyens passifs*, sont d'une propriété très-remarquable ; car gouverner, c'est donner le mouvement, c'est agir ; être gouverné, c'est recevoir le mouvement, c'est être passif. De plus, ils appartiennent à la terminologie de la science sociale, et nous allons lui en demander le sens et la place dans l'ordre du développement humain.

Les dogmes civilisateurs qui se sont succédé jusqu'au christianisme, sont fondés sur la différence d'activité à passivité. Ils enseignent que, parmi les hommes, il y en a d'actifs, de libres, de responsables, et qu'il y en a de passifs, d'esclaves, d'irresponsables. Les premiers recevaient seuls l'éducation, la connaissance du bien et du mal ; et seuls ils avaient la capacité du devoir, c'est-à-dire des fonctions sociales ; et celle du droit, c'est-à-dire de l'instrument de ces fonctions. Les seconds, reconnus incapables d'agir, n'apprenaient point la règle des actes, et partant il n'y avait lieu pour eux ni à devoirs ni à droits. Ces mineurs, conservés ou exploités par la tutelle, selon qu'elle leur était distribuée du point de vue du devoir ou du point de vue du droit, marchaient progressivement à leur émancipation, car ils en acquéraient progressivement la condition, c'est-à-dire la faculté du libre arbitre.

Expliquons-nous : Le signe de notre activité spirituelle, la parole, ne fut pas d'abord commun à tous les hommes. L'esclavage primitif tira sa justification de l'absence de ce signe, et ceux qui ne le possédaient pas, furent alors des citoyens tellement passifs qu'on ne les distinguait pas des animaux. Cet état répond à la formule : *Il y a sur la terre des dieux et des hommes* (1).

Ce *mutum pecus* atteignit la civilisation suivante, parlant à peine un patois grossier ; et la seconde formule, *Il n'y a sur la terre que des anges déchus*, la laissa dans les liens de la passivité ; mais elle rendit ceux-ci moins pesans et moins immédiats. En effet, le principe antérieur n'ayant produit d'autre système d'échange que celui des instrumens de travail eux-mêmes, il en résultait que les esclaves inhabiles à posséder les instrumens de travail n'avaient aucun moyen d'affranchissement. Le principe égyptien, en créant le système monétaire, donna occasion au pécule et au rachat.

Durant cette période, l'esclavage perdit sa justification. Il fallait donc qu'une formule nouvelle fît disparaître toutes les traces de la passivité dans la famille humaine, et constatât dans chacun de ses membres la présence d'une âme raisonnable. Et ne pensez pas que la science engendrée par les dogmes précédens pût sortir de l'enceinte qu'ils avaient tracée.

Ceci est philosophiquement rigoureux. La logique appliquée à un principe ne peut en extraire que les conséquences qu'il recèle : un *à posteriori* ne saurait surpasser d'un iota la virtualité inventrice de l'*à priori* dont il émane.

Cela est historiquement démontré. Le dernier effort scientifique sur le dogme égyptien fut opéré par Socrate et par ses élèves. Il nous serait facile de prouver que les spéculations les plus transcendantes

---

(1) Voir dans l'*Introduction à la science de l'histoire ou Science du développement de l'humanité*, par P.-J.-B. BUCHEZ, le chapitre Androgénie, et celui de la motricité.

d'Aristote et de Platon ne furent que la traduction métaphysique de la théologie, que ce dogme avait d'abord parlée. Il nous suffira d'établir notre assertion en ce qui touche la science sociale. Ces deux théoriciens proposèrent des organisations politiques, dans lesquelles la passivité était un élément fondamental. Tous deux immobilisèrent l'esclavage, et leur constitution modèle consacra le droit naturel des actifs sur les passifs. Aristote surtout caractérise avec sa netteté ordinaire l'essence et l'extension de ce droit. Il définit la société le lien fédéral des familles, et la famille une unité composée d'une âme, d'une activité, le maître; et d'un corps, la femme, les enfans, les esclaves, la terre; les instrumens animés et inanimés, en un mot la passivité. Il dit que le droit du maître n'a qu'un nom en grec, et qu'on l'a distingué par des épithètes toutes les fois qu'on l'a spécialisé en le rapportant à l'un des objets qu'il implique. Cette remarque met à découvert les limites de la tutelle; elle nous montre à côté de l'esclave la femme et l'enfant confondus dans le même despotisme, d'où il suit que le verbe d'émancipation devait les comprendre et les affranchir tous les trois.

La formule chrétienne, *tous les hommes sont enfans de Dieu*, consacra et constitua à l'état actif toute existence humaine. En conséquence, elle leur donna l'enseignement moral, et leur conféra la capacité du devoir et celle du droit. L'esclave, la femme, l'enfant lui-même, à qui une organisation préparée par les progrès des générations antérieures, permettait de posséder de bonne heure le signe de l'activité, la parole, tous furent reconnus, par ce dogme, des élémens sociaux aussi complets que leur maître d'autrefois. Les bornes de cette préface nous interdisent l'examen des institutions sacramentelles par lesquelles le christianisme ouvrit aux spontanéités qu'il intrônisait la route des institutions sociales. Seulement, nous observerons en passant que les saint-simoniens, qui s'annoncèrent dernièrement parmi nous comme les émancipateurs de la passivité pure, de la matière, méconnurent à la fois et la tutelle ordonnée jusqu'à la venue d'un esprit dans les corps esclaves, et l'affranchissement de ces corps munis enfin du principe actif. A l'appui de leur prétention, qui ne se rattachait à aucune tradition historique ou philosophique, ils apportèrent des axiomes tels que : l'homme et la femme sont les deux aspects de l'élément social. N'est-ce pas là, nous le demandons, la doctrine d'Aristote? Il n'y manque, et la logique les y eût amenés, que l'esclave et l'enfant.

Pour nous, nous disons : Être émancipé, c'est être libre ; être libre, c'est agir librement ; agir librement, c'est avoir la connaissance du bien et du mal, et les moyens de choisir ; choisir, c'est être responsable. Activité, liberté, responsabilité, tels sont les bienfaits dont le christianisme a doté la race humaine sans acception de personnes ; tels sont les principes sociaux auxquels la France se dévoue depuis quinze siècles, et dont la sollicitude est l'âme de sa nationalité.

Le décret que nous examinions tout à l'heure, était donc complétement anti-chrétien, et, à ce titre, complétement anti-national. En séparant le peuple français en citoyens actifs et en citoyens passifs, la constituante rétrogradait en droit de deux mille ans, et en fait jusqu'au berceau du monde. Elle qui avait entre les mains le moyen inventé par la civilisation moderne pour l'émancipation définitive des salariés, le système du crédit, non-seulement elle leur laissa la seule faculté du pécule, mais encore elle les qualifia comme s'ils n'eussent pas eu l'usage de la parole.

Le sentiment national borné pour l'attaque et pour la défense à la déclaration des droits, choisissait dans ce syncrétisme les points d'appui les plus favorables à la lutte qu'il soutenait contre les usurpations de l'égoïsme bourgeois. Les droits de la vertu et ceux des talens furent ceux qu'il opposa comme principes constitutionnels au droit de propriété, et pour lesquels il continua de proclamer la sainteté de l'insurrection.

On a pu voir dans le sixième volume la vigoureuse argumentation déduite par Marat de l'article IV de la déclaration : cette adresse aux citoyens *infortunés* des faubourgs prélude à tous les tocsins que l'esprit révolutionnaire sonnera plus tard sur les droits des citoyens actifs et sur leurs conséquences. A côté de la franchise brutale de l'*Ami du peuple*, une phrase de Loustalot a donné à nos lecteurs la mesure de ce qu'il fallait de saine raison pour mettre à néant le sophisme du décret électoral.

L'insurrection du peuple et les conspirations de la cour étaient les deux forces ennemies entre lesquelles la bourgeoisie louvoyait vers la constitution prochaine. La prise de la Bastille et le séjour du roi à Paris avaient tranquillisé ses craintes du côté de la cour. La vigilance et l'omnipotence inquisitoriale dont elle avait revêtu le comité des recherches de la ville et celui de l'assemblée finirent par la rassurer entièrement à cet égard. Aussi elle laissa passer le veto, le droit de paix et de guerre, et elle se mit en campagne pour apaiser les émeutes que firent naître ces marques de confiance à un pouvoir destitué de la foi du peuple. Cette disposition à ne plus regarder la cour comme dangereuse ou comme moins dangereuse que le peuple, fut marquée par l'origine du parti ministériel auquel on dut les décrets dont nous venons de parler, et qui se forma en club de 1789.

Le club des Jacobins conserva tous les hommes qui voulaient le triomphe de la souveraineté nationale, et de plus, ceux d'entre les bourgeois qui ne pouvaient croire à la bonne foi du pouvoir monarchique héréditaire; la même enceinte réunissait alors le fédéraliste Brissot et l'unitaire Robespierre.

Le club de 1789 avait la majorité de l'assemblée. Il la détourna si exclusivement aux intérêts qu'il représentait, qu'elle travailla pour eux seuls au régime nouveau, laissant provisoirement, sous le régime ancien, des intérêts mille fois plus pressans, les intérêts des pauvres et des faibles.

La presse patriote réclama vainement contre les droits d'entrée des villes qui frappaient sur les objets de première nécessité; vainement des séditions, à Lyon notamment, démontraient l'urgence des réformes demandées par la presse. Lorsqu'il y avait eu incendie des barrières, dispersion des gens de gabelle, meurtre d'hommes enfin, l'assemblée intervenait pour gourmander la municipalité du lieu, de n'avoir pas proclamé la loi martiale, et pour ordonner la main forte à ces perceptions.

Des restes de féodalité, les droits de champart, par exemple, étaient maintenus malgré les plus énergiques protestations. Un décret de suppression était tellement conforme au devoir de la constituante, et à son droit révolutionnaire, qu'on en fabriqua plusieurs qui circulèrent dans les campagnes, et furent regardés comme très-authentiques par de malheureux paysans avertis bientôt après par les menaces et les effets du courroux législatif, que leur foi s'était prise à de fausses légendes.

La préoccupation de l'assemblée était circonscrite à planter des jurés et des électeurs sur le territoire de la classe active à tel point que des fautes capitales d'économie administrative lui échappaient à chaque instant. Ce fut le district des Cordeliers, menant à la suite de sa pétition trente-quatre districts de la capitale, qui vint l'avertir que le moment des préparatifs de la fédération du 14 juillet était mal choisi pour l'élection de la municipalité définitive. La presse avait donné l'éveil. Loustalot, Marat, Desmoulins, répétaient depuis long-temps que cette époque avait été fixée, dans le but d'assigner un rendez-vous commode à tous les ouvriers d'intrigues et de fraudes électorales.

Mais une négligence qui faillit tout perdre, et qui produisit des événemens désastreux, fut le délaissement absolu de l'armée. Nous avons insisté très-longuement sur cette question dans la livraison actuelle. Le lecteur trouvera assez de matériaux et assez d'éclaircissemens pour former son jugement sur la véritable origine des faits insurrectionnels qui se terminèrent par la catastrophe de Nancy.

On ne conçoit pas cette obstination à laisser sous la gouverne despotique d'états-majors, ennemis jurés de la révolution, des soldats dont le patriotisme éclatait en toute rencontre. Mais ils étaient les amis du peuple; mais à Marseille, à Montpellier, et dans d'autres villes, ils avaient livré les forts sans tirer sur leurs frères; mais ils faisaient entre eux des pactes fédératifs de résistance à l'oppression. Il était tout simple que les hommes qui craignaient l'insurrection plus encore que la conspiration, ne brisassent point la verge aristocratique qui maintenait cette soldatesque.

Cependant la conspiration marchait de manière à réveiller la soupçonneuse bourgeoisie. Mais son égoïsme lui conseillait la sécurité, et elle dormait au bruit que les journaux populaires faisaient autour d'elle. Elle ne sortait de son calme que pour leur fermer la bouche, ou pour comprimer les émeutes qu'ils avaient suscitées. La presse lui crie que l'aristocrate Bouillé est un mauvais garde-frontières, qu'il n'a prêté que fort tard serment à la constitution. La bourgeoisie répond qu'Amour Bouillé a toute sa confiance. La nouvelle du passage de l'armée autrichienne sur la terre de France occasionne-t-elle une rumeur générale, la bourgeoisie se contente d'une escobarderie diplomatique, et fait taire les mutins. Marat lui dénonce son propre comité des recherches; elle décrète Marat d'arrestation. Il est incroyable avec quelle peine les patriotes dont les prévisions se réalisèrent plus tard, dans ce qu'elles avaient de plus sinistre, parvinrent à discréditer un ministère composé de conspirateurs reconnus. Combien d'articles de journaux, combien d'émeutes, combien d'efforts dans les districts pour amener cette pétition que nous verrons en novembre demander la retraite des ministres. Encore le représentant de la bourgeoisie, le maire Bailly, s'effaça-t-il dans cette démarche de la municipalité parisienne, et céda-t-il le pas et la parole à Danton. C'était pourtant presque à la même heure que Louis XVI, entraîné par ceux qui dirigeaient sa politique, envoyait aux rois de l'Europe les lettres autographes de sa trahison.

Les malheurs de Nancy frappèrent de stupeur les vrais amis de la révolution. Nous avons consigné dans notre récit les marques de l'improbation publique ; nous n'anticiperons pas sur les matériaux que notre histoire renferme à ce sujet.

Nous pensions recevoir de nos souscripteurs quelques observations sur le nombre des volumes publiés, bien que nous ne puissions nous restreindre davantage surtout dans notre but qui est de réunir une collection complète des annales révolutionnaires ; mais loin de là, nous n'avons recueilli que des encouragemens. Un de nos lecteurs, même, a observé que nous avions passé un discours de Mirabeau ; mais ce discours est réellement sans intérêt, soit politique, soit littéraire. Obligés à un choix, et amassant de préférence les matériaux de la science, plutôt que ceux de la littérature révolutionnaire, nous avons négligé quelques phrases du grand orateur ; mais ses discours importans sont insérés textuellement. Nous n'avons pu mieux faire que de prendre pour règle cette parole de Mirabeau lui-même : «Les rhéteurs parlent pour vingt-quatre heures, et les législateurs pour le temps.»

HISTOIRE PARLEMENTAIRE

DE LA

RÉVOLUTION

FRANÇAISE.

AOUT 1790.

Les réflexions suivantes de Loustalot sont un examen des séances qui terminent le sixième volume. Cette vue rétrospective nous a paru très-propre à maintenir le lecteur dans la continuité historique.— Il fait d'abord l'analyse de la motion de Dubois, et puis il s'écrie : « Le croirez-vous, citoyens ? Le parti Malouet demande la question préalable sur cette dénonciation ; il protège tous ces écrits ; il ne veut pas même que leurs auteurs puissent être recherchés. Maintenant, je vous le demande, quels sont les bons citoyens, ou ceux qui appuyaient la motion de M. Dubois, ou ceux qui la rejetaient ?

» La partialité était trop évidente et pouvait nuire au parti ministériel. Desmeuniers monte à la tribune. (*Voir son discours*, tome VI, p. 463.)

» Remarquez, citoyens, deux faits : l'un, que Desmeuniers avoue que la motion de M. Dubois, spécialement dirigée contre le sieur Guignard-Saint-Priest, a un air de représailles : donc Desmeuniers sait que le ministère a agi pour faire rendre le décret Malouet ; l'autre, que cet apôtre de la constitution désigne comme des factieux qui veulent mener l'assemblée *on ne sait où*, ceux qui ne trouvent pas ce décret *juste et raisonnable*.

» Or, quels sont-ils? les voici : MM. Robespierre, Pétion, Biauzat, Alexandre Lameth, Cottin, enfin, ceux qui s'assemblent pour s'instruire et pour étudier les questions au club des Amis de la constitution.

« Quels sont les principes de ces *factieux*? Ils disent avec la déclaration des droits, que les écrits publiés jusqu'à ce jour ne peuvent être soumis à des recherches arbitraires, puisqu'il n'y a pas eu de loi publiée antérieurement aux délits qui peuvent avoir été commis par la voie de la presse. Ils disent que ceux qui désirent effrayer les écrivains patriotes, en maintenant l'exécution du décret Malouet, veulent empêcher que la censure publique ne s'attache à ceux qui trahissent leur devoir.

» D'un côté, l'on demande tumultueusement que la séance soit levée ; de l'autre, on prie le président de remarquer que les bons citoyens sont tranquilles, et on réclame une décision ; il ne faut pas moins pour en obtenir une, que violer le principe et excepter l'auteur de l'écrit : *C'en est fait de nous*. M. Camus s'abaisse, ou plutôt s'élève jusqu'à proposer cet injuste amendement, pour sauver la liberté de la presse et la déclaration des droits. (Suit le décret.)

» Cette victoire remportée par les bons députés sur les ministériels, ne fit qu'aigrir ceux-ci. Le lendemain, à la lecture du procès-verbal, Dupont et Malouet se levèrent pour parler contre le décret de la veille, qui réparait en partie les atteintes portées à la liberté comme à l'équité par le décret Malouet.

» Dupont, vrai balai d'antichambre sous Turgot comme sous Brienne, sous Calonne comme sous Necker, et, de plus, membre du club de 1789, avait préparé un long discours qu'il ne put prononcer, mais qu'il a heureusement fait imprimer. (Suit l'analyse du discours de Dupont, rapporté dans la séance du 5.)

» Vous voyez, citoyens, quels sont les accusateurs des Amis de la constitution. Un Dupont, qui, même sous l'ancien régime ne vivait que dans les bureaux ministériels ; un Desmeuniers, écrivain obscur aux gages de Panckoucke, le propriétaire du privilège des papiers ministériels ; un Malouet, autrefois sous-ministre, c'est-à-dire, intendant de la marine à Toulon : voilà *les apôtres de la révolution*, les défenseurs de la constitution, les amis du peuple.

» Eh! que veulent-ils? que la liberté de la presse soit anéantie, et quoiqu'il n'y ait aucune loi promulguée sur les délits de la presse, ni sur la manière de les constater et de les juger, qu'on laisse au Châtelet la faculté de poursuivre et de punir comme criminels de lèse-nation, les écrivains qui ont écrit pour la liberté et contre le Châtelet.

» En même temps ils mettent à couvert les écrivains qui ont défendu l'aristocratie, conspué la constitution et les gardes nationales, et fait couler le sang français dans plusieurs villes. Prononcez maintenant, citoyens, quels sont les *factieux?*

» Sont-ce Pétion, Robespierre, Dubois-Crancé, ou bien Dupont, Malouet et Desmeuniers? Quels sont ceux qui combattent pour *le ministère?* Quels sont ceux qui combattent pour *les principes?*

» Voulez-vous savoir maintenant de quel côté combat le général la Fayette? Je puis vous exposer des faits qui vous montreront clairement qu'il était entré dans le complot contre la presse.

» Ce n'était que le samedi soir que Malouet devait requérir le décret contre les écrits incendiaires; et à midi, le général avait donné l'*ordre* (1) d'arrêter les colporteurs *qui crieraient dans les rues autre chose que les actes émanés de l'assemblée nationale,* etc.

» Si le général a pu donner de pareils ordres *à midi,* il savait donc le décret qui serait rendu le soir contre les écrivains; car l'exécution rigoureuse et inattendue de la proclamation qui défend de crier des imprimés, proclamation depuis six mois en désuétude absolue, quelle autre cause pouvait-elle avoir que le dessein de surprendre sur les colporteurs quelque écrit qui servît à justifier la motion Malouet, et à donner au Châtelet, matière à procéder contre d'autres écrivains que ceux qui doivent être dé-

(1) Nous reviendrons plus bas sur le préambule de cet ordre dont la lecture nous a fait horreur. (*Note de Loustalot.*) Le lecteur trouvera cet article qui est une accusation en forme à la page 173 du n°. 56 *des Révolutions de Paris.*

noncés, ou afin d'obtenir des colporteurs des aveux qui pourraient compromettre des écrivains ou des imprimeurs? Eh! voilà donc à quoi l'on prostitue le pouvoir municipal et les forces des citoyens! à tendre à la presse des piéges dont on ne trouve pas l'exemple dans les registres de l'ancienne police : elle censurait les écrits avant qu'ils parussent, ou elle faisait guerre ouverte à ceux qu'elle n'avait pas censurés. Maintenant, c'est une guerre cachée, où la ruse et la force sont réunies contre les coupables et contre les innocens.

» Et pour qu'il ne reste pas de doute qu'il y eût un complot formé avant la séance, observez que le procureur du roi, qui devait être mandé, s'est trouvé là, à la même séance, et qu'il s'est présenté *sans être mandé*, et même sans que le décret fût sanctionné par le roi.

» Ce décret est de nature à être sanctionné comme tout autre, et il devait l'être par deux raisons essentielles; parce que ce décret était une action du pouvoir législatif sur le pouvoir judiciaire; et parce que faire venir à la barre est un acte d'exécution, qui n'avait jusqu'alors été confié qu'au pouvoir exécutif....

» Si ceux qui violent la constitution, qui font servir les plus respectables pouvoirs à leurs vengeances personnelles, qui forment des complots contre la liberté de la presse, qui livrent à l'arbitraire l'honneur ou la vie des citoyens, sont des *factieux*, je vous demande encore, citoyens, de quel côté sont les factieux. » (*Révolutions de Paris*, n° 56, p. 163 et suivantes.)

A la fin de la dernière séance, celle du 3 août, on lut une lettre de Bailly au président, dans laquelle il annonçait à l'assemblée que la ville de Paris venait de le nommer maire, à la majorité de douze mille voix sur quatorze mille votans. — «Danton a eu quarante-neuf voix; Camus et Fréteau n'en ont guère eu davantage; M. Marat a eu une voix, Louis XVI en a eu une aussi; c'était une mauvaise plaisanterie d'un ministériel qui avait écrit sur son scrutin : *Le roi, afin qu'il ait une autorité quelconque*. Jamais on ne vit une si grande cherté de suffrages. Philippe d'Orléans, qui, à entendre les aristocrates, avait emprunté en Hollande 18 millions pour être maire, n'a pu acheter que douze voix avec ses 18 millions. » (*Révolutions de France et de Brabant*, n° 58, p. 647.) Desmoulins reprend dans ce même article, et sur le ton de la plus mordante plaisanterie, les griefs contre Bailly, que Brissot avait examinés et exposés en détail dans son journal le *Patriote français*. Il remarque que les quatorze mille citoyens actifs qui votèrent, étaient la plupart robins, gens d'affaires, gens qui souffraient de la révolution, et opposés d'intérêt aux six cent mille citoyens passifs qui ne votèrent pas. L'*Ami du peuple* affirme que le jour de la nomination du maire, il y avait dans chaque section de bas valets qui s'écriaient : Messieurs, il serait affreux de manquer de reconnaissance envers M. Bailly. C'est par ce grand argument que des hommes libres qui lui donnaient leurs suffrages, se sont décidés à sacrifier le salut public, à un homme inepte et plus que suspect. Il dit ensuite : « Grâce aux précautions prises par les mandataires provisoires de la commune, et les praticiens du comité de constitution (1), les suffrages de la milice parisienne étaient assurés au sieur Bailly et aux administrateurs municipaux : aussi la capitale vient-elle d'avoir sous les yeux le douloureux spectacle d'une élection civile emportée par le militaire....

» Ce n'est pas la force, ce sont nos vices, la soif de l'or, l'avidité, la rapacité, la vénalité, qui perdront la chose publique ; mais à l'époque des élections municipales, l'ignorance est encore plus à redouter que la corruption.

» Parmi les différentes classes de citoyens qui peuvent être appelés aux emplois, il en est plusieurs dont la chose publique a tout à craindre : ce sont les robins, les académiciens, les avocats, les procureurs, ennemis mortels de la révolution. Ces gens-là se tenaient cachés pendant les jours du danger ; s'ils se sont enfin montrés dans les districts, ça été pour intriguer et s'emparer du bureau. Aujourd'hui ils cabalent pour se faire élever aux places de la municipalité. » (*L'Ami du peuple*, n° CLXXXIV, p. 3.)

(1) Ils avaient fait décréter que quiconque pourrait justifier qu'il avait acheté un costume de garde national, serait inscrit de droit, sur le rôle des citoyens actifs. (*Note de l'auteur.*)

Le conseil de la ville proposait aux quarante-huit sections les sommes suivantes pour chaque traitement des officiers municipaux :

1° Au maire, outre l'entretien des voitures et de ses meubles aux frais de la commune, par an, 75,000 liv.; 2° au procureur-syndic de la commune, une voiture aux dépens de la ville, et par an, 15,000 liv. 3° A chacun de ses deux substituts, 8,000 liv.; 4° à chaque administrateur, pareille somme de 8,000 liv.; 5° au secrétaire-greffier, 10,000 liv.; 6° aux deux adjoints du secrétaire-greffier, 5,000 liv. chacun; 7° à l'archiviste de la ville, 5,000 liv.; 8° enfin, 4,000 liv. au bibliothécaire : ce qui forme un total de 261,000 liv. par an. La majorité des sections arrêta que le maire recevrait 50,000 liv. seulement, indépendamment de l'entretien de ses voitures et des meubles de son hôtel ; elle vota sans réduction l'article du procureur-syndic ; elle réduisit les administrateurs à 4,000 liv., le greffier à 6,000, son adjoint à 3,000. L'article de l'archiviste et celui du bibliothécaire ne furent pas diminués. Ces sommes ainsi modifiées ne s'élevèrent plus qu'à 157,000 livres. (*Gazette de France*, 3 et 10 août 1790.)

SÉANCE DU 4 AOUT.

« Sur le rapport fait à l'assemblée nationale des refus et même de la coalition des cabaretiers, aubergistes, bouchers, et autres contribuables des villes de Noyon, Ham, Chauny, Saint-Quentin et paroisses circonvoisines, à l'effet de ne point payer les droits dont la perception avait été continuée, refus constaté par la proclamation faite à ce sujet de l'autorité des officiers municipaux le 21 juin, et par les procès-verbaux des 1er et 2 juillet, elle ordonne, conformément à ses précédens décrets, que les octrois desdites villes continueront d'être perçus tels et de la même manière qu'ils l'étaient en l'année dernière, jusqu'à ce qu'il en ait été autrement ordonné ; enjoint spécialement aux bouchers, cabaretiers et autres, d'acquitter les droits dont il s'agit, même pour les arriérés, à peine d'être poursuivis, non-seulement comme contribuables, mais encore comme réfractaires aux décrets de l'assemblée nationale. L'assemblée nationale déclare le présent décret commun à tous lieux où il se trouve des octrois établis. »

La question de savoir à qui appartient la poursuite des délits publics étant une question de principes, nous donnerons très-exactement tout ce qui fut dit là-dessus à l'assemblée nationale. Voici l'exposé et les conclusions du rapporteur Thouret.

M. Thouret. Je passe au titre VII: *Du ministère public.* L'assemblée a décrété qu'au peuple appartenait le droit de nommer ses juges, et que le roi choisirait les officiers du ministère public. Comme l'accusation a toujours fait partie de ce ministère, on pourrait peut-être prétendre que cette attribution lui est réservée; mais on sait que tous les détails d'une constitution ne se font pas à la fois, et qu'il n'est pas possible de préjuger une question qui mérite un aussi sérieux examen. Vous avez délégué au roi le ministère public sous la réserve nécessaire de l'approprier à la constitution. J'examine ce que l'accusation publique est par sa nature: tous les peuples l'ont rangée au nombre des actions populaires. Si l'accusation publique devient la commission d'un officier, cet officier est aussitôt l'homme du peuple préposé à l'exercice d'un droit national, et il doit donc être nommé par le peuple. Tenons-nous attachés aux principes de la démarcation sévère des pouvoirs. Il ne faut laisser au pouvoir exécutif que ce qui lui appartient bien. Si nous passons aux considérations morales, l'intérêt redouble: rien ne dégrade, rien ne dispose à la servitude comme la crainte. En vain ferez-vous une bonne constitution: s'il existe un seul homme qui puisse décourager un bon citoyen, alors le citoyen perdra toute cette énergie, sans laquelle il ne peut ni aimer la liberté ni la défendre; car que pourriez-vous attendre d'un homme qui tiendrait du gouvernement tout ce qu'il possède? Comme il n'aurait rien reçu du peuple, rien ne l'attacherait au peuple; il agirait toujours pour le gouvernement dont il attendrait sa récompense et son avancement.

Alors toutes les plaintes seraient à la seule disposition du ministre, de ses favoris ou de ses courtisans; n'abandonnons jamais cette partie essentielle de notre jurisprudence aux caprices ministériels. Supposons un instant un ministre mal disposé pour la liberté publique; croyez-vous qu'il serait bien disposé à arrêter ces complots et à en poursuivre les auteurs? Votre comité, dont la fonction est de veiller à la concordance des principes, vous devait ces observations. Il a pensé qu'il serait dangereux de confier au pouvoir exécutif la poursuite des délits publics: pesez bien ces considérations, et vous serez comme lui pénétré de cette vérité.

M. Chabroud. Si l'assemblée devait s'occuper de la discussion sur le fond, la question serait de savoir à qui appartient la faculté d'accuser; mais je crois qu'il faut discuter d'abord s'il y a lieu à délibérer sur la proposition du comité. Je ne m'attendais pas à le voir enfreindre votre décret du 8 mai, et substituer ainsi son opinion à vos décrets. Les fonctions du ministère public deviendraient sans cette attribution des fonctions inutiles; ils retiendraient le mot, et la chose leur échapperait. Je demande donc que l'on décide qu'il n'y a pas lieu à délibérer sur la proposition du comité, ou que l'on fasse rapporter le décret du 8 mai pour en effacer cette résolution constitutionnelle.

M. Thouret. J'ai déjà dit que vous n'aviez entendu que décréter les premières bases, et que vous n'aviez pas pu vous exclure du droit de revoir la constitution du ministère public.

M. Duquesnoy demande qu'on aille aux voix sur l'avis du comité.

M. Pison demande la question préalable.

M. Thouret pose ainsi la question : « L'accusation publique sera-t-elle déléguée aux officiers nommés par le roi ? » Oui ou non.

L'assemblée décide qu'il y a lieu à délibérer sur cette proposition.

On demande l'ajournement jusqu'au moment où l'on s'occupera des jurés en matière criminelle.

M. Riquetti l'aîné. Je demande l'ajournement jusqu'au moment où la question sera instruite, car elle ne l'est pas.

M. l'abbé Maury. Cette question est trop importante: elle doit être traitée avec la plus grande solennité. Je reconnais, comme le préopinant, qu'elle n'est pas instruite et qu'elle mérite de l'être. J'appuie donc l'ajournement jusqu'au moment où l'on établira les jurés. (Il s'élève des murmures.) Vous pouvez ajourner à demain si vous voulez, car la question n'est pas nouvelle. C'est saint Louis qui a institué le ministère public pour poursuivre les crimes publics. Dans mon opinion, il est certain que le juge ne peut être accusateur. En effet, si un juge ouvre son avis avant le jugement, il est récusé. Ce n'est pas le cas d'appliquer les distinctions d'officier royal et d'officier national : les officiers exerçant le ministère public sont vraiment des officiers nationaux. Le roi n'est point étranger à la constitution : l'exécution de la loi est un ministère vraiment national. Quand l'officier public refusait d'exercer son ministère, on en nommait un d'office. Il ne pourrait pas en être de même du juge : la moindre connivence entre lui et les criminels assurerait l'impunité du crime. Ces premières vues suffisent pour faire sentir quelle peut être l'étendue de la question, et combien il est important de l'ajourner. Je demande donc l'ajournement à lundi.

L'ajournement à lundi est décrété.

SÉANCE DU 5 AOUT.

Sur la proposition de M. le Chapelier, appuyée par les députés de la ci-devant province de Bretagne, l'assemblée adopte le décret suivant :

« L'assemblée nationale, informée par un de ses membres des procédures criminelles qui s'instruisent dans les départemens d'Ille-et-Vilaine, de la Loire-Inférieure, du Morbihan, et autres de la ci-devant province de Bretagne, à l'occasion des troubles, dégâts et voies de fait qui ont eu lieu il y a quelques mois dans les campagnes situées dans ce département;

» Considérant que ces insurrections et voies de fait très-condamnables ont été partout le fruit d'un égarement momentané, et même, dans quelques endroits, l'effet de la supposition coupable de prétendus décrets de l'assemblée nationale et ordres du roi, auxquels la simplicité des habitans des campagnes leur a fait ajouter foi, quelque incroyables qu'ils fussent;

» Considérant en outre que le zèle des municipalités et des administrations de département et de district, leur attention à instruire les habitans des campagnes des décrets de l'assemblée nationale sanctionnés par le roi, et à les leur expliquer, empêcheront des insurrections et voies de fait de se reproduire, lesquels ne pourraient renaître qu'au grand péril de ceux qui s'en rendraient coupables, parce qu'ils seraient punis avec toute la sévérité des lois;

» Décrète que le président se retirera vers le roi pour le prier de donner des ordres, afin que les procédures criminelles qui s'instruisent dans les départemens d'Ille-et-Vilaine, de la Loire-Inférieure et du Morbihan, à l'occasion des dégâts et voies de fait commis dans quelques paroisses desdits départemens, soient regardées comme non-avenues, et pour que les personnes emprisonnées en raison de ces procédures soient mises en liberté; réservant à ceux qui ont pu souffrir quelque dommage de ces insurrections et voies de fait, la faculté de se pourvoir par une procédure civile pour obtenir les dédommagemens et réparations qui leur seront dus, et à se servir comme enquêtes des informations faites sur leurs plaintes ou sur celles des officiers exerçant le ministère public. »

SÉANCE DU 6 AOUT.

Le ministre la Luzerne rend compte à l'assemblée de l'insubordination des troupes de toutes les colonies. Rapport de Broglie sur la dénonciation dirigée contre ce même ministre. Sur sa proposition, l'assemblée décrète que toutes les pièces de la dénonciation lui seront communiquées, ou à son conseil.

Depuis le commencement de la révolution, les insurrections des soldats et des sous-officiers contre les états-majors des régimens, avaient été de plus en plus nombreuses, de plus en plus graves. Les licenciemens avec cartouche jaune s'étaient multipliés, sans amener un autre résultat que celui d'exaspérer des inimitiés implacables. Dans la séance qui nous occupe, le ministre de la guerre vint dénoncer à l'assemblée plusieurs insubordinations récentes. — « Le régiment de Poitou a arrêté son colonel, et l'a constitué prisonnier. Royal-Champagne refuse de recevoir un sous-lieutenant nommé par le roi. Sept régimens à Strasbourg ont formé un congrès; tous ces faits sont alarmans. L'insubordination des militaires est un des plus grands fléaux qui puissent nous affliger; mais ne sont-ce pas des *nobles*, des *privilégiés* qui occupent toutes les places d'officiers? Pense-t-on qu'ils soient attachés à la révolution? Les soldats? Les soldats sont patriotes, mais ils ne sont pas *éclairés*. Les officiers sont éclairés, mais ils ne sont pas patriotes. Voilà la source du mal. Nous attendrons de nouveaux éclaircissemens. » (*Révolutions de Paris*, n° 56, p. 172.)

M. la Tour-du-Pin, ministre de la guerre, est introduit. Il lit un mémoire dont voici l'extrait.—Je me préparais à mettre sous vos yeux le nouveau travail que le roi m'a ordonné, d'après les bases que vous avez décrétées sur l'organisation de l'armée; mais le retour de l'ordre et de la discipline doit être, en ce moment, l'objet le plus pressant de votre sollicitude. Le roi m'envoie, avant tout, pour vous prévenir de la licence effrénée qui s'est introduite dans l'armée. A chaque instant il arrive de nouveaux courriers porteurs d'une nouvelle plainte, et la succession des jours du meilleur des rois est ainsi remplie de chagrins et d'inquiétudes. Dans le dernier message que j'ai eu l'honneur de faire près de vous, je vous exposai le danger des comités qui s'étaient formés dans les régimens. C'est là que fermentent les plus violentes passions; c'est là que s'est deux fois préparée la détention du lieutenant-colonel de Poitou; c'est là que Royal-Champagne a conçu l'insurrection par suite de laquelle il a refusé pour sous-lieutenant un sous-officier, que ses services et son ancienneté appelaient à ce grade. Une partie de l'armée négocie avec le ministère, et tous les jours mon cabinet est rempli de soldats députés vers moi, et qui viennent m'intimer fièrement les volontés *de leurs commettans* : ce sont leurs expressions.

Le mal empire et se propage à chaque instant : ce ne sont plus des corps particuliers : sept régimens forment un congrès militaire auquel ils envoient chacun trois députés. Représentans du peuple français, hâtez-vous d'opposer la volonté du peuple à ce torrent d'insurrection militaire. La nature des choses, celle des circonstances, le salut public exigent que les soldats n'agissent que comme des instrumens ; qu'ils soient sans volonté, qu'ils attendent que la loi vienne leur donner le mouvement dans le temps et dans le sens nécessaires. Sans obéissance paisible, l'armée n'existe point pour le dehors, elle est dangereuse au dedans.... S. M. n'a pu croire qu'on lui parlât de soldats français, quand on lui a dit que la garnison de Metz, oubliant la gloire que les régimens qui la composent, ont acquise sous le chef qui la commande, ait menacé ce chef, ainsi que tous leurs officiers. Ailleurs on demande les comptes des masses, on se propose de les partager. Ce ne serait pas la seule perte qu'éprouverait le trésor public. Ces fédérations, ces actes de patriotisme et d'union que vous avez approuvés, sont devenus des fêtes extrêmement dispendieuses ; le roi voit avec trop d'intérêt ces marques touchantes de l'amitié fraternelle qui règne entre tous les citoyens, pour réclamer les sommes qui y ont été employées, et pour occasionner, par des retenues quelques regrets aux soldats. Mais en oubliant ces imprudentes magnificences, il faut prendre des précautions pour l'avenir....

La France ne pouvant exister sans soldats, ne pourra bientôt plus exister avec eux, c'est de vous que la patrie attend son salut. L'autorité du roi est insuffisante ; il a reçu des lois les moyens de maintenir les lois ; mais aujourd'hui, il ne s'agit plus de maintenir, il faut recréer. La lenteur de leurs délibérations est un garant de leur sagesse ; vous n'avez pas encore eu le temps de vous occuper du nouveau Code militaire : rendez la force à l'ancien. Le soldat n'a ni juges, ni lois ; rendez-lui ses juges : que le soldat séditieux tremble devant ces conseils de guerre, qui, pendant si long-temps, l'ont retenu dans la subordination, dans la discipline et dans l'amour du devoir. (On applaudit.)

M. le président. L'assemblée nationale ne peut entendre sans douleur le récit des événemens que vous venez d'exposer sous ses yeux ; elle allait s'occuper des désordres dont elle est affligée. Elle ne doute pas du zèle qu'un ministre, le père et l'ami du soldat, mettra à seconder ses efforts ; elle va délibérer.

M. *Emmery*. Le comité militaire m'a chargé de vous présenter un projet de décret sur les désordres de l'armée. Nous espérions obtenir hier la parole : ainsi, si nous avons été prévenu d'un jour votre sollicitude n'avait pas été prévenue.

M. Emmery présente un projet de décret en dix articles.

Art. 1ᵉʳ. « Les lois et ordonnances militaires actuellement existantes seront observées et suivies jusqu'à la promulgation très-prochaine de celles qui doivent être le résultat des travaux de l'assemblée nationale sur cette partie.

II. « Excepté le conseil d'administration, toutes autres associations délibérantes rétablies dans les régimens, sous quelque forme et dénomination que ce soit, cesseront immédiatement après la publication du présent décret.

III. « Le roi sera supplié de nommer des inspecteurs extraordinaires choisis parmi les officiers généraux, pour, en présence du commandant de chaque corps, du dernier capitaine, du premier lieutenant, du premier sous-lieutenant, du premier et du dernier sergent, ou maréchal-des-logis, du premier et du dernier caporal, ou brigadier, et quatre soldats du régiment, nommés, ainsi qu'il va être dit, procéder à la vérification des comptes de chaque régiment depuis six ans, et faire droit sur toutes les plaintes qui pourront être portées, relativement à l'administration des deniers et à la comptabilité ; à l'effet de quoi il sera tiré au sort un soldat par compagnie, parmi ceux qui sachant lire, auront deux ans de service ; et parmi ceux que le sort aura désignés, il en sera tiré ensuite quatre pour assister à cette vérification, de laquelle il sera dressé procès-verbal, dont copie sera envoyée au ministre de la guerre.

IV. « Il ne pourra désormais être expédié des cartouches jaunes ou infamantes à aucun soldat qu'après une procédure instruite, et en vertu d'un jugement prononcé selon les formes usitées dans l'armée, pour l'instruction des procédures criminelles et la punition des crimes militaires.

V. « Les cartouches jaunes expédiées jusqu'à présent, à compter du premier mai 1790, sans l'observation de ces formes rigoureuses, n'emportent aucune note ni flétrissure au préjudice de ceux qui ont été congédiés avec de semblables cartouches.

VI « Les officiers doivent traiter les soldats avec justice, et avoir pour eux les égards qui leur sont expressément recommandés par les ordonnances, à peine de punition. Les soldats doivent respect et obéissance absolue à leurs officiers et sous-officiers, et ceux qui s'en écarteront, seront punis selon la rigueur des ordonnances.

VII. « A compter de la publication du présent décret, il sera informé de toute nouvelle insurrection, de tout mouvement concentré dans les garnisons ou dans les corps, contre l'ordre, et au préjudice de la discipline militaire, le procès sera fait et parfait aux instigateurs, fauteurs et participans de ces insurrections et mouvemens, et par le jugement à intervenir, ils seront déclarés déchus pour jamais du titre de citoyens actifs, traîtres à la patrie, infâmes, indignes de porter les armes et chassés de leur corps; ils pourront être condamnés à des peines afflictives ou infamantes, conformément aux ordonnnances.

VIII. « Il est libre à tout officier, sous-officier ou soldat de faire parvenir directement ses plaintes aux supérieurs, aux ministres, à l'assemblée nationale, sans avoir besoin de l'attache ou permission d'aucune autorité intermédiaire; mais il n'est permis sous aucun prétexte, dans les affaires qui n'intéressent que la police intérieure des corps, la discipline militaire et l'ordre du service, d'appeler l'intervention soit des municipalités, soit des autres corps administratifs, lesquels n'ont d'action sur les troupes de ligne, que pour les réquisitions qu'ils peuvent faire à leurs chefs ou commandans. »

SÉANCE DU 7 AOUT.

[*M. Mougins.* Les habitans de Cabris, district de Grasse, département du Var, s'étaient portés, dans le mois de janvier dernier, dans un moment d'oubli et d'ivresse, à quelques voies de fait, en détruisant la béôlière des moulins du ci-devant seigneur. Revenus à eux-mêmes, ils ont réparé les dégâts qu'ils avaient faits. La commune a même offert toutes les indemnités convenables. Malgré ces offres, l'on a attaqué ces malheureux habitans ; une procédure criminelle s'instruisait à la requête du lieutenant de prévôt. Cette procédure aurait occasionné des insurrections sans la vigilance et le zèle du maire et des officiers municipaux de la ville de Grasse qui l'ont arrêtée, en la faisant déposer au greffe de la municipalité. D'après toutes ces circonstances réunies, je pense que les habitans de Cabris doivent jouir du bienfait et de la même faveur que ceux de la Bretagne. Je propose en conséquence le décret suivant.

« L'assemblée nationale, après avoir ouï le rapport fait par l'un de ses membres, décrète que son président se retirera vers le roi pour le prier de donner ses ordres, à l'effet que les procédures criminelles qui s'instruisent, à la requête du lieutenant de prévôt, dans le département du Var, district de la ville de Grasse, à l'occasion des dégâts et voies de fait commis du 6 au 7 du mois de janvier dernier, par plusieurs habitans du lieu de Cabris au canal du moulin de leur ci-devant seigneur et ailleurs, seront regardées comme non avenues, en indemnisant, si fait n'a pas été, par eux ou par la commune dudit lieu, réalisant par les offres, par elles consignées dans la délibération du 12 du même mois, d'indemniser leur ci-devant seigneur, des dommages qu'il peut avoir soufferts. »

Ce décret est adopté.]

Il est remarquable que l'esprit des anciens parlemens se conservait tout entier parmi les débris de ces corps qui composaient la magistrature provisoire jusqu'à l'organisation définitive du nouvel ordre judiciaire. Partout, ces hommes poursuivaient avec un zèle ennemi les faits révolutionnaires que les malheurs des temps et des résistances imprudentes avaient amenés, plutôt que des sentimens anarchiques de la part de leurs auteurs. Le Châtelet surtout se montrait acharné dans les procédures criminelles dont il avait été saisi à la suite des divers mouvemens populaires, tels que le 24 juillet, les journées d'octobre, etc.

Les ennemis de la révolution, les conspirateurs, les accapareurs reconnus, pouvaient compter de sa part, sur de la mollesse ou sur de l'indulgence; il relâchait les vagabonds et les voleurs de profession : si bien que le peuple en saisissant quelques-uns dans des récidives flagrantes, les avait jugés et exécutés lui-même. Plus de 800 prisonniers étaient amoncelés dans sa geôle, et il perdait son temps à entendre 500 témoins dans les affaires d'octobre, cause flétrie, cause perdue d'avance pour les gens du roi, devant le tribunal de l'opinion publique. Ce ne fut que vingt jours après le rapport du comité municipal des recherches sur les conspirateurs Maillebois, Savardin et Guignard, que le Châtelet se décida à commencer les poursuites. Enfin, dans une lettre à l'assemblée nationale, datée du 5 août, le procureur du roi, Boucher d'Argis, protestant de son zèle, disait qu'il avait rendu plainte le matin même de l'évasion de Savardin, laquelle lui avait été dénoncée la veille par le procureur-syndic de la commune. Rendre plainte, le 5 août, d'une évasion opérée le 13 juillet! Là-dessus Marat fait cette exclamation : O Français! peut-on vous traiter en imbéciles, en lâches, avec plus de mépris!

Que penser maintenant de l'appareil avec lequel il vint dans cette séance, révéler à l'assemblée de prétendus mystères; à savoir que deux de ses membres étaient décidément compromis, et qu'il fallait qu'elle délibérât s'il y avait lieu à suspendre leur inviolabilité. — Quelqu'un ignorait-il que la procédure d'octobre avait été particulièrement dirigée contre le duc d'Orléans et Mirabeau? Avant de rapporter la séance, nous constaterons l'esprit public sur l'ensemble de cette affaire par un extrait de l'adresse envoyée à ce sujet à l'assemblée nationale par le district des Cordeliers, auquel se joignirent quarante-deux autres districts. Cette adresse est de Linguet; le rédacteur rappelle la séance du 4 février, si mémorable par le serment civique du roi, où Louis XVI est venu au-devant de la nation, le rameau civique à la main, où il a dit : « Que ceux qui s'éloigneraient encore de l'esprit de concorde, me fassent les sacrifices qui les affligent, je les paierai par ma reconnaissance et mon affection. »

« Comment se souvenir, s'écrie Linguet, des excès antérieurs à cette amnistie universelle accordée, et même, on osera le dire, DEMANDÉE si noblement? De part et d'autre elle était à désirer, cette amnistie; car, enfin, si la nuit du 5 au 6 octobre avait été pour la cour une nuit de terreur; un des jours précédens n'avait-il pas été pour la ville, pour la France entière un jour de scandale? Si des inconnus, à l'époque dont le Châtelet veut si obstinément constater les délits, des malheureux excédés d'une marche pénible, périssant de besoin, à qui on avait refusé un abri contre les injures de l'air au milieu d'une nuit orageuse, ont violé, le 6 octobre, un asile respectable; des personnages connus redoutables n'avaient-ils pas insulté les couleurs sacrées de la liberté dans cette même enceinte, au milieu du tumulte d'une orgie prématurée, dans le fracas d'une espèce de bacchanale, où la bonne chère et les espérances, également prodiguées, avaient produit pour les acteurs une double ivresse, et pour le royaume un double péril. Et c'est quand la nation et son chef se sont mutuellement juré d'oublier, de pardonner tout le passé; c'est quand on est convenu de part et d'autre de laisser sous le même voile, et les prévarications de toute espèce, causes de tant de maux, et les détails affligeans de quelques-uns des efforts populaires qui en étaient le seul remède; c'est alors que le Châtelet a l'audace impie de lever un voile aussi sacré que celui qui couvre le visage des morts. »

Les officiers du Châtelet de Paris sont introduits à la barre.

M. Boucher (ci-devant d'Argis) porte la parole. — Nous venons enfin déchirer le voile qui couvrait une procédure malheureusement trop célèbre. Ils vont être connus ces secrets pleins d'horreurs. Devions-nous prévoir que nous serions les objets de calomnies atroces? Sans doute nous avons pu en être affligés, notre courage n'en a jamais été ébranlé. Nous continuerons à remplir, sans être atteints par la crainte, des devoirs sacrés dont la licence a rendu l'observation dangereuse ; nous continuerons jusqu'à ce que nous remettions le glaive et la balance dans les mains de nos successeurs. Pourquoi craindrions-nous ? Nous devons le dire, les ennemis du bien public ont voulu nous forcer à la faiblesse par la terreur, mais ils ne savaient pas qu'ainsi que Mars, Thémis a ses héros, et que des magistrats qui, sous l'ancien régime ont bravé la puissance arbitraire, feraient sans regret le sacrifice de leur vie pour l'exécution des lois sous l'empire de la liberté. Dans cette procédure, à laquelle nous avons été provoqués par le comité des recherches de la commune de Paris, nous n'avons jamais oublié qu'il fallait distinguer les citoyens armés pour la liberté par le patriotisme le plus pur, de ces hommes coupables qui n'ont pris le masque du civisme que pour tromper la multitude et la rendre complice de leurs forfaits. Mais quelle a été notre douleur, quand nous avons vu des dépositions impliquer deux membres de l'assemblée nationale dans cette procédure ! Sans doute ils s'empresseraient de descendre dans l'arène pour faire triompher leur innocence ; mais vous nous avez mis dans l'impossibilité de les citer en jugement.

Vous allez devenir les garans de la vengeance publique ; vous cesserez d'être législateurs pour être juges ; vous réglerez l'influence des circonstances sur nos devoirs, vous nous direz quels forfaits le glaive des lois doit venger, quel coupable il doit punir. Puissiez-vous organiser bientôt la procédure par jurés ; puissent ces jurés, en exerçant leurs fonctions, être exempts des peines dont nous sommes environnés ! Pour nous, qui désormais ne tiendrons à la chose publique que par les liens du citoyen, que pour le souvenir de l'avoir bien servie, nous bénirons les sages qui ont posé les bases de notre constitution ; nous apprendrons à nos enfans à prononcer avec respect leurs noms, qui ne doivent plus être séparés de celui du restaurateur de la liberté française. Si nous leur parlons de nos travaux et de nos peines, ce sera pour les engager à marcher sur nos traces, à tout sacrifier à la patrie.

Nous venons déposer sur le bureau toute la procédure instruite dans l'affaire de la matinée du 6 octobre 1789; ensemble les pièces jointes, dont nous sommes redevables au comité des recherches de l'assemblée nationale. Nous n'avons pas obtenu la même justice du comité des recherches de la ville de Paris, quoique nous ayons observé qu'il résultait des délibérations du comité de l'assemblée nationale, et de l'instruction, qu'un grand nombre de pièces y avaient été portées. C'est l'objet d'un arrêté que nous avons l'honneur de mettre sous vos yeux. Le paquet scellé renferme des décrets sur des personnes étrangères à l'assemblée, et que vous jugerez peut-être convenable de ne pas rendre publics.

M. Boucher fait lecture de l'arrêté, et remet sur le bureau un paquet cacheté.

M. *le président.* L'assemblée va prendre en considération vos demandes.

M. Riquetti l'aîné demande la parole.

Les officiers du Châtelet se retirent.

N.... Je fais la motion de mander sur-le-champ à la barre le comité des recherches de la commune de Paris, pour lui ordonner de communiquer au Châtelet toutes les pièces relatives aux attentats du 6 octobre, qu'il peut avoir entre les mains.

La partie droite de l'assemblée appuie cette motion.

M. le président se prépare à la mettre aux voix.

M. *Riquetti l'aîné.* Ce n'est pas là l'ordre de la délibération.

M. *l'abbé Gouttes.* La motion qui vient d'être faite, doit être la suite de la discussion qui va s'ouvrir sur un objet beaucoup plus intéressant : nous n'avons jamais eu de question plus délicate à examiner, jamais affaire plus importante ne nous a été soumise. De la décision que nous allons porter, dépend la confiance de la nation pour nos travaux futurs et même passés : l'honneur de l'assemblée exige que, si quelques-uns de nos collègues sont coupables, la justice ait son cours. Vouloir les soustraire à la loi, ce serait vouloir nous perdre ; les condamner sans les entendre, ce serait manquer à la justice. Je demande qu'il soit nommé un comité (la partie droite s'agite et murmure avec violence) pour examiner cette malheureuse affaire, qui continuera d'être poursuivie, et qui sera jugée, afin que les membres de cette assemblée ne restent pas sous une accusation aussi solennelle.

M. Riquetti l'aîné. Je suis très-éloigné de penser avec le préopinant, que l'assemblée nationale éprouve le moindre embarras dans la détermination qu'elle doit prendre. Notre marche est déjà tracée, les principes sur cette matière sont déjà consacrés; l'assemblée nationale ne peut être ni accusateur, ni juge; une seule chose la concerne, c'est de connaître les charges qui, après dix mois, conduisent à inculper deux de ses membres. Tel est l'esprit de la loi de notre inviolabilité : l'assemblée nationale a voulu qu'aucun de ses membres ne fût mis en cause sans qu'elle eût elle-même jugé s'il y a lieu à action, à accusation. Je ne sais sous quel rapport on parle de décrets qu'il faut tenir secrets. On insinue la proposition d'un renvoi à un autre tribunal. Certes, il serait commode, qu'après dix mois d'une procédure secrète, qu'après avoir employé dix mois à multiplier, à répandre les soupçons, les inquiétudes, les alarmes, les terreurs contre de bons et de mauvais citoyens, le tribunal dont l'histoire sera peut-être nécessaire à la parfaite instruction de cette affaire, cessât d'être en cause, et rentrât dans une modeste obscurité, où chacun de ses membres bornerait ses fonctions à instruire leurs neveux dans les principes de la liberté, et à les encourager par l'exemple de leur zèle et de leurs efforts pour la révolution. Le droit et le désir des membres qui sont inculpés, est sans doute que tout soit connu. Notre droit, notre désir est que l'assemblée connaisse tout ce qui concerne ses membres. Je propose de décréter que le comité des recherches de l'assemblée nationale lui fera le rapport des charges qui concernent quelques-uns des représentans de la nation, s'il en existe, dans la procédure prise par le Châtelet de Paris sur les événemens des 5 et 6 octobre 1789, à l'effet qu'il soit décrété sur ledit rapport, s'il y a lieu à accusation. Voilà le seul décret qui soit réellement dans vos principes.

M. l'abbé Maury. Au moment où la main de la justice commence enfin à soulever devant nous le voile qui couvrait les déplorables événemens des 5 et 6 octobre, nous devons imiter le silence religieux que se sont imposé les ministres de la justice. Je me bornerai à discuter devant vous les principes du préopinant ; ils tiennent à l'ordre public ; il s'agit de déterminer la manière de concilier les intérêts de la liberté et de la justice. Il s'agit d'établir en quoi consiste l'inviolabilité des représentans de la nation.

C'est donc sur ce seul objet que je vais fixer toutes mes pensées. J'observerai avec regret que dans deux de vos décrets, l'assemblée a paru s'écarter des premiers principes de l'ordre public. Vous avez décrété, au sujet du défaut de paiement d'une dette en matière civile, que les députés n'étaient pas inviolables. C'est surtout en matière civile qu'il serait vrai, que pendant toute la durée de leur mission, aucune action civile ne devrait autoriser à porter atteinte à leur liberté. Par un second décret, rendu au sujet de M. de Lautrec, vous avez dit que les membres du corps-législatif ne pouvaient être décrétés, avant qu'il eût été décidé par le corps-législatif s'il y a lieu à accusation. Vous vous êtes écartés des véritables principes ; en voici la preuve. Jamais la mission honorable que le peuple vous a confiée n'a mis ses représentans à l'abri de poursuites légitimes, pourquoi voudrions-nous être hors de l'atteinte des lois dont le glaive est suspendu sur la tête de tous les citoyens : celui qui veut que la loi le protège, doit être soumis à la loi. Quelle face présenterait la France, si douze cents citoyens pouvaient refuser de répondre à la loi ; nous deviendrions la terreur de nos concitoyens, dont nous devons être l'espérance et la lumière. Nul homme, dans la société, ne doit pouvoir se soustraire à la justice. La justice est instituée pour sévir, non-seulement contre le faible, contre le pauvre, mais encore contre le puissant. Le décret relatif à M. de Lautrec ne saurait être regardé comme un décret constitutionnel, mais comme rendu dans une circonstance donnée. Tout le monde sait qu'en ce moment il s'agit d'un crime de lèse-nation, de haute-trahison.

Le décret rendu au sujet de M. de Lautrec ne parle pas de crime de haute-trahison. Ces crimes ne peuvent donc être jugés par ce décret. L'accord et l'harmonie règnent entre tous les décrets de cette assemblée : je demande comment on pourrait concilier dans le système que l'on annonce, l'usage et l'application du décret relatif à M. de Lautrec, avec les décrets constitutionnels sur la jurisprudence criminelle. Vous avez décrété que la procédure serait secrète jusqu'à la comparution de l'accusé ; si le paquet remis par le Châtelet est ouvert dans l'assemblée, ou au comité, vous renversez cette base constitutionnelle : le tribunal institué par vous, pour juger les crimes de lèse-nation, ne serait plus qu'un tribunal chargé d'une commission rogatoire. Que deviendrait la justice, si les juges que vous avez reconnus mériter votre confiance, en étaient privés au moment où il faut lancer les décrets? Deux de nos collègues sont accusés ; ce serait compromettre étrangement l'honneur de cette assemblée, que de vouloir lui faire prendre, pour deux de ses membres, des précautions qui ne sont point accordées aux autres citoyens, dont l'innocence est aussi précieuse aux yeux de la loi. Nous avons parlé d'égalité. C'est devant la loi que cette égalité existe. Toute précaution est injurieuse au corps-législatif, à tous les citoyens accusés, qui doivent désirer que les motifs de l'accusation paraissent au grand jour, et qu'un torrent de lumière se répande sur cette affaire, afin que, rentrés dans la classe ordinaire de la société, ils sortent de l'épreuve qui leur est préparée, dignes de l'estime. Cette vie morale du citoyen, tant qu'une procédure n'est pas reconnue, tant que ses témoins ne sont pas recolés, elle doit être considérée comme un dépôt de calomnies : si votre comité divulguait une procédure suspecte, il pourrait déshonorer quelques-uns de vos concitoyens.

Évitez ce danger, en honorant l'autorité ordinaire de la loi : c'est elle que je réclame en ce moment. Les Anglais, qui se connaissent en constitution et en liberté, n'ont jamais demandé de saufs-conduits pour leurs représentans. Tout citoyen a droit de se plaindre contre un lord ; le juge de paix délivre un *warant*, expédie un *mittimus* et lance un décret que le parlement approuve, car il aime les lois et la liberté. L'assemblée nationale doit exprimer la satisfaction avec laquelle elle a vu la délicatesse du Châtelet, qui n'a pas voulu décerner, sans la consulter, les décrets que ce tribunal a rendus contre deux de vos collègues : que l'assemblée nationale renvoie donc la procédure, qu'elle en ordonne la poursuite, en déclarant qu'aux yeux de la loi, tous les hommes sont égaux, que la loi ne connaît que des citoyens ; enfin, je demande subsidiairement que l'assemblée ordonne au comité des recherches de la commune de Paris de remettre au Châtelet tous les documens qui seront jugés nécessaires.

M. Pétion. Je n'examinerai pas dans quelle circonstance le Châtelet vient donner le plus grand éclat à une affaire que l'assemblée, que le public, pouvaient croire entièrement assoupie ; mais enfin, puisqu'il vient vous en occuper aujourd'hui, puisqu'il demande le parti qu'il doit prendre, c'est à vous à lui tracer la route que vous avez déjà indiquée par un décret, non de circonstance, non particulier à l'affaire de M. de Lautrec, mais constitutionnel, mais rendu après une première discussion et après un renvoi au comité chargé de vous présenter des dispositions générales à cet égard.

Vous avez senti combien il était dangereux de remettre l'assemblée nationale entre les mains des tribunaux : vous avez senti combien on pourrait susciter de persécutions à ses membres pour les arracher successivement à leurs fonctions ; vous avez senti combien il était contraire à votre dignité de vous soumettre à ces inquisitions secrètes. Lorsqu'après avoir examiné sa procédure, l'assemblée déclare qu'il y a lieu à accusation, ce ne sont pas des fonctions de juge qu'elle fait, mais des fonctions de grand-juré vis-à-vis de ses membres. Les grands-jurés existent dans tout État libre, et sans grand-juré il n'existe ni liberté politique, ni liberté individuelle. En vous parlant de l'Angleterre, on a oublié de vous dire que le grand-juré y existait. Vous devez à vos collègues ce que vous êtes sur le point d'accorder à vos concitoyens ; vous ne prétendez point les soustraire aux tribunaux, ils seraient jugés par vous plus sévèrement que par les tribunaux même ; je demande si l'on peut seulement mettre en question la motion de

M. Mirabeau l'aîné sans revenir sur les décrets que vous avez déjà rendus. On dit qu'il y a de la différence entre le délit dont il s'agit aujourd'hui et celui dont M. de Lautrec était accusé : il s'agit du crime de lèse-nation, il s'agissait alors du crime d'avoir voulu tenter une contre-révolution à main armée : sans doute M. Lautrec était innocent; vous l'avez déclaré; mais c'était d'un crime de lèse-nation qu'il était question, et c'est à ce sujet que vous avez rendu un décret vraiment constitutionnel : vous en jugerez; il sera mis sous vos yeux. Quant à la proposition de mander le comité des recherches, vous ignorez s'il a des torts et vous prendriez à son égard une résolution flétrissante! J'adopte simplement l'opinion de M. Mirabeau l'aîné.

M. Cazalès. Je ne répondrai pas aux principes du préopinant, à ses réflexions sur les jurés, à la proposition d'établir aujourd'hui un régime particulier pour un délit antérieur à la création de ce régime. On a dit que le décret rendu au sujet de M. Lautrec est constitutionnel; tout annonce, au contraire, qu'il est de circonstance. Il porte que le comité présentera incessamment un projet de loi sur la grande question de l'inviolabilité des représentans de la nation; il n'est pas un seul membre de cette assemblée qui, gémissant sur un de ses collègues, victime d'une accusation évidemment injuste, ait pensé s'autoriser du décret auquel il a concouru avec empressement, pour soustraire aux lois les auteurs et les complices d'un attentat déplorable, qui a souillé la révolution, qui pèse sur la nation française, qui sera son éternel déshonneur. (Il s'élève de grands murmures dans la partie gauche de l'assemblée, la partie droite applaudit.) Oui, je le répète, qui pèse sur la nation tout entière.

Si les auteurs d'un forfait abominable, dont il n'est pas au pouvoir des hommes d'accorder le pardon, ne sont découverts et punis, que dira la France, que dira l'Europe entière? L'asile des rois a été violé, les marches du trône ensanglantées, ses défenseurs égorgés, d'infâmes assassins ont mis en péril les jours de la fille de Marie-Thérèse (il s'élève des murmures), de la reine des Français (les murmures augmentent), de la fille de Marie-Thérèse, de cette femme dont le nom célèbre surnagera sur l'oubli auquel vous avez dévoué les noms obscurs des victimes et des agens de la révolution. Ils étaient députés, ils étaient Français, ils étaient hommes, et ils se sont souillés de ces attentats odieux. Si vous adoptiez la motion qu'on vous propose, si vous débattiez publiquement la procédure, vous verriez disparaître les coupables et les preuves; le crime seul resterait; il resterait toujours sans vengeance. Quel étrange privilége s'arrogeraient donc les représentans de la nation? La loi frapperait sur toutes les têtes, et ils s'éleveraient au-dessus de la loi, le seul point par lequel l'égalité rapproche insensiblement tous les membres d'une société. C'est donc au nom de la justice, votre premier devoir, de l'honneur, votre premier intérêt, de la liberté qui ne peut exister, si un seul citoyen n'est pas soumis à la loi, que je vous engage, que je vous presse, que je vous conjure de décréter la motion de M. l'abbé Maury, de déclarer que les membres de cette assemblée n'ont aucun privilége devant la justice; que le crime, quel que soit le criminel, doit être jugé et puni; que le coupable ne sera pas dérobé à l'équité, à la sévérité d'un tribunal qui a mérité votre confiance, qui est votre ouvrage, que vous avez créé pour les crimes de cette nature. Je demande donc le renvoi de cette procédure au Châtelet; je demande qu'il lui soit enjoint de la poursuivre, en lui prescrivant d'y mettre ce courage, cette activité qui doivent l'honorer et le rendre à jamais célèbre.

—Chapelier, Duport, Fréteau, Chabroud, Boutidoux, Rœderer et Defermont adoptent la motion de Mirabeau. Ambly, Brostaret, Malouet, Durget, Murinais, Foucault, Virieu, Madier et Dufraisse demandent la poursuite des députés impliqués. La motion de Mirabeau est décrétée de la manière suivante :

« L'assemblée nationale décrète, conformément à son décret du 26 juin dernier, que son comité des rapports lui rendra compte des charges qui concernent les représentans de la nation, s'il en existe dans la procédure faite par le Châtelet sur les événemens du 6 octobre dernier, à l'effet qu'il soit déclaré sur ledit rapport, s'il y a lieu à accusation; décrète, en outre, que deux commissaires du Châtelet seront appelés à assister à l'ouverture du paquet déposé par ce tribunal, et à l'inventaire des pièces qui y sont contenues.

» L'assemblée nationale déclare qu'elle n'entend point arrêter le cours de la procédure vis-à-vis des autres accusés ou décrétés.

» De plus, le comité des recherches de la ville de Paris sera tenu de remettre, sans délai, entre les mains du procureur du roi du Châtelet, pour servir autant que de besoin à la poursuite de la procédure, tous les documens et pièces qui peuvent y être relatifs. »

SÉANCE DU 8 AOUT.

[Rapport de Noailles sur les troubles élevés dans le Gâtinais.

M. Noailles. Vous avez été informés des troubles qui ont agité le Gâtinais: les désordres dont on vous a rendu compte sont exagérés; et le district de Nemours a pu mal interpréter vos décrets, mais il n'a jamais voulu s'y soustraire; le peuple a menacé de se porter à des violences, mais il n'a jamais conçu l'idée du crime. Tout ce qui concerne les impôts, les aides exceptées, est payé avec la plus grande exactitude; ils sont regardés comme le domaine national, et qui que ce soit ne se refuse à les acquitter. Ce qui a donné lieu à la fermentation dont il vous a été rendu compte, c'est la fausse interprétation donnée à plusieurs de vos décrets. Je me suis porté dans les municipalités des campagnes; j'y ai réuni des communautés entières; j'ai cherché particulièrement à calmer celles qui paraissaient les plus échauffées : la division qui régnait avait lieu pour l'acquittement du droit de champart. Ce droit est onéreux dans cette partie; non-seulement il se paie depuis la quatorzième gerbe jusqu'à la seizième, mais il faut encore attendre dans les champs le champarteur, pour faire sa moisson ; dans les granges, le champarteur choisit l'instant qu'il convient au receveur pour le déposer, et, abandonner, pendant ce temps, une moisson déjà commencée, et même sa voiture seule, quand il n'y aurait à rendre que quatre gerbes. Votre décret du 25 mars annonce que le droit de champart sera rachetable, en montrant des titres. Les habitans des campagnes se sont fondés sur cette décision ; ils ont pensé que, puisqu'il était nécessaire de voir les titres pour payer le fonds, il était indispensable d'en avoir connaissance pour acquitter la rente ; car les habitans des campagnes croient que votre décret du 25 mars a été rendu de votre propre mouvement, et que ce n'est qu'à des sollicitations répétées que vous avez donné celui du 13 juillet. J'ai cru devoir représenter aux communautés qu'elles n'avaient pas bien senti le premier décret ; puisqu'il annonçait qu'une jouissance antérieure suffisait pour continuer à percevoir, tant qu'il n'était pas prouvé qu'on ne devait pas continuer à payer ; j'ai insisté sur ce que le décret du 13 n'était qu'une application des premiers principes que vous avez établis. Enfin, Messieurs, je suis parvenu à persuader aux habitans qu'ils devaient payer, non-seulement le champart cette année, mais même qu'ils ne pouvaient se refuser à donner une indemnité aux différens fermiers. Il y a eu, dans tous les districts, des transactions de faites et de signées d'après les principes que je viens d'exposer, entre les propriétaires du droit et ceux qui les acquittent, ainsi qu'envers les fermiers. La crainte de voir les travaux de l'assemblée nationale arrêtés ou suspendus, est une des grandes menaces que j'ai employées pour obtenir l'objet que je m'étais proposé. Enfin, j'ai vu partout le dévouement le plus complet pour la constitution, et l'amour le plus pur pour la liberté.

Il me reste à vous rendre compte de la conduite qu'ont tenue les gardes nationales parisiennes, qui se sont portées dans cette partie, et les troupes de ligne. Les gardes nationales ont fait plusieurs détachemens ; partout elles ont reçu des hommages et de nouveaux sermens de fraternité. Dans un village, le plus animé contre la perception exigée, on est venu faire des offres et des prévenances aux gardes nationales. Elles ont répondu qu'elles ne reconnaissaient pour amis que les citoyens soumis aux décrets de l'assemblée nationale, et fidèles à la loi ; que tous les autres étaient des ennemis de l'État ; que lorsqu'ils auraient prouvé le respect dû au serment fédératif, ils se donneraient des marques de confraternité ; mais que jusque là ils les traiteraient comme des perturbateurs du repos public. Les habitans du village d'Egreville, ainsi menacés, n'ont voulu laisser aucun motif d'eloignement entre eux et la garde nationale parisienne; ils ont consenti à se soumettre à tous vos décrets.

Je dois de justes éloges aux détachemens des régimens de Bourgogne et de Lorraine, chasseurs. Ils se sont montrés plutôt comme des frères qui veulent ramener à la paix des frères égarés, que comme des soldats qui veulent chercher des ennemis à combattre. M. de Montalban, notamment, commandant le premier détachement, s'est porté dans quelques municipalités, où il a représenté aux habitans combien la révolution leur est avantageuse, et combien le moindre obstacle peut nuire à son établissement : c'est ainsi qu'il a cherché à rapprocher et à ramener les esprits.

Le calme et la tranquillité règnent dans tout le district. Pour l'assurer, il est essentiel de retirer la plus grande partie des troupes qu'on a détachées dans ce moment. La marche des départemens et des districts est lente, et je crois qu'il faut, lorsqu'il s'agit de soulager le peuple, prendre des moyens prompts : en conséquence, je demande que les députés de notre département traitent de cet objet, le plus promptement possible, et directement avec le comité des rapports. Je désire en outre que l'assemblée se pénètre bien de l'idée qu'il n'y a pas, dans aucune partie de la France, d'habitans plus attachés à la constitution, et plus heureux par elle que ceux du district de Nemours. Quant au cheflieu de ce district, il a montré une soumission complète à vos décrets, et a cherché à inspirer les meilleurs principes dans tous les lieux qui l'environnent.]

SÉANCE DU 9 AOUT.

[*M. Regnaud*, *député de Saint-Jean-d'Angely*. Vous avez entendu parler des troubles survenus dans plusieurs villages situés aux environs de Fontenay-le-Comte, dans un moment de disette de grains ; je demande que la sentence rendue à la requête du grand-prévôt, par le tribunal de cette ville, soit regardée comme non-avenue, l'affaire n'étant pas de son ressort, et qu'elle soit renvoyée pardevant les juges de Saint-Jean-d'Angely.

Sur les observations de M. Moreau, cette affaire est renvoyée au comité des rapports, pour en rendre compte le plus tôt possible.

M. Georges. Dans un des procès-verbaux remis au comité des rapports, relativement à l'insurrection qui a eu lieu dans le Clermontais, il est dit qu'un officier du régiment de Condé avait annoncé à Stenai que les Autrichiens étaient prêts à entrer en France; ce qui a fait rassembler autour de cette ville près de trente mille gardes nationaux des environs. J'ai appris hier, par un courrier extraordinaire, que les cavaliers en garnison dans cette ville, ayant interrogé un officier chasseur sur ces bruits, il leur répondit que cela était vrai; qu'ils entreraient et puniraient tous ceux qui ne seraient pas pour le roi. Cette nouvelle répandit de la fermentation, et l'officier a été obligé de prendre la fuite. Le courrier attend la décision de l'assemblée.

M. Rewbell. Il est d'autant plus instant de s'occuper de cette affaire, qu'il paraît qu'on travaille de toutes parts l'armée, et qu'on insinue aux soldats de renvoyer leurs officiers. La garnison de Bitche est sortie de la ville tambour battant, a déposé ses officiers, et est rentrée dans la ville le sabre à la main. Je persiste à demander que l'assemblée s'occupe incessamment de ces objets.

Cette affaire est renvoyée au comité des recherches.

M. Martineau. Il a été remis au comité des rapports un paquet venant d'Allemagne, et arrêté par la municipalité de Saint-Aubin, qui l'a décacheté. Dans le paquet se trouvent deux lettres: l'une adressée à M. Montmorin, et l'autre à M. d'Oigny; elles sont écrites en chiffres. Il est peut-être nécessaire de nommer des commissaires pour assister à l'ouverture de ce paquet, en présence de M. Montmorin : cela peut servir à détourner toute espèce de soupçons. Je pense aussi que la municipalité doit être réprimandée pour avoir ouvert un paquet qui passait sous le sceau de la foi publique. Il est bon d'observer que les lettres en chiffres n'ont rien qui puisse alarmer, que c'est l'usage dans les correspondances diplomatiques.

M. le président. Un des membres du comité des recherches m'a instruit que deux commissaires ont été chargés de remettre cette lettre à M. Montmorin ; ils en rendront compte à l'assemblée.

Suite de la discussion sur l'organisation de l'ordre judiciaire. — Du ministère public.

M. Beaumetz propose de poser ainsi la question : « Comment seront exercées les accusations publiques ? »

M. Menonville. Elle peut l'être ainsi : par qui les poursuites des délits publics seront-elles intentées et dirigées ?

On demande que la discussion soit ouverte sur la question posée d'une manière générale.

M. Goupil propose le décret suivant : Il y aura dans chaque tribunal de district un procureur du roi chargé du ministère public. — Il sera chargé de la cause des mineurs, des interdits, et de toutes celles où les droits de la nation pourraient être compromis. — Il pourra intenter de son chef une accusation contre tout acte qui aurait troublé l'ordre public, et il pourvoira à ce que cet ordre ne soit jamais compromis.

M. Mougins. Le corps social, blessé par l'impunité des crimes, vous demande un homme chargé d'en poursuivre la vengeance et d'en découvrir les preuves. Cet homme doit-il être l'homme du peuple ou l'homme du roi ? Ce doit être l'homme du peuple, parce que l'accusation publique est le droit le plus sacré ; et qui, d'après tous les principes, émane des droits du peuple, qui dès-lors à incontestablement le pouvoir d'en déléguer l'exercice. Pour démontrer cette vérité, il suffit d'invoquer les maximes consacrées par la nature, dictées par l'humanité, et adoptées par les lois de tous les peuples. Le droit naturel investit de la poursuite des crimes l'offensé ou la famille de l'offensé.... Cependant, si l'offensé néglige de poursuivre son injure, le crime ne doit pas pour cela rester impuni : c'est cette considération importante qui a fait créer le magistrat chargé de veiller à la punition des méchans. Il le fut d'abord par le peuple ; c'est donc le peuple qui doit l'instituer encore aujourd'hui ; c'est donc au nom du peuple, et non à celui du roi, qu'il doit exercer son ministère..... Le mode que votre comité de constitution vous propose n'est donc qu'un retour à cette institution première, que la constitution que vous donnez à l'empire français ne vous permet pas d'abandonner..... Il est clair que ce n'était que par la confusion de tous les pouvoirs et de tous les droits nationaux, que le roi exerçait autrefois, que l'accusation publique lui était dévolue. Aujourd'hui, que l'on connaît la source et la distinction des pouvoirs, il m'est démontré que l'accusation publique appartient au peuple, et qu'il a seul le droit d'en déléguer l'exercice.... Je conclus à l'adoption des articles proposés par votre comité de constitution.

M. Brevet, député d'Angers. Ainsi que toutes les grandes questions que vous avez agitées jusqu'à ce jour, celle qui occupe en ce moment l'assemblée nationale renferme un assez grand nombre de questions secondaires, qui semblent devoir compliquer et embarrasser la discussion ; mais peut-être est-il possible de la simplifier. Il s'agit uniquement d'une loi générale ; tout le reste appartient à des détails, à des formules de procédures criminelles, applicables à tous les systèmes. Cette idée m'a dirigé dans la marche que je me suis prescrite ; une autre pensée m'a conduit dans mes recherches. J'ai cru que cette cause, qui est véritablement celle de l'honneur, de la vie et de tous les droits du citoyen, devait être discutée d'après les règles immuables de la nature et de la raison ; qu'il fallait oublier ces jurisconsultes des temps passés, qui, ne voyant et ne connaissant dans ce monde d'autres lois que la loi romaine, la loi canonique ou la loi coutumière, traitaient des principes des lois, comme un esclave dans les fers parle de la liberté. (On applaudit.) A qui convient-il de déléguer le droit d'accusation? Pour résoudre ce problème, il faut avant tout rechercher son origine, son objet, ses caractères, et découvrir à qui, d'après les principes naturels de toute association publique, l'exercice en a été primitivement conféré. Nous trouverons avec facilité le principe que nous cherchons à consacrer, si nous parvenons à jeter quelque jour sur ces points préliminaires et fondamentaux.

Le droit d'accusation a pris naissance dans le contrat social, dont il forme une des bases les plus essentielles ; par ce contrat, des hommes ont mis en commun leurs forces et leur volonté, pour garantir à chacun la plus grande aisance, les plus grandes sûretés, le plus grand bonheur possibles.

Toute infraction à la loi jurée blesse à la fois chaque individu, et met en péril la société tout entière. Chacun a donc un intérêt égal à ce que l'ordre public soit constamment maintenu ; le droit de surveillance appartient donc à chacun ; la liberté d'accusation est donc dans son origine un véritable droit de cité, attaché au titre de citoyen. Mais, par une conséquence du pacte social également évidente, il faut que l'exercice de ce droit ne puisse jamais contrarier le but de son institution ; il faut que, sous prétexte de protéger la sûreté individuelle et publique, il ne puisse servir à les ruiner toutes deux. Il faut surtout que jamais, sur de frivoles indices, on puisse impunément mettre un citoyen dans les fers. La combinaison de l'usage de ce droit doit donc être telle, qu'elle épouvante à la fois et le calomniateur et l'accusé coupable ; en sorte que, d'une part, la liberté des accusations rende difficile le secret et l'impunité du crime, et que de l'autre, le châtiment de l'accusateur calomnieux soit toujours assuré. Ne pensez pas que je vous entretienne ici d'une vaine théorie ; elle était pratiquée avec succès chez les anciens peuples, qui, plus près que nous du berceau des sociétés, conservaient encore dans leurs institutions les premiers erremens de la liberté. Je ne citerai ni les Hébreux, ni les Egyptiens, ni les Grecs ; mais je fixerai un instant vos regards sur la jurisprudence des accusations publiques chez un peuple sage de toute la sagesse des nations ; et je m'appuierai principalement, dans ce rapide examen, des recherches d'un auteur très-récent, d'un de ces hommes rares qui ont écrit sur la législation avec sens et philosophie : c'est de l'illustre chevalier Filangieri.

S'il est vrai que vous vouliez fonder notre constitution sur la base immortelle des droits des citoyens, et si d'un autre côté je suis convaincu que la liberté des accusations est un de ces droits primitifs et indestructibles, il faut examiner maintenant s'il ne serait pas de notre devoir de consacrer cette liberté dans un principe constitutionnel. Il se présente ici trois questions. La liberté des accusations est-elle compatible avec la forme d'un gouvernement monarchique?

Première question. Si cette liberté est compatible avec la forme d'un gouvernement monarchique, peut-elle s'allier avec nos mœurs actuelles?

Seconde question. Si nos mœurs actuelles répugnent à cette alliance, à qui, de l'homme de loi ou de l'homme du peuple, l'exercice de ce droit doit-il être confié?

Troisième question. La liberté des accusations est-elle compatible avec les formes d'un gouvernement monarchique?

Dès le premier pas je me vois arrêté par une autorité bien imposante, celle de Montesquieu. Il enseigne que la liberté des accusations est utile dans une république, et pernicieuse dans une monarchie, parce que, dit-il, dans la première, chaque citoyen doit avoir, pour le bien public, un zèle sans bornes, et être censé tenir dans ses mains tous les droits de la patrie, et que, dans la seconde, l'on pourrait abuser de ce droit pour favoriser les projets et les caprices du prince; c'est, selon lui, pour avoir suivi, sous les empereurs, les maximes de la république, que Rome se vit infectée d'une troupe de délateurs. Il part de là pour faire un grand éloge de la loi qui confie la poursuite des crimes à un officier public. Il trouve que c'est pour elle que les fonctions des délateurs sont anéanties parmi nous.

Pour apprécier les principes de Montesquieu sur cette matière, souffrez que je traduise ici quelques phrases remarquables de l'auteur italien que j'ai déjà cité. Si la liberté d'accuser emportait la facilité de calomnier, la loi ne pourrait, ni dans une monarchie, ni dans une république, donner ce droit barbare à aucun citoyen. Les conséquences en seraient également mortelles pour tous les gouvernemens. Rome libre et Rome esclave auraient été également victimes d'un abus destructeur de tout repos et de toute liberté. Lors donc que l'on parle de la liberté d'accuser, on la suppose toujours combinée avec la plus grande difficulté de calomnier ; et, dans ce cas, je ne vois plus comment elle pourrait être utile dans une république, et pernicieuse dans une monarchie. Il ne faut pas confondre la monarchie et le despotisme. Dans une monarchie, la loi existe, la loi est connue, la loi s'exécute. Si donc la liberté d'accuser est réglée d'après des lois sages et précises, le juge doit les suivre, ou il prévarique ; le prince en doit protéger l'exécution, ou il renverse la constitution de l'Etat, et met son trône en péril. L'histoire de Rome même dépose contre les principes de Montesquieu.

Je vais maintenant expliquer en peu de mots ma pensée sur la liberté des accusations, considérée relativement à nos mœurs actuelles. Pour quiconque aime à réfléchir sur les gouvernemens des peuples anciens, il est difficile qu'il ne se sente pas transporté souvent du vif désir de voir naturaliser dans sa patrie quelques-unes de ces belles institutions qui les honorent. Mais presque toujours aussi l'on découvre, avec chagrin, que la plupart de ces lois célèbres sont devenues impraticables et dangereuses dans leur application. J'avoue, avec douleur, que nous sommes indignes d'exercer ce premier droit du citoyen, la liberté des accusations. Nous touchons de trop près encore à ces déplorables jours où l'égoïsme avait changé la société en une solitude affreuse, où chacun ne voyait que sa famille dans l'État, et que soi dans sa famille, pour qu'il puisse être sage de confier à chacun cette inspection mutuelle, cette censure active et inflexible, qui exige tout le désintéressement, toute l'énergie, toute l'intrépidité de la vertu ; car l'austère Romain qui traduisait un accusé au *forum*, n'y déployait pas contre lui plus de courage qu'il n'en avait montré sur le champ de bataille contre les ennemis de la république. Et d'ailleurs, le peuple toujours si avide des nouveautés, et que les nouveautés rebutent si promptement, serait incapable encore d'apprécier l'importance et les charges du droit que vous lui avez rendu ; vous le verriez presque nul entre ses mains......

Si donc vous entendez que les commissaires du roi continueront de remplir cette grande fonction, il faut, dans le moment où vous divisez et reconstituez tous les pouvoirs, que vous commencjez par porter une loi équivalente à celle-ci : « Nous, Français, après nous être dessaisis de notre droit naturel d'accuser, le déléguons au roi pour qu'il le fasse exercer en son nom. »

Tout citoyen, par la force de l'acte qui l'a investi de ce titre, jouit du droit d'accuser. Quand il ne veut pas exercer par lui-même cette fonction, il importe à son repos de connaître celui qui l'exercera pour lui. Donc, lui seul peut et doit nommer son représentant pour cette partie ; donc, il faut apporter une modification à l'article même de votre comité. En effet, je ne vois pas pourquoi le comité place des intermédiaires électeurs entre le citoyen et le juge qui doit faire pour le citoyen la charge d'accusateur public. Tous les juges, il est vrai, seront également du choix du peuple ; mais il n'est pas moins évident que, par ce mode d'élection, celle de l'accusateur public ne sera pas le fruit immédiat de la confiance du peuple, et qu'il est possible que les juges ne connaissent pas toujours entre eux celui que ses suffrages auraient préféré ; je crois donc utile et conforme à vos maximes de décréter que dans les tribunaux où il y aurait deux chambres, le second ou le troisième juge élu par le peuple sera, par cela seul, désigné pour vaquer aux accusations criminelles. Alors vous aurez fait pour chaque citoyen ce qu'il était en droit d'exiger de lui. Vous aurez respecté ensemble et son droit naturel et le libre exercice de sa confiance. Vous lui aurez présenté un délégué qui sentira bien qu'on peut usurper pour quelque temps la confiance du peuple, mais qu'il n'est qu'une seule voie pour se la conserver long-temps, savoir, de remplir ses fonctions avec zèle, courage et impartialité.

Enfin, et c'est un des plus singuliers avantages de la loi qu'on vous propose : par-là vous fermez la seule porte peut-être par où la corruption puisse s'introduire dans votre ministère public ; par-là vous enlevez aux séductions ministérielles, aux intrigues des puissances, toute action sur les fonctions des commissaires du roi, pour les rendre attentatoires à la liberté individuelle et nationale. Et n'appréhendez pas que cette distribution anéantisse cette belle magistrature : pour quiconque aura l'amour et la conscience de son état, elle offrira toujours une vaste carrière de devoirs à remplir et d'éloges à mériter. D'après cela essaierait-on encore de jeter l'épouvante dans les esprits par l'impétueuse déclamation, et en vous criant que par vos lois le pouvoir exécutif se trouve sans nerf et sans action, que la monarchie est renversée ? Je relisais naguère un petit ouvrage qui parut dans la fin des dernières querelles parlementaires, et qui était fort du goût des patriotes d'alors. Il a pour titre : *le Catéchisme du citoyen*. L'auteur demande, au chapitre III, si la forme de la puissance exécutrice en France est simple ou composée...

Voici sa réponse : « Elle est composée puisqu'elle se trouve, par la constitution légale du royaume, partagée entre le roi et le sénat, que l'on nomme Cour de France ou Cour des pairs, par où il est évident que c'est une monarchie aristocratique. » Une monarchie aristocratique, quelle étrange idée ! et comme aux yeux de celui qui compte pour quelque chose les droits des hommes, ces deux mots doivent être étonnés de leur rapprochement ! Mais vous avez dissous cet alliage monstrueux d'une autorité légitime et d'une autorité usurpatrice; mais vous avez heureusement développé l'idée grande et simple que d'Argenson mit en fermentation, il y a vingt-cinq années, l'alliance de la démocratie et de la royauté, le peuple et le trône. Conçoit-on dans la nature deux moyens dont la réunion puisse opérer à la fois plus de véritable force, plus de gloire et de bonheur ?

Le peuple et le trône, c'est avec eux que Lycurgue est parvenu à faire la plus belle constitution qui puisse jamais gouverner une petite famille; c'est uniquement avec le peuple et le trône que vous aurez fait la plus belle constitution qui puisse régir un vaste empire.—Mon avis est que l'accusateur public soit nommé par le peuple.

M. Drevon. Dans le premier plan que vous présenta votre comité de constitution au mois de décembre dernier, il confirmait aux officiers chargés du ministère public la dénomination de procureur du roi; mais il en confiait le choix au peuple. D'après votre décret, ce choix appartient au roi. Faut-il en conclure que ces fonctionnaires publics ne doivent plus porter le nom de procureurs du roi? N'est-ce pas une raison de plus de leur conserver cette qualification qui ne dut jamais inspirer d'effroi qu'aux méchans, au lieu que celle de commissaire du roi qu'on veut y substituer, a été si souvent la terreur de l'innocence.... Comme chef suprême de la justice, le comité a pensé que le roi ne devait pas paraître en nom devant les tribunaux dans l'état d'une partie qui plaide. Mais si ce motif est constitutionnel, il ne pare pas à tous les inconvéniens ; car pour opérer une régénération complète de l'administration de la justice, votre comité vous exposait la nécessité de créer ce qu'il appelait lui-même des procureurs du roi. D'où je conclus qu'il ne considérait pas cette dénomination comme abusive..... Ce n'est point comme partie devant les tribunaux que le roi parle lorsqu'il s'agit d'un mandement de justice qu'un procureur-général ne pourrait donner ; ce n'est plus le roi qui parle, mais son procureur-général qui paraît comme partie publique, lorsqu'il s'agit d'exercer le ministère que le roi lui a confié, que le roi ne pourrait exercer lui-même, et qu'il est dans l'obligation de faire exercer, l'officier chargé par le roi de requérir l'observation des lois dans les tribunaux, et de procurer en son nom par l'intervention des magistrats le maintien de l'ordre, doit donc, par la nature même de ses fonctions, s'appeler procureur du roi.... Il est constant que le droit d'accuser a fait jusqu'ici partie du ministère public ; il est certain que par votre décret du 8 mai dernier, vous avez statué que les officiers chargés du ministère public seront nommés par le roi. On vous propose aujourd'hui, non-seulement de décomposer le ministère public et de lui enlever sa principale prérogative, mais de le priver de toute action, en ne lui attribuant que la voie de réquisition dans les procès dont les juges auront été saisis : il ne pourra donc agir ni faire aucune réquisition contre les réfractaires à la loi, que le roi est cependant chargé par la constitution de faire exécuter, et sera forcé de la voir violer impunément : c'est donc en connaissance de cause, puisque le décret a été discuté, que l'assemblée a attribué à l'officier qui sera nommé par le roi les fonctions du ministère public. Elle a pu se réserver facilement le droit de modifier les fonctions ; mais les modifier, ce n'est point les anéantir. — La qualité d'accusateur public appartient essentiellement à l'officier chargé du ministère public, et c'est ce qui le constitue partie publique. Modifiez ce droit, assujétissez-le à des règles dictées par votre sagesse ; mais vous ne pouvez l'anéantir, puisque vous ne pouvez détruire les articles constitutionnels que vous avez décrétés.

M. Beaumetz. Pour traiter avec plus de méthode l'importante question qui vous est soumise, je commencerai par vous exposer mon opinion ; j'y joindrai les motifs qui doivent l'appuyer, et je finirai par un projet de décret : je pense que tout citoyen doit avoir par lui-même le droit d'exercer toute accusation publique, qu'il doit être soumis à la responsabilité des accusations calomnieuses, qu'il doit y avoir un ministère public, et que cette commission peut être confiée sans danger aux commissaires du roi. Je dis d'abord que tout citoyen a droit d'exercer l'accusation publique. Je n'entrerai pas dans une discussion théorique, comme un des préopinans l'a fait avec tant d'éloquence, pour prouver que c'est là un des droits les plus précieux du citoyen, et que c'est sous les auspices de ce droit que repose la liberté : nous en avons une fausse idée si nous croyons que la loi est suffisante pour la conserver ; il faut que le cœur en soit le dépôt.

La liberté périra bientôt, si le peuple n'est pas dépositaire de ce droit. Le citoyen s'isolera toujours de l'intérêt commun, lorsqu'il n'aura pas le droit de dénoncer. Je réclame ce droit pour tous les citoyens. Voyez l'exemple de l'Angleterre : tout Anglais a le droit, et c'est pour lui un devoir d'accuser l'infractaire de la loi ; et si un homme était convaincu d'avoir été instruit que tel délit a été commis, il serait traité comme complice du délit qu'il n'aurait pas dénoncé : c'est avec ce principe qu'on lie les citoyens à la force publique. Après avoir admiré les principes de M. Brevet, c'est avec douleur que je l'ai entendu dire qu'il ne nous croyait pas dignes de cette belle institution.

Pourquoi désespérer d'un peuple qui, au premier signal de liberté, a montré tant d'énergie? Pourquoi désespérer d'un peuple qu'on a vu s'armer pour la défendre, et jurer qu'on ne la lui ravirait jamais? Non, la nation française n'est pas indigne de la liberté; elle est prête à consommer ce qui lui reste encore de sacrifices à faire. Je demande donc que chaque citoyen ait le droit d'exercer l'accusation publique: c'est le meilleur moyen de détruire les accusations sourdes. Pour prévenir les effets de la calomnie, il faut que le dénonciateur soit soumis à la plus rigoureuse responsabilité. Il y a douze siècles, les Germains nos aïeux jouissaient de ce droit: il appartenait à leurs descendans de le recouvrer pour jamais. Je conclus à ce que ce droit soit accordé à tout citoyen actif; il paraît indispensable de nommer un officier qui soit chargé de l'exercice de ce droit, en cas que les particuliers ne dénoncent point les délits: il faut que cet officier soit inaccessible à l'espérance et à la crainte, et pour cela il faut le nommer à vie. Ce magistrat ne peut en aucun cas être dangereux pour la liberté publique, car toutes les causes et toutes les accusations seront d'abord soumises à l'examen des jurés.

Jamais ce magistrat ne portera trop loin ses accusations, car cette heureuse institution serait là pour l'arrêter; jamais non plus il n'accusera trop peu; chaque citoyen pourrait suppléer à sa négligence. Je propose de décréter que chaque citoyen aura droit d'accuser en se soumettant à la responsabilité; il y aura auprès de chaque tribunal de district un commissaire du roi, chargé de poursuivre les délits qui n'auraient point été dénoncés par les citoyens. L'assemblée nationale charge son comité de constitution et de jurisprudence criminelle de lui présenter les lois relatives à cet objet.

M. le Pelletier. C'est une grande question, une question neuve que celle qui vous agite en ce moment. Quelle sera la place que vous assignerez dans la constitution à l'accusation publique, à cette redoutable censure? Dans quelles mains déposerez-vous le pouvoir de poursuivre la vengeance des crimes au nom de la société tout entière? On vous propose de déléguer ce droit aux officiers du ministère public, à des officiers nommés par le roi ; c'est cette opinion que j'ai à combattre ; c'est dans cette seule question que je me renferme. Je la considérerai sous trois rapports : 1° Il n'y a point d'avantage politique à confier en France l'accusation publique à des officiers nommés par le roi ; 2° cette délégation serait dangereuse ; 3° elle serait entièrement contraire aux principes de notre constitution. — L'action du pouvoir exécutif consiste dans une relation immédiate de ses agens, dans une correspondance d'ordre et d'obéissance, dans la promptitude, la sûreté, la force de ses mouvemens. Aussitôt que le chef suprême a parlé au nom de la loi, ses ordres doivent se transmettre sans retard et sans obstacle, par les divers anneaux de la chaîne immense de ses agens, jusqu'aux extrémités de l'empire, et que leur obéissance assure celle de tous, par les moyens de la force publique dont la direction leur est confiée : l'obéissance prompte, fidèle, passive, est le devoir de ses agens ; elle serait coupable dans l'accusation. Le magistrat qui accuse, comme le magistrat qui juge, ne doit ressentir aucune impulsion étrangère. Le monarque et ses agens ne peuvent point lui prescrire la plainte ni le silence ; ils ne peuvent le forcer à accuser, ni l'obliger à suspendre une accusation commencée ; ils n'ont droit ni de précipiter, ni de diriger, ni de ralentir sa marche. Comme tous les autres citoyens, ils peuvent lui dénoncer des faits, lui fournir des témoignages, provoquer son zèle et sa vigilance ; mais ensuite, descendu dans lui-même, l'accusateur public n'a d'ordres à suivre que ceux de la loi et de sa conscience : ainsi les fonctions de l'accusateur participent tout-à-fait de la nature de celle des agens du pouvoir exécutif, les devoirs en sont opposés. L'obéissance prescrite aux uns, serait dans l'autre prévarication ; et il me semble démontré que le pouvoir exécutif ne pouvant influer par des ordres légitimes sur les accusations, ce ne serait rien ajouter à sa force et à son action, que de déposer le droit d'accuser entre les mains d'un de ses agens. — Cette délégation serait dangereuse. Autant le développement plein et entier du pouvoir exécutif est un bienfait pour la nation, lorsqu'il agit visiblement, et qu'il emploie les moyens qui lui sont confiés, autant je redoute son influence et son action cachée et inaperçue. Je craindrais que trop souvent il ne dirigeât secrètement les accusations, si des agens, choisis par lui et dépendans de lui, dans le surplus de leurs fonctions, étaient encore dépositaires du terrible droit d'accuser. Ce serait se faire une idée bien imparfaite de ce redoutable pouvoir, que de penser que la nouvelle forme de nos procédures en écartera suffisamment les dangers. Je sais que le grand jury qui prononcera s'il y a lieu ou non à poursuivre l'accusation, est un premier frein contre les accusations injustes; je sais que le petit jury qui, à la fin de la procédure, prononcera si l'accusé est ou non coupable, est un second rempart pour l'innocence. Je ne nie point ces avantages de notre constitution nouvelle.

Mais il est certain pourtant, que si des accusations insidieusement concertées, ne peuvent pas entièrement opprimer la liberté publique, elles peuvent du moins l'inquiéter et la tourmenter, semer des terreurs, agiter les esprits, étonner l'opinion et dans le choc des partis, préparer par le trouble des moyens sûrs de dominer.... Secret fatal révélé aux tyrans de l'Italie, et si fidèlement conservé par tous ceux qui ont succédé à leurs funestes principes. Si son action peut être dangereuse, son silence peut n'être pas moins redoutable : M. Thouret l'a suffisamment démontré. On ne saurait se dissimuler toute l'importance du rôle de l'accusateur, même avec le double jury, dont vous avez décrété l'institution. L'exemple du passé ne saurait nous rassurer sur l'avenir. Je sais que des officiers nommés par le roi ont jusqu'ici exercé en France le droit d'accuser, et que cependant l'histoire des tribunaux ne nous présente point les abus de scandaleuses accusations. La vertu des magistrats dépositaires de ce ministère important, repousse ces honteuses suggestions. La mémoire et les exemples des Molé, des d'Aguesseau, des la Chalotais vivaient toujours au milieu de leurs successeurs; et sur cette longue liste d'hommes recommandables, vous ne trouverez pas un vil agent du despotisme; mais vous en compteriez plutôt d'illustres victimes. N'appliquons pas ces faits à l'état actuel de notre gouvernement. Quel besoin l'autorité arbitraire avait-elle alors de placer dans ces postes importans, au lieu d'hommes purs, des sujets dévoués et des créatures affidées ? Tout a été conquis, tous les pouvoirs étaient dans sa main ; lui restait-il même encore un souhait à former pour s'accroître ? D'ailleurs, des moyens plus discrets lui appartenaient ; et quel ministre eût été assez aveugle pour courir les hasards du scandaleux et dangereux éclat des accusations judiciaires ? Au contraire, dans un gouvernement où il y a deux pouvoirs, où deux autorités se balancent, les forces sont mieux calculées, les côtés faibles sont mutuellement observés.

Il doit être dangereux de confier l'aveu redoutable de l'accusation à des agens choisis par le pouvoir exécutif, et nécessairement dans sa dépendance. J'irai jusqu'à dire que cette arme perdrait de sa force dans un état bien constitué. Une autre considération mérite d'être pesée : il faut que l'accusateur soit étayé par l'opinion publique ; la rigueur même de ses fonctions a besoin de cet appui. Le respect dû aux accusations ne pourrait-il pas leur être refusé, lorsque, d'un côté, le peuple considérerait dans ses juges des hommes élus par la confiance, et ne verrait peut-être dans le magistrat accusateur que l'homme de la faveur et l'agent de l'autorité. — Il me reste à établir que la délégation de ce pouvoir à un officier nommé par le roi, serait contraire à la nature de notre constitution actuelle. Parcourons les différentes formes de gouvernemens. Dans le gouvernement purement populaire, chaque citoyen a le droit d'accuser. A Rome, à Athènes, où le peuple tout entier faisait les lois, où lui-même il les appliquait et jugeait les accusations, nous voyons qu'ayant conservé dans sa main tous les pouvoirs, il n'avait pas délégué celui d'accuser ; il l'exerçait individuellement ; c'était le devoir et l'honneur de chaque citoyen de dénoncer et de poursuivre les coupables. Dans une monarchie absolue, telle qu'était depuis long-temps le gouvernement français, tous les pouvoirs se trouvaient rassemblés dans les mains du monarque : le droit de faire des lois, celui de les faire exécuter, celui de juger, celui d'accuser.

L'autorité monarchique était le point central où tous les pouvoirs venaient se réunir, et ils sortaient ensuite de la main du prince, pour être dispersés dans les différens points de l'empire. Mais observez une particularité remarquable, le monarque, seul représentant de la nation, déléguait tous les autres pouvoirs; mais quant à ceux d'accuser et de juger, il ne les déléguait pas, il les aliénait véritablement par une maxime monarchique, par un usage antique. Actuellement j'établis que le prince ne pouvait retenir ces pouvoirs ; il ne pouvait les exercer par lui-même; il ne pouvait pas les confier aux agens immédiatement soumis à ses ordres : il fallait qu'il les déposât, et à perpétuité, dans des tribunaux composés de juges à vie, indépendans, inamovibles, tant l'impression de l'autorité et les apparences de la crainte étaient repoussées par l'opinion, loin de fonctions aussi saintes et aussi redoutables ! Dans la troisième forme de gouvernement que vous avez adoptée, le peuple ne conservera pas le droit individuel d'accuser, parce qu'il n'exerce pas non plus par lui-même les autres pouvoirs; il ne les déléguera pas au roi, puisque dans la monarchie même la plus absolue, le monarque serait contraint de l'aliéner en d'autres mains, mais le peuple exercera le droit d'accuser par ses représentans ; comme il se gouverne par ses représentans, il élira des censeurs publics, comme il élit ses juges, ses législateurs, les membres de ses administrations de département. Alors tout sera d'accord dans la forme de notre gouvernement, et le système de représentation et d'élection qui en est l'âme, se trouvera aussi conservé pour l'un des pouvoirs le plus important à la tranquillité individuelle et à la liberté politique. Je n'examine point en ce moment l'exécution, je ne discute que le principe : sera-ce un officier spécialement nommé par le peuple, sera-ce un des juges de chaque tribunal, qui exercera pendant un temps déterminé les fonctions d'accusateur public? Ces détails seront faciles à régler : il est bien certain que l'accusateur ne pourra être juge, à la fois, accusateur et partie, et par conséquent ne peut se juger lui-même ; mais il sera aisé d'échapper à cette difficulté. Le seul point dont je m'occupe, la première question qui, dans mon opinion, doive être présentée, seule et isolée à votre délibération, est celle de savoir si les officiers du ministère public, nommés par le roi, exerceront aussi les fonctions d'accusateurs, et à cet égard, je résume en deux mots tout ce que j'ai dit : où le pouvoir exécutif ne doit pas avoir d'influence sur ses accusations, et alors il est inutile qu'elles soient intentées par les agens qu'il a choisis; ou le pouvoir exécutif doit en faire mouvoir les ressorts, et en ce cas, il faudra décréter cet article dans votre constitution. En France, c'est aux ministres que la nation délègue le pouvoir de dénoncer les crimes et de les poursuivre.

M. Robespierre. L'accusation individuelle est un acte public. Tout délit qui attaque la société, attaque la nation, c'est donc à la nation à en poursuivre seule la vengeance ou à la poursuivre concurremment avec la partie lésée; le pouvoir exécutif ne peut agir que quand les deux autres pouvoirs ont déterminé son action; songez d'ailleurs au danger qui n'est pas imaginaire de confier aux ministres ou à leurs agens une arme terrible qui frapperait sans cesse sur les vrais amis de la liberté (1).

La séance est levée à trois heures.]

SÉANCE DU 10 AOUT.

[« L'assemblée nationale instruite par son comité des finances que les redevables des droits d'aides, d'octrois, et autres conservés, entre autres, les bouchers, aubergistes et cabaretiers des villes de Noyon, Ham, Chauny, et autres paroisses circonvoisines, affectent d'éluder le paiement desdits droits, ordonné par son décret du 5 août présent mois, sous prétexte que ce décret n'ordonne que le paiement des octrois; déclare que, conformément à ses précédens décrets, les droits d'aides, octrois et autres conservés, continueront d'être perçus tels et de la même manière

---

(1) Ce discours eut sans doute une plus grande étendue. Nous aurions désiré le donner tout entier, mais nous ne l'avons trouvé ni dans *le Point du Jour*, ni dans aucun autre journal du temps. Nous avons déjà eu lieu de remarquer la partialité avec laquelle *le Moniteur* traitait alors Robespierre. Les moindres de ses paroles y sont défigurées, tronquées et arrangées le plus souvent avec une intention de parodie qui saute aux yeux.

qu'ils l'étaient en l'année dernière, jusqu'à ce qu'il en ait été autrement ordonné ; enjoint spécialement aux bouchers, cabaretiers, aubergistes et autres, d'acquitter lesdits droits, même pour les arriérés, et de se soumettre aux exercices que leur perception rend nécessaires, à peine d'être poursuivis, non-seulement comme contribuables, mais encore comme réfractaires aux décrets les plus positifs de l'assemblée nationale ; déclare le présent décret commun à tous les lieux où il se trouve des octrois et droits d'aides établis. »

M. Dupont propose de décréter que l'accusation publique ne sera pas donnée aux commissaires du roi, et que les comités de constitution et de jurisprudence criminelle, détermineront quelles seront les formes de l'accusation publique en France.

M. l'abbé Maury. A-t-on bien réfléchi au danger qu'il y a de faire de l'accusation publique une accusation populaire ? quand le peuple accuse, il juge ; et cependant le crime d'un accusateur devient le crime de tous. C'est ainsi que l'ostracisme, qui fit proscrire Aristide, fut le crime de tous les Athéniens : l'assassinat juridique, commis en Hollande contre Barneweldt, fut l'opprobre de tous les Hollandais…. Cessons d'envisager le pouvoir exécutif contre lequel nous aurons à lutter perpétuellement. David Hume a dit qu'une méfiance outrée contre le chef de la nation était toujours une source de troubles, et conduisait quelquefois au plus affreux esclavage. Ainsi parlait un Anglais d'après l'expérience de tous les siècles…. Vous avez décrété que les officiers du ministère public seraient nommés par le roi, et pour leur donner plus d'énergie, vous avez décidé qu'ils seraient nommés à vie ; vous avez jugé la question ; ne les regardons point comme les ennemis de la constitution. Il y a un grand danger à supposer des maux chimériques pour s'assujétir à des maux réels. Le roi doit appartenir à la constitution…. La constitution qui excite dans ce moment de si vifs débats, finira par être le patrimoine commun de tous les Français, de tous les peuples ; ce sera un titre de famille, et celui-là l'outragerait, qui pourrait penser qu'elle aura d'éternels ennemis. Si cela était, vous pourriez dire d'avance qu'elle est anéantie. N'aurez-vous pas toujours la surveillance nationale?.... Qu'était le procureur du roi? Il recevait des dénonciations, et s'il refusait de requérir, le tribunal y suppléait en nommant un substitut; il n'était pas un juge, il ne disposait pas de la fortune des citoyens. Vous savez tous qu'un procureur-général qui avait calomnié un citoyen, était obligé de nommer le dénonciateur, et de présenter à l'accusé le registre des accusations; sinon on prenait le substitut, on pouvait le prendre lui-même à partie. Donc il ne pouvait jamais être un calomniateur; donc l'intérêt du peuple était assuré. La cause publique n'est-elle pas en danger, l'intérêt particulier n'est-il pas compromis, par ce luxe de nouveautés, par ces expériences dangereuses?

Il est manifeste que si le juge est dénonciateur, il est en même temps juge et partie. On verrait encore des tribunaux qui, comme les comités des recherches, prolongeraient les terreurs du peuple. Et certes, il ne faut pas des comités des recherches à un peuple libre. Repoussons loin de nous les moyens d'inquisition. Le riche paierait le juge, soudoierait des agens, et le pauvre qui n'oserait, qui ne pourrait se plaindre, resterait sans réparation et sans vengeance. C'est compromettre la sûreté publique, l'intérêt du pauvre, et confondre toutes les notions judiciaires, que de renfermer l'accusation dans le tribunal. Mais combien n'est-il pas plus surprenant encore que le comité présente un décret isolé! Vous avez changé l'ordre judiciaire, et vous ne l'avez pas encore organisé; vous avez décrété les jurés en matière criminelle, et très-peu de personnes ont une idée nette des jurés. Ce n'est qu'au moment où vos vues seront fixées à cet égard que vous pourrez décréter l'accusation publique. Aurez-vous un ou deux jurys, ou trois, comme en Angleterre? Si vous adoptez le grand jury, comment sera-t-il institué? Vous voulez deux sessions non interrompues. En Angleterre le jury ne s'assemble que deux fois par année. Pourquoi a-t-on établi un jury en Angleterre? C'est que le royaume n'est divisé qu'en cinquante-deux comités: mais en France, où vous avez cinq cents districts, où tous doivent être indépendans les uns des autres, est-il possible de trouver dans chacun un nombre de citoyens éclairés pour former le grand jury? Pourra-t-il donc exister? S'il existe, quelle autorité lui donnerez-vous? Vous ne pouvez le dire.

Ainsi, la question qui vous occupe est prématurée : c'est vouloir décréter la forme avant le fond, et se vouer à de grandes erreurs. On a voulu vous faire craindre qu'aux approches des élections, les ministres, par le moyen de leurs agens, ne fissent accuser un citoyen vertueux, pour l'éloigner des fonctions où sa vertu serait redoutable; mais en Angleterre, une accusation, une incarcération même, ne prive pas du droit d'être élu : un jugement par contumace ne peut déshériter un Anglais du droit acquis par sa naissance de représenter le peuple au parlement, où M. Wilkes, représentant de Middlesex, s'est trouvé en cette position; on a jugé qu'un décret de prise de corps ne pouvait empêcher de remplir les fonctions de représentant, que lorsqu'il y avait capture d'exécution. On nous effraie donc inutilement du concert du procureur du roi avec le grand jury. Que conclure de ces observations? Que la question est prématurée; que le pouvoir judiciaire n'étant pas organisé, on ne peut décréter le mode de l'accusation publique. Je ne cherche pas des échappatoires, et je n'ai d'autre intérêt que celui de votre gloire. Le pouvoir exécutif reçoit la loi des mains du pouvoir législatif : comment le pouvoir exécutif pourra-t-il faire exécuter la loi, si un officier du roi ne peut en dénoncer l'inexécution? On peut cependant présumer que vous donnerez au roi, pour ne vous écarter ni de la nécessité, ni de la prudence, ni des principes, le droit de choisir les accusateurs publics. Je conclus et je propose de retrancher du projet du comité, les quatre premiers articles, et de commencer par celui-ci : « une des fonctions du procureur du roi sera d'intenter les accusations publiques, et de poursuivre les crimes et les délits suivant les règles et la concurrence qui seront établies par l'organisation judiciaire.

M. Thouret propose de décréter que l'accusation publique ne sera pas confiée aux commissaires, mais à un officier élu par les citoyens. Goupil se range de cet avis. A la suite de vifs débats, l'assemblée décrète que l'accusation publique ne sera pas confiée aux commissaires du roi.]

SÉANCE DU 10 AU SOIR.

« Depuis long-temps les séances du soir n'avaient été si orageuses. Une députation du régiment du Languedoc, en garnison à Montauban, a été reçue à la barre.

« On doit se rappeler que par le décret du 26 juillet, l'assemblée avait dit que le roi serait supplié de faire sortir ce régiment de la ville de Montauban, et de le remplacer par deux autres. C'est à ce sujet que les députés ont pris la parole. L'orateur a parlé avec beaucoup d'énergie du patriotisme de ce régiment. Il a terminé son discours en disant qu'il avait fait part de sa conduite à toute l'armée, et qu'il s'en rapportait à la justice de l'assemblée.

« Cette affaire a été renvoyée au comité des rapports, qui doit en rendre compte jeudi prochain. Aussitôt M. Cazalès s'est élancé à la tribune pour demander l'impression de ce discours.

« Mais sur la réclamation du côté gauche, l'ordre du jour a été repris. Le décret était à peine rendu, que M. Foucault parvient, malgré les plus bruyantes oppositions, à présenter des motifs qui, selon lui, doivent faire ordonner l'impression du discours; mais le tumulte recommence avec plus de force, et le côté droit insiste avec violence pour faire mettre aux voix cette motion. On réclame avec chaleur, du côté gauche, l'exécution du décret, de passer à l'*ordre du jour*. On y observe que le régiment de Languedoc est sous l'autorité d'un décret qui ne pouvait être changé; que sa demande de demeurer à Montauban ne pouvait être accueillie, et qu'ainsi l'impression du discours de la députation devenait inutile; que le comité d'ailleurs en ferait son rapport.... C'est alors qu'il s'est élevé des cris et un si effrayant tumulte du côté droit, qu'on n'en avait point encore entendu de semblable: il a duré près d'une heure. Enfin, M. l'abbé Maury a déclaré au président qu'on ne demandait qu'un décret de refus. Cependant M. Foucault insistait encore pour que sa motion fût mise aux voix; il ne voulait pas quitter la tribune que l'assemblée ne l'eût délibérée: on ne peut imaginer la violence avec laquelle le côté droit a persisté à demander l'impression de ce discours.

« Ce trouble horrible, dont on ne pouvait calculer les causes, n'a cessé que par l'arrivée du comité des recherches de la ville de Paris à la barre. » (*Le Point du jour.*)

Oudart prit la parole pour le comité des recherches, et son discours, que nous rapportons plus bas, excita un tumulte plus scandaleux encore que celui qui venait d'avoir lieu. Là-dessus le *Moniteur* est inexact et insignifiant, au point qu'il ne mentionne même pas la célèbre querelle de Barnave et de Cazalès : nous avons dû la chercher ailleurs. Voici ce qu'en rapporte Desmoulins, d'accord sur les faits avec M. Prudhomme. « Les noirs étaient hors d'eux-mêmes; c'était comme si un exorciste eût jeté un seau d'eau bénite sur la tête d'un diable sans perruque. Le noir Cazalès s'écria que tous les membres du côté gauche étaient des brigands. Ce mot, qu'il adressait à tous les patriotes, il le fit sonner si fortement à l'oreille de Barnave, en le regardant de travers, que celui-ci ne put s'empêcher de dire au *nègre*: Parlez-vous collectivement? c'est une sottise à laquelle je ne dois pas prendre garde; voulez-vous m'insulter personnellement? c'est ce que je ne souffrirai pas. Ce que j'ai dit est pour vous, répond Cazalès. Le bouillant patriote ne se possède plus, et lui riposte par le mot le plus énergique de la langue dans ses deux sens. » (*Révolutions de France et de Brabant*, n° 38, p. 670.)

Le lendemain ils eurent une rencontre au bois de Boulogne : ils échangèrent deux coups de pistolet. Barnave, favorisé par le sort, tira ses deux coups le premier, et du second il frappa Cazalès au front. La corne du chapeau de ce dernier avait amorti la balle. Les témoins de cette affaire étaient Al. Lameth pour Barnave, et Saint-Simon pour Cazalès.

Les deux partis montrèrent une vive sympathie pour leurs champions respectifs. Lorsque Barnave se montra sain et sauf à la société des *Amis de la constitution*, il y fut accueilli avec de grandes démonstrations de joie. La cour, de son côté, donnait à Cazalès les marques du plus tendre intérêt : elle envoyait deux fois par jour chez lui.

Au reste les républicains, Loustalot en particulier, blâmèrent beaucoup Barnave de cette démarche. Le duel était alors ouvertement condamné par les hommes qui appelaient de tous leurs vœux, le règne de la vraie morale. C'était le second que Barnave avait, et on lui en faisait un tort d'autant plus grave que son talent, son influence politique, sa nomination récente à la mairie de Grenoble, lui imposaient des devoirs et des exemples auxquels il avait préféré un sentiment personnel. Le combat singulier était décrié par les amis de la révolution comme un vice aristocratique, comme une racine du tronc féodal. Des dissertations pleines des axiomes si victorieusement établis par les élèves de J.-J. Rousseau avaient été faites par les Jacobins. Nous citerons un ouvrage du jacobin Ph. A. Grouvelle, intitulé : *Point de duel ou point de constitution*, publié au commencement de 1790. Le même écrivit plus tard, à l'assemblée nationale, une adresse sur le duel, que la société des *Amis de la constitution* fit imprimer pour être envoyée à toutes les sociétés qui lui étaient affiliées. Les auteurs des meilleurs livres de morale sociale appartenaient à ce club, et ils en composèrent un grand nombre. Tous propageaient le principe du dévoûment et de la fraternité. Plusieurs brochures, telles que l'*Ecole des laboureurs de Lequinio*, la *Déclaration des droits de l'homme et du citoyen* mise à la portée de tout le monde et comparée avec les vrais principes de toute société, par le jacobin Charles Morel, eurent un grand succès. Les écrivains les plus démocratiques, Carra, Loustalot, Robespierre, Marat, étaient aussi ceux qui insistaient avec des convictions plus ardentes, sur la nécessité des bonnes mœurs. Desmoulins lui-même, que son talent supérieur pour la satire semblait avoir exclusivement consacré à flageller les contre-révolutionnaires, se surprenait quelquefois dans des mouvemens du plus pur sentiment social. Il refusa de se battre en duel avec le comédien

Naudet, qui l'y provoquait avec fureur. A la suite de réflexions très-sensées sur celui de Barnave, il s'écrie : « Quoique je m'accommodasse peu de leur régime et de leurs fèves, j'ai toujours aimé les pythagoriciens parce qu'ils mouraient les uns pour les autres : voilà comme devraient être tous les vrais jacobins et tous les bons patriotes. C'est l'aristocratie qui est égoïste ; car égoïste ou aristocrate sont synonymes. »

L'opposition royaliste se contentait de faire la guerre pour rejeter la révolution du terrain qu'elle envahissait, et dont elle s'efforçait de chasser le passé : ses satires étaient plus cyniques mille fois que celles de leurs adversaires. Ce furent ces écrits qui introduisirent dans les querelles politiques les ordures du langage poissard, qui parodièrent les premiers le culte catholique, en empruntant à ses livres, à ses prières, à ses hymnes et à ses cérémonies les titres des plus ignobles pamphlets (1).

Quant au parti des impartiaux, il préchait le calme, la tranquillité, l'*ordre public*. Parmi les brochures qui lui appartiennent, il en est une de l'époque que nous racontons, trop curieuse pour ne pas être citée ; elle s'appelle : *Apologie de l'égoïsme*. L'auteur est évidemment un disciple d'Helvétius. Il commence par dire que l'on déclame généralement contre l'égoïsme, et que l'on a tort ; qu'on lui attribue tous les maux de la France, et que l'on a raison. Il explique cette contradiction apparente en distinguant deux

(1) Voyez, *le Domine Salvum fac* ; *le Pange lingua* ; *le Veni Creator* ; *la Passion de Louis XVI, roi des juifs et des français* ; *l'Apocalypse* ; *les Actes des apôtres*. Ces derniers journaux sont remplis d'équivoques si grossières, d'un tel mépris *pour ce vain fantôme que l'on appelle la morale publique* qu'il nous est impossible d'y puiser une citation honnête. Nous ne comprenons pas que des écrivains de cette espèce aient été tolérés un instant. Les gravelures et les grivoisetés de l'école de Pinon y sont mêlées avec un assortiment de versets de l'Écriture Sainte, des vers de la Pucelle, le tout servant d'épigraphe à des articles pour le roi, pour la reine, pour Cazalès, etc ; contre les Jacobins, et Robespierre surtout. C'était des champions de l'aristocratie qui menaient le deuil de la prétendue étourderie française, et qui insultaient à la morgue démocratique par des orgies intellectuelles qui depuis long-temps ne sont pas même dans les habitudes de nos littérateurs les plus immoraux. — Voyez encore, *la vie privée de Blondinet Lafayette, général des bluets* ; *la Lanterne Magique nationale* ; *les Synonymes nouveaux* ; *Duchesne, le Véritable Père,* 1790 ; *la Prise des Annonciades* ; *Prospectus d'un nouveau Journal* ; *le Triomphe de Paris*, par *Letellier*, etc.

égoïsmes : l'un vertueux, l'autre vicieux. L'égoïsme vicieux par excellence est celui des hommes « qui bouleverseraient, s'il le fallait, un empire pour contenter leur ambition démesurée : ils emploient les détours de l'intrigue, les poisons de la calomnie pour parvenir à leurs fins ; ils masquent leurs vues criminelles du voile du bien public ; le patriotisme dont ils font parade est sur leurs lèvres et non dans leur cœur ; ils sont égoïstes, mais leur égoïsme destructeur, bien loin de leur être avantageux, finit souvent par les précipiter eux-mêmes dans l'abîme qu'ils avaient creusé pour les autres.

» L'égoïste vertueux n'est d'aucun parti, d'aucune faction, d'aucun complot. Ses supérieurs le considèrent, ses égaux l'aiment, ses inférieurs le respectent : il est heureux.

» ......Je dirai aux artisans et aux agriculteurs : n'abandonnez plus vos ateliers, pensez que vous avez une femme et des enfans à nourrir, ne confondez pas la liberté naturelle et raisonnable avec la licence effrénée : la véritable liberté consiste à ne pas faire à autrui ce que vous ne voudriez pas qu'on vous fît. Je loue votre zèle patriotique, mais ne passez pas les bornes que la raison et votre intérêt même vous prescrivent.

» Je dirai à tous les Français : Ne troublez plus la tranquillité, l'harmonie et les opérations de l'auguste assemblée qui s'occupe de la nouvelle constitution. » (*Apologie de l'égoïsme*. Passim.)

Séance. — Pendant le tumulte occasionné par la députation du régiment du Languedoc, le comité des recherches paraît à la barre, et l'assemblée décide qu'il sera entendu.

M. Oudart prend la parole. « Messieurs, tous les journaux publient, depuis trois jours, que l'un des membres du Châtelet, admis à la barre samedi dernier, a déféré le comité des recherches comme ayant refusé de remettre les documens et les pièces relatives à une procédure dont on est venu vous entretenir, et que, sur son exposé, vous avez aussitôt décrété que ce comité serait tenu de les remettre sans délai. L'assemblée nationale a été induite en erreur. Il est de notre devoir de vous dire la vérité, et il vous importe de la connaître. Au mois de novembre dernier, le comité des recherches de la municipalité crut devoir inviter le procureur-syndic de la commune à dénoncer les délits commis le 6 octobre précédent, dans l'intérieur du château de Versailles. Le Châtelet ayant été saisi de cette dénonciation, le comité lui fit remettre les noms des personnes qui pouvaient avoir connaissance de ces délits. Quelques mois après, M. le procureur du roi et trois autres membres du Châtelet nous proposèrent d'ajouter à la dénonciation des délits commis le 6 octobre, celle de plusieurs autres faits, vrais ou faux, qui nous parurent étrangers à la poursuite provoquée par le procureur-syndic de la commune, et dont quelques-uns nous semblent *plutôt dignes de la reconnaissance publique que d'une procédure criminelle.* Nous attestons à l'assemblée que nous nous en expliquâmes ainsi avec ces quatre juges, et que nous refusâmes constamment d'adopter cette série de faits additionnels, quoiqu'ils offrissent d'y faire quelques corrections. Bientôt le bruit se répandit que le Châtelet informait *sans base et sans mesure, et que, sous prétexte de venger les délits du 6 octobre, il faisait le procès à la révolution et au peuple de Paris que cette révolution honore.* Le Châtelet fut même dénoncé à l'assemblée nationale par la très-grande majorité des districts de la capitale ; ces dénonciations ont été remises au comité des rapports, et sont restées sans suite. Nous nous crûmes obligés de repousser les reproches que nous partagions avec le Châtelet ; et nous déclarâmes à l'assemblée des représentans de la commune que nous étions entièrement étrangers à toute information qui n'aurait pas pour base *unique* les délits qui ont été commis au Château de Versailles, *dans la matinée du 6 octobre* ; dès-lors, on sut que nous différions, le Châtelet et nous, *de conduite et d'opinion* dans des points bien importans. Dans ces circonstances, le procureur du roi nous écrivit au mois de juin dernier, qu'il résultait de l'instruction commencée à sa requête, que nous avions dans les mains différens renseignemens et pièces qui pouvaient servir à compléter son instruction. Nous lui répondîmes que nous croyions avoir satisfait à ce que notre devoir exigeait de nous, en produisant les témoins des délits du 6 octobre; que cependant si ces témoins s'en étaient référés à leurs déclarations faites devant nous, elles seraient incessamment remises.

« A l'égard des pièces, nous déclarâmes au procureur du roi, que nous n'en avions aucune qui pût se rapporter aux délits dénoncés. Nous le priâmes de s'expliquer davantage, et de dire positivement ce qu'il désirait de nous. M. le procureur du roi n'a point déféré à notre prière, et ne nous a donné aucune espèce d'explication : il n'a point spécifié les pièces qu'il désirait que nous lui remissions. Cette conduite ne doit point surprendre, si, comme on le dit depuis quatre mois, le procureur de la commune a provoqué une instruction, et que le Châtelet en poursuive une autre. On vient de rendre public un jugement de ce tribunal, dans lequel toute cette procédure est appelée l'*affaire des 5 et 6 octobre*. Plusieurs membres du Châtelet nous ont adressé, dans le courant du mois dernier, des écrits dont nous ne releverons pas les inexactitudes, et dans lesquels on nous oppose notre dénonciation des 5 et 8 octobre. Nous nous croirions grandement coupables, *si nous avions dénoncé la journée du 5 octobre*. Nous n'avons pas plus dénoncé la journée du 6. Le procureur-syndic a dénoncé uniquement les délits commis *dans la matinée du 6, au Château de Versailles*. Nous venons protester dans cette assemblée des représentans de la nation, que nous n'avons pas d'autres documens sur les délits du 6 octobre. Les témoins ont dû déposer avec exactitude ; s'ils ne l'ont pas fait, le Châtelet a pu et a dû les y contraindre. Nous protestons de plus que nous n'avons aucune pièce que nous puissions remettre à M. le procureur du roi, *comme étant relative aux délits du 6 octobre*. Nous supplions l'assemblée nationale qui vient d'entendre nos déclarations, de prendre en considération la perplexité où nous met son décret du 7 de ce mois, qui ordonne que nous communiquerons, sans délai, à M. le procureur du roi, et les pièces et les documens qui peuvent être relatifs aux événemens du 6 octobre. Nous la supplions d'ordonner que son comité des rapports, à qui nous nous empresserons de donner toutes les explications qu'il pourra nous demander, vérifie les faits que nous venons d'exposer, et les motifs de notre conduite. Quels que soient vos décrets, Messieurs, nous nous y conformerons avec le respect et l'obéissance que vous devez attendre d'un comité de citoyens appelés, par la commune de Paris, à surveiller nuit et jour les ennemis de vos lois, à les contenir avec fermeté, et à les poursuivre avec courage. »

On demande le renvoi de cette pétition au comité des rapports, et on réclame l'ordre du jour.

M. l'abbé Maury. J'ai déjà parlé sur les malheurs du 6 octobre, avec une modération qui doit inspirer quelque confiance en mes principes. Ce que je vais dire en sera la confirmation. Il n'appartient ni à mon caractère de ministre des autels. (Quelques éclats de rire partent de la partie gauche.)

M. l'abbé Maury descend de la tribune. — Le tumulte recommence; on crie à l'impiété. — Plusieurs ecclésiastiques, parmi lesquels M. l'évêque de Nîmes se fait distinguer par ses cris, menacent du geste M. le président. — Une voix s'élève dans la partie gauche : Nous respectons le ministre; c'est du ministre que l'on rit. — M. le président invite M. l'abbé Maury à remonter à la tribune.

M. l'abbé Maury. J'exécute les ordres de l'assemblée : le caractère d'un représentant de la nation est si respectable, que je ne dois pas le compromettre davantage dans cette assemblée. (Les éclats de rire recommencent.) M. le président, c'est à vous que je m'adresse; on ne peut ici parler que des principes et des personnes. Mes principes sont mal interprétés; les personnes sont sacrifiées par le zèle même que je mets à les défendre. Je ne sais d'où vient cette malveillance; si elle vient de l'assemblée, je dois me taire; si elle vient des spectateurs, je ne dois point parler devant une assemblée qui n'a point assez d'empire pour imprimer du respect à ceux qui l'écoutent.

M. Pison. Je demande qu'on improuve ceux qui ont interrompu M. l'abbé Maury.

M. Dubois-Crancé. Je demande qu'on improuve ceux qui, par une marche combinée, troublent toutes nos délibérations.

SÉANCE DU 11 AOUT.

Sur le rapport de l'abbé Joubert décret relatif à l'approvisionnement du duché de Bouillon. — Rapport de Rousselet sur les inquiétudes du département de la Meuse relativement aux projets combinés des puissances voisines contre la France, et sur l'arrestation de Meslé, capitaine des chasseurs, porteur d'un libelle en forme de lettre, pour inviter les troupes à la rébellion. Décret qui ordonne l'instruction du procès de cet officier. Explication donnée par Noailles sur les principes qu'on lui suppose dans le libelle saisi. Discours d'Alexandre de Lameth sur ce libelle qui portait les initiales de son nom. Il déclare qu'il appuie la mesure que vient de prendre l'assemblée. Ce libelle supposé avait pour but d'insinuer que c'était avec l'argent du duc d'Orléans que le parti patriote achetait l'insubordination des soldats. — *Séance du 11 au soir.* Décret sur le rapport de Varin, portant qu'il n'y a pas lieu à accusation contre Toulouse-Lautrec. — Adoption de divers décrets proposés par Chascy, sur les dîmes, la liquidation et les paiemens du clergé.

SÉANCE DU 12 AOUT.

Suite de l'ordre judiciaire. — L'assemblée décrète que le tribunal de cassation sera unique et sédentaire auprès du corps-législatif. — *12 au soir.* Morainville, admis à la barre, fait hommage de la découverte d'un nouveau bassin de construction pour les vaisseaux. — Vernier fait accepter un décret pour accélérer la répartition et la perception des impôts en Bourgogne.

SÉANCE DU 13 AOUT.

Sur le rapport fait par M. le Brun, au nom du comité des finances, les décrets suivans sont adoptés.

« Les places de contrôleur-général et d'inspecteurs-généraux des monnaies seront supprimées. — Les traitemens de MM. Farbonnais, Condorcet et Danty, sont renvoyés au comité des pensions. — Les appointemens du professeur de minéralogie seront supprimés de l'état des dépenses des monnaies, et renvoyés au département des mines. — Les honoraires du contrôleur-général des bâtimens, seront réduits à 5,000 livres. — La place d'inspecteur des monnaies est supprimée. — Il sera assigné une somme de 1,600 liv. pour un suisse, deux portiers et un balayeur. — Les mêmes dépenses d'administration sont supprimées ; les frais de comptabilité cesseront d'avoir lieu, à compter du 1er janvier 1791. — Le Bailly, pour frais de bureaux, concernant les aides, supprimé. (Il avait 400 liv.) — Le sieur Genet, pour traduction de papiers étrangers pour les finances, supprimé. (Il avait 1,200 liv.) — Le sieur Giraut, directeur de la poste aux lettres de Versailles, supprimé. (Il avait 1,200 liv.) — La dame Hérissant, pour fourniture des calendriers dans les différens départemens, supprimée. (Elle avait 700 liv.) — Suisse du département de la maison du roi, supprimé, comme devant être compris dans la liste civile. (Il avait 1,072 liv.) — Aumônier du contrôle général, chirurgien attaché au contrôle, concierge de l'hôtel du contrôle à Versailles, suisse dudit hôtel, suisse du contrôle général à Paris, entretien des réverbères desdits hôtels, supprimés, comme étant des dépenses qui doivent être à la charge du ministre. (Elles se montaient ensemble à 5,400 liv.) »

Rapport présenté par Enjubaud sur la dépense de la maison des princes, et sur l'apanage des fils de France. Il propose de décréter qu'il ne sera plus accordé d'apanage, que les anciens seront supprimés, et qu'il sera pourvu, par une pension sur le trésor public, à l'indemnité et au traitement des princes apanagistes. — L'abbé Maury demande l'ajournement des articles relatifs aux dettes des princes : il est adopté. Les autres articles du projet sont décrétés successivement. — Broglie fait décréter que l'honneur du régiment de Languedoc n'a pu être compromis par le décret du 26 juillet, qui le concerne.

SÉANCE DU 14 AOUT.

Décret qui ordonne l'inventaire de l'imprimerie royale ; autre sur la suppression de l'ancienne compagnie des Indes; autres concernant les dépôts de législation et travaux littéraires. — Observations de Saint-Martin contre les travaux de l'historiographe Moreau, richement pensionné pour écrire que les nations étaient faites pour l'esclavage; renvoi de cet objet au comité des pensions. — Décret sur la proposition de Lecoulteux, pour constater l'état des registres de la caisse d'escompte. Salicetti et Bulta-Fuoco déclarent qu'il est de toute fausseté que Paoli ait déterminé les Corses à se soumettre aux Anglais. — 14 *au soir*. Adresse de Boucher d'Argis, pour justifier la conduite du Châtelet dans la procédure des 5 et 6 octobre. Renvoyée, sans être lue, au comité des rapports. — Sur le rapport de Crillon aîné, l'assemblée improuve la conduite insubordonnée du régiment de Poitou; ordonne la relaxation du lieutenant-colonel de Berri, et décrète que les huit billets qu'il a été forcé de signer, jusqu'à la concurrence du total de 40,000 liv., sont nuls, et incapables de produire aucune action contre lui. — Rapport de Fleury sur les troubles de Schélestadt, et décret qui en ordonne la poursuite.

SÉANCE DU 15 AOUT.

Un de MM. les secrétaires fait lecture des délibérations prises par la municipalité de Lorient et le directoire du département du Morbihan, qui croient devoir s'opposer à l'extraction de cent cinquante-neuf milliers de poudre, actuellement dans les magasins de Lorient. Les bruits qui se répandent de l'invasion des puissances étrangères sur le territoire de France sont les motifs de ce refus.

D'après quelques observations, l'assemblée décide qu'il ne doit être, dans aucun cas, apporté aucun obstacle à la libre circulation des poudres dans le royaume, lorsqu'elle est ordonnée par le roi.

On fait lecture de l'extrait d'une lettre de M. Glandevez, commandant de la marine à Toulon : il se plaint de ce que l'assemblée des électeurs requiert qu'il soit délivré aux citoyens une partie des armes emmagasinées dans les arsenaux de la marine. Il expose que, dans un moment où toutes les puissances maritimes arment avec la plus grande activité, il est impossible de laisser nos vaisseaux dépourvus.

Sur la proposition de M. Malouet, le décret suivant est adopté.

« L'assemblée nationale décrète que les corps administratifs, lorsqu'il leur sera demandé des armes pour les municipalités, ne pourront réclamer des commandans ou administrateurs de la marine, celles qui sont destinées à l'armement des vaisseaux de ligne, frégates et autres bâtimens de guerre. »

M. Bouche fait lecture d'une lettre de la municipalité de Valory, arrivée hier par un courrier extraordinaire. On mande par cette lettre qu'on a vu sur l'autre rive du Var un train considérable d'artillerie et de cavalerie. La municipalité observe que, vu leur position, il serait facile à ces troupes de bombarder Aulibert et les îles Sainte-Marguerite : elle demande des armes pour ses concitoyens, qui se promettent de recevoir très-bien l'ennemi.

M. Voidel fait lecture d'une lettre de la garde nationale de Montpellier, qui demande la permission de se porter aux frontières du royaume pour y sceller de son sang le serment qu'elle a fait de mourir pour la patrie. C'est sur ce champ de bataille qu'elle prouvera, dit-elle, que l'honneur des Français n'a pas dégénéré depuis que les citoyens marchent sous les drapeaux de la liberté.

L'assemblée décide que son président écrira à la municipalité de Montpellier, pour lui témoigner combien elle a été sensible à ces dispositions pleines de valeur et de patriotisme.

Affaires de Nancy.

Parmi les événemens qui peuvent servir à juger l'insurrection de l'armée, ceux qui se passèrent à Nancy nous paraissent les plus propres à jeter sur cette question une grande lumière. Nulle part, en effet, la division entre les soldats et l'état-major n'éclata d'une manière aussi nette dans ses causes ; nulle part elle n'entraîna d'aussi fâcheuses conséquences. Nous avons pensé qu'il fallait exposer sans nous interrompre, cet épisode révolutionnaire; que la continuité dans le récit était nécessitée par l'enchaînement rigoureux des détails ; que d'ailleurs, c'était là le meilleur moyen de mettre le lecteur en état d'apprécier la conduite de l'assemblée nationale pendant le cours de ces circonstances ; d'en connaître en un mot le côté parlementaire.

Nous avons déjà vu que le motif principal de l'insubordination des troupes, venait de ce que les soldats, en général patriotes et amis de la révolution étaient pour cela même traités avec la dernière rigueur par le corps des officiers, presque tous gentilshommes, presque tous contre-révolutionnaires. Ils voulaient dans l'armée un instrument passif, et s'efforçaient d'y réaliser le mot célèbre d'homme-machine, tant de fois reproché au ministre La Tour du Pin. Mais, le sentiment moral qui régénérait le peuple, régénérait aussi l'armée, et il tendait invinciblement à changer en force nationale, la force qui jusqu'alors avait appartenu à des intérêts oppresseurs. Il ne s'agissait donc pas de discipline, et ce n'était que par un sophisme grossier que le pouvoir exécutif expliquait par un défaut de ce genre, les actes insurrectionnels des régimens. La discipline étant une vraie logique, l'organisation de l'atelier militaire, comme celle de tous les autres ateliers, se trouve nécessairement comprise entre un principe qui meut l'instrument, et un but qu'il doit atteindre. Or, c'était la question de principe qui remuait profondément l'armée; elle n'obéissait pas à ses chefs, parce qu'ils ne lui transmettaient pas une action prise à la source du mobile social nouveau. Elle n'avait plus foi en eux, parce qu'ils n'avaient pas foi eux-mêmes en la révolution. Ainsi, les soldats accomplissaient un acte sacré de liberté morale; le bien et le mal étaient généralisés pour la nation dans ces deux axiomes contraires : souveraineté d'un seul, souveraineté de tous. Les soldats d'accord en cela avec l'immense majorité du peuple, choisirent pour base de tout devoir et de toute obéissance, la souveraineté populaire. Il n'y avait donc pas de justice à leur distribuer en dehors de cette maxime suprême; la force brutale était donc le seul titre de ceux qui voulaient les maintenir sous le drapeau du mal, et c'était principalement contre des titres de ce genre que l'insurrection avait été appelée légitime et sainte par l'homme le plus influent du parti ministériel.

La méfiance une fois introduite dans l'armée ne se manifesta pas seulement envers les dispositions actuelles des chefs ; elle réagit encore sur le passé, et y rechercha les griefs qui la justifiaient de longue-main. — « Il existait dans les états-majors une sorte de rapine, indigne de quiconque porte le nom d'officier, une espèce de brigandage connu sous le nom de retenue. Par des mémoires fidèles qui nous sont transmis, nous apprenons que cette manière de voler (quel autre nom, en effet, peut-on lui donner?) avait enlevé au régiment de Beauce, 240,727 liv., c'est à quoi se monte l'état que les soldats en ont fait, et voilà ce qui les a conduits à cette démarche.

» Le 10 juillet, trois cents soldats du régiment de Forez arrivèrent à Brest pour s'embarquer. Beauce et Normandie apprirent qu'il y avait dans ce détachement un caporal honnête et instruit : on alla le prendre à bord et on l'apporta en triomphe.

» Mes camarades, leur dit-il, j'ai travaillé quelque temps au bureau de mon major, j'y ai aperçu les torts qu'on fait à la troupe. Alors j'ai demandé à mes camarades s'ils me soutiendraient en cas que j'agisse pour leurs intérêts. Leur parole donnée, je me suis rendu chez le major. Sur ma proposition, la réponse fut courte : au cachot et aux fers. — Mes camarades ne m'y ont pas laissé une heure. A peine en étais-je sorti, que les officiers supérieurs m'offrent mon congé et dix mille francs. Ma délicatesse ne m'a permis d'accepter ni l'un ni l'autre, j'ai insisté sur la réparation qui nous était due, et le régiment a reçu des officiers supérieurs 102,000 liv. en billets.

» Beauce et Normandie n'ont pas perdu les fruits de cette harangue, ils ont mis des factionnaires aux portes des officiers supérieurs, il a fallu compter ; la marine en a fait autant, elle a nommé un comité de soixante-cinq personnes pour faire l'examen de ses prétentions, qui sont évaluées à plus de deux millions.

» Qui a manqué de patriotisme, d'honneur, de loyauté, même de noblesse, des soldats ou des officiers? On paraît très-affligé de ce désordre dans l'armée française. En effet, depuis plusieurs siècles, rien n'a été plus affligeant pour la monarchie; mais l'obéissance passive des soldats l'eût été bien davantage, puisqu'elle aurait entraîné la guerre civile, et peut-être le rétablissement du despotisme. » (*Révolutions de Paris*, n° 57, p. 237.)

Des faits analogues s'étaient passés ailleurs. Le décret de l'assemblée sur le régiment de Poitou, et sur les billets qu'il avait imposés à son lieutenant-colonel, décret mentionné dans la séance du 14 prouve notre assertion, mais ce qui l'établit bien mieux encore, c'est l'article 3 du décret porté le 6 août, dans lequel les contestations de ce genre sont régularisées ainsi qu'il suit. — « Le roi sera supplié de nommer des inspecteurs extraordinaires choisis parmi les officiers-généraux pour, en présence du commandant de chaque corps, du dernier capitaine, du premier lieutenant, du premier sous-lieutenant, du premier et du dernier sergent-major ou maréchal-des-logis, du premier et du dernier caporal ou brigadier, et de quatre soldats du régiment, procéder à la vérification des comptes de chaque régiment depuis six ans, et faire droit à toutes les plaintes, etc. » (Voir la séance.)

Les trois régimens de la garnison de Nancy s'étaient fait remarquer par un ardent patriotisme. Celui de Château-Vieux avait été l'un des premiers à suivre l'exemple des gardes-françaises. Dans le camp assemblé au Champ-de-Mars, les premiers jours de juillet 1789, il déclara hautement qu'il ne tirerait pas sur le peuple. A partir de cette époque, il fut en butte à toutes sortes de mauvais traitemens de la part de ses chefs.

Le 19 avril 1790, jour de la fédération de la Lorraine au mont Sainte-Geneviève, près Nancy, est la date précise des divisions qui éclatèrent entre le régiment du roi et ses chefs. Les soldats furent invités à cette cérémonie par les députés des quatre départemens, et leurs officiers s'y opposèrent d'abord. Entraînés enfin par l'opinion publique, qu'il eût été dangereux de braver, ils permirent qu'un détachement de quatre cents hommes assistât à la fête, et pendant trois jours qui y furent consacrés, pas un d'eux ne se montra dans la ville. Cette absence affectée acheva de montrer aux soldats la différence de sentiment qui les séparait de leurs supérieurs. Les officiers, de leur côté, convaincus que les soldats étaient patriotes, cherchèrent à leur susciter des querelles avec les autres corps et la garde nationale.

Une des manœuvres auxquelles ils eurent recours juge toutes les autres. Ils gagnèrent un maître d'armes du régiment qui, tantôt en costume militaire insultait les gardes nationaux, et tantôt en habit national provoquait les soldats dont il n'était pas connu. Il eut ainsi plusieurs affaires. Pris sur le fait, arrêté par ses camarades, et conduit devant ses chefs, il avait été mis au cachot pour un mois, et pendant ce mois il fut de nouveau arrêté dans la ville au moment où sous un déguisement bourgeois il attaquait un soldat.

Ce spadassin déclara qu'il n'avait agi qu'à l'instigation de quatre officiers du régiment, les frères Cheffontaine, Charitbelle et Bissy, lesquels disparurent aussitôt. Quant au coupable, comme on avait appris depuis sa première arrestation que dans son pays il avait été condamné par coutumace à être pendu, on se contenta de le chasser avec ignominie, en le coiffant d'un bonnet de papier où était écrit *Iscariote*. Le grenadier qui le plaça sur la tête de cet homme, fut indignement maltraité en paroles et en menaces par de Montluc le jeune qui déserta bientôt après et passa au service des Autrichiens.

Vers ce même temps le chien d'un soldat ayant mordu à la patte le chien du colonel, on fit tuer le chien du soldat devant lui, et son maître fut mis en prison pour un mois.

A la suite de ces vexations et de ces artifices employés pour briser leur alliance avec le peuple, les soldats formèrent une société, sous le nom des *Amis de la paix et de la constitution*. Ils se proposaient de connaître par là les patriotes et les aristocrates de manière à ne les plus confondre. A cette démarche en succéda une autre qui leur attira de nouvelles persécutions. Ils envoyèrent à l'assemblée nationale une lettre d'adhésion à ses décrets. Cette lettre fut interceptée et le major de Neuric disait publiquement aux signataires qu'il n'y avait que les régimens qui s'étaient mal comportés qui envoyaient leur adhésion à l'assemblée nationale.

On tira tout le parti possible d'une prétendue insulte faite à l'armée par M. Dubois de Crancé ; on fit lire dans les chambrées le pamphlet attribué à M. Alexandre de Lameth. Nous en avons donné l'analyse dans la séance du 11 de ce mois. Lors de l'erreur peut-être volontaire du ministre, concernant la déduction du pain qu'on avait donné de surplus depuis le premier mai; les officiers répandirent dans les compagnies, ces propos : « Voyez le bel avantage que vous fait l'assemblée nationale, qui vous gratifie dans le moment pour vous séduire, et qui va tout vous retirer. »

Cependant le projet de jeter le désordre entre des corps qui avaient juré de demeurer unis pour la défense de la constitution avait tellement réussi, qu'il s'éleva tout à coup une querelle dont on n'a jamais pu savoir l'origine. Soixante hommes par compagnie, c'est-à-dire près de 1,500 hommes étaient à la veille de se battre contre un pareil nombre des autres corps, lorsqu'un soldat se jeta au milieu des deux partis, en leur demandant de fixer le motif de ce duel, ce dont aucun de part ni d'autre ne put venir à bout. Durant ces troubles, MM. Lenjamet et Saint-Méard se félicitèrent d'être les premiers à se servir de leurs armes.

Cette conjoncture parut favorable pour dissoudre la société des Amis de la paix et de la constitution. Tous les spadassins du régiment se liguèrent, en effet, pour en attaquer les membres. On vit M. de Compiègne, major en second, donner 6 liv. à l'un d'eux, en lui disant qu'il s'était bien battu, et qu'il méritait une récompense. Quatorze de ces brigands attirèrent deux soldats dans un cabaret, et les menacèrent de les assassiner s'ils ne consentaient à se battre. L'aubergiste parvint à les dégager, et le régiment informé de ce guet-à-pens, en arrêta les auteurs : dans leurs dépositions, ils accusèrent MM. de Vaudomois et Merry de leur avoir offert des pistolets et des poignards pour détruire les Amis de la constitution. On promet un conseil de guerre pour juger ce délit; la municipalité est garante de cette promesse; et M. Denoue, commandant de la ville, demande la proclamation de la loi martiale contre les soldats : il ne peut l'obtenir.

Il y avait déjà eu deux cents cartouches jaunes avec note d'incapacité distribuées aux soldats patriotes. Lorsque les troupes autrichiennes obtinrent le passage sur les terres de France, par une transaction secrète de la diplomatie, lorsque ce fait était regardé généralement comme une prise de possession sur notre territoire, cent cinquante congés à terme furent donnés à l'élite du régiment; on en offrait à tout le monde.

Au plus fort de ces alarmes, que la proximité des lieux exagérait nécessairement en Lorraine, de Montluc aîné se trouva de garde avec le grenadier menacé par son frère le transfuge. A la retraite, il exigea impérieusement que la troupe se renfermât dans le corps-de-garde. On lui répond avec honnêteté qu'il y fait extrêmement chaud, et qu'on est également à son poste en se tenant sur la porte. Le lendemain, il accuse de ce complot le malheureux grenadier; ses camarades craignant pour sa vie, et forts d'ailleurs de son innocence, lui défendirent de se rendre en prison. Denoue interdit les grenadiers, puis le régiment. On arme aussitôt Château-Vieux contre les rebelles; on en vient aux pourparlers, et cette erreur n'a pas de suite.

Sur ces entrefaites, à l'exemple des autres régimens, le régiment du roi se crut autorisé à demander connaissance de ses comptes. Les officiers les rendirent, et livrèrent aux soldats 150 mille livres qui furent réparties sur procès-verbal. Là-dessus, en pleine municipalité, et en présence d'un caporal, le commandant Denoue traita le régiment de brigands et de bandits. Il réitéra cette injure dans une lettre à M. de Balivière, commandant du régiment du roi, lettre dont la communication devint nécessaire pour l'éclaircissement de quelques articles du compte qu'on examinait.

Enfin un officier, nommé Delor, éclata en menaces contre deux soldats, qu'il disait les moteurs de ce désordre, et en interpella insolemment un autre, parce qu'il s'était décoré du ruban national.

Telle était la position respective des soldats et des officiers, quand le décret du 6 août fut rendu.

Deux suisses de Château-Vieux vinrent au quartier du régiment du Roi, pour lui demander des renseignemens sur la manière d'examiner les comptes. Pour cette seule démarche, qui s'est même trouvée dans le sens du décret du 6 août, les deux suisses furent passés aux courroies la veille de la publication de ce décret.

Les officiers du régiment du Roi complimentèrent les officiers Suisses sur cet acte de sévérité. L'indignation devint générale : Château-Vieux réhabilita les deux soldats; le régiment du roi les accueillit, et on coiffa l'un d'eux de son bonnet, action qui fut aussi un crime.

M. Denoue affecta de ne point assister à la publication du décret; il alla même se mettre sous la protection de la municipalité, n'ayant en cela d'autre but que de calomnier le régiment du roi. Mais une députation de grenadiers alla le solliciter; il consentit à venir, et sur le simple désaveu de ce mot *brigands*, on voulut bien tout oublier.

La garnison assemblée sur la place, on fit lecture du décret; et, quoiqu'une lecture rapide dans une si vaste enceinte n'eût pas pu suffire pour le faire connaître, les soldats jurèrent d'obéir. Si c'eût été quelque ordre favorable à la contre-révolution, on fût venu le lire dans les chambrées, on en eût répandu des copies avec profusion, comme on l'avait fait de la *lettre d'un soldat aux soldats*, de *l'adresse à l'armée française*. On lisait ces libelles à l'heure de l'appel. Une lettre, sur le propos imputé à M. Dubois-Crancé, fut lue par ordre des chefs.

Les soldats se rendirent donc le lendemain chez M. Balivière, pour connaître la véritable situation où les mettait le décret. L'organisation du régiment du roi était si différente de celle des autres corps, que M. Balivière convint que le décret ne lui était pas entièrement applicable. En conséquence, il autorisa la continuation de l'examen des comptes, en restreignant les examinateurs à un homme par compagnie.

Les opérations ainsi convenues, le bruit se répandit que les officiers avaient comploté d'enlever la caisse et les drapeaux, pour aller en pays étranger avec l'écume de leurs troupes. La caisse devait être au quartier, selon les ordonnances. Ils la demandèrent; on la leur refusa; et, pour les insulter, on en confia la garde à la maréchaussée. Alors les soldats allèrent, ils l'avouent, contre le décret du 6 août; ils enlevèrent la caisse, mais pour la déposer intacte chez le major, au quartier. La ville n'en fut point troublée; les soldats vivaient en paix avec les citoyens et la garde nationale.

La reddition des comptes se trouva arrêtée par quelques articles que le colonel Duchâtelet pouvait seul expliquer, attendu qu'il avait été inspecteur à la fois et caissier de son régiment. Cette circonstance rendait sa présence nécessaire; on exigeait qu'il liquidât sa comptabilité depuis son entrée, et l'on proposa, 1° que M. Duchâtelet, en ce moment à l'assemblée nationale, fût tenu d'interrompre ses fonctions pour venir à Nancy; 2° qu'il fût nommé un inspecteur particulier, afin que le comptable pût être contrôlé; 3° que le conseil d'administration fût double, puisque le régiment était de quatre bataillons.

Les chefs ne purent se refuser à la justice de ces propositions, et ils consentirent à ce qu'il en fût écrit à l'assemblée nationale : néanmoins ils interceptèrent l'adresse, parce qu'ils voulaient laisser tout son effet à une dénonciation qu'ils venaient d'envoyer eux-mêmes.

A la séance du 16 août, la première que l'on trouvera plus bas, sur les troubles de Nancy, M. Emmery, rapporteur du comité militaire, fit part de l'insubordination complète de la garnison de cette ville. Il était muni de trois pièces : une lettre de M. Denoue au ministre, une lettre du directoire du département de la Meurthe, un procès-verbal de la municipalité de Nancy.

La lettre du département ne prouve rien, si ce n'est que les soldats du régiment du roi ont exigé de M. Denoue le désaveu du mot *brigands*. Ce fait était avoué.

Le procès-verbal de la municipalité porte sur des faits avoués aussi par les soldats, et qui ne diffèrent que dans la manière de les présenter. Par exemple, la municipalité dit : « En suite de la proclamation, un détachement a porté en triomphe les deux Suisses qui avaient passé hier au conseil de guerre. » Cet acte était indépendant de toute proclamation, de tout décret: La demande, que M. Duchâtelet rendît compte depuis son entrée au régiment, était présentée par la municipalité comme une contravention à l'art. VI du décret du 6 août, qui fixe à six ans l'effet rétroactif des comptes; tandis que cette demande, approuvée par les chefs, n'avait d'autre cause que le mode de comptabilité particulier au régiment du roi. La municipalité reprochait encore aux mouvemens des troupes d'avoir compromis la tranquillité de Nancy, tandis que la garde nationale de cette même ville certifie que les *citoyens étaient tranquilles, que le mouvement des troupes était tout intérieur, et qu'aucun citoyen n'a été ni insulté, ni menacé*.

Avec ces procès-verbaux exagérés, on produisit à l'assemblée une lettre du sieur Denoue, coupable d'avoir si long-temps laissé les officiers maltraiter les soldats patriotes, coupable de s'être permis de grossières injures, et irrité d'avoir eu des excuses à faire à des inférieurs. Cette lettre, écrite avec une colère mal dissimulée, débutait ainsi : « La glace est rompue; malgré le décret du 6 août, les comités ont continué. » Cela est absolument faux, et le procès-verbal de la municipalité n'en fait aucune mention. — « Le régiment du roi a commandé un détachement de deux cents hommes pour aller s'emparer de ce qui restait dans la caisse. » Ce n'était pas de ce qui restait, c'était de la caisse scellée et cachetée, pour la porter chez le major, au quartier, au quartier où elle devait être, et parce qu'on avait insulté, provoqué les soldats, en la faisant garder par la maréchaussée. Le reste de cette lettre est un remplissage de *on dit*, trop vagues et trop absurdes pour servir à la moindre accusation. Elle jeta cependant l'assemblée nationale dans une vive inquiétude, à la faveur de laquelle Emmery fit passer son décret.

Il faut, s'écrie Loustalot, il faut que la France, que l'Europe, que la postérité, sachent quelle discussion précéda ce décret ; la voici : Lorsque le projet eut été lu, Emmery dit : « Le ministre et les députés de Nancy conviennent que ce décret est nécessaire ; TOUT PRESSE, TOUT BRULE. Il y aurait le plus grand danger dans le plus léger retard. » Le décret passa sans discussion et à l'unanimité.

En examinant ce décret, on verra qu'il n'est pas une loi, mais un jugement ; et ce jugement est rendu sans que les accusés soient entendus, et sans que l'assemblée ait la preuve légale des accusations.

Le décret *tout brûle* contenait, d'ailleurs, une souveraine injustice contre les soldats, ou une partialité évidente pour les officiers. Le décret du 6 août promettait l'impunité aux chefs qui avaient distribué des cartouches jaunes aux patriotes ; il ne créait pas un tribunal pour instruire contre ceux qui avaient égaré les soldats ; il laissait ces soldats sous la verge des officiers, même coupables du crime de lèse-nation. Ce fut ce *statu quo*, cette impunité qui ne mit pas l'esprit du soldat dans le calme auquel le décret l'appelait. Celui du 16 ajoute à l'impunité des chefs un tel préjugé de leur innocence, qu'il ordonne aux soldats de remettre leur soumission entre les mains de ces hommes, ainsi que la preuve écrite de leur repentir ; disposition étrange, et qui les plaçait dans l'alternative, ou de fournir des pièces littérales de conviction contre eux-mêmes, ou de désobéir au décret.

La garnison ignorait la démarche qu'on avait faite. Convaincue que son adresse était interceptée, elle nomma une députation, qui, du consentement des chefs, partit pour Paris, munie de passeports et de cartouches signés. A leur arrivée, et sur une lettre de cachet du ministre de la guerre, les dix soldats députés furent arrêtés par les soins de MM. Bailly et la Fayette. L'effet que cet acte arbitraire produisit dans la capitale, au faubourg Saint-Antoine surtout, où les boutiques furent immédiatement fermées, détermina la translation des détenus à l'hôtel des Invalides. Les trois comités, militaire, des rapports et des recherches se rendirent le lendemain vers ces soldats pour recevoir leur déclaration. Ils étaient séparés les uns des autres. Les comités décidèrent que nulle autorité n'avait pu les isoler ainsi, et qu'ils devaient être libres de se présenter ensemble ou séparément, pour remplir leur mission. On les entendit, et ils garantirent sur leur tête la vérité de leur déposition, laquelle a fourni à tous les récits où nous avons puisé le nôtre. Deux de ces soldats repartirent après cette déclaration avec un officier de la garde nationale parisienne, afin de porter à leurs camarades des avis de calme et de modération.

Le décret du 16 fut proclamé le 20 à Nancy; la garnison, et, en particulier le régiment du roi, déclarèrent s'y soumettre. Le reste du jour se passa dans la joie la plus vive. La garde nationale envoya même quelques-uns de ses membres chargés de désabuser l'assemblée nationale sur la plupart des faits par lesquels on lui avait surpris le décret *tout brûle*. Cette députation croisa en route les deux soldats dont nous avons parlé, et qui arrivèrent à Nancy le 21. On les croyait pendus; et cependant, malgré ce bruit accrédité dans la ville et parmi la garnison révoltée, l'ordre public était parfait, et n'avait jamais été troublé.

L'inspecteur de Malseigne, connu pour un aristocrate déterminé, et pour l'un des premiers crânes de l'armée, résolut d'ouvrir, au quartier des Suisses, le conseil de reddition des comptes, quoiqu'il fût prévenu qu'il y avait des têtes échauffées, et qu'il serait prudent de le tenir à l'Hôtel-de-ville. (Voir la lettre de La Tour-du-Pin fils, *séance du 28 août*.) Il se rendit le 26 à la caserne de Château-Vieux; et comme il s'élevait des difficultés sur un objet important que Malseigne ne voulut pas régler, les soldats insistèrent en disant : *jugez-nous*. Au moment où l'inspecteur se disposait à se retirer, la sentinelle lui ferma le passage. Malseigne mit aussitôt l'épée à la main, frappa le soldat, et sortit.

Sur la nouvelle que les Suisses attentaient à l'autorité de Malseigne, on fit prendre les armes au régiment du roi, qui n'hésita pas de marcher. L'inspecteur sortit de Nancy le 28. Sa conduite avait exaspéré les soldats et les habitans eux-mêmes ; son départ fit craindre une trahison. Il en naquit immédiatement une terreur panique : tout le monde s'arma ; on disait que les Autrichiens et les Anglais avaient passé la frontière ; que Malseigne était allé les joindre, et qu'il revenait à leur tête. Les soldats commencent par mettre au cachot le sieur Denoue, et par consigner l'officier de la garde parisienne, contre lequel s'élèvent des soupçons ; ils partent ensuite, vers la nuit, pour combattre un ennemi qui n'existait pas.

Ces faits sont racontés plus au long dans une lettre de Bouillé à La Tour-du-Pin, lue le 31 août à l'assemblée nationale. Mais il n'y était question ni du déni de justice, ni du coup d'épée de Malseigne, ni de l'erreur où les soldats étaient tombés ; erreur si cruellement justifiée par les manœuvres des officiers depuis six mois.

Ici s'ouvre une autre scène. Lorsque la lettre de Bouillé fut communiquée à l'assemblée, lorsqu'on vit qu'il était forcé de convenir qu'il était regardé dans le pays comme un *ennemi de la révolution*, tous les patriotes témoignèrent une méfiance profonde sur les arrière-pensées d'un ministre qui avait un tel homme à la garde des frontières, et qui lui confiait l'exécution du décret contre la garnison de Nancy.

Emmery avait un projet de décret tout préparé ; le côté droit et les ministériels savaient leurs rôles : aussi, lorsque la motion du renvoi de la lettre aux trois comités réunis fut faite, par Alexandre Lameth, Robespierre, Cottin, etc., le parti adverse se trouva en force, et Emmery proposa de décréter que l'assemblée nationale approuvait ce qu'avait fait et ferait le général Bouillé, conformément aux ordres du roi. Ce projet de décret, s'écria M. Cottin, est la proclamation de la guerre civile. Robespierre et Salle demandèrent que l'on entendît au moins, avant de rien décider, la députation de la garde nationale de Nancy. Mandée à la barre, elle ouvrit les yeux à la portion trompée de l'assemblée. Son récit fut conforme au mémoire des soldats, et le parti ministériel sentit que l'opinion tournait. Le sieur Duquesnoy se concerta avec Emmery, amenda son projet, et proposa simplement de donner des lettres de créance à Bouillé.

Le club de 1789 essaya de couper court à la discussion, au moyen d'une tactique qu'il employait volontiers depuis le décret *sur la guerre et la paix*. La Fayette parut à la tribune pour appuyer Duquesnoy, et pour demander que l'assemblée votât des remercîmens à son cousin Bouillé. Aussitôt, en effet, des cris de clôture firent explosion. Mais la sainte colère de Biauzat, les discours de Gouttes et de Robespierre détruisirent les suites ordinaires de l'entremise du *héros*. Barnave proposa qu'avant de verser le sang, on donnât aux soldats trompés une preuve que l'assemblée n'avait pas voulu, ne voulait pas assurer l'impunité aux officiers; il proposa une proclamation paternelle, et l'envoi de deux commissaires patriotes chargés de diriger la force publique. Les ministériels atterrés eurent l'air de se rendre à cette proposition, pour sauver les apparences d'une défaite.

Pendant que cette proclamation de paix se rédigeait à Paris, le sang coulait à Nancy. Bouillé avait demandé deux commissaires médiateurs, et l'assemblée nationale venait de les lui envoyer, mais il jugea qu'il n'en avait plus besoin, et il se mit en marche sans les attendre. A tout ce qui a été précédemment raconté des opinions contre-révolutionnaires de ce personnage, nous ajouterons qu'il n'avait prêté le serment civique qu'à la dernière extrémité, et que la garnison de Metz révoltée contre lui était remplacée depuis quelques jours par des troupes allemandes. Ce furent ces troupes, au nombre de deux mille quatre cents, et quelque sept cents hommes de gardes nationales, que le général rassembla entre Pont-à-Mousson et Nancy. Il leur lut le décret du 16 et vit à leur disposition qu'il pouvait tout entreprendre. Il reçut sur place une députation des régimens et de la municipalité : la première, aux termes de la loi martiale, venait lui faire des propositions, la seconde lui portait des paroles de paix. Il n'écouta rien et dicta cette loi, que MM. Denoue et Malseigne fussent mis en liberté; que les trois régimens sortissent de la ville. Les députés le précèdent et font connaître sa réponse. Si les soldats avaient été des rebelles, des brigands, s'ils avaient eu des intentions hostiles, ils auraient gardé leurs ôtages; loin de là, ils renvoient Denoue et Malseigne avec une seconde députation. Bouillé n'était plus qu'à une demi-lieue de Nancy; les avances de la garnison le trouvèrent aussi sourd que la première fois. Le roi, leur dit-il de nouveau, ne compose pas avec des sujets rebelles. Son armée est à quarante pas du rempart : arrive une troisième députation de la municipalité et du régiment du roi, qui lui annonce qu'on obéit à ses ordres, que le mestre-de-camp défile pour se rendre à Toul, et que le régiment du roi sort par une autre porte.

Une seule porte était barricadée et défendue par des soldats de Château-Vieux. Bouillé prend une colonne qu'il dirige par une porte ouverte, et fait attaquer l'autre par les hussards de Lauzun et les gardes nationaux. Les hussards font feu, on leur répond par un coup de canon à mitraille, et le combat le plus furieux s'engage immédiatement. Le régiment du roi est retiré dans ses casernes; le mestre-de-camp, qui partait, rentre au bruit du canon; on se bat dans les rues depuis quatre heures jusqu'à sept. Le bulletin du général, lu à la séance du 3 septembre annonçait que le 31 août au soir, le mestre-de-camp était en fuite, le régiment du roi caserné et repentant; que la moitié de Château-Vieux était tué, le reste fait prisonnier; que lui, avait perdu trois cents hommes, mais que *le calme était parfaitement rétabli*.

Plus de trois mille citoyens, dont quatre cents femmes ou enfans, furent horriblement massacrés. Pendant quatre jours consécutifs, on fouilla les maisons soupçonnées d'avoir donné asile aux Suisses, et c'était à chaque instant un meurtre nouveau. Un conseil de guerre composé de leurs plus cruels ennemis en fit rouer un, et pendre vingt-huit. On laissait aux soldats de Bouillé le droit de tuer ceux de la garnison partout où ils les rencontreraient. Il y a d'épouvantables détails de femmes grosses éventrées, d'hommes qui demandaient grâce à genoux; égorgés sans pitié, etc., etc. A la faveur de cette boucherie, la municipalité livra au pillage le club des Amis de la constitution, et elle en incarcéra quarante membres.

Nous terminerons là cette déplorable affaire (1), et nous fortifierons les preuves d'une menée contre-révolutionnaire entassées dans ce court exposé, par deux faits qui nous semblent décisifs. Il était parti de Nancy, depuis le 15 août, près de trois cents familles, dont cinquante allèrent se fixer à Trèves vers le 25. Elles y furent fêtées par le maréchal de Broglie, et y donnèrent pour motif de leur émigration une contre-révolution qui devait éclater à Nancy le 6 septembre. Elles y annoncèrent l'arrivée prochaine d'environ deux cents autres familles fuyant pour la même cause. Au moment où Bouillé se présenta, trois cents autres familles avaient leurs malles faites et devaient se mettre en route le 1er septembre, dans la persuasion que la ville serait livrée au pillage le 6 ou le 7.

Le second fait, attesté par tout Nancy et par tout Verdun, est que les soldats du régiment du roi reçurent chacun trois louis de la commune. Cette manière d'acheter leur neutralité est confirmée, au reste, par les dépositions des soldats eux-mêmes.

On verra que, dans la séance du 3 septembre, l'assemblée nationale vota des remercîmens à Bouillé, et qu'elle refusa à deux reprises d'entendre Robespierre. La Fayette et Bailly mirent tout en œuvre pour obtenir une démarche semblable de la garde nationale parisienne. Les soixante bataillons, à la majorité de trente-deux contre vingt-huit répondirent à leurs vues. Deux se firent remarquer par des arrêtés très-énergiques. Celui du district des Cordeliers commandé par Danton, disait : « Quelque opinion que nous ayons de la valeur de toutes les gardes nationales qui ont eu part à la malheureuse affaire de Nancy, nous ne pouvons manifester d'autre sentiment que celui de la douleur. »

Voici l'arrêté du sixième bataillon, première division. Nous l'insérons tout entier parce qu'il fit une grande sensation.

(1) Nous avons suivi pour les détails le récit de Loustalot littéralement toutes les fois que nous l'avons pu. Nous avons puisé également dans Marat et dans Desmoulins, qui eux-mêmes transcrivent à peu près le mémoire publié par les soldats du régiment du Roi, députés à l'assemblée nationale.

Le mardi 7 septembre 1790.

« Le sixième bataillon de la première division, convoqué selon l'usage au son de la caisse, par les ordres de M. le commandant général, à l'effet de délibérer sur des remercîmens à voter, tant à M. Bouillé qu'aux troupes nationales qui ont servi sous ses ordres dans la malheureuse affaire de Nancy, dont le souvenir seul fera long-temps couler les larmes des bons citoyens :

» Considérant que dans cette affaire le général et les troupes ne sont pas dans la même position ; que ces derniers ont rempli leur devoir en obéissant, quelque funestes effets qu'ait produits cette obéissance ; que le général, au contraire, est responsable à la patrie du sang qu'il a fait couler, à moins qu'une impérieuse nécessité ne lui en ait fait une loi rigoureuse ; que, loin d'être un héros animé par le patriotisme, il peut n'être qu'un homme avide de sang et de carnage ; que la victoire peut lui mériter, après un examen impartial, plutôt des supplices que des lauriers :

» A arrêté qu'en déplorant sincèrement l'erreur funeste où paraissaient avoir été induits tant les gardes nationales que les troupes de ligne qui ont accompagné M. Bouillé dans son expédition de Nancy, erreur qui a fait couler le sang des Français par la main des Français, il serait fait des complimens de condoléance à ces troupes sur la perte qu'elles avaient essuyée par l'effet d'une bravoure qu'il admire, et dont il les féliciterait, si elle eût été mieux dirigée ;

» A arrêté que, pour ce qui concernait le général, M. Bouillé, il serait nommé un commissaire dans son sein, pour aller sur les lieux, prendre des informations exactes ; que les cinquante-neuf autres bataillons seraient invités à en faire autant ; que les commissaires, après s'être réunis à Nancy, viendraient faire leur rapport à la garde nationale parisienne, qui, après un mûr examen, voterait des remercîmens à ce général, s'il se trouvait que la sûreté publique eût nécessité les mesures violentes qu'il a prises, et poursuivrait sa punition, dans le cas où il aurait fait couler sans besoin un sang dont on doit toujours être avare ;

» A décidé de plus que ledit arrêté pris à l'unanimité sera, dans le jour de demain, envoyé aux cinquante-neuf autres bataillons, porté à l'hôtel-de-ville par sept députés qui le déposeront simplement sur le bureau de l'assemblée de l'hôtel-de-ville, et se retireront sans prendre aucune part à la délibération; qu'il sera envoyé aux gardes nationales des quatre-vingt-trois départemens, et aux garnisons des troupes de ligne.

» Et ensuite le bataillon a nommé MM. François, lieutenant des grenadiers; Penot, sergent-major de la première compagnie; Normand, sergent de la seconde; Romand, caporal du centre; Pichard, fusilier de la quatrième; Duchêne, caporal de la cinquième, et Labarre, capitaine de chasseurs.

» *Fait et arrêté lesdits jour et an.*
» Soufflot le Romain. »

Nous rapprocherons de cette pièce la lettre de Louis XVI, lue à la séance du 2 septembre.

Lettre du roi à l'assemblée nationale.

« J'ai chargé M. La Tour-du-Pin de vous informer des événemens qui ont rétabli l'ordre et la paix dans la ville de Nancy; nous le devons à la fermeté et à la bonne conduite de M. Bouillé, à la fidélité des gardes nationales et des troupes qui, sous ses ordres, se sont montrées soumises à leur serment et à la loi. Je suis douloureusement affecté de ce que l'ordre n'a pu être rétabli sans effusion de sang; mais j'espère que ce sera pour la dernière fois, et que désormais on ne verra plus aucun régiment se soustraire à la discipline militaire, sans laquelle une armée deviendrait le fléau d'un État. »

Le jeudi 2 septembre, à la première rumeur des malheurs de Nancy, une émeute de quarante mille hommes assiégea le lieu des séances de l'assemblée nationale. Il semblait au peuple un vaste complot ministériel qui partout désorganisait l'armée aux approches d'une guerre de plus en plus imminente. Léopold attaquait alors les provinces belgiques; l'Espagne et l'Angleterre allaient se rencontrer, et, en France, la partie de l'armée dévouée à la révolution expiait son patriotisme par des congés infamans ou par des assassinats. La foule réclama vivement le renvoi des ministres. Ses cris effrayèrent les noirs de l'assemblée, car ils s'empressèrent de quitter la salle, ou de se réfugier parmi les patriotes du côté gauche. Quatre à cinq mille hommes se détachèrent de l'émeute pour aller à l'hôtel de la guerre s'emparer de La Tour-du-Pin ; mais en arrivant ils trouvèrent une garde nombreuse, deux pièces de canon et la mèche allumée. Le ministre s'était d'ailleurs précautionné d'une fuite à Saint-Cloud. Le lendemain, vendredi 3, une égale quantité de citoyens se rassembla aux Tuileries, et cria long-temps le renvoi des ministres. Il n'y eut cependant aucun désordre, et cette démonstration amena au moins, comme cause occasionnelle, la démission précipitée de Necker, qui partit furtivement dans la nuit du vendredi au samedi : on verra sa lettre d'adieux dans la séance du 4.

La municipalité de Paris ordonna une pompe funèbre au Champ-de-Mars, afin de consacrer la mémoire de ceux qui étaient morts à Nancy pour l'ordre public et la liberté. Elle fut célébrée le 20 septembre. Camille Desmoulins et Marat remarquent que la douleur publique n'avait pour objet ni les soldats allemands, ni les Liégeois, ni les trente-six hussards tués en maraude, mais plutôt les vingt-huit Suisses pendus, et le malheureux supplicié par la roue. L'*Ami du peuple* dit en note : « Cette farce politique était d'une magnificence incroyable ; toute l'enceinte du Champ-de-Mars se trouvait tendue de drap noir, et les tribunes étaient peintes en larmes : qu'on juge des sommes prodiguées pour cette vaine pompe, dans un temps où règne la plus profonde misère, dans un temps où les pauvres meurent de faim ! Mais de quel droit la municipalité jette-t-elle de la sorte les fonds de la commune ? les sections doivent-elles souffrir que la substance de la veuve et de l'orphelin serve au faste des ennemis de la patrie ? »

Nous mettrons en regard des feuilles révolutionnaires l'opinion de l'*Ami du roi* sur l'affaire de Nancy, sur Bouillé et sur la cérémonie funèbre. Cet article est du mercredi 22 septembre.

« Les soldats citoyens moissonnés dans la fatale journée de Nancy étaient d'autant plus dignes de notre reconnaissance et de nos éloges, qu'ils ont sacrifié leur vie au maintien de l'ordre. On n'a que trop célébré, depuis le commencement de la révolution, des exploits d'un autre genre. Les héros de Nancy, guidés par le véritable courage, se sont immolés pour rétablir la tranquillité publique, la discipline militaire, l'obéissance due à l'autorité légitime; ils sont morts victimes du devoir et de la fidélité, en combattant contre des séditieux et des rebelles. Depuis le jour à jamais déplorable où nous avons vu l'anarchie s'établir sur les ruines du trône et les débris des lois; c'est le premier exemple de la force publique déployée avec éclat contre les infracteurs de l'ordre social; et ceux qui l'ont donné sont les vrais patriotes, les vrais amis de la liberté.

» Faut-il être étonné que les factieux et les mutins, dont la fureur impunie désole depuis si long-temps la capitale, aient été consternés de cet acte de vigueur, qui semble annoncer le même châtiment à tous ceux qui sont coupables du même crime! Sous le vain prétexte de plaindre et de venger de braves citoyens morts au champ d'honneur, et dont le sort glorieux n'est digne que d'envie, ils ont outragé le chef intrépide qui les guidait au combat, et qui ne devait s'attendre qu'à des acclamations de la part de tous les bons Français. Les Tuileries ont retenti des cris de leur rage impuissante, et des journalistes aveuglés par le fanatisme de la licence n'ont pas rougi d'être les échos impurs de cette horde de brigands.

» La capitale qui, dans cette occasion n'est que l'interprète des sentimens de toute la France, vient de déclarer hautement ce qu'elle pense, et du combat qui s'est livré à Nancy, et du brave général Bouillé; et l'auguste cérémonie d'hier, par le bel ordre qu'on y a vu régner, par le respect religieux dont tous les spectateurs étaient saisis, semble l'emporter encore sur celle de la fédération. »

Cette cérémonie ne tourna au profit d'aucune vanité ministérielle. La Fayette et Bailly y reçurent un accueil glacial. Le morne silence du peuple, comme l'observe un auteur du temps, était l'oraison funèbre des soldats de Château-Vieux et des patriotes lorrains, la seule qui s'élevât en ce jour du fond de tous les cœurs français.

La veille, Loustalot était mort (1). Nous nous arrêterons un instant sur la dernière trace de ce jeune révolutionnaire, qui s'éteignit à 28 ans, brisé par la lutte, tué d'un dernier effort dans cette presse militante qu'il comprenait comme une magistrature et comme un sacerdoce. Il avait gagné aux *Révolutions de Paris* deux cent mille souscripteurs. Il était l'un des membres les plus estimés de la société des Jacobins. Homme de tête et de cœur, il tenait le premier rang parmi cette génération de 89 qui grandissait pour la convention nationale. Ce nom a conquis, par un dé-

(1) Afin que le lecteur puisse comprendre certaines destinées politiques, nous saisissons à leur origine toutes celles qui se produisent dans le mouvement révolutionnaire. Ici nous jetterons en note le départ de M. André Chénier, qui fut décapité en 1793, et qui n'employa pas ses derniers momens à exprimer des passions sociales, comme Loustalot, mais à consoler une jeune captive, et à décrire en une périphrase charmante ce qu'allait faire la pendule jusqu'à l'instant où *le sommeil du tombeau fermera ma paupière.*
Extrait des *Révolutions de France et de Brabant*, n° XL, p. 58. — Voulez-vous connaître quel est l'esprit qui l'anime (le club de 1789)? Lisez le n° XIII de son journal. Voici comment il parle de ces deux comités de recherches qui ont sauvé la patrie : *Des personnes à qui il plaît d'aller voyager, et qui ont en cela le droit de faire ce qui leur plaît, sont, au mépris du sens commun, arrêtées, interrogées, leurs équipages livrés à des recherches inexcusables; des comités d'inquisition fouillent dans les maisons, dans les papiers, dans les pensées.* Ainsi, mauvais citoyens que vous êtes, selon vous, il fallait laisser voyager Bonne-Savardin, Barmond; il fallait laisser Trouard porter à nos ennemis des cartes si bien levées de la *France patriote et aristocrate.* Je continue de lire le numéro XIII. C'est un déchaînement dont il n'y a pas d'exemple contre les écrivains patriotes. Malouet, la Gazette de Paris, Mallet-du-Pan qui, s'il n'y prend garde, sera bientôt Mallet-pendu, les *Actes des Apôtres* ne nous ont jamais tant injuriés. Nous sommes des *perturbateurs séditieux, des brouillons faméliques, des hommes de sang, par qui il vaut mieux être pendu que loué.* Et quel est le motif de tous ces emportemens? Quels sont nos forfaits ? Les voici: *Selon ces auteurs, les ministres du roi sont des perfides: ils injurient Bailly, La-Fayette et l'abbé Sieyès.* Quel crime abominable! Notez que ce club ne se plaint point des journalistes noirs; il n'en veut qu'à nous autres Jacobins déterminés. Je me hâte de dénoncer ce n° XIII. Et qu'on ne me dise pas que c'est l'ouvrage de je ne sais quel *André Chénier*, qui n'est pas le *Chénier Charles IX*, et dont les opinions ne sont pas celles de la société. Ce journal est publié par le directoire de 1789 : on le présente au public comme les mémoires du club. ».

voûment de trois années, l'une des mémoires les plus pures de la révolution. Sa mort fut généralement attribuée à l'effet que produisit sur lui la nouvelle des massacres de Nancy. Le début de l'article où il raconte ce désastre est empreint d'une telle tristesse, entrecoupé de si douloureuses exclamations, qu'il est impossible de ne pas reconnaître, dans une âme ainsi agitée, une atteinte profonde. Voici comment il ouvrit ces pages, les dernières de sa plume : — « Le sang des Français a coulé ! La torche de la guerre civile a été allumée !... Ces vérités désastreuses abattraient notre courage, si la perpective des dangers qui menacent la patrie ne nous faisait un devoir de faire taire notre profonde douleur. Que vous dire, Français ? quel conseil vous donner ? quel avis pouvez-vous entendre ? Dans certaines crises tout se touche, tout se confond : le bien et le mal s'opèrent presque par les mêmes moyens.

» Justice et vérité, sous quel épais nuage vous présentez-vous aux regards de vos sincères adorateurs ! Comment se préserver des piéges où le corps-législatif, où les sages de la France sont tombés ? Comment saisir sous de fidèles rapports une multitude de faits, tous extraordinaires, que tant de citoyens ont besoin de connaître tout à l'heure sans réticence et sans déguisement ? Comment raconter avec une poitrine oppressée ? Comment réfléchir avec un sentiment déchirant ? Ils sont là ces cadavres qui jonchent les rues de Nancy ; et cette cruelle image n'est remplacée que par le spectacle révoltant du sang-froid de ceux qui les ont envoyés à la boucherie, par le rire qui égaya le front des ennemis de la liberté.

» Attendez, scélérats, la presse qui dévoile tous les crimes et qui détruit toutes les erreurs, va vous enlever votre joie et vos espérances, Il serait doux d'être votre dernière victime. »

Le boucher Legendre, qui s'était formé aux Cordeliers à l'école de Danton, prononça ces paroles sur la tombe de Loustalot :

« Malheureux ami de la constitution, va dans l'autre monde puisque telle est ta destinée. C'est la douleur du massacre de tant de nos frères à Nancy qui a causé ta mort ; va leur dire qu'au seul nom de Bouillé le patriotisme frémit ; dis-leur que chez un peuple libre rien ne reste impuni ; dis-leur que tôt ou tard ils seront vengés. »

Desmoulins prononça aussi son éloge devant la société des *Amis de la constitution*. Mais quelques lignes de Marat sont ici d'un grand intérêt, parce qu'en appréciant Loustalot, il se peint lui-même avec une sincérité qui met à découvert la terrible fonction qu'il avait choisie. Certainement il déposa dans ces phrases le mot de sa vie politique.

« Est-il un seul vrai patriote, un seul bon citoyen, un seul honnête homme, qui n'ait élevé la voix contre ces scènes d'horreur? Mais quoi ! l'assemblée nationale, le monarque, le commandant de la garde nationale parisienne, couverts du sang des amis de la liberté ! Affreuse image, elle me poursuit sans cesse et me glace d'effroi. A combien de cœurs sensibles elle a été funeste ! Loustalot n'est plus ! C'est elle qui a porté le trouble dans son imagination, jeté le désordre dans ses frêles organes, et qui vient de trancher à la fleur des ans le fil de ses jours ! Loustalot n'est plus ! Fidèle défenseur de la patrie, il lui consacra ses premières armes presque à l'époque de la révolution : dès-lors il combattit toujours pour elle, et combattit avec succès. Son cœur ne connut point les transports du patriotisme ; mais il brûlait doucement des feux du civisme le plus pur, et s'il ne fit jamais d'enthousiastes à la liberté, il lui faisait des amis chaque jour. Trop peu versé dans la politique pour pénétrer d'un coup d'œil les noirs complots de nos ennemis, moins encore pour sentir la nécessité de soulever contre eux l'opinion publique, et connaître le magique pouvoir d'un affreux scandale, jamais il ne porta l'épouvante dans leur sein ; jamais il ne les força de suspendre ou d'abandonner un projet sinistre ; jamais il ne les provoqua à des actes impuissans de fureur ; jamais il ne les poussa à se perdre par de vains attentats ; jamais il ne les entraîna dans le précipice en attirant sur lui un bruyant orage : mais il saisissait avec art, l'un après l'autre, les fils d'une trame odieuse ; il la développait avec méthode, et l'exposait très-bien au grand jour. Étranger aux grands mouvemens de l'éloquence, à ces traits de feu qui enflamment, entraînent, subjuguent, il n'avait aucune des qualités d'homme d'état fait pour retenir sur le bord de l'abîme la patrie prête à périr, et pousser un peuple ignorant, lâche et corrompu, à briser le joug de ses tyrans; mais, doué d'un esprit calme, juste et méthodique, mûri par le temps il eût été merveilleusement propre à former à la liberté un peuple nouveau. Chez une nation heureuse, sa perte eût été sensible: elle eût été douloureuse chez une nation opprimée; mais chez une nation menacée de la servitude, sa perte est amère et cruelle. Chère patrie! n'est-ce donc pas assez qu'environnée d'ennemis implacables, tu sois menacée par les uns, déchirée par les autres? fallait-il encore que l'aspect de tes enfans égorgés fît mourir d'effroi l'un de tes plus zélés défenseurs?

» Périsse jusqu'au dernier rejeton la race impie des tyrans et leurs suppôts! Ils ne laisseront aucun regret dans les cœurs honnêtes; mais tant que le soleil éclairera la terre, les amis de la liberté se souviendront avec attendrissement de Loustalot....... Ombre chère et sacrée, si tu conserves encore quelques souvenirs des choses de la vie dans le séjour des bienheureux, souffre qu'un frère d'armes, que tu ne vis jamais, arrose de ses pleurs ta dépouille mortelle, et jette quelques fleurs sur ta tombe.

« Que nos infidèles représentans prennent le deuil pour les oppresseurs de la liberté: enfans de la patrie, ne le portez que de ses défenseurs; et nous ses avocats intègres, redoublons d'énergie, en soutenant sa cause, et réparons par notre zèle la perte cruelle que nous avons faite. »

SÉANCE DU 16 AOUT.

[M. *Emmery*. Je suis malheureusement aujourd'hui porteur de fâcheuses nouvelles. Je sollicite beaucoup d'indulgence; car à peine ai-je eu le temps de rédiger le décret convenu dans vos trois comités réunis. Ces comités sont le comité militaire, celui des rapports et celui des recherches. Je suivrai les faits dans les pièces adressées par la direction du département de la Meurthe, par la municipalité de Nancy, et par le commandant de cette ville, soit à l'assemblée, soit au ministre de la guerre. Toutes ces pièces annoncent l'insurrection la plus décidée dans les régimens du roi, de Mestre-de-camp, cavalerie et de Château-Vieux, Suisse. Je vais d'abord vous donner lecture d'une lettre de M. Denoue, officier-général commandant en Lorraine, à M. la Tour-du-Pin, le 14 août. — La glace est rompue. Malgré le décret du 6 août, le régiment du roi persiste dans son insubordination. Les comités ont continué; l'étape de leurs demandes n'a pas cessé d'être exorbitante; ils ont commandé un détachement de deux cents hommes armés, pour aller s'emparer de ce qui restait dans la caisse. Le sergent qui marchait à la tête a demandé la clef au commandant; sur le refus qui lui a été fait, le détachement a enlevé la caisse, et l'a transportée dans la chambre où le comité du régiment s'assemble.

On répand des bruits effrayans : on dit que la masse réclamée est de 1,200 mille livres; que les soldats veulent faire signer des billets aux officiers, sauf le recours contre M. Duchâtelet. On dit encore que demain ils doivent couronner un commandant de la garnison; le conduire dans un char, faire suivre ce triomphe par les officiers : on ajoute même qu'ils les obligeront à traîner ce char. Une partie des officiers veut partir, une autre partie s'est cachée. Je n'accorderai aucun congé : je m'attends à être maltraité; ma position est cruelle; mais je ne céderai pas, mais je ne quitterai pas mon poste. Le régiment Mestre-de-camp suit l'exemple du régiment du roi. En 36 heures, celui de Château-Vieux, Suisse, a pris le même chemin. Voici une lettre du directoire du département de la Meurthe au ministre de la guerre, en date du 14 août. Sur l'invitation du corps municipal, le directoire se transporta à la maison commune pour assister avec M. Denoue, à la lecture de la proclamation de votre décret, à la tête du régiment du roi ; des grenadiers se disant députés de ce régiment, se sont présentés à l'Hôtel-de-ville ; ils ont assuré sur leur honneur qu'ils répondaient de la vie de M. Denoue; mais ils ont dit qu'avant tout ils demandaient que ce commandant désavouât des lettres qu'il a écrites contre ce régiment, et qui ont été interceptées. La proclamation a été lue à la tête du régiment; les soldats ont en effet voulu qu'avant cette lecture, M. Denoue donnât les explications qu'ils exigeaient, et elles ont été données.

Les faits qui ont suivi se trouvent consignés dans le procès-verbal de la municipalité de Nancy, en date du 14 août. — En suite de la proclamation, un détachement des soldats de Mestre-de-camp a porté en triomphe les deux soldats suisses qui avaient hier passé au conseil de guerre. Le régiment du roi les a accompagnés. M. Moiriau, commandant du régiment de Château-Vieux, a été forcé de donner à chacun des deux Suisses six louis, pour compte, et cent louis de dédommagement. Les autres officiers ont été enfermés dans le quartier; on leur demandait 26,000 liv.; ils ne les avaient pas; un citoyen de cette ville les leur a prêtées. Le régiment du roi a demandé son décompte depuis l'entrée de M. Duchâtelet au régiment. Les soldats suisses ont enlevé la caisse de leur corps, comme il ne s'y trouvait que 8,000 liv. en assignats, le commandant et le major qu'on avait cherchés pour les maltraiter, craignant que les soldats ne fussent pas contens de cette somme, ont demandé 26,000 livres que la municipalité leur a remises. Des soldats du régiment du roi avaient déjà forcé M. Balivière, commandant, à leur remettre la caisse. Ainsi, la garnison entière a rompu tous les liens de la subordination; elle s'est attaché le peuple, en répandant beaucoup d'argent. Les commandans civils et militaires n'ont nuls moyens pour arrêter l'insurrection; la ville de Nancy est exposée aux plus grands désordres; la municipalité ne voit de ressources que dans la présence de quelques membres de l'assemblée nationale. Vos comités, en reconnaissant que la licence est portée à son dernier période; que le désordre et le désespoir peuvent s'étendre dans tout le département où il se trouve beaucoup de villes de garnison, ont pensé qu'il convenait de prendre des mesures sévères qui, en imposant aux soldats, laissent une voie ouverte à la résipiscence et aux remords; ils ont également considéré que des opérations juridiques ne produiraient aucun effet, si elles n'étaient appuyées d'une grande force; c'est dans ces vues qu'ils vous proposent le projet de décret suivant :

« L'assemblée nationale, après avoir entendu le rapport qui lui a été fait au nom de ses trois comités, militaire, des recherches et des rapports réunis, indignée de l'insubordination continuée dans la garnison de Nancy, par les régimens *du roi, infanterie, de Mestre-de-camp, cavalerie, et de Château-Vieux, Suisse*, depuis et au mépris du décret du 8 de ce mois, quoiqu'il renfermât les dispositions propres à leur assurer la justice qu'ils pouvaient réclamer par des voies légitimes. Convaincue que le respect pour la loi, et la soumission qu'elle commande aux ordres du chef suprême de l'armée ainsi que des officiers, et aux règles de la discipline militaire, sont les caractères essentiels comme les premiers devoirs des soldats-citoyens, et que ceux qui s'écartent de ces devoirs, au préjudice de leur serment, sont des ennemis publics dont la licence menace ouvertement la véritable liberté et la constitution. Considérant combien il importe de réprimer avec sévérité de semblables excès, et de donner promptement un exemple tel qu'il puisse tranquilliser les bons citoyens, satisfaire à la juste indignation des braves militaires qui ont vu avec horreur la conduite de leurs indignes camarades, afin d'éclairer et retenir par une terreur salutaire ceux que l'erreur ou la faiblesse a fait condescendre aux suggestions d'hommes criminels, les premiers et principaux auteurs de ces désordres.

« A décrété et décrète que la violation à main armée par les troupes, des décrets de l'assemblée nationale, sanctionnés par le roi, étant un crime de lèse-nation au premier chef, ceux qui ont excité la rébellion de la garnison de Nancy doivent être poursuivis et punis comme coupables de ce crime, à la requête du ministère public devant les tribunaux chargés par le décret de la poursuite, instruction et punition de semblables crime et délit.

« Que ceux qui ayant pris part à la rébellion, de quelque manière que ce soit, n'auraient pas dans les vingt-quatre heures, à compter de la publication du présent décret, déclaré à leurs chefs respectifs, même par écrit, si ces chefs l'exigent, qu'ils reconnaissent leurs erreurs et s'en repentent, seront également, après le délai écoulé, poursuivis et punis comme fauteurs et participes d'un crime de lèse-nation.

« Que le président de l'assemblée nationale se retirera immédiatement par-devers le roi, pour le supplier de prendre les mesures les plus efficaces pour l'entière et parfaite exécution du présent décret; en conséquence d'ordonner : 1° à son procureur au bailliage de Nancy, de rendre plainte contre toute personne de quelque rang, quelque état et condition qu'elle soit, soupçonnée d'avoir été instigateur, fauteur ou participe de la rébellion qui a eu lieu dans la garnison de Nancy depuis la proclamation des décrets des 6 et 7 de ce mois; 2° aux juges du bailliage de Nancy de procéder sur ladite plainte, conformément au décret précédemment rendu, concernant l'instruction et le jugement des crimes de lèse-nation; d'ordonner pareillement à la municipalité et aux gardes nationales de Nancy, ainsi qu'au commandant militaire de cette place, de faire, chacun en ce qui le concerne, les dispositions nécessaires et qui seront en leur pouvoir, pour s'assurer des coupables et les livrer à la justice; même d'ordonner le rassemblement et l'intervention d'une force militaire tirée des garnisons et des gardes nationales du département de la Meurthe et de tous les départemens voisins, pour agir aux ordres de tel officier-général qu'il plaira à sa majesté de commettre, à l'effet d'appuyer l'exécution du présent décret, de faire en sorte que force reste à la justice, et que la liberté et la sûreté du citoyen soient efficacement protégées contre quiconque chercherait à y porter atteinte. A l'effet de quoi cet officier-général sera spécialement autorisé à casser et licencier les régimens de la garnison de Nancy, dans le cas où ils ne rentreraient pas immédiatement dans l'ordre, ou s'ils tentaient d'opposer la moindre résistance au châtiment des principaux coupables. »

Le ministre et les députés de Nancy conviennent que ce décret est nécessaire : tout presse, tout brûle; il y aurait le plus grand danger dans le plus léger retard.

Le décret proposé par M. Emmery, au nom des trois comités, est adopté sans discussion, à l'unanimité.

M. Montcalm-Gozon. Il est important de s'occuper du Code des délits et des peines militaires. MM. Albert et les officiers de marine se plaignent de l'insurrection des matelots dans un moment où notre escadre est prête à mettre en mer.]

— Ces troubles éclatèrent à Brest à l'occasion du décret du 6 août, parce que Albert de Rioms avait parlé aux matelots avec une hauteur qui les révolta; il leur avait dit : « — Si vous ne vous soumettez sans remontrances, dans une heure, je me ferai connaître.

SÉANCE DU 17 AOUT.

Perrotin, ci-devant abbé de Barmond, député arrêté avec Bonne-Savardin, demande à être entendu par l'assemblée nationale. Débats entre Frondeville, Regnaud-d'Angely, Goupil, Mirabeau aîné et Praslin jeune, pour savoir s'il sera admis à la tribune ou à la barre. L'assemblée se décide pour le dernier avis. — Les tribunes publiques applaudissent. — Necker adresse un mémoire sur les finances; il demande que les décrets sur les pensions soient modifiés, et observe qu'il n'est pas convenable de donner aux législatures la disposition des grâces et des emplois, et d'affaiblir ainsi le gouvernement. (Murmures.) Boutidoux demande l'ordre du jour sur ces insolences ministérielles. Muguet, Barnave, Alexandre Lameth et Prieur sont de cet avis. Madier, Virieu et Toulongeon demandent le renvoi au comité. Longs débats qui se terminent par l'ordre du jour.

SÉANCE DU 18 AOUT.

[Un de MM. les secrétaires fait lecture d'une lettre de M. La Tour-du-Pin, par laquelle il annonce qu'il a fait arrêter la députation du régiment du roi qui venait présenter des pétitions à l'assemblée nationale. L'assemblée ordonne le renvoi de cette lettre aux trois comités des rapports, militaire, et des recherches réunis.

M. le président. Huissiers, que M. l'abbé Perrotin soit introduit.

M. l'abbé Perrotin entre.

M. le président: L'assemblée nationale a décrété que vous seriez entendu à la barre.

M. l'abbé Perrotin. Avant que de parler de l'affaire qui m'amène, je dois vous rendre compte d'un accident qui peut-être aurait été funeste, sans le zèle de la garde nationale et des officiers qui m'accompagnaient, peut-être aussi sans le sang-froid que j'ai montré. J'avais reçu ordre de M. la Fayette de me rendre à l'assemblée, accompagné de trois officiers qui ne m'ont pas quitté ; ils étaient dans ma voiture, après laquelle venait l'aide-major. Comme beaucoup de monde était rassemblé devant ma porte, j'ai donné ordre à mon cocher de sortir par le boulevard ; le peuple a cru que je voulais m'échapper ; il s'est jeté sur ma voiture, et mes chevaux ont couru risque d'être maltraités. Je me suis présenté au peuple ; j'ai dit que j'allais à l'assemblée nationale, que je n'avais rien à craindre d'un peuple que j'estimais et que j'irais à pied si on le voulait. On m'a dit : remontez dans votre voiture. J'ai continué ma route au pas. J'ai trouvé des gardes nationales de distance en distance, et je suis arrivé sans accident. Je devais ce détail à l'assemblée pour répondre d'avance aux romans qu'on aurait faits sur cet objet.

Je ne me dissimule pas la difficulté de ma position ; elle serait embarrassante pour un homme coupable : elle n'est que pénible pour celui qui a déjà pour lui un premier jugement, le témoignage de sa conscience. Vous avez demandé que je rendisse compte de ma conduite : ce sont mes réflexions, mes sentimens, c'est mon âme toute entière que je veux vous dévoiler. Une démarche légère et imprudente a excité l'ardeur de ces hommes qui dénoncent tout, et pour qui, comme pour tous les tyrans, on n'est plus innocent dès qu'on est suspect. Ils n'entameront pas ma conduite. Un sentiment me console : l'assemblée délibérera mûrement ; elle distinguera d'une action coupable un sentiment qui peut égarer. Qu'on ne s'attende pas à voir ici parler d'intrigue ; jamais elle n'a souillé ma pensée. Je n'ai à offrir que les détails d'une vie tranquille, et qui n'a été troublée que par le malheur des autres. Les faits de ma cause sont connus. Ma déclaration faite devant la municipalité de Châlons était suffisante ; mais quel n'a pas été mon étonnement, quand j'ai vu ce qu'on m'a long-temps caché, quand j'ai vu, dis-je, dans l'acte même, et après ma signature, la déclaration de M. Julien!

Ici j'accuse formellement M. Julien du secret qui m'a été fait de sa déclaration : ce secret a eu, pendant trois semaines, le pernicieux effet de me laisser sous le poignard de la calomnie, sans que je pusse le détourner ; secret inconciliable avec votre nouvelle procédure ; déclaration qui n'a pas d'autre fondement que la dénonciation d'un domestique. Je suis donc obligé de vous donner le détail des faits. Le vendredi 16 juillet, à 6 heures du matin, un particulier s'est présenté chez moi ; il m'était parfaitement inconnu ; il me dit s'appeler le chevalier de Bonne-Savardin. Observez que l'affaire de ce particulier était peu connue, que la dénonciation du Châtelet n'avait pas paru. Je savais, à la vérité, qu'un citoyen de ce nom avait été arrêté près du Pont-de-Beauvoisin. M. Bonne me dit : je demande du secours ; je demande un asyle ; je suis la victime d'une dénonciation liée à la plainte rendue contre M. d'Hozier ; mes dénonciateurs sont payés. Quels rapports y a-t-il entre vous et moi? lui dis-je.—Ceux qui existent toujours entre l'homme malheureux et l'homme sensible. Je voulus refuser. Je suis député, je suis magistrat... Je cherchai à m'armer de tous ces titres ; mais j'étais vaincu. Secourez-moi, dit-il, vous ne serez pas trahi. Il m'indiqua des mesures ; il ne désirait que d'être mis hors des barrières. Je promis. Je fus le prendre au boulevard neuf dans ma voiture ; nous partîmes ; nous mîmes pied à terre dans la campagne. Je vis naître et augmenter son incertitude.—Où irai-je? Que deviendrai-je, me dit-il ? J'aime mieux rentrer dans mes liens. Je revins à Paris, et je me rendis chez moi. On a dit à ce sujet que j'étais allé chercher M. Bonne à la campagne, que j'étais parti seul, et revenu avec quelqu'un.

M. Bonne me fit sentir les difficultés de chercher un asyle, je le gardai dans ma maison, où, presque toujours éloigné par les devoirs de ma place, je ne l'ai presque pas vu. J'entendais dans la société accuser des hommes puissans de l'évasion de M. Bonne, et il était chez moi. Vingt fois j'ai été sur le point de le déclarer, uniquement pour servir ceux qu'on inculpait. Je voyais arriver le moment où il fallait l'abandonner; je le désirais, je le craignais. J'avais formé le projet d'aller aux eaux ; ce voyage a paru suspect ; je dois à ce sujet remonter à des temps plus éloignés. La journée du 5 octobre m'avait tellement affecté, que j'étais sorti du château méconnaissable. Je fus alors frappé d'une maladie dont les effets étaient assez visibles : je demandai un passeport. L'assemblée se transporta à Paris, et parut mécontente de la quantité de passeports qui avaient été donnés ; je fis le sacrifice du mien. On s'occupait alors des biens du clergé. Quoique je n'eusse personnellement rien à défendre, j'étais attaché à ce corps, et je crus ne pas devoir m'éloigner. Le mal s'était repompé dans le sang. Mes amis me conseillèrent les eaux de Ville-Bonne. Dès le mois de juin, je pris chez le ministre des renseignemens sur les moyens d'avoir un passeport. La confédération fut décidée : l'assemblée désira que ses membres ne s'éloignassent pas, et je restai. Le 22 juillet, je demandai un passeport pour moi et pour deux domestiques ; j'annonçai mon départ au chevalier Bonne, les larmes aux yeux ; il conçut quelque espoir ; je résistai. Enfin, je fis mes conditions : je dis que je ne voulais pas le conduire hors du royaume, mais dans telle ville de France qu'il voudrait m'indiquer ; que je ne partirais pas s'il y avait un décret, même d'ajournement.

Le 26, la procédure fut décrétée et aucun décret ne fut rendu. Je partis le même soir ; j'avais calculé le danger que je pouvais courir ; le sentiment l'emporta sur la prudence : voilà toute ma faute. Elle serait impardonnable, si l'hospitalité était un crime, si les dénonciations étaient des vertus, si l'on pouvait ne pas repousser avec horreur des dénonciations domestiques ; si telle était notre position, en professant hautement que tout citoyen doit fléchir devant la loi, je dirais avec courage que tout citoyen doit se raidir contre l'inquisition. Je répondrai à mes adversaires personnels que jamais je n'ai connu M. Bonne; que jamais je n'ai reçu de lettre de l'étranger ; je ne parle pas de celle qui est arrivée chez moi pendant mon absence, timbrée de Londres ; on a reconnu à la poste qu'elle était partie de Paris ; mon frère l'a remise au comité des recherches ; je ne la dénonce pas, elle compromettrait trop de personnes : leur honneur ne m'appartient pas. Non-seulement je défie mes adversaires personnels, mais je demande qu'on mette les scellés sur mes papiers. On verra dans ma correspondance que j'ai toujours été occupé à chercher le malheur pour le consoler ; que j'ai parcouru toutes les prisons d'état ; que je suis descendu dans tous les cachots ; que jamais en vain l'infortuné n'a, devant moi, répandu des larmes. On verra combien j'ai fait de mémoires pour amollir l'autorité, pour solliciter la justice. J'ai quelquefois réussi, et mon succès a été le seul prix de mes travaux, le seul que désirât mon cœur. On a osé dire que l'affaire présente a rapport avec l'affaire du 6 octobre. Oui, j'y ai pris part ; j'ai donné asyle à des gardes-du-corps, à un membre de cette assemblée. Ma maison est le temple du malheur. C'est ma religion ; en est-il aucune qui n'ait son fanatisme ?

Voilà les détails que je devais présenter à l'assemblée. Il me reste un devoir précieux à remplir : je dois à M. Mestre et aux officiers de la garde nationale qui ne m'ont pas quitté, des témoignages de reconnaissance pour leurs soins, pour leurs égards, pour l'ordre qu'ils ont mis dans ma marche. Cent mille personnes ont entouré ma voiture, et mon passage n'a occasionné nul trouble. Partout on était sous les armes ; partout j'ai vu l'image de cette union, de cette force, la sauvegarde puissante des empires. Je publierai mon voyage, et en présentant cet intéressant tableau, je rendrai sans doute un signalé service à la chose publique. Je dois un hommage à la ville de Châlons ; sa tranquillité profonde, due à l'accord de deux citoyens respectables, du maire et du commandant de la garde nationale, ont fait de cette ville un modèle à présenter à toutes les cités de la France. Quant à moi, j'indiquerai un seul exemple : Un pair d'Irlande était accusé d'avoir enlevé un criminel de haute-trahison ; il parut au parlement : il demanda s'il était un seul membre de l'assemblée qui pût résister au sentiment qui l'avait conduit, et le parlement décida qu'il n'y avait pas lieu à délibérer. Je réduis à une seule question toute cette affaire. Le signalement de M. Bonne-Savardin a été publié. Est-il un jugement? Si c'est un jugement, je je suis coupable. Je demande qu'on instruise dans un tribunal jusqu'au décret. Je demande ma liberté provisoire. Je sollicite en même temps celle de M. Eggs; il a droit à des dédommagemens : je les lui offre, tels qu'il les jugera convenables. Je donnerai ma parole d'honneur, si vous l'exigez, de ne pas m'éloigner de Paris.

M. le président. Retirez-vous, Monsieur; dans la salle voisine; l'assemblée vous fera connaître ses intentions.

M. l'abbé Perrotin se retire.

M. le président. Je recommande le silence le plus profond pendant cette délibération. M. Perrotin est là, il vous entend, vous le jugez; le moindre mouvement ne serait pas digne de vous.

M. Voydel. Je suis encore vivement affecté de la sensibilité que m'a inspirée le discours touchant de M. l'abbé Perrotin; mais je dois oublier cette affection et remplir mon devoir, et comme membre de cette assemblée et comme membre du comité des recherches. Ce comité a eu connaissance de l'interrogatoire fait à MM. Bonne et Eggs; mais ne croyant pas devoir s'expliquer en ce moment, votre comité demande que vous nommiez des commissaires ou que vous l'autorisiez à interroger M. l'abbé Perrotin sur les faits qui le concernent dans les dépositions de MM. Eggs et Bonne.

M. l'abbé Maury. Ce n'est pas la sensibilité, l'humanité, c'est la raison, c'est l'intérêt public, qui doivent être les guides des législateurs.

Par zèle pour l'innocence de M. l'abbé Barmond, pour son intérêt, pour sa sûreté, pour la réparation qu'il a droit d'attendre, je vous propose des conclusions sévères; je demande que M. Barmond soit reconduit par sa garde, que l'assemblée ordonne à son dénonciateur de se nommer dans trois jours, que cette dénonciation soit portée à un tribunal, et que dans le cas où il ne se présenterait pas de dénonciateur, M. Barmond soit remis en liberté.

M. Barnave. Je n'entre pas dans l'examen du fond de l'affaire; ce n'est pas ici le moment de m'en occuper, je me borne à exposer la marche que vous avez à suivre. Deux questions se présentent évidemment; premièrement, M. l'abbé Perrotin sera-t-il retenu en état d'arrestation? secondement, y a-t-il lieu à accusation? Je me réduis à la première proposition, et je dis que si vous ne voulez pas être inconséquens avec votre décret, vous ne pouvez lui rendre la liberté. L'état des faits est absolument le même. M. l'abbé Perrotin avait dit à la municipalité de Châlons, ce qu'il vient de vous dire, aux réflexions et à l'exposé de ses sentimens près. C'est sur ce qu'a dit M. l'abbé Perrotin à la municipalité de Châlons, que vous avez pensé qu'il était convenable de s'assurer de sa personne. Le comité des recherches annonce que dans l'interrogatoire de MM. Bonne et Eggs, il y a des faits relatifs à M. Perrotin. Vous tirerez des lumières nécessaires de ces nouveaux éclaircissemens. Lui accorder ses conclusions, ce serait le compromettre, et compromettre l'assemblée même. Comment le public concevrait-il que l'affaire étant dans le même état, de nouveaux renseignemens vous étant proposés, vous mettiez aujourd'hui en liberté celui que vous avez fait arrêter hier. Je demande donc que l'assemblée charge son comité des recherches de lui rendre compte des nouvelles pièces qui lui ont été remises, relativement à M. l'abbé Perrotin, qui restera en état d'arrestation, jusqu'à ce qu'il en ait été autrement ordonné.

M. Lambert (ci-devant Frondeville). J'examinerai cette affaire dans le sens de la loi. Quelle est la loi? C'est votre déclaration des droits. L'article VII est ainsi conçu: « Nul homme ne peut être accusé, arrêté, ni détenu, que dans les cas déterminés par la loi, et selon les formes qu'elle a prescrites. Ceux qui sollicitent, expédient, exécutent ou font exécuter des ordres arbitraires, doivent être punis; mais tout citoyen appelé ou saisi en vertu de la loi doit obéir à l'instant: il se rend coupable par sa résistance. » Quelles sont les formes? Pourquoi M. Barmond est-il détenu? Il n'est ni accusé, ni décrété. On dit qu'il a été pris en flagrant délit; mais quel délit? mais avec quel homme fuyait-il ? Avec un homme à l'égard duquel la même loi avait été violée. (Il s'élève des murmures.)

Les murmures qui s'élèvent me donnent occasion de rappeler que M. Barmond a dit qu'il n'a pas voulu fuir sans savoir ce que le Châtelet prononcerait sur la procédure. Aucun décret n'a été prononcé; donc M. Bonne est un citoyen dans la personne duquel la liberté a été violée. Je ne sais s'il est présumé criminel de lèse-nation; s'il peut l'être ; par qui a-t-il été arrêté dans ses foyers? Ceux qui sollicitent et expédient des ordres arbitraires, doivent être punis; punissez-donc les dénonciateurs de M. Bonne. On dira que c'est le comité des recherches de la ville. Plus on citera de ces comités, plus j'aurai droit de gémir, de me plaindre, de dénoncer. Par qui ont été créés ces tribunaux étranges, ces satellites de la tyrannie? Par eux-mêmes. Ils ont commis un millier d'exactions. (Il s'élève des murmures.) Voilà le tribunal auquel M. Barmond est accusé d'avoir enlevé un citoyen. Si c'est une bonne action que de remettre la loi à sa place, M. Barmond a fait une bonne action, en enlevant un citoyen à la tyrannie. Voilà en dernière analyse le résultat de cette affaire. Lorsque depuis dix mois les assassins de nos princes parcourent librement l'enceinte de cette capitale, ils sont peut-être assis parmi nous....

— La grande majorité de l'assemblée se lève pour rappeler M. Lambert à l'ordre. On lui crie de descendre à la barre. Pendant de très-longues et très-tumultueuses agitations, M. le président se couvre.

M. Lambert quitte la tribune et descend à la barre.

M. Perdrix. M. Frondeville a demandé à s'expliquer à la tribune ; il en a le droit comme nous ; s'il est coupable, il descendra à la barre.

M. Lambert remonte à la tribune.

M. Boutidoux. L'assemblée a entendu l'injure; la phrase de

M. Lambert est bien explicite, bien claire; il est certainement coupable; c'est à la barre qu'il doit être entendu.

M. Custine. Le membre qui a parlé n'a pas besoin de s'expliquer lorsqu'il a une procédure au comité des recherches, et que cette procédure appuie son assertion.

M. Folleville. Je fais la motion qu'il soit voté des remerciemens à M. Frondeville. (Plusieurs membres de la partie droite applaudissent.)

L'assemblée décide que M. Lambert, ci-devant Frondeville, sera entendu à la tribune.

M. Lambert. Je propose de déposer sur le bureau ce que j'ai d't; je l'ai écrit: cela ne peut varier, je vais le répéter. (Une partie de l'assemblée s'écrie: On ne veut pas l'entendre.) Je n'ai dit qu'une phrase purement hypothétique, et mon hypothèse repose sur l'information du Châtelet: je me retire pour que l'assemblée prononce.

M. la Galissonnière. Je fais la motion que le comité des rapports rende compte sur-le-champ de la procédure du Châtelet.

Après des débats longs et tumultueux, l'assemblée délibère, et M. le président prononce en ces termes : « L'assemblée a décidé que le membre qui a prononcé la phrase dont il est question, est censuré et qu'il déposera son discours sur le bureau. »

On passe à l'ordre du jour.

La discussion est fermée.

On demande la priorité sur la motion de M. Barnave.

La priorité est refusée à la motion de M. l'abbé Maury.

M. Murinais. Je demande qu'il soit fixé un délai pour le rapport du comité des recherches.

L'assemblée décide qu'il sera fixé un délai.

On demande que le rapport soit fait le samedi prochain.

M. Voydel. Il suffit qu'il soit question de la liberté d'un citoyen, de celle d'un de nos collègues, pour que nous ne perdions pas un seul instant; mais nous avons un grand nombre de pièces à examiner. Notre rapport ne saurait être fait avant lundi.

L'assemblée décide que le rapport sera fait lundi.

La motion de M. Barnave est décrétée avec ces amendemens.

M. l'abbé Perrotin est ramené à la barre.

M. le président lui fait lecture du décret, conçu en ces termes :
« L'assemblée nationale charge son comité des recherches d'examiner les différentes pièces et renseignemens qui lui ont été remis relativement à l'affaire de M. l'abbé Perrotin, dit Barmond, pour rendre compte, lundi à midi, desdites pièces et renseignemens; cependant l'assemblée nationale décrète que M. l'abbé Perrotin, dit Barmond, restera en état d'arrestation, jusqu'à ce qu'il en ait été autrement ordonné. »

M. l'abbé Perrotin se retire.

La séance est levée à six heures.]

SÉANCE DU 19 AOUT.

Adoption du projet de Champigny, sur le code pénal maritime. Nous en citerons les articles qui donnèrent lieu à discussion.

[« Art. XIX. Tout commandant d'un bâtiment de guerre, coupable d'avoir désobéi aux ordres ou aux signaux du commandant de l'armée, escadre ou division, sera privé de son commandement; et si la désobéissance occasionne une séparation, soit de son vaisseau, soit d'un autre vaisseau de l'escadre, il sera cassé et déclaré indigne de servir; si elle a lieu en présence de l'ennemi, il sera condamné à la mort.

M. Robespierre. Je trouve un contraste étonnant entre les peines portées contre les matelots et celles contre les officiers. Est-ce d'après l'égalité du droit, que pour un même genre de délit on propose de donner la cale aux soldats, et simplement de casser les officiers? Si ces principes sont vrais, si ce sont ceux de la justice et de la liberté, je demande que les mêmes fautes soient punies par les mêmes peines; si on les juge trop sévères pour les officiers, qu'on les supprime pour les soldats.

M. Fermond. Si le préopinant avait comparé des articles, il aurait vu qu'il n'y a pas de disproportion dans les peines. Les officiers sont punis par la perte de leur honneur, et c'est ce qu'un Français peut avoir de plus cher.

« Art. XX. Tout matelot ou officier marinier, coupable d'avoir quitté, dans le cours ordinaire du service, soit un poste particulier du vaisseau à la garde duquel il aurait été préposé, soit la chaloupe ou le canot, si c'est pendant le jour, sera attaché au grand mât pendant une heure, et réduit à la paie immédiatement inférieure à la sienne; si c'est pendant la nuit, il sera attaché au grand mât pendant deux jours, deux heures chaque jour, et mis à deux paies au-dessous de la sienne. »

M. Robespierre. Le délit dont il est question dans l'article, est un des plus dangereux dont on puisse se rendre coupable dans le service militaire : ce délit ne doit-il pas être réparé par les peines les plus sévères, lorsque pour une simple faute de discipline vous condamnez le matelot à mort?

M. Murinais. On ne doit pas souffrir de factieux dans la tribune. Je demande que ce tribun du peuple soit rappelé à l'ordre.

On criera aussi haut que l'on voudra, c'est le meilleur moyen d'étouffer la vérité.

« Art. XXIII. Tout officier coupable d'avoir, pendant le combat, abandonné son poste pour s'aller cacher, sera, s'il est à sa première campagne de guerre, remercié du service, cassé et déclaré infâme. »

M. la Touche. La peine de mort me paraît applicable à ce cas-ci : c'est la crainte de la mort qui fait fuir le lâche ; il faut que la crainte de la mort le fixe à son poste.

M. Champagny. Je suis officier marinier, je ne défends pas l'article, et je souscris à tout ce qu'il plaira à l'assemblée de déterminer.

M. André. Comme l'a dit M. la Touche, c'est la crainte de la mort qui fait fuir le danger : je demande donc que son amendement soit adopté.

M. la Touche. J'ajoute qu'un poltron ne craint pas l'infamie.

M. Thévenot. Il est bien étonnant qu'on veuille punir de mort une simple..... un malheureux qui fuit.

L'amendement de M. la Touche, mis aux voix, est rejeté.

SÉANCE DU SOIR.

M. Regnaud, député de *Saint-Jean-d'Angely*. Des écrits incendiaires publient en ce moment que la garde nationale s'est déshonorée, en arrêtant des soldats du régiment du roi, par ordre de S. M. Le commandant de la marine de Toulon a été sur le point d'être assassiné dans une émeute occasionnée par des libelles ; il est temps que les représentans de la nation s'occupent à mettre un frein à ces désordres. Je demande que les comités de constitution et de jurisprudence présentent incessamment le projet du décret que l'assemblée leur a demandé sur la liberté de la presse.

L'assemblée décrète que ce projet de décret sera présenté dimanche prochain à midi.

M. le président annonce la réception de deux lettres de M. la Tour-du-Pin, qui lui font part d'une insurrection à Metz, et d'une émeute nouvelle à Toulon. — On fait lecture des deux lettres incluses dans celles du ministre, et qui donnent les détails de ces nouveaux troubles. — La première est de M. Jaucourt, colonel du régiment de Condé ; en voici l'extrait : — « Le régiment de Salm a voulu s'emparer de sa caisse ; M. Bouillé s'y est opposé : comme les grenadiers se préparaient à employer la force, les officiers ont environné M. Bouillé sur l'escalier, pour le défendre ; les grenadiers les ont enveloppés pendant que le reste du régiment s'emparait du dehors. Les grenadiers ont chargé leurs armes et ont couché les officiers en joue. Nous avons aperçu cette scène du quartier ; j'ai exhorté les soldats qui étaient autour de moi à aller à leur secours. Soixante m'ont paru être de bonne volonté. J'ai sauté à cheval, et j'ai obtenu de la municipalité l'ordre de marcher ; mais à mon retour, j'ai trouvé tous mes soldats absens : les officiers et un dragon étaient seuls disposés à marcher ; les brigadiers, qui avaient annoncé le même dessein, avaient été menacés d'être jetés par les fenêtres.... Je demande la division de mon régiment ; je donne ma démission : l'honneur me défend de rester dans un corps qui ne sait plus obéir....

Les 22,000 livres, injustement demandées à M. Bouillé, ont été remises par les officiers pour sauver M. Bouillé. »

SÉANCE DU 20 AOUT.

Extrait de la relation adressée ce matin à M. Dubois-Crancé par la garde nationale d'Hesdin.

M. *Dubois-Crancé.* — « Le premier du présent mois, jour qui devait assurer l'union entre les officiers et les cavaliers du régiment de Royal-Champagne, la municipalité et la garde nationale de cette ville; il y eut un dîner rendu par les officiers à ces deux corps. Les repas donnés par la garde nationale et la municipalité avaient été de véritables fêtes. Ils avaient offert la réunion de tous les rangs et de tous les grades. Les officiers, au lieu de suivre la même marche, n'ont invité ni les sous-officiers, ni les cavaliers; ils ont seulement donné six livres par chambre. A ce dîner, tous les cœurs furent glacés par une froide étiquette, par un cérémonial compassé. Le patriotisme de ces Messieurs leur inspirait des couplets où le roi, la reine et le dauphin étaient célébrés, et qui excitaient des cris de *vive le roi! vive la reine!* La suite de ces couplets renfermait des allusions contre les représentans de la nation et contre la garde nationale. On nous disait: *Laissez vos pompons et vos armes; il n'y a rien de bon du côté gauche que le cœur.*

Après la santé du roi, on éluda de porter celle de ce que nous avons de plus cher, de la nation et de ses représentans. Les officiers de la garde nationale craignaient qu'on ne les soupçonnât d'avoir concouru à l'exclusion, à l'humiliation de leurs frères d'armes du régiment de Royal-Champagne. On prépara un bal sur la place. L'indignation des cavaliers était augmentée par la réception qu'on avait faite, avant le dîner, d'un sous-officier qu'ils détestaient, et qui avait été promu au grade de sous-lieutenant. Sur les dix heures du soir, on vit arriver une trentaine de cavaliers, qui, une chandelle à la main, firent le tour de la place : dans cette gaîté innocente, aucun citoyen n'a dit avoir éprouvé une insulte. Les officiers prétendent avoir été menacés et blessés; mais il serait peut-être difficile de le prouver. Il fallait punir les individus et non le corps entier ; d'ailleurs, on avait passé la journée à boire. Etait-ce aux officiers à se plaindre? Ils avaient fourni la boisson ; ce qui est certain, c'est qu'aucun officier n'a rappelé les soldats à l'ordre, et l'ordre s'est rétabli de lui-même. Il faut remarquer qu'il y avait une exemption d'appel pour toute la nuit, et que cette exemption n'avait pas été révoquée. Le lendemain, disait-on, devait être le grand jour : qu'est-il arrivé? trente cavaliers, précédés d'un trompette, ont fait une nouvelle procession en sortant du cabaret. Est-ce une insurrection que de courir sans désordre, en criant : *Vive la nation! vivent les bons citoyens d'Hesdin! au diable les aristocrates?*

Les jours suivans se passèrent dans le plus grand calme; mais il faut avouer que cette tranquillité fut altérée par des mesures graves, accompagnées d'un appareil militaire et qui répandirent de grandes inquiétudes dans toutes les familles. Le samedi 10, cet appareil militaire se déploie tout-à-coup, comme si l'ennemi était aux portes : l'Hôtel-de-ville est changé en véritable arsenal ; toutes les troupes s'y assemblent, six pièces de canon sont traînées dans la cour, la mèche est allumée, les salles se remplissent d'ouvriers qui fabriquent des cartouches, on y rassemble des fusils, les postes sont doublés : tous ces préparatifs se font au nom de la municipalité. Une lettre de M. Fournès, colonel et membre de l'assemblée nationale, annonce que, le 5 de ce mois, l'assemblée doit rendre un décret pour casser le régiment ; ce député engage les officiers à se mettre en sûreté, à enlever la caisse, à porter les drapeaux à l'Hôtel-de-ville. M. Fournès était à quarante lieues de la scène ; il a pu être trompé par des ouï-dire; mais les officiers municipaux étaient sur les lieux, tout était calme; leur esprit frappé n'a vu que des assassins; on ne leur pardonnera pas. Ce n'était pas assez, la municipalité implora le secours du commandant de la province. Le 9, arrivèrent des détachemens de troupes étrangères ; tous les citoyens se demandent quel désordre a-t-on commis? Où sont les crimes qu'il faut punir?

Le peuple, au milieu de ses inquiétudes, se permet à peine quelques murmures ; les officiers municipaux et les chefs des troupes tiennent sur la place des conférences; on décide que le régiment de Royal-Champagne ne fera plus de service ; que les postes seront occupés par la garde nationale; que les nouvelles troupes garderont les faubourgs; que les portes de la ville resteront toujours ouvertes, et qu'ainsi que les ponts-levis elles seront clouées : telles sont les dispositions du congrès municipal et militaire. Le peuple, en voyant appeler des troupes étrangères, en voyant qu'on leur livre les portes, n'a-t-il pas dû concevoir des inquiétudes pour sa liberté?...»

M. l'abbé Maury. Nous n'avons pas besoin de cette relation ; elle n'a nul rapport avec l'objet actuel.

Cette observation est repoussée par des murmures.

M. Dubois-Crancé continue sa lecture. — « On ne se permettra qu'une réflexion sur ces dispositions despotiques. Ce n'est qu'à l'approche des troupes étrangères, rassemblées autour de Paris, qu'a commencé la révolution. Enfin arrive un décret qui improuve la conduite du régiment de Royal-Champagne, et ce n'est pas ce décret fulminant qu'on avait annoncé.

« On ne conçoit pas les raisons qui ont engagé les officiers municipaux à tenir la ville investie par des troupes étrangères. Ils auraient pu le faire peut-être, si les cavaliers n'avaient pas reçu avec modération l'humiliation qui leur a été infligée; mais ils n'ont pas donné ce triomphe à leurs ennemis. On a vu monter à l'Hôtel-de-ville des soldats, peut-être gagnés, pour faire des déclarations dont on ne connaît pas la teneur : ces soldats, au nombre de trente, habitent un autre quartier de la ville; on leur a donné de la poudre et du plomb pour se défendre, dit-on, contre leurs camarades. Si on avait pu exciter la division, on se serait applaudi des dispositions qu'on avait prises. Il résulte de ce récit : 1° que le faux avis donné par M. Fournès, est le pivot sur lequel roule toute cette conduite; 2ᵈ que les officiers municipaux, sous le prétexte de mettre en sûreté les officiers du régiment de Royal-Champagne, qu'on a feint être en danger, ont troublé la

tranquillité publique et la liberté ; 3° qu'on s'est permis d'infliger au régiment de Royal-Champagne des peines plus fortes que celles décrétées par l'assemblée nationale. Il résulte enfin qu'il n'y a plus de sûreté publique, plus de liberté ; que les droits de l'homme sont une chimère, si les officiers municipaux peuvent clouer les portes, appeler les troupes étrangères, et usurper le pouvoir militaire. Pour opérer une contre-révolution à Hesdin, on n'aurait pas pris d'autres mesures. L'assemblée nationale est suppliée d'examiner si le corps municipal n'a pas outrepassé les pouvoirs qui lui sont délégués par la loi. »

M. Fournès, colonel du régiment de Royal-Champagne. Je dois vous dire que les faits contenus dans l'extrait de cette prétendue lettre sont inexacts ; je demande qu'on la porte au comité militaire, pour qu'il vous en soit rendu compte.]

Sur la motion de Riquetti aîné, l'assemblée décrète que le comité militaire présentera une lettre à adresser à l'armée.

SÉANCE DU 21 AOUT.

Cette séance fut l'une des plus orageuses qu'on eût encore vues. Les débats s'ouvrirent sur la dénonciation d'une brochure de Lambert-Frondeville, imprimée avec un avant-propos injurieux à la dignité de l'assemblée nationale. On se rappelle que le jour où Perrotin fut entendu (le 18), Frondeville se fit condamner à la censure. Il y trouva une marque d'honneur, et publia son discours avec cette épigraphe : *Lat veniam corvis, vexat censura columbas.*

Au milieu d'une discussion très-animée, qui avait pour objet de savoir si Lambert-Frondeville serait puni de la prison, ou des arrêts, ou même s'il ne devait pas être absous, — le député Faussigny s'avance dans la salle, en disant : « Ceci m'a l'air d'une guerre ouverte de la majorité contre la minorité ; et pour la faire finir il n'y a qu'un moyen, c'est de tomber le sabre à la main sur ces gaillards-là. » (Il indiquait la partie gauche.) Plusieurs membres du côté droit firent un mouvement comme pour appuyer cette étrange motion ; tout le côté gauche se leva, et demanda l'arrestation de Faussigny. Aussitôt Frondeville s'avoue coupable; il s'excuse d'avoir été cause de la violence que vient de se permettre son collègue, et demande que la peine tombe sur lui seul. L'assemblée décréta que Frondeville garderait huit jours les arrêts chez lui. — Sur la proposition de Dubois-Crancé, l'assemblée ayant égard aux excuses et aux témoignages de repentir de Faussigny, lui remit la peine grave qu'il avait encourue.

SÉANCE DU SOIR.

L'ordre du jour est le rapport des comités de législation et de constitution sur les délits de la presse.

[*M. Chapelier.* Les deux comités ont pensé qu'il était impossible de soumettre à votre délibération une loi complète, non sur la liberté, mais sur les excès de la presse, avant d'avoir présenté la loi sur l'établissement des jurés. L'on ne pourrait prendre une autre marche sans exposer la liberté nationale et la liberté individuelle. Les deux comités se sont occupés de cette loi, qu'ils doivent vous offrir incessamment.

On demande à passer à l'ordre du jour.

M. *André.* Lorsqu'on a fait la dénonciation d'un libelle, on a dit, pour éluder les suites de cette dénonciation, que dans deux jours les comités pourraient présenter une loi provisoire. M. Chapelier a distingué la liberté de la licence. L'usage de la presse doit être permis; mais ce qui n'est pas permis, c'est d'exciter les insurrections des régimens, c'est de vouloir soulever le peuple. J'ai entre les mains un libelle dans lequel on engage à élever des gibets dans les Tuileries, pour y attacher les députés. Vous avez rendu des décrets contre les libelles, et des libelles se répandent chaque jour. Ce sont ces écrits qui perpétuent les désordres, qui trompent et animent le peuple, qui décréditent vos travaux, qui détruisent la tranquillité publique, sans laquelle vos travaux ne sont rien; si le comité de constitution ne peut faire ce que l'assemblée exige de lui, il faut nommer un comité *ad hoc*, qui s'en occupe jour et nuit.

M. *Malouet.* Puisqu'on ne présente pas cette loi, si instante sur la presse, je demande qu'on donne ordre au maire de Paris de s'assurer de l'homme qui a écrit qu'il fallait élever dans les Tuileries huit cents potences, pour y attacher une partie des membres de l'assemblée nationale, et tous les ministres.

Plusieurs personnes de la partie droite demandent qu'on arrête aussi l'imprimeur.

M. *Regnaud, député de Saint-Jean d'Angely.* Ce n'est pas l'imprimeur qu'il faut ordonner d'arrêter. Comment le Châtelet n'a-t-il fait aucune poursuite contre le libelle, signé Marat, que vous avez excepté par un de vos décrets? On dit qu'il est occupé d'opérations plus pressantes; mais est-il rien de plus pressant que de se conformer à une disposition que vous avez prise, et dont vous avez assez annoncé que vous demandiez une prompte exécution?

M. *Malouet.* L'imprimé que voici est signé Marat, *l'ami du peuple* : il contient cette phrase. Il s'agit de la proposition qu'a faite M. Riquetti l'aîné, de licencier l'armée. *Ici je vois la nation entière se soulever contre cet infernal projet. Si les noirs et les ministres gangrénés et archi-gangrénés sont assez hardis pour le faire passer, citoyens, élevez huit cents potences, pendez-y tous ces traîtres et à leur tête l'infâme Riquetti l'aîné....*

M. *Riquetti l'aîné* (ci-devant Mirabeau). Il me sera permis de demander si ce n'est pas une dérision tout-à-fait indigne de l'assemblée, que de lui dénoncer de pareilles démences?

M. Malouet reprend la parole.

M. *Verchere.* C'est pour nous empêcher de travailler, qu'on vient nous occuper de ces folies.

M. *Malouet.* Si vous voulez adopter ma proposition, je cesserai volontiers cette lecture; car le cœur soulève à l'honnête citoyen. Je demande donc qu'il soit donné ordre à M. le maire de Paris de faire arrêter M. Marat et les colporteurs de ces libelles.

M. *Riquetti l'aîné* (ci-devant Mirabeau). Sans doute il est bon de faire des lois sur les délits qui se commettent par la voie de la presse, comme sur tous les autres délits. Il est vrai que ceux-ci méritent peut-être une plus grande considération, parce que leur propagation est plus rapide; mais ce qui est mauvais, c'est de se hâter sur une semblable matière, c'est de se hâter, parce qu'on publie des extravagances. Je vous prie de remarquer que, dans ce paragraphe d'homme ivre, je suis seul nommé. On parle *des noirs* dans ce libelle; eh bien! c'est au Châtelet du Sénégal qu'il faut dénoncer ce libelle. Eh! que signifie cette expression *des noirs?* Messieurs, je vous le demande.... Parmi les libelles, les libelles les plus fameux, il en est un, *libellis famosus*, ce fameux libelle est de l'homme à qui on veut renvoyer l'extravagance qu'on vous dénonce; cet homme est M. le procureur du roi du Châtelet. Eh! passons à l'ordre du jour. (On applaudit).

M. le président propose de mettre aux voix la motion de M. Malouet.

M. Regnaud, député de Saint-Jean-d'Angely. On ne peut mettre aux voix la motion de M. Malouet, car on ne sait pas si M. Marat est l'auteur du libelle dont il s'agit, et on ne peut le savoir que par une information. Je demande la question préalable.

M. André. J'appuie la question préalable; mais je demande qu'il soit donné ordre au maire de Paris de faire arrêter les colporteurs qui débitent ces papiers.

On réclame l'ordre du jour.

L'assemblée délibère et passe à l'ordre du jour.]

SÉANCE DU 25 AOUT.
Affaire de M. l'abbé Perrotin.

[*M. Voidel.* L'affaire dont je vais vous rendre compte agite tous les esprits; les uns, fatigués par une succession rapide d'événemens, ne voient dans les faits les plus simples que des complots et des conjurations; les autres, animés par des désirs de vengeance, n'aperçoivent dans les précautions du moment que des actes de violence et de tyrannie : ennemis de la liberté, ils réclament les droits de l'homme.... Par la simple exposition des faits et la sévère application des principes, nous espérons fixer l'opinion publique. — MM. Maillebois et Bonne-Savardin étaient accusés de conspiration. Les talens militaires de l'un, et les papiers saisis sur l'autre lors de son arrestation, tendaient à donner aux soupçons l'apparence de la vérité. Le 13 juillet, à neuf heures et demie du soir, deux particuliers portant les signes extérieurs du grade d'officier de la garde nationale parisienne, remirent au concierge de la prison de l'Abbaye Saint-Germain un papier en quatre lignes, dont les chiffres étaient grattés; il était signé d'une encre différente du reste de l'écriture, et cependant revêtu du sceau de la ville; il portait ordre de remettre entre leurs mains M. Bonne-Savardin, qui soupait alors avec le concierge. Le prisonnier fut fort maltraité par ces deux particuliers, qui semblaient avoir tant de peur qu'il ne s'évadât, qu'en montant en voiture, l'un d'eux le tenait par son habit.

Le 14, vers neuf heures du matin, le concierge fut extrêmement surpris de ce que M. Bonne-Savardin qui devait lui être remis, n'était point encore rentré. Le 15, les membres du comité des recherches de la ville de Paris reçurent les dépositions de ce concierge, qui leur montra l'ordre qui lui avait été présenté. Comme l'un des particuliers avait l'uniforme d'aide-de-camp de M. de la Fayette, tous les aides-de-camp de ce général ont été conduits au concierge de la prison de l'Abbaye Saint-Germain, qui n'en a reconnu aucun. Il ne paraît pas que jusqu'ici M. Savalette ait été soumis à cette épreuve. Cette première recherche n'ayant produit aucune lumière, le comité des recherches de la ville de Paris publia, le 16, un avis. Nous allons suivre M. Bonne depuis le 13 juillet jusqu'au 28, dans sa déclaration même. Les deux particuliers qui me firent sortir de la prison de l'Abbaye, et qui me sont absolument inconnus, dit M. Bonne, me conduisirent sur le quai des Morfondus et m'y laissèrent. Je traversai les cours du Palais avec mon nécessaire sous le bras; je pris dans la rue Saint-Louis un fiacre avec lequel j'errai long-temps. Je descendis dans la rue Neuve-des-Petits-Champs, où je rencontrai une femme à laquelle je demandai un gîte; elle m'indiqua une maison où je demeurai la nuit, et que je ne pourrais reconnaître. Je passai les deux nuits suivantes, l'une sous un hangar, l'autre sur mes pieds, et le lendemain, à six heures du matin, j'allai invoquer la sensibilité, et même la pitié de M. Barmond, que je ne connaissais que de réputation. Je le suppliai de me donner un asile; il me refusa : son refus me mit au désespoir. Enfin, il me désigna un village aux environs de Paris, où je pourrais vivre ignoré; il me conduisit à deux lieues au-dessus d'Atis, sur la gauche.

Je ne restai pas une demi-heure dans une maison où je ne connaissais personne. Il me ramena à Paris, et voulut me descendre au premier endroit que je lui indiquerais. Je le suppliai de ne pas m'y abandonner. Je n'avais rien mangé depuis longtemps; malgré sa répugnance, vaincu par mes prières, ou plutôt par mes importunités, il me reconduisit chez lui. J'y passai plusieurs jours. Je fus ensuite chez un citoyen généreux et sensible, chez M. Foucault, membre de l'assemblée nationale.

M. Foucault. Oui, Messieurs, je m'empare de l'accusation.

M. Voidel. Je continue mon rapport et le récit fait par M. Bonne. — Je restai, dit-il, plusieurs jours chez M. Foucault : je n'y reçus aucune autre visite que celle de M. l'abbé Barmond, qui vint me voir une seule fois. La belle-sœur de M. l'abbé Barmond vint me prendre dans cet asile, et me conduisit Vieille rue du Temple, n° 15, chez M. l'abbé Barmond. Deux jours après, nous partîmes; nous prîmes M. Eggs chez M. l'abbé Eymard, rue Culture Sainte-Catherine. Je voulus aller à Strasbourg; mon projet était de traverser l'Allemagne, pour déguiser ma route et revenir dans ma famille..... — Tel est le récit de M. Bonne-Savardin. Ces faits ont été découverts par la déclaration de M. Guichard, domestique de M. l'abbé Perrotin, et par celle de M. Jean-Baptiste Thury, maître fondeur, qui dit tenir de M. Eymard, domestique de M. Foucault, les faits que voici. Il a vu arriver, le 20 juillet, chez son maître, et avec lui un inconnu qui fut logé à l'entresol; deux autres inconnus vinrent le voir, ainsi que M. l'abbé Perrotin. M. Eymard servait cet inconnu, auquel il aida à démarquer son linge et à se teindre les cheveux, la figure et la poitrine, etc. (Ici M. le rapporteur fait lecture du procès-verbal dressé à Châlons, tant de l'arrestation de MM. Bonne-Savardin, l'abbé Perrotin et Eggs, que des déclarations des uns et des autres, et de celle de M. Jullien, aide-de-camp de M. de la Fayette, et de M. Mestre, officier de la garde nationale parisienne. Ces pièces ont été imprimées et déjà rapportées dans une des précédentes séances. — M. Voidel donne ensuite le détail de tout ce qui s'est passé depuis l'arrestation. Ces faits sont également connus.) M. l'abbé Barmond, à la suite de ces aveux, vous a parlé d'une lettre anonyme envoyée à sa maison, et remise par M. son frère au comité des recherches. Cette lettre contient contre vous des injures grossières, des menaces extravagantes : elle suppose une grande intimité entre M. Bonne et M. Perrotin : elle est datée de Londres, et le timbre est évidemment fait à la main. L'objet de celui qui l'a écrite est de nuire aux deux personnes arrêtées. Deux paquets qui ont été trouvés dans la voiture de M. l'abbé Perrotin, l'un à l'adresse de M. le cardinal de Rohan, renferme des brochures avouées; l'autre, appartenant à M. l'abbé Perrotin, renferme trois volumes de l'*Histoire des Voyages*.

M. l'abbé Perrotin vous avait promis la vérité; il avait dit qu'il allait ouvrir son âme tout entière, rendre compte de toutes ses réflexions et de tous ses sentimens, et il vous a caché qu'il avait conduit M. Bonne à deux lieues d'Atis, qu'il l'était allé voir chez M. Foucault; que sa belle-sœur était allée le chercher pour le mener chez lui, deux jours avant son départ; et dans sa déclaration à la municipalité de Châlons, il a dit qu'il n'avait vu M. Bonne-Savardin qu'à l'instant de son départ; qu'il avait refusé de l'emmener, mais qu'au reste sa voiture n'était pas fermée. Si de simples égards, si des sentimens d'humanité ont pu l'entraîner dans de pareilles erreurs, ne peut-on pas supposer d'autres effets des mêmes sentimens? M. Perrotin dit qu'il a cru pouvoir favoriser l'évasion de M. Bonne, parce que l'information était décrétée, et qu'aucun décret n'était lancé contre ce particulier : il sait bien que l'information précède le décret. Le comité des recherches, accusé par M. Perrotin, est prêt à rendre compte de toutes ses opérations. Toute cette affaire se réduit à des propositions simples.

1° M. Perrotin est-il complice du délit dénoncé au Châtelet, et dont M. Bonne est accusé?

2° Est-il complice de son évasion?

3° La liberté doit-elle être rendue dès ce moment à M. l'abbé Perrotin?

4° Quel parti l'assemblée peut-elle prendre à l'égard de M. Eggs?

Quant à la première proposition, il ne résulte d'aucune pièce, d'aucune recherche, aucune preuve, aucun indice, même aucune trace de complicité à cet égard. Quant à la seconde, elle se divise en deux parties, le fait et ses circonstances, et les suites de l'évasion : j'écarte la première. Il est démontré que M. l'abbé Perrotin a favorisé de tout son pouvoir la fuite d'un criminel de lèse-nation, contre lequel il y avait des informations ordonnées. Des procès-verbaux, des actes légaux et l'avis de M. Perrotin forment cette démonstration. Cette conduite de la part d'un magistrat, d'un député, n'est pas seulement une faute, une imprudence, mais un véritable délit. S'il a voulu donner l'hospitalité à M. Bonne, nul motif ne l'engageait à le conduire hors du royaume. Il est illusoire de dire qu'on voulait le mener dans une ville de France; on ne s'expose pas ainsi pour laisser son ouvrage imparfait. Le passeport annonce deux domestiques, à la place desquels M. Perrotin emmène M. Bonne et M. Eggs ; il les couvre de son inviolabilité personnelle. Si les lois romaines ont prononcé des peines graves contre ceux qui recèlent un voleur, quelle peine encourt celui qui recèle un criminel de lèse-nation? Le comité a donc pensé que la liberté ne pouvait être rendue à M. l'abbé Perrotin, et qu'il devait être interrogé, ainsi que M. Foucault. Il n'y a aucune charge contre M. Eggs. D'après ces réflexions, il me charge de vous présenter le projet de décret suivant :

« L'assemblée nationale, après avoir entendu le rapport de son comité des recherches, décrète que son président se retirera par-devers le roi, pour le prier de donner des ordres afin que, par le Châtelet de Paris, il soit promptement informé contre les auteurs, fauteurs et complices de l'évasion du sieur Bonne-Savardin, circonstances et dépendances, et les informations qui seront faites, être envoyées cachetées à l'assemblée nationale; décrète également que le sieur abbé Perrotin, dit Barmond, demeurera provisoirement en état d'arrestation, et que cependant, tant ledit sieur abbé Perrotin que le sieur Foucault, l'un de ses membres, seront interrogés séparément par telle personne que l'assemblée jugera à propos de désigner à cet effet, et les interrogatoires ou déclarations desdits sieurs abbé Perrotin et Foucault, envoyés au Châtelet, s'il y a lieu; ordonne à son comité des recherches de remettre au sieur abbé Perrotin, sous sa décharge, l'argent et les effets à lui appartenant, et déposés audit comité.

» Décrète enfin que le sieur Eggs sera remis en liberté; à l'effet de quoi le roi sera prié de donner tous les ordres nécessaires. »

M. Foucault. Je me serais jamais attendu à me justifier d'une bonne action; je ne m'accuse pas; je me vante d'avoir fait, d'une part, ce que mon amitié pour M. Perrotin me prescrivait; de l'autre ce que l'humanité et la religion exigeaient de moi à l'égard de M. Bonne-Savardin.

Je ne serai jamais le geôlier, l'espion, ni le dénonciateur de personne, d'un homme abandonné qui se livre tout entier à ma générosité. J'ouvrirai les bras à l'homme infortuné, même coupable. Mon ennemi vaincu trouvera en moi un appui, et je deviendrai son libérateur. La religion me prescrivait cette conduite. En effet, autrefois elle offrait dans le royaume des asiles sacrés aux citoyens menacés de la rigueur des lois; et dans les empires où elle est encore en vigueur, elle a conservé ce beau privilège. (Il s'élève des murmures.) Oui, la religion. (Les murmures augmentent, on entend ces mots : *superstition, fanatisme.*)

Messieurs, rappelez-vous que, dans cette circonstance, vous êtes mes juges et non mes improbateurs; vous m'improuverez quand vous m'aurez entendu. (On applaudit.) Je suis allé en Italie, en Espagne, à Malte, et je demande si la religion n'y est pas plus en vigueur qu'en France. (Plusieurs voix, *non, non.*) Si on ne m'avait pas interrompu au milieu de ma phrase, peut-être aurait-on vu quelques adoucissemens. Si la religion a sacrifié le droit d'asile à la tranquillité publique, il n'en n'est pas moins vrai que c'est une bonne action que de soustraire un infortuné non décrété à ses oppresseurs. Toute maison d'un homme sensible doit devenir un temple. Telles sont les raisons qui m'ont déterminé à donner l'hospitalité à M. Bonne-Savardin.

M. Robespierre. Tout le monde sent trop que le salut public est la loi suprême. L'amitié ne consiste pas à partager les fautes d'un ami : le sentiment de l'humanité n'est pas relatif à un seul homme. Quand l'utilité générale rend nuisible à la société un service rendu à un individu, ce n'est point un bienfait pour cet individu, c'est une barbarie pour la société entière. J'en veux moins aux hommes qui, par un enthousiasme et une exagération romanesque, justifient leur attachement à d'anciens principes qu'ils ne peuvent encore abandonner qu'à ceux qui couvrent des desseins perfides sous les dehors du patriotisme et de la vertu. Examinons quel est le délit dont il s'agit aujourd'hui : un accusé s'échappe et réclame un asile. Sans doute il est innocent de s'être échappé; mais quels sont les devoirs de l'homme auquel il recourt? Le sentiment de l'humanité lui défend de repousser celui qui s'est jeté dans ses bras, et cet homme est plus près du vice que de la vertu s'il dénonce celui qui est venu chercher un asile dans sa maison. Voyons s'il en est de même quand il s'agit d'un crime de lèse-nation : tout homme qui connaît un crime public, qui recèle son auteur, qui fait tout ce qui dépend de lui pour le soustraire à la vengeance des lois, ne remplit pas ses devoirs de citoyen. Il compromet le salut de la patrie. On ne peut dire que cet homme soit exempt de torts : il y a donc un tort à reprocher à MM. Foucault et Barmond; ni l'un ni l'autre n'étaient affranchis d'un devoir qui tient à la sûreté de la patrie. Il y a ici une nuance à saisir, le tort serait plus grave, si l'accusé avait été pris immédiatement dans les mains des lois. Ainsi pour savoir exactement le parti que l'assemblée doit adopter, il est des renseignemens nécessaires ; il est des indices plus positifs sur la part que MM. Foucault et Barmond peuvent avoir dans cette affaire. On a répandu un grand mystère sur l'évasion de M. Bonne-Savardin, jusqu'au moment où M. l'abbé Barmond lui a le premier donné un asile. Il reste un indice résultant de ce que les premiers hommes qui paraissent dans cette affaire, sont MM. Barmond et Foucault. Dès qu'il y a un indice, la première chose est donc d'ordonner que M. Barmond restera en état d'arrestation. J'examine ensuite les conclusions du comité des recherches : d'abord, vous ne pouvez recourir au roi, pour le prier de donner des ordres pour que le Châtelet informe contre les auteurs, fauteurs et complices de M. Bonne-Savardin. Les représentans de la nation ne peuvent, en général, se reposer sur les agens du pouvoir exécutif : d'ailleurs, il se présente ici une circonstance impérieuse : l'un des ministres, celui par lequel les ordres du roi seraient exécutés, est M. Guignard, impliqué lui-même dans l'affaire de M. Bonne-Savardin. L'interrogatoire proposé est une mesure peu convenable. Qui interrogera ? Sur quels faits interrogera-t-on ? Il est difficile de répondre à ces questions. J'ajoute qu'il n'est pas possible que vous vous dissimuliez à vous-mêmes, qu'on vous propose de confier une affaire qui, par ses circonstances et ses suites, peut influer puissamment sur la chose publique, à des hommes, à un tribunal qui, jusqu'ici, n'ont pas mérité la confiance publique. Je sais qu'il faut des tribunaux pour poursuivre les crimes de lèse-nation ; mais il vaut mieux n'en avoir pas, que d'en avoir un qui agisse en sens inverse de la révolution. Je demande donc qu'il soit ordonné que M. Perrotin, dit Barmond, restera en état d'arrestation, jusqu'à ce que vous ayez décrété qu'il y a lieu à accusation, et que l'assemblée nationale s'occupera incessamment de l'organisation d'un tribunal national.

M. l'abbé Maury. Jamais on n'a pensé qu'un interrogatoire pût précéder une procédure, s'il n'y a pas eu information. L'homme qui s'annonce comme le ministre de la loi, peut-il oublier que l'interrogatoire existe pour l'accusé et non pour la société.

La société doit tout prouver; autrement le sort des de Thou, des Massillac, interrogés à Ruel par le cardinal de Richelieu, peut devenir celui de tous les Français. Votre comité des recherches a fait un aveu précieux; il a dit qu'il n'existait aucune preuve, aucun indice de complicité pour l'affaire principale. En mettant ainsi à l'écart le crime capital de haute-trahison, en réduisant la question à l'évasion de M. Bonne, elle devient facile à décider. Il est reconnu que, d'après tous les principes de justice, l'évasion d'un homme détenu est de droit naturel. Quelle est la loi qui défend à un Français de favoriser un Français qui exerce un droit naturel? (Il s'élève des murmures.) Tout le monde a le droit naturel de favoriser l'évasion d'un détenu. (Les murmures augmentent.) Je demande qu'il me soit permis de présenter la preuve de ce que j'avance. Je parle d'un détenu non décrété; si ce détenu s'échappe, tous les amis de la liberté doivent le bénir, puisqu'il se soustrait à la tyrannie. Toute détention non légale est un acte arbitraire du despotisme. Tout acte qui tend à soustraire un citoyen à un acte arbitraire, est très-patriotique; il n'appartient qu'à des tyrans ou à des esclaves de méconnaître ces principes. Quand nous nous sommes élevés avec tant de force contre les détentions arbitraires, vous êtes-vous réservé le droit d'en exercer vous-mêmes. Rien ne prouve la complicité de M. Barmond dans la conspiration à laquelle M. Bonne est soupçonné d'avoir concouru; rien ne prouve que MM. Foucault et Barmond aient favorisé l'évasion d'un homme détenu en charte-privée dans la Bastille de l'Abbaye Saint-Germain.

Souvenez-vous de ce que vous avez dit, lorsqu'il s'agissait de savoir si vos pouvoirs de députés seraient examinés par le roi: vous avez craint qu'on ne pût par ce moyen éloigner un représentant redoutable à la cour. Les principes que vous exposiez alors militent aujourd'hui en faveur de la liberté de M. Barmond.

Je demande qu'au moment même il soit libre, ou bien qu'il

soit envoyé au Châtelet. (Il s'élève beaucoup de murmures.) Autant j'ai insisté sur l'arrestation avant que les pièces fussent connues, autant j'insiste contre elle maintenant que vous les connaissez. Il n'y a pas de milieu entre l'élargissement et le renvoi à un tribunal. (La partie droite applaudit avec transport.)

On demande l'ajournement.

M. Pétion. Je propose de décréter qu'il sera informé par le Châtelet contre les auteurs, fauteurs et complices de l'évasion de M. Bonne-Savardin; et que M. l'abbé Perrotin, dit Barmond, continuera d'être en état d'arrestation jusqu'à ce que, sur le rapport des informations, l'assemblée ait décidé qu'il y a lieu à inculpation. Je demande en outre que l'assemblée nationale déclare qu'il n'y a lieu à délibérer sur le reste du projet qui lui a été présenté par son comité des recherches.

Dubois-Crancé appuie la motion de Maury, pour qu'il soit dit qu'il a eu une fois raison. Rewbell et Merlin observent que l'assemblée doit décider s'il y a lieu oui ou non à accusation. Daumetz parle contre Perrotin, et se range de l'avis de Pétion. Camus pense qu'il y a lieu à accusation. Malouet s'y oppose. Barnave demande et motive le décret d'accusation.

M. Tronchet. La question préalable a été adoptée; elle doit être mise aux voix. La discussion a été fermée; elle ne peut plus être ouverte.

M. Riquetti l'aîné (ci-devant de Mirabeau). Je n'examinerai pas bien scrupuleusement si quelques formes sont blessées ou anticipées dans la manière nouvelle dont la question est posée; il importe plutôt de recevoir l'éclat de lumière, au moment où il jaillit, que d'attendre l'instant précis que les formatistes trouvent convenable. M. Barnave a répondu avec un grand avantage aux divers préopinans qui contrarient notre système; mais peut-être la surabondance de ses preuves a-t-elle nui à leur clarté et à leur énergie. Tous les argumens de nos adversaires ont porté sur deux sophismes. Ils ont supposé qu'il n'y a de légal que les formes judiciaires; cette erreur est facile à démêler. Les juges n'ont le pouvoir de juger que parce que ce pouvoir leur a été délégué par le souverain ; les comités des recherches, institution détestable, si elle était permanente, si elle entrait dans l'organisation sociale comme une pièce durable, mais institution souverainement nécessaire au milieu d'une révolution (et dans les débats précédens nos adversaires en sont convenus) ; les comités des recherches, dis-je, font des informations très-légales, puisqu'ils ont reçu du souverain le pouvoir d'informer. — Premier sophisme écarté.

Le second sophisme roule sur cette fausse supposition, que le délit imputé à l'abbé Barmond n'a pas de dénonciateur, et n'est pas suffisamment caractérisé ; mais un flagrant délit porte avec soi un caractère déterminant, et n'a pas besoin de dénonciateur : un membre a dit que l'acte dont il s'agit est une bonne action. Ce sera, si l'on veut, en flagrante bonne action que M. l'abbé Barmond a été saisi ; mais il reste toujours vrai que c'est un acte quelconque, un acte flagrant qui vous a été dénoncé par le propre aveu de l'accusé ; que M. Barmond n'a certainement pas le droit de juger du caractère de sa propre action, et que sur le fait de l'évasion de M. Bonne-Savardin, en ce qui concerne un de vos membres, vous avez seuls le pouvoir de déclarer si, ou non, il y a lieu à accusation. Cet acte est répréhensible ; vous en renvoyez la connaissance au tribunal, et vous voilà dans la théorie de M. Barnave. Déclarez-vous qu'il ne l'est pas ? Il n'y a plus ni procès ni jugement ultérieurs à attendre : tout est fini. On doit donc prendre cette voie, qui est évidemment la plus courte ; la question est donc posée maintenant comme elle aurait toujours dû l'être.

Ceux qui ont soutenu dans cette tribune que le plus beau privilége de la religion était de dérober le coupable à la vengeance des lois..... (Plusieurs membres du côté droit s'écrient : *On n'a pas dit cela.*)

M. *Foucault.* J'ai dit que c'est un beau privilége de la religion, et non le plus beau ; j'ai dit que la religion avait conservé le beau privilége d'offrir des asiles aux citoyens menacés de la rigueur des lois.

M. Riquetti l'aîné. Je rétracte mon erreur, et je dis : Ceux qui ont soutenu dans la tribune qu'un beau privilége de la religion... (Plusieurs membres de la partie droite s'écrient : *On ne plaisante pas là-dessus.*) Je dis que ceux qui ont défendu l'infâme abus des asiles, qui ont dit que la sainte amitié peut produire des fruits aussi empoisonnés que le désir, ou le devoir de favoriser l'évasion de l'homme accusé d'avoir travaillé, autant qu'il était en lui, à subvertir la liberté publique, que ceux-là réclament aussi, en leur faveur, les impérieuses sollicitations de l'humanité. Certes, il sera permis à l'assemblée nationale, conservatrice et distributrice des lois, institutrice et protectrice de la liberté publique, de croire qu'il n'est pas innocent, celui auprès duquel on a trouvé, sous l'abri d'un faux passeport, un homme qu'il voulait conduire hors du domaine de la nation.

Je demande à ajouter un seul mot; il sera court. Et moi aussi je suis accusé, ou plutôt on voudrait bien que je le fusse; il m'est donc au moins aussi permis d'être sévère que de me montrer sensible; il m'est permis de vous demander, et je vous demande que vous donniez, en cette occasion, et dans toute autre, l'exemple de l'inflexible justice envers les membres de cette assemblée. Il ne suffit pas, pour les représentans de la nation, d'être hors des formes judiciaires aussi long-temps que vous ne les restituez pas à la juridiction ordinaire des tribunaux; il faut que le plus léger soupçon ne ternisse pas leur réputation, ou bien ils ne peuvent être déclarés innocens par vous. J'invoquerai donc, pour mes collègues et pour moi, l'inflexible sévérité des principes. J'y joindrai un vœu particulier, mais qui intéresse essentiellement, et l'ordre public, et l'honneur et la police de cette assemblée. Je supplie, je conjure le comité des rapports de hâter son travail sur la procédure du 6 octobre. (Les murmures et les cris de la partie droite interrompent l'orateur.) Je conjure le comité des rapports de hâter son travail, et de rendre publiques ces terribles procédures du Châtelet, dont le secret divulgué élevera une barrière qui mettra un terme à tant d'insolences.

(M. Riquetti descend de la tribune au milieu des applaudissemens les plus vifs, et au bruit des *bravos* répétés d'une grande partie de l'assemblée.)

On demande à aller aux voix.

M. *Bouville.* A la manière dont les deux préopinans ont traité la motion faite par M. l'abbé Maury, on pourrait croire qu'elle tend à enlever les coupables, s'il y en a, à la justice des lois ; mais au contraire, il demande qu'on poursuive les auteurs et fauteurs de l'évasion de M. Bonne-Savardin. Sa proposition est donc conforme aux lois exécutées jusqu'à présent. Je conclus à ce qu'elle soit adoptée.

On demande à aller aux voix. — Cette demande est repoussée d'un côté et répétée de l'autre.

La discussion est fermée.

On demande la question préalable sur la motion de M. l'abbé Maury.

M. *Reynault-Montlausier.* Je demande, pour l'honneur de l'assemblée, qu'on n'admette pas la question préalable sur la motion de M. l'abbé Maury.

M. *l'abbé Maury.* Ce que j'ai à dire est infiniment court. (On demande à aller aux voix.) Quand l'assemblée m'accorderait la parole pour répondre à MM. Barnave et Mirabeau. (Les cris redoublent : *Aux voix !*)

M. Barnave propose la rédaction suivante : « L'assemblée nationale, après avoir entendu le rapport de son comité des recherches, déclare qu'il y a lieu à accusation contre M. l'abbé Perrotin, dit Barmond, relativement à l'évasion et à la fuite de M. Bonne-Savardin. »

On demande à aller aux voix.

Les amendemens sont rejetés par la question préalable, et le décret proposé par M. Barnave est adopté.]

SÉANCE DU 24 AOUT.

Affaire d'Avignon.

[*M. Tronchet.* Trois pétitions différentes vous ont été présentées. Des députés d'Avignon vous offrent, au nom de leur ville, la réunion à la France. La municipalité d'Orange, dépositaire de quelques prisonniers de la ville d'Avignon, vous demande de régler sa conduite. Enfin, ces prisonniers réclament votre protection. Vous avez nommé des commissaires pour l'examen de ces pétitions : des questions aussi importantes demandent la plus grande circonspection. Les trois pétitions sont la suite de la catastrophe du 10 juin, qui dépend elle-même d'événemens antérieurs. Dès le mois d'août 1789, il se forma dans la ville d'Avignon des milices nationales, à l'exemple de celles de France. Dans le mois de novembre, il fut fait à l'assemblée nationale une motion tendante à revendiquer la ville d'Avignon et le comtat Venaissin. Dans le même mois, l'administration du comtat Venaissin déclara qu'elle resterait fidèle à la puissance à laquelle elle était légitimement soumise, et cette délibération fut communiquée à toutes les communautés, qui la ratifièrent. Quelque temps après, il s'est formé, sur un plan quelconque, une nouvelle constitution dans le comtat Venaissin ; le vice-légat l'a sanctionnée ; mais on prétend que cette sanction a été forcée. C'est alors que commença la diversité d'opinions : les uns voulaient que cette constitution fût définitive ; les autres prétendaient qu'elle ne pouvait l'être que par la sanction du pape. En avril survint un bref du pape, qui cassait toutes les ordonnances extorquées à son vice-légat. Il fut fait défense aux commissaires du pape de publier cette proclamation. La ville d'Avignon devint alors le théâtre de dissentions et de troubles : le vice-légat se retira à Carpentras, protestant contre tout ce qui pourrait être fait ; alors s'est érigé un tribunal composé d'un juge et de deux assesseurs. L'avis unanime de vos commissaires a été qu'on ne pouvait donner un caractère légal à ce tribunal. Je vais passer à l'examen des faits.

On observe que l'heure est avancée et on lève la séance.]

La séance du soir n'eut de remarquable qu'une députation de gens de lettres conduite par La Harpe, orateur désigné. L'*Ami du roi* s'étonne que M. de La Harpe, après avoir inséré dans le *Mercure de France* sa généalogie de baron allemand, ait montré une si chaude sympathie au régime nouveau. Au surplus, à l'exception d'un mot *ci-devant* auquel le journal royaliste s'est heurté, il convient que le discours du maître littérateur est une déclamation dont un écolier de rhétorique pourrait se glorifier. L'objet de cette députation était de réclamer contre les usages qui portaient atteinte à la propriété des auteurs.

SÉANCE DU 25 AOUT.

Rapport diplomatique de Mirabeau l'aîné sur la nature des rapports qu'il convient d'entretenir avec l'Espagne dans un moment où elle est en voie de rupture avec la Grande-Bretagne. Il propose de décréter la révision de tous les traités, le maintien provisoire de l'alliance espagnole, en attendant qu'une négociation ait resserré le lien national entre les deux peuples, par des stipulations conformes aux principes de justice du nouveau gouvernement français; et enfin, l'armement des flottes pour se mettre en état de répondre aux préparatifs qui se font dans toute l'Europe. Rewbell pense que l'on ne peut délibérer que sur l'initiative du roi. Observations diverses d'André, Bégouen et Fréteau, en faveur du projet. Robespierre et Maury parlent pour que la discussion ait lieu. Mirabeau appuie cette demande. Renvoi de la discussion à une prochaine séance.

Affaire de Nancy.

[M. Broglie. Je suis chargé par les comités militaire, des rapports et des recherches, de vous faire connaître la déclaration du régiment du roi, revenu à résipiscence.

M. Broglie lit cette déclaration dont voici l'extrait : elle est datée du 20 août.—«Nous, soussignés, grenadiers, chasseurs et soldats du régiment du roi, ayant reçu une députation en forme de la garde nationale de Nancy, laquelle nous a représenté les suites fâcheuses dans lesquelles nous aurions pu tomber, supplions l'assemblée nationale, le roi et nos chefs, d'oublier les fautes que nous avons pu commettre. Nous promettons obéissance à la discipline et à nos chefs, respect et soumission aux décrets de l'assemblée nationale, acceptés et sanctionnés par le roi. Nous prions la garde nationale de réclamer nos députés arrêtés à Paris, et de demander à l'assemblée nationale et au roi indulgence pour nous et pour eux. »

M. Broglie. Les trois comités ont cru nécessaire de communiquer cette déclaration aux députés du régiment du roi, retenus aux Invalides. Ces soldats ayant adhéré formellement, les comités me chargent de vous proposer d'ordonner l'impression de cette déclaration pour le bon exemple de l'armée.

M. Murinais. Il est nécessaire d'observer un usage fâcheux du comité. Le ministre désapprouve la conduite des soldats. Le comité militaire applaudit à leur conduite : ainsi on favorise les mouvemens de l'armée.

M. Menou. Je déclare que ce que vient de dire le préopinant est une inculpation de toute fausseté.

M. Noailles. Je ne pense pas que M. Murinais ait parlé sans preuve. Alors le comité militaire mérite qu'on lui substitue d'autres membres. Je prie donc M. Murinais d'administrer au moment même les preuves de ce qu'il vient de dire.

M. Murinais. Je n'ai d'autres preuves que la notoriété publique. Les soldats du régiment du roi, députés à Paris, sont une preuve pour moi. Les ministres les envoient en prison ; le comité les fait transférer aux Invalides.

M. Broglie. J'avais l'honneur de présider les trois comités réunis. Les soldats avaient été arrêtés par les ordres de M. Bailly, et conduits à la prison de l'abbaye Saint-Germain. M. Bailly fit avertir les comités qui étaient réunis, et c'est sur la demande de MM. la Fayette et Bailly, qui craignaient d'exciter des mouvemens dans le peuple.... (Il s'élève des murmures dans la partie droite.) Les trois comités pensaient que les Invalides étaient un lieu de détention plus convenable. Ils prévinrent le ministre qui, sur les ordres du roi, fit transférer les députés du régiment du roi. Il n'est donc pas vrai qu'un comité de l'assemblée ait contrarié les intentions du ministre et donné des ordres aux soldats.

M. Noailles. Les comités réunis ne sont donc coupables que du prétendu crime qu'on vient de leur imputer. Je demande à présenter encore des éclaircissemens. Le ministre de la guerre a toujours prévenu le comité des mouvemens qui avaient lieu dans les régimens. Il a pensé que l'influence de l'assemblée était nécessaire pour assurer et établir la subordination. Le ministre nous instruisit de l'arrivée des députés de Nancy, qui avaient un passeport de la municipalité et une autorisation de tous leurs officiers. Dans des conférences avec M. La Tour-du-Pin, il fut décidé que ces députés ne seraient pas mis à la Force. Sur les ordres du roi, on les transféra ensuite aux Invalides. L'effet fâcheux des mesures qu'on a prises a été le rétablissement de la subordination à Nancy.

Plusieurs membres demandent que M. Murinais soit rappelé à l'ordre.

Une partie du côté gauche propose que l'on passe à l'ordre du jour.

Cette proposition est adoptée.

Un de MM. les secrétaires fait lecture de deux lettres : par la première, M. La Tour-du-Pin annonce des mouvemens dans le régiment de la reine; par la seconde, la municipalité de Cambrai exprime des inquiétudes sur la garnison de cette ville.

M. Barnave. On semble prendre plaisir à affliger l'assemblée par le récit des mouvemens des régimens, et on ne nous parle pas des corps qui donnent des preuves de patriotisme et d'obéissance à la discipline. Plusieurs membres de l'assemblée connaissent officiellement les dispositions des régimens de Bassigny, Foix, mestre-de-camp, cavalerie, etc., dont le nom n'a pas encore retenti dans cette salle. Je demande que les lettres qu'on vient d'annoncer soient renvoyées aux comités réunis, et que M. le président soit chargé d'écrire au ministre pour le prier de faire connaître les régimens qui ont donné des assurances de leur subordination.

M. Noailles. Je croirais manquer à mon devoir si, en appuyant ce que vient de dire M. Barnave, je ne parlais pas du régiment de Besançon, artillerie, en garnison à Strasbourg, et dont vous avez vu à la barre le chef, M. Puységur. Ce régiment a écrit à l'armée pour engager tous les corps à être fidèles à la discipline militaire. Ces soldats, pour qu'on ne les accusât pas des désordres qui pourraient avoir lieu dans les environs de la garnison, ont remis leurs permissions de sortir de la ville, permissions qu'ils avaient depuis six ans. (On applaudit.)

Les deux propositions de M. Barnave sont adoptées.

La séance est levée à trois heures et demie.]

SÉANCE DU 26 AOUT.

Après une discussion sans intérêt, sur le rapport du comité diplomatique, relativement à l'Espagne, on adopte unanimement le projet de décret ainsi formulé par Mirabeau l'aîné :

« L'assemblée nationale délibérant sur la proposition formelle du roi, contenue dans la lettre de son ministre, du premier août.

« Décrète que le roi sera prié de faire connaître à S. M. Catholique que la nation française, en prenant toutes les mesures propres à maintenir la paix, observera les engagemens défensifs et commerciaux que son gouvernement a précédemment contractés avec l'Espagne.

« Décrète en outre que le roi sera prié de faire immédiatement négocier avec les ministres de S. M. Catholique, à l'effet de resserrer et perpétuer, par un traité, des liens utiles aux deux nations, et de fixer avec précision et clarté toute stipulation qui ne serait pas entièrement conforme aux vues de la paix générale et aux principes de justice, qui seront à jamais la politique des Français.

« Au surplus, l'assemblée nationale prenant en considération les armemens des différentes nations de l'Europe, leur accroissement progressif, la sûreté des colonies françaises et du commerce national.

« Décrète que le roi sera prié de donner des ordres pour que les escadres françaises en commission puissent être portées à quarante-cinq vaisseaux de ligne, avec un nombre proportionné de frégates et autres bâtimens. »

Un de MM. les secrétaires fait lecture d'une lettre de M. Riquetti le jeune (ci-devant vicomte de Mirabeau) qui annonce qu'étant sorti de la France, le premier usage qu'il fait de la liberté est de donner sa démission de député à l'assemblée nationale, et qu'il est prêt à se joindre à toutes les protestations faites et à faire contre tout ce qui porte atteinte à la monarchie et aux propriétés du roi.

On fait lecture d'une lettre de M. la Tour-du-Pin. Ce ministre annonce que l'ordre se rétablit insensiblement dans les divers corps militaires; que la garnison de Nancy paraît disposée à ne plus s'écarter des règles du devoir, et que le zèle de la garde nationale de cette ville n'a pas peu contribué à cet heureux retour.

L'assemblée ordonne l'impression de cette lettre, et charge son président de témoigner sa satisfaction à la garde nationale de Nancy.

SÉANCE DU 27 AOUT.

Rapport de Montesquiou-Fezensac sur les remboursemens. — Opinion de Mirabeau l'aîné; il conclut, 1° à rembourser la totalité de la dette exigible en assignats-monnaie, sans intérêts; 2° à mettre en vente sur-le-champ la totalité des domaines nationaux, et à ouvrir à cet effet des enchères dans les districts; 3° à recevoir en paiemens des acquisitions les assignats, à l'exclusion de l'argent et de tout autre papier; 4° à brûler les assignats à mesure de leur rentrée; 5° à charger le comité des finances de présenter un projet de décret et une instruction, pour mettre ces opérations en activité le plus tôt possible.

[Un de messieurs les secrétaires lit un mémoire de M. Necker, premier ministre des finances. En voici l'extrait : — J'apprends qu'on doit lire, ce matin, un rapport sur la dette publique, et si je suis bien informé, il y est question d'une création de 18 à 19 cents millions d'assignats. Ce rapport ne m'a pas été communiqué, et je dois remplir mon devoir, en déclarant que je n'y ai donné nul assentiment, et en prévenant l'assemblée que si elle laisse le public dans l'incertitude à cet égard, il en naîtra les plus fâcheux inconvéniens. L'administration a trois moyens pour se procurer du numéraire. Les impositions; on paie en assignats : les achats d'argent; ce moyen est très-limité : les achats des matières d'or; ce moyen est aussi insuffisant; quand il vient des piastres d'un côté, il sort des écus de l'autre. Je vois cependant en perspective qu'une nouvelle émission d'assignats est nécessaire pour terminer l'année; mais si on fait une émission immense, l'argent se cachera et on ne peut prévoir les malheurs dont nous serons les témoins. On mettra en cause dans les mécontentemens, presque tous les citoyens par une continuelle inquiétude; que deviendront les chefs de manufactures, et tous les particuliers qui n'ont aucune ressource pour leur dépense journalière : on expose jusqu'à la sûreté du transport des espèces, on rendra incertain le paiement des troupes, et celui des ateliers de charité. Il y a déjà une très-grande somme de papier-monnaie en circulation. Avec une nouvelle création de 18 ou 19 cents millions, comment pourra-t-on retenir l'équilibre entre le numéraire réel et le numéraire fictif? Les assignats actuels de 200 livres ne peuvent pas, sans une grande perte, être changés pour de l'argent, les petits billets d'une somme inférieure ne seraient pas plus faciles à échanger, et seraient très embarrassans pour les classes indigentes. Soit en consultant la raison, soit en consultant l'expérience, soit en s'arrêtant aux idées communes, on s'effraie également de deux milliards et demi de papier-monnaie. Comment forcer un créancier à prendre des billets, dont on ne pourrait faire qu'un seul usage, à se soumettre à un discrédit inévitable, qui ne pourrait profiter qu'à l'État. Et quel serait ce profit? L'État n'est pas un joueur à la baisse.

L'idée de convertir la dette nationale en assignats est vaste; mais la morale qui embrasse tout, la rejette. On dirait aux créanciers de l'État : achetez des biens nationaux ; mais dans quel lieu ; mais tous les créanciers en trouveront-ils d'une valeur égale à leur créance ; en trouveront-ils qui soient à leur convenance ? Enfin on ignore la valeur des biens nationaux dégagés des droits féodaux, et des forêts que vous avez décidé ne devoir pas être comprises dans la vente. Il faudra prendre, sur le produit de ces ventes, un milliard 816 mille liv. pour la dette exigible, 400 millions d'assignats déjà décrétés, et 200 millions qu'il sera peut-être nécessaire de décréter en supplément, pour achever le service de cette année. Si la somme des assignats excède la valeur des domaines nationaux, la concurrence élevera les uns et baissera les autres, et c'est là qu'est le véritable danger. Je crois voir un passage étroit où la multitude se précipite ; tous sont froissés, plusieurs périssent. On dit qu'il faut multiplier le numéraire fictif pour favoriser la vente des biens nationaux. Il y a en France pour deux milliards de numéraire, pour 400 millions d'assignats ; il faudra encore augmenter cette dernière somme pour faire face aux besoins de l'année. Aussi peut-on craindre que le manque des signes d'échange nuise à des ventes auxquelles on pourrait raisonnablement employer aussi les effets de la dette publique.

La séance est levée à trois heures et demie.]

SÉANCE DU SOIR.

Tronchet fait un rapport sur l'affaire d'Avignon et les prisonniers d'Orange. Après d'assez longs débats, l'assemblée décrète l'ajournement du fond, et l'élargissement des prisonniers.

SÉANCE DU 28 AOUT.

Suite de la discussion sur une nouvelle émission d'assignats.

Affaire de Nancy.

[Un de MM. les secrétaires fait lecture de deux lettres dont voici l'extrait :

La première est de M. le ministre de la guerre. — « Avant que la lettre dont vous m'avez honoré le 25, me fût parvenue, j'avais prévenu l'intention de l'assemblée nationale, en lui envoyant les détails des premières marques de subordination données par quelques régimens. Je vous prie d'assurer l'assemblée du soin que j'aurai à la tenir informée de tous les faits de ce genre. J'aurais désiré en avoir à lui communiquer aujourd'hui de nouveaux, qui fussent de nature à confirmer les espérances qu'avait données la garnison de Nancy ; mais ces espérances sont cruellement trompées par la résistance du régiment suisse de Château-Vieux. Vous voudrez bien faire remarquer que le régiment du Roi et celui de Mestre-de-camp infanterie persistent dans les bonnes dispositions qu'ils ont annoncées. J'envoie la lettre que mon fils a été chargé de m'écrire. »

Lettre de M. La Tour-du-Pin-Gouvernet. — « M. Malseigne, inspecteur, avait ordonné un conseil pour la reddition des comptes, conformément au décret de l'assemblée nationale. On le prévient qu'il y avait des têtes échauffées, et qu'il faudrait peut-être tenir ce conseil à l'hôtel-de-ville. M. Malseigne crut plus convenable de se rendre au quartier. Plusieurs demandes étaient allouées : il s'élevait des difficultés sur un objet plus important, que M. Malseigne ne voulut pas se charger de régler. Il observa que les soldats pourraient faire un mémoire à ce sujet, qu'il y mettrait son *vu*, et qu'on enverrait des députés pour le porter à l'assemblée nationale. Les soldats voulaient de l'argent, et lui dirent : *Jugez-nous*. M. Malseigne veut se retirer, la sentinelle placée à la porte du quartier, lui dit : *Vous ne sortirez pas* ; et comme il insistait, elle lui appuie sa baïonnette sur la poitrine. Il fait trois pas en arrière, met l'épée à la main, et blesse la sentinelle. Un grenadier vient sur lui le sabre levé ; il pare le coup et blesse ce grenadier. D'autres soldats arrivent. L'épée de M. Malseigne se casse ; il en arrache une à une personne placée près de lui et il se fait jour à travers toute cette soldatesque. Instruits du danger qu'il court, nous arrivons à lui ; il se rend chez M. Denoüe. Les soldats de Château-Vieux arrivent avec leurs armes ; nous barrons la porte et nous contenons leur fureur. Les gardes nationales et le régiment du Roi se sont réunis pour amener l'ordre. On a offert au général une garde des trois corps. Les soldats de Château-Vieux sont rentrés en quartier; les autres troupes sont bien disposées....»

Ces lettres sont envoyées aux comités militaire et des rapports.]

SÉANCE DU 29 AOUT.

[On fait lecture d'une lettre de M. La Tour-du-Pin. Le ministre annonce que le roi l'a chargé d'informer l'assemblée nationale que le mouvement des troupes autrichiennes vers les provinces belgiques exigeait des précautions de notre part, non pas qu'il ait sujet d'avoir des soupçons, mais que dans un moment où toutes les puissances sont armées, la prudence demande qu'on augmente les forces de cette frontière; qu'il faut pour cela retirer des troupes de l'intérieur, et qu'il est bien important d'ordonner aux municipalités de ne pas arrêter leur marche.

L'assemblée ordonne le renvoi de cette lettre au comité militaire.

M. Riquetti l'aîné (ci-devant Mirabeau.) Il y a des nouvelles importantes des garnisons de Metz et Nancy. Je demande que si les comités sont prêts, il en soit rendu compte. M. La Tour-du-Pin a dû envoyer une lettre. Y en a-t-il une ou non?

M. Fréteau appuie cette interpellation.

M. Riquetti l'aîné (ci-devant Mirabeau). Si la lettre de M. La Tour-du-Pin n'a pas été reçue, je demande une assemblée extraordinaire pour ce soir.

Un de MM. les secrétaires fait lecture d'une lettre de M. La Tour-du-Pin, en date de ce jour. En voici l'extrait : — « J'ai eu l'honneur de vous informer hier de la suite de l'insurrection du régiment suisse de Château-Vieux. Il y avait à craindre qu'il y persistât. En effet, cette insurrection a été continuée d'une manière violente, et les efforts de M. Malseigne et de la municipalité n'ont pu en arrêter les progrès. Le 25, les ordres de M. Bouillé étaient arrivés, et contenaient un pardon généreux. Les régimens du Roi et de Mestre-de-camp signèrent une déclaration de regrets et de soumission.

«Le régiment suisse de Château-Vieux annonça qu'il était disposé à soutenir par la force une réclamation de deux cent mille livres. M. Bouillé donna l'ordre de faire partir ce régiment. M. Malseigne crut qu'il serait utile de différer l'exécution de cet envoi. Le 26, on parut avoir à craindre la réunion des deux autres corps à celui-ci. L'ordre du départ fut envoyé au régiment de Château-Vieux suisse, qui refusa d'obéir. Son insurrection fut alors manifeste. Après ces fautes, M. Bouillé a requis les gardes nationales des départemens voisins et plusieurs régimens. Les cantonnemens sont indiqués ; le 30, les forces seront réunies : M. Bouillé commencera à en faire usage le 31 de ce mois ou le 1ᵉʳ septembre, pour arrêter les désordres, et pour sévir, s'il est nécessaire, contre les fauteurs. »

M. *l'abbé Gouttes.* Dès que le général exécute votre décret, il faut attendre l'exécution de ses dispositions, et passer à l'ordre du jour.]

SÉANCE DU 30 AOÛT.

M. Jessé est nommé président et remplacera M. Dupont au fauteuil. Discussion sur le traitement des officiers de justice et des administrateurs.

Les membres de l'ancienne magistrature se firent remarquer par des motions économiques fort singulières. Ils argumentaient sur l'ancien principe de la vénalité des charges. Le discours de Duval d'Esprémenil est vraiment curieux.

[M. *Duval* (ci-devant d'Esprémenil.) On vous a dit que l'administration de la justice coûterait moins que sous l'ancien régime. Voici ce que coûtait un conseiller. Je me prendrai pour exemple : il payait sa charge 50,000 liv., et en outre, 10,000 liv. pour les droits de marc d'or ; il recevait 589 liv. 10 s. de gages, sur lesquels il faut ôter 567 liv. de capitation ; de manière que moyennant une quittance de 22 liv. 10 s. nous étions payés de tout ce qui nous revenait. Pour le service extraordinaire de la Tournelle, le roi nous allouait 45 liv. On me dit : *Et les épices !* C'est de cela que je veux parler.

La grand'chambre, qui était la plus accusée d'en recevoir, était composée de cent quatre-vingts membres. Les épices se montaient à 250,000 liv. ; ceci ne pesait pas sur la nation, mais sur chaque plaideur. Je prends à témoin M. Thouret; il a plaidé au parlement de Rouen : je lui demande, en son âme et conscience, ce qu'un conseiller retirait de son office? Pas 500 l. A l'égard du secrétaire.... (Plusieurs voix s'élèvent : *à la question.*) Si on veut ordonner par un décret qu'un membre du côté gauche pourra citer des calculs sans qu'on puisse y répondre, je m'y soumettrai, et non pas à des murmures. Quand un arrêt coûtait 900 liv. au plaideur, le roi en retirait 600 liv. ; lorsqu'il plaisait de donner au secrétaire plus que n'exigeait la loi, on avait grand soin de le cacher aux magistrats. Je me résume : j'avais pour mon office 7 liv. 10 s. (On crie de nouveau : *à la question.*) Voici le résultat : vous me supprimez mon office; vous me rembourserez, ou vous m'en ferez la rente, je crois que c'est votre intention. (On observe que la discussion est fermée.)

M. Lavie. Laissez M. d'Esprémenil faire son éloge.

M. Duval. Je ne réponds pas aux sarcasmes. Nous avons bien quelques reproches à nous faire ; mais le plus grand.... Je ne puis en parler dans l'assemblée. Un conseiller recevait 7 liv. 10 s. ; il va coûter mille écus. Que la nation prononce avec vous et indépendamment de vous, non pas sur ce que vaudront les nouveaux juges, je suis persuadé qu'ils auront beaucoup de mérite, mais sur ce qu'ils coûteront.]

SÉANCE DU 31 AOUT.
Affaire de Nancy.

[Un de MM. les secrétaires lit deux lettres : l'une de M. La Tour-du-Pin à M. le président; l'autre de M. Bouillé à M. La Tour-du-Pin. — En voici les extraits.

Lettre de M. La Tour-du-Pin. — « Je ne perds pas un instant pour vous communiquer les nouvelles que je viens de recevoir par un courrier extraordinaire. Je n'ajouterai rien aux détails alarmans qu'elle contient ; seulement je fais des vœux pour que l'assemblée adopte les mesures proposées par M. Bouillé. »

Lettre de M. Bouillé. — « Depuis ma dernière lettre, il s'est passé des événemens bien affligeans; le régiment suisse a persisté dans son insurrection; celui du Roi et de Mestre-de-camp s'y sont réunis : une partie du petit peuple s'est rangée du côté des rebelles. Les gardes nationales sont arrivées trop tard; les officiers municipaux et le directoire sont dans le plus grand embarras : beaucoup de gens se répandent dans les campagnes, en disant qu'on veut opérer une contre-révolution. M. Malseigne a été obligé de se sauver à Lunéville, où il a été poursuivi par les cavaliers; il est sorti de cette ville avec quelques carabiniers, pour venir au-devant de ces rebelles; quelques cavaliers ont été tués, quelques autres faits prisonniers. M. Denoue a été arrêté; des officiers ont fait cercle autour de lui pour le défendre : la plupart ont été blessés dangereusement, et M. Denoue a été traîné dans les cachots. Voilà les nouvelles malheureuses que j'ai à vous annoncer, et dont j'ai été instruit par des rapports fidèles et uniformes. Une partie de la garnison de Nancy est sortie pour aller attaquer les carabiniers : M. Malseigne les attend pour les combattre. Je rassemble le plus de forces qu'il m'est possible; mais je crains que la municipalité de Nancy ne me requière de ne point marcher. Des hommes répandus dans le département publient que je suis l'ennemi de la révolution; que des projets de contre-révolution sont l'objet du rassemblement et de la marche des troupes. Il serait possible que les municipalités qui se trouveront sur ma route, m'opposassent quelque résistance..... Je crois que le parti le plus avantageux serait de me faire joindre par deux députés. »

M. Alexandre de Lameth. Comme l'importance de cette affaire exige les plus grandes précautions, je demande le renvoi de cette lettre aux trois comités réunis.

M. Prugnon, député de Nancy. Nous venons de recevoir des lettres des officiers municipaux, avec les procès-verbaux qui constatent les faits.

Extrait de la lettre des officiers municipaux.

Nancy, ce 9 août 1790, à 4 heures et demie du matin.

« Nous avons l'honneur de vous adresser le procès-verbal de

notre séance. La journée d'hier a été horrible ; les suites peuvent encore l'être davantage. Nos trois régimens sont probablement aux prises avec les carabiniers. Quoi qu'il en soit, à l'exemple de ces anciens Romains, nous avons juré de mourir dans la chaise curule pour le salut de notre cité. »

Plusieurs membres demandent le renvoi aux trois comités.

M. Custine. Il n'est question que de prononcer sur la proposition de M. Bouillé, et je ne crois pas qu'il soit nécessaire pour cela de l'avis de vos comités. Il s'agit du salut d'une cité, et de la vie des Français qu'elle renferme.

M. Cottin. Je renouvelle la motion du renvoi aux trois comités.

M. Robespierre. Je m'oppose à tout ce qui pourrait précipiter votre délibération : il faut examiner les faits avec l'attention la plus scrupuleuse. Pour bien approfondir la cause de ces événemens, il vous faudra d'autres renseignemens que les rapports des ministres, j'ose même le dire, que l'avis de vos comités. Il y a ici des députés de la garde nationale de Nancy ; je demande qu'ils soient entendus.

On demande la lecture des procès-verbaux envoyés par la municipalité de Nancy.

M. Emmery fait la lecture de ces pièces, dont voici l'extrait : — *Du 27 août.* Deux citoyens actifs, étonnés de l'arrivée de quelques-unes des gardes nationales du département, viennent en députation demander l'assemblée du conseil-général de la commune ; ils annoncent que cent cinquante citoyens actifs vont se réunir pour demander la convocation des sections. Une députation du directoire cherche à engager les Suisses à effectuer leur départ. Ces soldats répondent qu'ils ne veulent pas partir, et qu'ils n'entendront d'autre arrangement que de l'argent. D'autres gardes nationales du département arrivent. On propose aux Suisses de déposer chez un banquier la somme qu'ils réclament, jusqu'à la décision du comité militaire : la garde nationale s'offre elle-même pour caution. Toutes ces tentatives sont inutiles : on n'obtient des Suisses que des refus. On cherche à tromper les gardes nationales qui sont arrivées, La municipalité, par une proclamation, défend les attroupemens. A 6 heures, des Suisses et des soldats du régiment du Roi se promènent dans une voiture, dont ils ont arraché un store rouge pour en faire un drapeau : un petit nombre de mauvais citoyens les suit, en criant *bravo !*

Du lendemain 28. — Les Suisses et le régiment du Roi battent la générale au sujet du départ de M. Malseigne, que des détachemens poursuivent : des soldats s'emparent des portes. M. Denoue, commandant de la ville, et M. Pecheloche, aide-de-camp de M. la Fayette, sont mis au cachot par les soldats. Des lettres sont arrêtées ; une députation du régiment du Roi demande leur ouverture, à laquelle, après beaucoup de résistance, la municipalité est obligée de consentir. Ces lettres contiennent des dispositions de maréchaussée pour conduire le régiment suisse de Château-Vieux hors du royaume. On annonce que les cavaliers qui sont allés à la poursuite de M. Malseigne, ont été battus par les carabiniers sur la route de Lunéville. Ce bruit se répand : l'arsenal est forcé ; toute la garnison et quelques gardes nationales partent pour Lunéville.....»

M. Emmery. Tout menace le département de la Meurthe et les départemens voisins des plus affligeantes catastrophes. Les mesures prises par M. Bouillé peuvent être exécutées aujourd'hui ou demain. On emploie toutes sortes de moyens pour empêcher la réunion des troupes que M. Bouillé doit rassembler : on dit que ce sont les préparatifs d'une contre-révolution. On suscite ainsi à ce général autant d'ennemis qu'il devrait avoir d'appuis. Des soldats armés, après avoir essayé leur force contre leurs chefs, contre leurs camarades, ne pourraient-ils pas les tourner contre les citoyens ?

Ce n'est pas le moment de remonter à la source des insurrections, d'examiner si les demandes des soldats sont justes ; on fera cet examen et ces recherches quand le calme sera rétabli. Ce n'est pas assez de faire des décrets ; vous en avez rendu, ils sont méprisés : il faut les faire exécuter ; il faut qu'on obéisse aux ordres donnés par le roi pour leur exécution ; il faut annoncer de la confiance en celui qui sera chargé de se conformer à ces ordres. J'ai accusé M. Bouillé, lorsqu'il a refusé de prêter serment à la constitution ; je l'ai accusé, parce que je savais qu'une fois son serment fait, il l'accomplirait ou mourrait à la peine. Ainsi, la même raison qui fondait mon accusation, légitime aujourd'hui ma confiance, et doit assurer la vôtre. M. Bouillé a prêté son serment, il l'a renouvelé ; il est homme d'honneur, et je réponds de sa fidélité à le remplir. Fiez-vous sur la bravoure de ce général, sur la valeur de la garde nationale de Metz. J'aurais eu à vous parler souvent avec éloge de ces citoyens-soldats. Des éloges étaient inutiles à leur courage, et j'ai ménagé les momens de cette assemblée. Je dois dire aujourd'hui qu'aucune garde nationale n'a mieux mérité de la patrie. Plusieurs émeutes ont eu lieu ; la garde nationale les a toujours calmées : elle a assuré la paix publique. Je reviens à mon objet. J'ai à vous proposer une mesure qui ne vous engage à rien. Je vous présente le projet de décret suivant :

« L'assemblée nationale, après avoir entendu la lecture de la lettre de M. Bouillé, adressée au ministre de la guerre ; après avoir aussi entendu le rapport du comité militaire, déclare, 1° que sa confiance est entière dans les sages mesures prises par le roi pour le rétablissement de la paix dans la ville de Nancy ; 2° qu'elle approuve tout ce qu'a fait et fera, conformément aux ordres du roi, le général, M. Bouillé, en exécution des décrets de l'assemblée nationale ; 3° que les personnes qui se joindront aux soldats rebelles seront, comme eux, dans le cas d'être poursuivis par la force armée ; décrète que le roi sera prié d'ordonner aux corps administratifs du département de donner à M. Bouillé tous les secours qu'il jugera nécessaires au rétablissement de la paix à Nancy. »

M. Cottin. Ce projet de décret est la proclamation de la guerre civile.

M. la Rochefoucault. Je suis entièrement de l'avis de M. Emmery. Si personne ne s'y oppose, je demande qu'on aille aux voix.

M. Salle. J'ai demandé la parole pour appuyer la demande faite par M. Robespierre, d'entendre les députés de la garde nationale de Nancy. J'ai deux considérations à soumettre à l'assemblée. Une députation de citoyens actifs s'est deux fois présentée à la municipalité, pour demander la convocation des sections, deux fois elle a été refusée contre la teneur de vos décrets. Ces citoyens se réunissent dans des maisons ou ailleurs : la municipalité les traite comme des séditieux, et par une proclamation, fait défense de laisser quatre personnes ensemble. Les faits énoncés dans les procès-verbaux sont exagérés. (Les députés de Nancy se lèvent et demandent la parole.) La municipalité de Nancy professe les sentimens les plus contraires à l'ordre public. Je suis député du district de Nancy, et je suis instruit que les bons citoyens sont peu nombreux dans cette ville ; c'est à eux qu'on en veut. Je ne prétends pas dire que le moment de rigueur n'est pas venu.

M. Regnier. En qualité de député de Nancy, je supplie l'assemblée d'entendre les députés de la garde nationale de cette ville. Je ne puis retenir ma sensibilité en entendant les indignes calomnies qu'on vient de proférer contre la municipalité et contre ma patrie. Je porte le défi de donner une seule preuve de ce qu'on a débité. (MM. Duquesnoy et Prugnon vont auprès de la tribune, et annoncent par leurs signes qu'ils portent le même défi.)

Je sais que depuis long-temps on cherche sourdement à nuire aux officiers municipaux. On n'avait pas osé parler en ma présence, on le fait aujourd'hui, et je déclare que c'est la plus insigne imposture. (On applaudit à droite.) Je ne veux pas une autre preuve que l'assertion extraordinaire que vous venez d'entendre. On prétend que les faits portés sur les procès-verbaux sont faux et exagérés. (Plusieurs personnes observent qu'on n'a pas dit qu'ils étaient faux.) Cette accusation est tellement destituée de fondement, que les députés du régiment du Roi ont dit le contraire dans leur mémoire apologétique. J'ai d'ailleurs des nouvelles certaines que les soldats sont convenus unanimement qu'il était impossible de faire la moindre inculpation au directoire du département et à la municipalité. Ces deux administrations ont été parfaitement d'accord dans toutes leurs actions..... On sera du moins assez juste pour dire que les procès-verbaux ne portent aucun caractère de partialité. Les officiers municipaux ne craignent personne; ils ont pour eux leur conduite et la loi.

M. Riquetti l'aîné (ci-devant Mirabeau). Aucune motion d'inculpation n'ayant été faite contre la municipalité de Nancy, il faut retourner à l'ordre du jour, et décider la seule question existante : entendra-t-on les députés du régiment de Nancy, oui, ou non ?

L'assemblée décide unanimement que ces députés seront entendus.

Deux officiers de la garde nationale de Nancy sont introduits à la barre. Ils présentent leurs pouvoirs.

L'un d'eux porte la parole. — Nous avions été députés par la garde nationale de Nancy, et nous étions chargés d'une mission flatteuse, puisqu'elle avait pour objet de vous annoncer la soumission de la garnison à vos décrets. Cette soumission était le fruit heureux de l'entremise de la garde nationale. A peine avons-nous été arrivés, que nous n'avons plus eu les mêmes nouvelles à vous apprendre. L'insurrection la plus affreuse afflige tous les citoyens; mais autant elle est dangereuse, autant elle est facile à apaiser, en employant les moyens de douceur et de conciliation. Je ne sais si je dois rendre compte de tous ces faits, ou bien me borner à exposer les points de notre mission. (Les mouvemens de l'assemblée annoncent qu'elle désire entendre le récit des faits.) Je vais déduire les quatre objets de notre mission. J'exposerai ensuite les faits.

1° Nous devions réclamer la liberté des huit députés du régiment du Roi. Ils étaient partis avec le consentement libre de leurs chefs, et avec un passeport de la municipalité. A leur arrivée à Paris, on les a arrêtés; la liberté leur est rendue, nous n'avons plus rien à dire à ce sujet.

2° Nous avions à vous soumettre les pétitions et les réclamations des différens corps. C'est sur cette promesse que la soumission de la garnison a été obtenue.

3° Nous étions chargés de rendre justice à la garnison, et de faire connaître les causes de l'insurrection.

4° Enfin, il nous était spécialement recommandé de solliciter l'adoucissement du décret du 6 août. Voici maintenant les faits dont l'assemblée a désiré le récit. La garnison et les soldats ont en général montré l'attachement le plus ferme à la révolution : voilà ce que reconnaissent tous les citoyens. Nous ignorons si c'est une recommandation près des chefs militaires ; mais nous savons que les soldats se sont plaints que les témoignages qu'ils donnaient de cet attachement, faisaient appesantir sur eux la discipline et déployer la sévérité. Les inculpations faites à M. Dubois-Crancé ont fourni les premiers moyens dont on s'est servi pour chercher à diminuer cet attachement. On a ensuite répandu parmi les soldats tous les écrits qui pouvaient y contribuer. Les sentimens des soldats s'étaient manifestés bien avant qu'on accordât les trente-deux deniers de haute-paie. On leur avait donné quatre onces de pain ; on leur a laissé croire qu'ils en jouiraient toujours ; puis on leur a dit que l'assemblée nationale retirait ce bienfait, et qu'ils paieraient les quatre onces de pain. On a encore usé d'un autre moyen : on a prodigué les congés jaunes aux soldats qui avaient le mieux mérité l'estime des citoyens, et auxquels on ne reconnaissait d'autre tort que leur attachement à la révolution.

Une mesure plus terrible a été mise en usage : on a cherché à armer le soldat contre le citoyen. Plusieurs hommes gagnés et travestis ont attaqué les habitans de la ville. Les soldats ont demandé que les instigateurs de cette manœuvre fussent chassés, et ils l'ont été. Quand on a vu ce mauvais succès, on a pris un autre parti. Il y a dans le régiment du roi un grand nombre de fils de famille ; plus instruits que leurs camarades, ils leur ont fait connaître la constitution ; ils en ont prêché les principes ; en même temps ils prêchaient la subordination. On a armé vingt padassins pour incomber sur ces jeunes gens. Neuf des coupables sont dans les prisons. Non-seulement la garnison a en vain sollicité leur jugement ; mais le chef ayant promis que le conseil de guerre serait tenu, le commandant de la province a défendu ce conseil. Une adresse a été envoyée à l'assemblée nationale : la garnison n'en a eu aucune nouvelle ; voilà les premiers faits : ils font aisément présumer qu'il y a entre les officiers et les soldats une ligne de démarcation que la raison ne pourra jamais détruire. La garnison était calme, quand les nouvelles des réclamations de plusieurs corps sont arrivées à Nancy. Les officiers du régiment du roi ont compté avec les soldats. Le régiment de Château-Vieux a voulu obtenir la même justice ; il a nommé deux députés pour en aller faire la demande à son chef, d'après le décret du 6 qui nous était parvenu par les journaux. Le lendemain à la parade on a fait passer par les courroies ces deux hommes qui réclamaient l'exécution d'une loi. (Il s'élève des mouvemens dans la partie droite.)

Je m'étonne d'entendre révoquer en doute un fait aussi notoire. Je suis devant l'assemblée nationale, et je lui prouve mon respect en lui disant la vérité tout entière : je signerai de mon sang le fait que je viens de rapporter. C'était le moment où le régiment du roi ayant reçu de l'argent, la garnison était ivre de plaisir. Le peuple a regardé cette action comme une suprême injustice ; il a épousé la querelle de la garnison. Les choses étaient en cet état quand les décrets furent proclamés. Le régiment du roi avait demandé des comptes de plus de six années : il possédait les registres. On décida que les papiers cachetés seraient apportés à l'assemblée nationale par huit députés qui, à peine arrivés, ont été arrêtés. La nouvelle en parvint à Nancy. Il était difficile d'espérer de la modération ; cependant on requit l'intervention de la garde nationale : nous n'eûmes qu'à nous présenter pour obtenir l'assurance de la soumission la plus entière à l'acte qui vous a été lu. Les soldats du régiment du roi craignaient qu'on ne sévît contre ceux qui avaient rédigé leurs comptes, ou contre le peuple qui avait partagé leurs craintes.

On nous pressa de partir ; on exigea de nous d'autant plus de célérité qu'on savait que les faits avaient été exagérés ; les procès-verbaux étaient exacts; mais des lettres particulières sonnaient l'alarme. Les citoyens étaient tranquilles, et l'on vous représentait la ville en feu; on disait que les soldats voulaient nommer un chef, qu'ils devaient le conduire sur un char de triomphe, et ces faits étaient controuvés. Ce sont ces circonstances qui ont fait penser que votre religion pouvait avoir été surprise. Nous partîmes il y a eu lundi huit jours : la garnison était inquiète. Nous engageâmes la garde nationale à solliciter le retard de l'exécution du décret du 6, et nous fûmes étonnés, lorsque nous partions, qu'on exécutât ce décret sur le régiment de Château-Vieux. Nous avons des nouvelles certaines que l'officier-général qui a été envoyé, au lieu d'user de douceur, n'a employé que la rudesse; on traitait le soldat de brigand; l'officier-général a perdu la confiance : voilà l'état de la ville de Nancy. Si l'assemblée déploie toute sa force, peut-être que le sang de nos concitoyens coulera: n'y aurait-il pas quelque moyen d'agir par la persuasion? Il est à craindre que les citoyens qui ont vu les soldats souffrir, qui les ont entendus gémir de leur oppression, n'épousent leurs intérêts et ne prennent leur défense. Nous vous supplions, si vous daignez écouter nos prières, de renvoyer cette affaire aux trois comités réunis.

M. Duquesnoy et une partie de l'assemblée demandent que les honneurs de la séance soient accordés aux députés de la garde nationale de Nancy.

Cette proposition est accueillie.

M. Prugnon. Par le récit même des deux députés, la municipalité n'est point inculpée. Ils ont dit que la raison ne pouvait rien. Ce n'est pas aujourd'hui l'instant de la mollesse; le salut de la France est à Nancy; l'insurrection est contagieuse: si on ne la repousse par la force, elle pénétrera au centre du royaume, et bientôt elle arrivera aux portes de Paris.

M. l'abbé Coster. Je n'examinerai pas si on peut ajouter foi le moindrement du monde aux faits allégués par les députés de la garde nationale de Nancy; je n'examinerai pas si ce témoignage peut atténuer les actes envoyés par la municipalité de Nancy;

mais je prétends que le récit que vous venez d'entendre ne peut influer sur votre décision. Peut-on, par des faits antérieurs, réussir à justifier la rébellion de la garnison contre vos décrets publiés à la tête des régimens? La désobéissance des soldats serait inexcusable, quand bien même les officiers auraient tous les torts. Votre décret réserve aux soldats tous leurs droits; il faut prendre des mesures fortes et promptes, dussiez-vous ne pas vous astreindre aux règles rigoureuses de la justice. (Il s'élève des murmures.) Peut-être faudrait-il s'en écarter. (Les murmures augmentent.) Je parle hypothétiquement: je suis bien loin de vouloir suggérer une injustice; mais je dis que si une petite injustice.... (Le soulèvement de la partie gauche est général.)

M. l'abbé Colaud (ci-devant la Salcette). Je demande que l'opinant soit rappelé à l'ordre. Un ecclésiastique qui parle ainsi le mérite.

M. l'abbé Coster. J'adopte le décret proposé par M. Emmery.

M. Duquesnoy. J'adopterai d'autant moins les étranges maximes du préopinant, que je suis persuadé que les soldats n'ont pas seuls des torts. Mais l'assemblée a pris des mesures sages et prudentes pour faire rendre justice à tous: elle a ordonné une information. Que ceux qui sont forts de leur conduite laissent faire cette information. Les faits exposés par MM. les députés de la garde nationale de Nancy, me sont connus, je dois l'avouer; mais ces faits ne tiennent point à la question. L'assemblée a rendu, le 6 août, un décret contre lequel la garnison de Nancy n'est point en insurrection, mais en révolte. Des soldats qui refusent d'obéir à leurs officiers, qui les enferment, qui les attaquent, sont en révolte, sont des révoltés. Si on ne réprime pas ces désordres, c'en est fait de la liberté. La municipalité et la garde nationale se sont donné les plus grands soins pour ramener l'ordre: en rendant justice aux services qu'elles ont rendus, je dois rendre particulièrement hommage au zèle et au patriotisme des officiers municipaux. M. Emmery présente un projet de décret auquel je fais une grande modification qu'il adopte.

Je pense qu'il faut se borner à ordonner aux corps administratifs de concourir à l'exécution de vos décrets avec M. Bouillé: cette disposition ne sera rien qu'une véritable lettre de créance. La portion la plus chère de ma famille est à Nancy ; elle est sous les armes pour défendre l'ordre, sans lequel il n'est point de liberté. Je vous supplie donc de rendre un décret sans retard : les députés de Nancy sont du même avis que moi.

M. la Fayette. Je ne dirai qu'un mot dans cette question. Les informations qui sont ordonnées feront connaître les auteurs du trouble ; mais en ce moment notre situation est délicate : c'est parce qu'elle est délicate qu'un bon citoyen doit donner son avis, s'il en a formé un. Le mien est que M. Bouillé a besoin du témoignage de l'approbation de l'assemblée, et qu'on doit le lui donner. Je le réclame pour lui, pour les troupes obéissantes, et pour les gardes nationales qui, créées pour la liberté, mourront pour elle, et courront toujours partout où les appellera la défense de la constitution et de la loi.

On demande que la discussion soit fermée.

M. Biauzat. Ne connaît-on que la rigueur ? N'est-ce pas dans la réflexion qu'on peut trouver le meilleur moyen ? La réflexion a besoin d'être aidée par le rapport des comités ; au lieu de vous engager à lancer la foudre, ils nous indiqueront peut-être des mesures douces et pacifiques. Je demande que les trois comités militaire, des recherches et des rapports s'assemblent à l'instant pour vous donner ce soir leur avis.

M. l'abbé Gouttes. La religion m'ordonne la douceur et la justice : je pense donc qu'il faut prendre des moyens de conciliation et de douceur. On pourrait envoyer deux bons citoyens, dont le nom déjà illustré par le patriotisme serait une recommandation puissante : l'un d'eux, par exemple, pourrait être M. le commandant général de Paris. Il faut ne pas se départir des décrets déjà rendus ; mais il faut savoir si les officiers ou les soldats sont coupables. Je veux qu'avant de répandre le sang, on emploie tous les moyens possibles, afin de ne pas courir le hasard désastreux de la guerre civile.

M. Cracy. Le plus grand intérêt, est celui de la patrie : le bonheur de la patrie exige l'observation des lois ; c'est là le vrai rempart de la liberté : c'est le respect pour les lois qui seul peut nous sauver de nos ennemis et de l'erreur de nos amis. Tous les faits antérieurs sont étrangers à la question actuelle ; non-seulement les soldats ont refusé d'obéir à votre décret, mais ils se sont armés contre l'officier-général chargé de son exécution. Un autre officier-général marche en vertu du même décret, il éprouve toutes sortes d'obstacles. Que demande-t-on aujourd'hui ? Que nous donnions à ce général, honoré de la confiance du roi, des témoignages de la nôtre ; il l'a mérité, il a toute mon estime ; mais si vous doutiez de lui, il faut prier le roi d'en nommer un autre.

M. Robespierre. Tous les opinans se sont réunis à dire qu'il s'agissait ici du salut public ; il n'y a donc qu'un seul sentiment, l'amour de la paix et le respect pour la loi. On peut donc examiner sans passion, il faut donc examiner mûrement les moyens à prendre. On doit d'abord rechercher l'origine des insurrections, car c'est de là que dépend l'efficacité des moyens qu'on emploiera. Je discuterai, d'après cette règle, le projet de décret de M. Emmery. Ce décret consiste à approuver les mesures prises par le roi, et par le général, pour déployer la force militaire contre les soldats. Il se peut que ce parti soit excellent ; mais il se peut aussi qu'il trouble et détruise pour jamais l'ordre public. Si vous pensez que les mesures que prendra M. Bouillé sont les plus sages, je n'ai rien à dire ; si vous avez du doute, songez qu'il s'agit du salut de la constitution ; songez que c'est entre les mains des ministres que reposera le bonheur public. Mais, d'après les faits qui vous ont été dénoncés, ne voyez-vous pas que les officiers ont cherché à séduire les troupes ? Et c'est contre ces soldats trompés, contre ces soldats, dont le patriotisme a fait l'erreur, qu'on veut envoyer d'autres soldats ! Il arrivera, peut-être, que vous verrez d'un côté tous les soldats patriotes, et dans l'armée de M. Bouillé tous ceux que le despotisme et l'aristocratie auraient soudoyés.

L'officier-général qu'on emploie vous dit lui-même qu'on le regarde comme l'ennemi de la chose publique. Je vous demande, d'après cela seul, si l'on n'est pas coupable de l'avoir choisi. On vous garantit son patriotisme, et long-temps il a refusé de remplir un devoir de citoyen. Pourquoi ne douterait-on pas de la sincérité de son repentir? Il n'y a pas de garantie individuelle du caractère moral d'un homme, quand il s'agit du salut public. Il ne faut pas seulement fixer votre attention sur la garnison de Nancy, il faut d'un seul coup-d'œil envisager la totalité de l'armée. On ne saurait se le dissimuler; les ennemis de l'État ont voulu la dissoudre : c'est là leur but. On a cherché à dégoûter les bons; on a distribué des cartouches jaunes; on a voulu aigrir les troupes, pour les forcer à l'insurrection, faire rendre un décret et en abuser; en leur persuadant qu'il est l'ouvrage de leurs ennemis. Il n'est pas nécessaire d'un plus long développement pour prouver que les ministres et les chefs de l'armée ne méritent pas notre confiance.

Il faut prendre le moyen qui sera le plus efficace pour assurer aux soldats que l'assemblée nationale, toujours attachée au bien public et à la liberté, ne veut punir les soldats que quand il sera bien prouvé qu'ils sont mus par un esprit d'insubordination, d'insurrection et d'indiscipline, et que les coupables éprouveront un juste châtiment, soit qu'ils commandent, soit qu'ils obéissent. Quant à ce qui regarde la ville de Nancy, je demande que quatre députés de l'assemblée nationale y soient envoyés, avec la mission expresse de vérifier les faits, notamment ceux qui ont été racontés par les députés de la garde nationale, et de suspendre, ou du moins de diriger toutes les mesures militaires. Sur le rapport, l'assemblée nationale prononcera.

M. Barnave. Il est instant de rétablir l'ordre à Nancy, et de faire cesser les malheurs qui nous affligent; il faut y procéder d'une manière efficace, et qui rende le succès aussi probable que la sagesse humaine puisse le prévoir; il faut y pourvoir sans s'écarter de la justice, sans renoncer à une sévérité devenue trop nécessaire, et en répandant le moins possible le sang des hommes, des Français. Je crois que voilà le but que vous proposez. Je crains que la mesure indiquée par M. Emmery, ne touche pas à ce but. Les régimens insurgés sont sans doute trompés sur le sens de vos décrets, sur vos véritables intentions. Ils pourraient ne pas céder aux premières réquisitions, et de cette erreur, de cette résistance, résulterait un grand désastre pour la nation. Tant que vous n'aurez pas énoncé positivement vos vues paternelles, tant que le seul homme, maître absolu de cette opération, n'aura pas, comme il en convient lui-même, la confiance publique, quels que soient les moyens qu'on emploie pour la lui ravir, les régimens insurgés résisteront, et l'incertitude des autres troupes et des gardes nationales, diminuera, anéantira peut-être l'efficacité de leurs efforts. Je pense donc qu'il faut rédiger à l'instant une proclamation, dans laquelle l'assemblée nationale annoncera avec fermeté qu'elle veut punir tous les coupables, de quelque grade qu'ils soient; qu'elle scrutera toutes les causes; que pour obtenir justice, que pour assurer la punition des coupables, il faut rentrer dans l'ordre; qu'elle examinera tous les droits, tous les intérêts, quand chacun sera à son poste; que jusqu'à sa décision, on ne fera de mal à personne, et que tous les soldats et les citoyens seront sous la sauvegarde de la nation.

Cette proclamation ne sera autre chose que la paraphrase de votre décret. Il faudrait qu'elle fût portée par des commissaires, dont le patriotisme fût connu, qui obtinssent toute votre confiance, et qui auraient à leur réquisition, la force publique placée sous les ordres du général. Ainsi vous vous présenteriez comme les pères des citoyens, apportant la justice et la paix, mais prêts à exiger l'obéissance.... (On applaudit.) Chacun attendra la justice, chacun sentira qu'en n'obéissant pas, il attire contre lui toutes les forces des citoyens : les troupes seront rassurées par la certitude d'obtenir justice contre ceux qui les auraient opprimées; tous les citoyens vous présenteront des secours; tous les sentimens, toutes les forces seront dirigés vers un but unique. Je demande donc pour la majesté de cette assemblée, pour la justice, pour l'humanité, qu'il soit fait une proclamation dans le sens que j'ai exposé ; qu'il soit nommé deux commissaires. Leur choix importe infiniment au succès de cette mesure. Que ces commissaires aient la force militaire à leur réquisition, et qu'ils n'en fassent usage qu'après avoir inutilement porté des paroles de justice et de paix. (Les applaudissemens sont presque unanimes.)

M. Emmery. Si la proclamation est rédigée conformément à l'esprit et aux principes qu'on vient d'annoncer, c'est une mesure excellente.

M. Estourmel. J'adopte cette mesure, et je demande que le comité militaire se retire à l'instant, pour présenter la rédaction de la proclamation ce soir, à l'ouverture de la séance.

M. Noailles. L'intention de l'assemblée est sans doute d'adjoindre M. Barnave au comité pour ce travail. (Une grande partie de l'assemblée applaudit.) Je demande en même temps que les députés de la garde nationale de Nancy soient invités à retourner, le plus promptement possible, dans leur patrie, pour apprendre à leur municipalité et à M. Bouillé les dispositions de l'assemblée.

M. Sérent. Il me paraît peu convenable que l'assemblée envoie des courriers, et corresponde ainsi avec les agens du pouvoir exécutif.

La motion de M. Barnave est décrétée presque à l'unanimité. Il est adjoint au comité pour la rédaction de la proclamation.

La séance est levée à quatre heures.

SEPTEMBRE 1790.
SÉANCE DU 1ᵉʳ SEPTEMBRE.
Affaire de Nancy.

Un de MM. les secrétaires fait lecture d'une lettre adressée par M. La Tour-du-Pin à M. le président. — Voici l'extrait de cette lettre. « Depuis les détails affligeans que j'ai eu l'honneur de communiquer à l'assemblée, M. Pecheloche, aide-major de la garde nationale parisienne, est arrivé de Nancy. Il m'a apporté une lettre en date du 30, par laquelle M. Bouillé me mande que les troupes qu'il a rassemblées, annoncent de bonnes dispositions ; mais que les carabiniers ayant changé, et livré M. Malseigne, il craint que cette conduite n'influe sur les troupes qui sont avec lui. Il a fait une proclamation dont il m'envoie la copie. Il doit assembler les troupes à Fouare, et leur faire lire le décret de l'assemblée nationale. M. Bouillé croit que ce sont les seuls moyens qu'il puisse employer.

Extrait de cette proclamation. (A Toul, le 30 août.)

« — La nation, la loi et le roi. Nous, François-Charles-Amour Bouillé, la garnison de Nancy ayant désobéi au décret de l'assemblée nationale, du 6 août; ayant usé de violence contre leurs officiers et contre l'officier-général chargé des ordres du roi, le régiment de Château-Vieux ayant surtout rompu tous les liens de la discipline et de l'obéissance; des cavaliers de Mestre-de-camp ayant poursuivi M. Malseigne le sabre à la main, etc. ; étant nécessaire de réprimer de pareils excès; en vertu d'un décret de l'assemblée nationale, du 16 août, qui ordonne d'employer tous les moyens de la force armée, ordonnons aux troupes de marcher, à l'heure qui sera indiquée, pour contraindre par la force les soldats rebelles aux lois; invitons les gardes nationales de Nancy, les bons citoyens et les soldats fidèles, à se réunir à nous. »

Pendant cette lecture, M. Pecheloche était placé à la barre.

On demande que M. Pecheloche soit entendu.

M. le président, s'adressant à M. Pecheloche. L'assemblée désire entendre de votre bouche le récit des faits dont vous avez été le témoin.

M. Pecheloche. Je suis parti le 19 avec deux des huit soldats députés par le régiment du roi, afin de tranquilliser la ville de Nancy. Un arrêté des comités militaire, des rapports et des recherches, m'avait donné cette mission, que le roi avait approuvée. Nous sommes arrivés, le samedi 21, à six heures du soir. Au-dehors l'ordre public était parfait; on nous a dit qu'il n'avait jamais été troublé, mais qu'on avait de grandes inquiétudes sur les mouvemens de l'insurrection : nous avons été reçus avec les plus vives acclamations. On avait débité que les députés du régiment du roi avaient été pendus à Paris. Le lendemain on nous a fait des fêtes : je me suis rendu au département de la garde nationale, où étaient les députés des trois corps. M. Malseigne est arrivé le mercredi soir : il m'a fait demander, je l'ai mis au fait des réclamations des différens corps. Le lendemain, il est allé au quartier du régiment de Château-Vieux. La manière ferme dont il a parlé, a fait croire qu'il venait faire des reproches, qu'il était prévenu, et qu'il ne rendrait peut-être pas justice. Les soldats m'ont montré des arrêtés qu'ils avaient de leurs officiers. Celui de Château-Vieux était de 229,208 liv. Je leur ai représenté que leurs officiers avaient signé de force ; ils m'ont dit que cela n'était pas : je leur ai répondu que cela était, que je le savais de leurs officiers. Ils m'ont remis ces arrêtés, que j'ai encore sur moi. Les officiers, n'ayant rien voulu entendre des soldats, que les arrêtés n'eussent été rendus, nous convînmes que nous irions le lendemain chez eux, et que les soldats eux-mêmes remettraient ces arrêtés.... Je dois dire que M. Denoue avait reçu l'ordre de faire partir le régiment de Château-Vieux.

Je lui représentai qu'aux termes du décret, M. Malseigne devant examiner et régler les comptes, il n'était peut-être pas convenable d'éloigner ce régiment dans le moment où on allait s'occuper de cette opération : ainsi, c'est sur mon conseil que M. Denoue a différé de donner l'ordre du départ... M. Malseigne était au quartier des Suisses; un cavalier annonce que le régiment de Château-Vieux a pris les armes : j'y cours, je trouve le régiment en bataille : je demande au colonel : Qui vous a ordonné de faire prendre les armes? Il me répond : personne. — Est-ce un officier-général? — Ce sont les soldats. Je me mets au milieu du bataillon carré : — Aujourd'hui vous êtes rebelles à la loi ; les régimens du roi et de Mestre-de-camp obéissent, vous n'avez plus de camarades, ils sont amis de l'ordre. Un homme parle ; — qui a parlé? Un soldat répond, c'est moi. Je lui dis : sortez du rang ; il sort en bon ordre. — Que demandez-vous? — Nous demandons de l'argent. — Vous n'aurez rien que la loi n'ait prononcé, rentrez dans les rangs. Ce soldat y rentre. Je dis au colonel : faites rentrer votre régiment. Le régiment se retire en silence. La première compagnie était rentrée; on annonce que M. Malseigne approche, le régiment revient. Je trouve un des cinq députés des Suisses; je le prends au collet, je lui demande s'il approuve la conduite de ses camarades; il me dit qu'il la désapprouve. M. Malseigne ne venait pas; je dis au régiment de rentrer, il rentre. Le peuple et les soldats des autres régimens étaient témoins, ils applaudissent : je me retire. Nous étions chez M. Denoue, avec les officiers; on nous apprend que M. Malseigne est retenu au quartier des Suisses; je dis qu'il n'est qu'un moyen à prendre, c'est de faire marcher le régiment du roi : on dit que cela n'est pas possible; moi seul, je connaissais bien le régiment du roi, et j'assure que cela est possible. On envoie un domestique au quartier, nous apprenons que M. Malseigne avait voulu sortir : il venait de faire un commandement; il avait l'épée à la main : un grenadier lui dit : « On ne sort pas. — Mais je suis votre général, je suis l'inspecteur. — On ne sort pas. — Qui a donné la consigne? — Les soldats. » Alors le grenadier met la baïonnette sur la poitrine de M. Malseigne, qui fait trois pas en arrière; il détourne la baïonnette et porte un coup d'épée au grenadier; cet homme n'a été blessé que légèrement; je lui ai parlé le lendemain.

Un autre soldat porte un coup de sabre à M. Malseigne, qui pare et blesse cet homme. Son épée se casse sur le chien d'un fusil; il prend celle du prévôt de la maréchaussée. Nous étions accourus : M. Malseigne se fait jour à travers les soldats; il se retire comme un officier doit se retirer, tranquillement et sans marcher trop vite. Les soldats se pressent, une ordonnance suisse suit le général en ordre et sans l'abandonner. Je rentre avec lui à la maison de M. Denoue, que les Suisses environnent. Je cours au quartier du régiment du roi : « Grenadiers, à moi, aux armes: j'ai eu l'honneur de vous commander hier; aujourd'hui j'obéirai avec vous..... un fusil, une giberne. » On me les donne, et je me mets à mon rang de taille. (L'assemblée interrompt par de nombreux applaudissemens.) Nous partons. M. Gouvernet m'aperçoit; il me fait un signe d'approbation, il suit mon exemple, et il montre qu'on n'a pas besoin de taille, et qu'on a son rang parmi les grenadiers, quand on a du courage. Nous marchons contre les Suisses: nous apprenons que les officiers du régiment du roi, en défendant l'entrée de la maison de M. Denoue, ont été forcés. Nous envoyons à cette maison; notre député nous assure que tout est arrangé. M. Laujamais dit : Soldats, tout est fini ; demi-tour à droite. Nous faisons un demi-tour à droite, et tout est fini : il fallait obéir. Le soir, des cavaliers de Mestre-de-camp courent la ville avec des soldats suisses. M. Denoue se rend à la maison commune, pour se mettre sous la sauvegarde de la municipalité. Il revient chez lui ; et, comme il craint les mauvais sujets, il m'engage à rester avec lui : je reste. Les Suisses disaient : Nous ne sommes pas Français, nous sommes Suisses ; il nous faut de l'argent. Je me suis servi de ces expressions auprès des autres soldats de la garnison, en leur rappelant qu'ils sont Français.

M. Malseigne crut devoir partir le lendemain à midi. Il ne m'a pas dit, je vais partir ; je lui aurais représenté que son départ alarmerait la garnison ; il est parti, il a cru le devoir. Cependant sa maison n'a pas été attaquée ; je le sais, j'ai passé les nuits, car on ne dort pas dans ces occasions-là. Il part, on court après lui à crève cheval ; on l'atteint sur la route. Une compagnie de carabiniers de Lunéville arrivait ; il se met à leur tête, il charge les soldats qui le poursuivaient, et parmi lesquels, neuf sont, dit-on, blessés. Les autres reviennent, ils crient *à la trahison.* On tombe sur les officiers, cinq sont blessés, leurs blessures ne doivent pas donner d'inquiétudes. Vingt autres sont arrêtés ; on les met dans la chambre de discipline sur de la paille. On arrête M. Denoue, on le déshabille, on le revêt d'une redingote de police, et on le met au cachot.

Je cours à la caserne du régiment du roi ; je parle aux soldats, les cœurs sont bons, mais ils étaient trompés. On dit que je suis un traître, qu'il faut m'arrêter.... « Non, leur dis-je, on ne m'arrêtera pas ; je ne veux pas que le régiment du roi se déshonore ; je veux rester avec vous, j'y serai bien. » On me donne deux soldats pour me garder. Je leur persuade que je ne suis pas arrêté. (L'assemblée applaudit.) Mon épée m'est toujours restée. On m'a gardé pendant trente heures. On continue à crier : *à la trahison*. On dit que les Anglais, les Autrichiens, que les ennemis sont sur la frontière qui est dégarnie ; que M. Malseigne les a rejoints ; qu'il vient avec les carabiniers. On part, il faisait nuit, on voit des arbres sur lesquels on tire, parce qu'on les prend pour des carabiniers.

Les traîneurs viennent annoncer que la garnison a été battue. Les soldats qui me gardaient disent qu'il faut marcher. On me donne un fusil et une giberne, et nous partons. Je suis arrêté à la porte de la ville ; je me rends à la maison commune, et on me met sous la sauvegarde du département. Les troupes de la garnison arrivées à Luneville, trouvent les carabiniers sous les armes : on capitule ; il est arrêté que M. Malseigne reviendra avec douze carabiniers. Ensuite par un malheureux quiproquo, on a tiré sur les députés de la garnison. Cet événement a été la cause des accidens que je vais raconter. Le régiment du Roi, de retour, était désolé ; je cherche à le tranquilliser sur tout ce qui s'est passé ; je demande aux soldats s'il faut que je parte, s'ils ont besoin que je les suive à Paris. Mais je sollicite la liberté des vingt officiers. La crainte de la trahison ne subsistait plus. Cette liberté est accordée, ainsi que celle de M. Denoue.

Le dimanche je prends mon passeport à la municipalité. Le lundi je suis retenu jusqu'à une heure, parce que je ne puis retrouver ma voiture. Les carabiniers arrivent alors. Le régiment du Roi veut les charger, mais on porte des paroles de paix ; mais les carabiniers annoncent qu'on va emmener M. Malseigne. Je pars, je vais à Toul prévenir M. Bouillé de ce qui se passe. Ce général envoie en avant, on lui rapporte qu'on a vu M. Malseigne entrer à Nancy dans sa voiture, en robe de chambre et en bonnet de nuit, ayant à côté de lui un grenadier du régiment du Roi et un carabinier, et qu'on a eu de la peine à le sauver des mains du peuple. J'ajouterai que M. Bouillé a changé ses dispositions, et qu'il va se rendre entre Pont-à-Mousson et Toul. En officier-général, il ne compromettra pas ses forces, et en citoyen, il fera fidèlement exécuter vos décrets.]

SÉANCE DU 2 SEPTEMBRE.

M. le Président. Je viens de recevoir une lettre du roi ; je vais vous en donner lecture. (Cette lettre est rapportée à la p. 76 de ce volume.)

Un de MM. les secrétaires fait lecture d'une lettre de M. La Tour-du-Pin à M. le président. Elle est ainsi conçue :

« Un courrier extraordinaire arrivé hier de Nancy, à six heures du soir, a remis chez moi une lettre, qui à la vérité n'est pas officielle, mais dont mon devoir est de rendre compte à l'assemblée nationale. Les détails qu'elle contient m'étant donnés par mon fils, je crois pouvoir compter sur son exactitude. Voici ce qu'il me mande en substance : M. de Bouillé est accablé de fatigues, et n'a ni la force, ni le temps de vous écrire. Il vous avait mandé que son intention était de réunir toutes les troupes, tant nationales que ligne, à Frouard, pour leur lire le décret de l'assemblée nationale, sanctionné par le roi. Elles ont témoigné une ardeur qui donnait la plus grande confiance dans leurs dispositions. Il est arrivé une députation des corps de Nancy. Le général a répondu qu'il ne pouvait capituler avec des rebelles aux décrets de l'assemblée et aux ordres du roi ; que si dans deux heures M. Malseigne et M. Denoue n'étaient rendus, et si les régimens n'étaient tous les trois en bataille, posés sous les armes hors de la ville, il se disposerait à faire exécuter le décret. Après quelques pourparlers, on a ramené M. Malseigne et M. Denoue, et on a dit que les régimens sortaient dans la prairie ; mais en même temps on a remarqué une porte gardée par le régiment suisse. Alors l'ardeur des troupes a été grande ; elles se sont approchées. On leur a tiré des coups de fusils ; et sur-le-champ l'affaire s'est engagée avec les volontaires qui composaient notre avant-garde. Elle a été même fort vive.

» Le général est accouru pour arrêter le premier feu : cela était devenu impossible. Il n'est plus resté d'autre ressource que la rigueur ; elle a été employée. La fusillade dans les rues et des fenêtres a été très-forte. On ne peut savoir encore le nombre des tués ou blessés. Sur quatre officiers qui commandaient nos volontaires, trois ont été tués. Enfin le régiment du Roi s'est réuni dans son quartier, et a envoyé un drapeau et quatre hommes pour capituler. Le général lui a ordonné de se rendre sur-le-champ à Verdun, ce qu'il a fait. Le Mestre-de-camp est dispersé ou prisonnier, et a ordre d'aller à Toul. Château-Vieux est partie tué, partie prisonnier. Ce qui reste a reçu l'ordre de se rendre à Vic, Moyen-Vic et Marsal. Il n'est point d'éloges qu'on ne doive donner aux gardes nationales et aux autres troupes ; leur courage a égalé leur patriotisme. Plusieurs sont morts pour cette juste cause ; mais l'ordre est rétabli. Nancy respire, et ses concitoyens sont heureux de la voir rendue à la tranquillité.

» J'ai lieu de croire, M. le Président, que la journée ne se passera pas sans que je reçoive une relation plus détaillée, et je m'empresserai d'en rendre compte à l'assemblée nationale. »

M. Duquesnoy. J'ai deux pièces à vous présenter : l'une est une réquisition du directoire et de la municipalité de Nancy aux carabiniers ; l'autre est une proclamation de la municipalité.

M. Duquesnoy lit ces pièces. Par la première, le directoire et la municipalité, après l'arrivée de M. Bouillé, aux soins et à la présence duquel, disent-ils, ils doivent la tranquillité publique, requièrent le corps des carabiniers de ne pas se rendre à Nancy : ils avaient appelé ce corps par une précédente réquisition.

Par la proclamation, la municipalité défend de troubler l'ordre public rétabli par les soins du général, et annonce que si quelques soldats restés dans la ville témoignent des regrets, ils pourront se rendre à la maison commune, où ils seront sous la sauvegarde de la loi.

M. Régnault, député de Lunéville, pour faire connaître la conduite ferme et courageuse de la municipalité de cette ville, lit les procès-verbaux des 28, 29 et 30 août, sur ce qui s'est passé au sujet de M. Malseigne et des carabiniers.

M. la Fayette. J'ai l'honneur de rendre compte à l'assemblée que l'information donnée par le ministre m'est confirmée par M. Desmotte, mon aide-de-camp, que M. Bouillé employait dans les mêmes fonctions auprès des gardes nationales, et qui même est un de ceux de nos braves frères d'armes dont le sang a coulé pour la fidèle exécution de vos décrets.

M. *Chapelier.* La lettre du ministre à M. le président n'est point officielle ; celle que M. la Fayette nous annonce avoir reçue de son aide-de-camp ne l'est pas davantage. Je demande qu'on passe à l'ordre du jour. (On applaudit.)]

SÉANCE DU SOIR.

— Rapport sur le remboursement des offices supprimés par les décrets des 4 et 5 août 1789.

— Une société de Suisses, résidant à Paris, improuve et désavoue hautement la rébellion du régiment de Château-Vieux.

M. le président leur répond, et, pendant son discours, il s'élève quelques clameurs dans les Tuileries. Le bruit s'accroît, et bientôt un grand nombre de voix font entendre, au milieu de cris tumultueux, ces mots mille fois répétés : *Le renvoi des ministres !*

L'assemblée reprend ses délibérations.

M. *Palloy*, architecte, présente à l'assemblée un modèle de la Bastille, construit avec une pierre de cette forteresse.

[M. *Titon* prononce à la barre un discours sur cette offre.— L'hommage que M. Palloy a l'honneur de vous offrir doit vous être précieux. Ce monument, construit d'après le plan exact de l'ancienne Bastille, doit rappeler à tous les Français patriotes que nous sommes libres, et que sans la liberté il n'est point de bonheur. Nos lois ne seront plus désormais le fruit du despotisme ; l'homme sage vivra tranquille dans ses foyers ; l'interprète des lois et le chef des armées n'auront plus à redouter ces ministres absolus qui disposaient à leur gré du sort des citoyens, quand ils avaient la faiblesse de se courber sous leur joug, ou de ramper comme de vils esclaves auprès de ces malheureux, esclaves eux-mêmes de quiconque savait les flatter. Leur autorité est renversée, les murs de cette horrible Bastille sont détruits, ses chaînes sont brisées.... Le temps est venu où le Français a senti qu'il était homme, et qu'il devait en cette qualité jouir des droits que la nature lui donne. C'est à vous, Messieurs, à consolider par votre fermeté et votre patriotisme cette mutation si désirée et si nécessaire, et à apprendre à la postérité, par l'exemple de vos vertus, que si la tyrannie fait des esclaves, *la liberté fait de bons citoyens.*

L'assemblée applaudit, et sur la motion de M. Darnaudat, ordonne l'impression de ce discours.]

SÉANCE DU 3 SEPTEMBRE.

Suite de la discussion sur toutes les parties de la dépense publique. — Suite de la discussion sur la liquidation de la dette.

Affaire de Nancy.

Un de MM. les secrétaires fait lecture d'une lettre de M. La Tour-du-Pin à M. le président.—«J'ai l'honneur de vous adresser une lettre de M. Bouillé et du directoire du département de la Meurthe. Je ne crois pas devoir perdre un moment pour vous communiquer les originaux. Je n'ai pu encore faire connaître ces nouvelles au roi; mais je suis sûr que je préviens ses intentions. »

Extrait de la lettre de M. Bouillé.

Nancy, le 1ᵉʳ septembre.

— « J'ai été trop occupé de toutes les manières, depuis mon entrée dans cette ville, pour vous faire le rapport de ce qui s'est passé; je vous en envoie aujourd'hui le récit. J'ai réuni, le 31, dans la matinée, à Fouare et à Champigneul, sur la route de Pont-à-Mousson à Nancy, les troupes destinées à l'exécution du décret de l'assemblée nationale. Je leur ai lu ce décret, ainsi que la proclamation que j'avais faite, et j'ai vu, à la disposition des gardes nationales et des troupes de ligne, que je pouvais tout entreprendre. Je reçus, à onze heures et demie, une députation de la municipalité et de la garnison de Nancy. Je lui donnai audience au milieu des soldats, dont j'eus peine à retenir l'ardeur. Je dis que je voulais que la garnison sortît de la ville, et que MM. Denoue et Malseigne fussent mis en liberté. A midi et demi je continuai ma marche; à deux heures j'arrivai à une lieue et demie de la ville. Je trouvai encore des députés, à qui je répétai les mêmes ordres; j'ajoutai de plus, que je voulais qu'on me livrât quatre des coupables par régiment, pour les envoyer à l'assemblée nationale, qui disposerait de leur sort.

« Un délai d'une heure fut demandé; je l'accordai. A quatre heures, il était expiré. J'approchai de la ville; je fis arrêter mes troupes à trente pas des murs. Une députation de la municipalité et du régiment du Roi m'apprit que, pour obéir à mes ordres, les soldats partaient. Je courus à mon avant-garde, composée des gardes nationales, pour empêcher toute action. Pendant que les soldats sortaient par les autres portes, une seule était gardée par des soldats des trois corps. J'y marche avec l'avant-garde; je fais sommer de rendre la porte. On répond par un coup de canon à mitraille, et par une décharge de mousqueterie. Les volontaires ripostent par un feu très-vif. Ils enfoncent la porte; il n'est plus possible de les arrêter; ils tuent tout ce qu'ils rencontrent. Arrivés sur la place, je les forme en bataille. On tire sur nous des fenêtres : je fais avancer mes troupes par différentes rues, pour gagner l'Arsenal et les quartiers des régimens. Il s'engage un combat furieux qui dure pendant trois heures. Je n'avais alors que 2,400 hommes, et 6 ou 700 gardes nationales, et 10,000 hommes nous attaquaient depuis les maisons et dans les rues. Enfin à sept heures, les soldats du régiment de Château-Vieux étant en partie tués ou blessés, en partie faits prisonniers, Mestre-de-camp s'étant sauvé, le régiment du Roi me fait dire qu'il veut se rendre. Je vais seul à son quartier. Les soldats étaient sous les armes; ils paraissent très-repentans. Je leur ordonne de sortir de la ville, et de se rendre à la destination que j'avais indiquée. Je fais passer les mêmes ordres aux débris de Château-Vieux, et je vais à la municipalité.

« Aujourd'hui l'ordre est entièrement rétabli, les citoyens sont satisfaits. J'ai trois régimens suisses qui restent ici avec moi. Quelques-uns des prisonniers ont été remis au ministère public. J'attends vos ordres sur les soldats de Château-Vieux. Demain il y aura un conseil de guerre; beaucoup seront peut-être condamnés à être pendus. Si le roi ne licencie pas son régiment, il sera peut-être convenable de le réduire à deux bataillons, et de le mettre à la queue de l'armée. Nous avons perdu beaucoup de monde; je ne puis encore indiquer le nombre des morts, mais je crois qu'il s'élève à trois cents hommes. Les gardes nationales ont montré le plus grand zèle et le plus courageux dévouement. Trente hommes de celles de Metz ont été tués. Aucun citoyen paisible n'a été molesté. Les troupes méritent le plus grand éloge pour leur courage et pour leur zèle patriotique.

« *P. S.* M. Malseigne est allé rejoindre les carabiniers qui sont rentrés dans leur devoir et ont livré vingt de leurs camarades, principaux auteurs de l'insurrection. »

On fait lecture ensuite de l'état des troupes qui formaient l'armée de M. Bouillé. Cette armée était composée de 2,200 hommes d'infanterie, 1,440 de cavalerie, et trois pièces de canon.

On se dispose à faire lecture de la lettre du département de la Meurthe à M. La Tour-du-Pin.

M. Regnier. Le département nous a adressé une lettre semblable pour l'assemblée nationale.

On lit cette lettre.

Extrait de la lettre du directoire du département de la Meurthe à l'assemblée nationale.

Nancy, le 1ᵉʳ septembre.

— « Après les troubles et les malheurs dont notre ville vient d'être le théâtre, nous saisissons le premier instant pour rendre compte à nos législateurs des principaux faits et de la conduite du directoire. L'impossibilité de trouver des courriers, et de se servir de la voie de la poste, parce que les paquets étaient ouverts par des gens armés, nous a empêchés de vous instruire journellement de notre affligeante situation. (Le directoire commence par le récit des faits déjà connus.) La garnison, inquiète aux approches de M. Bouillé, força le directoire à déclarer que les troupes n'arrivaient pas par ses ordres, et à envoyer des députés pour les arrêter. Cette députation consentit à partir pour prévenir le général des obstacles qui se préparaient. Ils naissaient du pillage de l'arsenal et des magasins à poudre, de la réunion de la classe indigente de la garde nationale avec les rebelles, de l'obligation où se trouvaient les officiers de marcher à leur tête, et de la position de MM. Malseigne et Denoue, qui pouvaient être égorgés au premier coup de fusil. Rien n'a arrêté M. Bouillé : il était nécessaire de sauver la discipline prête à périr. Le 31 août, jour de l'expédition, la fermentation de la garnison était à son comble.

« La municipalité et le directoire furent forcés de requérir les carabiniers de venir au secours des rebelles. Le directoire et la municipalité firent plusieurs députations aux troupes de la garnison, pour les engager à rentrer dans l'ordre et à prévenir les malheurs qui allaient fondre sur la ville. Les soldats annoncèrent qu'ils étaient disposés à faire une vigoureuse résistance. Les propositions de M. Bouillé ne furent pas adoptées en entier : on consentit seulement à mettre en liberté MM. Denoue et Malseigne. Les officiers, obligés de marcher à la tête des soldats de la garnison, ont fait tous leurs efforts pour retenir ces troupes. Dans le moment où M. Bouillé fit sommation de rendre la porte, M. Silly, officier des chasseurs du régiment du Roi, s'attacha à la bouche d'un canon pour empêcher le signal du carnage. Les soldats furieux le menacèrent ; il ne voulut pas quitter ce poste d'honneur et d'héroïsme, et il ne cessa d'embrasser l'embouchure du canon qu'après avoir reçu quatre coups de fusil (le silence de l'assemblée est troublé par un murmure d'horreur), qui heureusement ne sont pas mortels. (L'assemblée applaudit.) Le combat s'engagea.... Les vainqueurs allaient devant les maisons où l'on avait commis le plus d'horreurs, d'où l'on avait, avec le plus d'acharnement, tiré sur les soldats fidèles. « Citoyens, disaient-ils, ouvrez vos fenêtres, ce sont vos amis, ce sont vos frères ; ils sont venus punir une garnison rebelle ; ils ont combattu pour vous comme pour la loi : le succès a couronné leurs efforts ; paraissez, citoyens, rendez-vous à la voix de vos frères et de vos amis.... » La garde nationale de Metz a fait des prodiges de valeur : plusieurs pères de famille sont morts sur la place. M. Bouillé a fait sortir l'ancienne garnison ; les blessés seuls sont restés. »

L'assemblée demeure pendant quelque temps plongée dans un profond silence.

M. Prugnon. Je demande l'impression de la lettre du directoire, pour deux raisons. 1° Les gardes nationales ont montré la plus grande valeur ; il est bien important d'apprendre aux nations étrangères que nous avons un million d'hommes de cette trempe ; 2° il est nécessaire d'instruire le peuple que l'armée est la première vengeresse de la constitution, et que 150 mille hommes sont prêts à marcher contre les ennemis des lois. Je demande qu'il soit voté des remercîmens à la garde nationale ; accordé des tributs de regrets aux citoyens qui ont péri, et assuré que l'assemblée nationale veillera au sort de leurs veuves et de leurs enfans. J'en dirais peut-être davantage, mais les grandes douleurs sont muettes.... Je demande également que l'assemblée applaudisse au zèle et au courage du directoire, de la municipalité et de M. Bouillé. (L'assemblée applaudit.)

M. Beauharnais. L'assemblée nationale, dans la circonstance affligeante où l'ont placée les événemens malheureux arrivés à Nancy, n'a pu prendre des mesures que de deux espèces différentes. Les unes sont de sévérité, et telles que le réclamait la nécessité de maintenir la subordination militaire. C'est dans ces vues que vous avez rendu le décret du 16 août, qui a autorisé le pouvoir exécutif à nommer un général, qui, quoiqu'indignement calomnié, est aussi recommandable par ses vertus que par ses talens militaires. (On applaudit.) L'autre espèce de mesure était celle qui tendait à mettre en usage des moyens de conciliation et de pacification que des Français doivent toujours se plaire à employer, surtout avec leurs concitoyens. C'est à ces mesures que vous vous êtes arrêtés, il y a trois jours, sur la sage opinion de M. Barnave. L'intervalle du 16 au 31 a rendu trop tardives les dispositions du second décret. Le premier était exécuté ; après les événemens, les mesures de pacification auraient été infructueuses. Celles de rigueur ont rétabli le calme. Je n'en regrette pas moins que le général n'ait pas eu à obéir au décret du 31. Il a fait exécuter celui du 16 à la lettre, comme tout bon militaire le devait : une obéissance passive à la loi était son devoir. On lui reprochera peut-être de n'avoir pas parlementé; mais à quel titre un régiment suisse aurait-il empêché des gardes nationales, des citoyens français d'entrer dans la ville de Nancy? à quel titre un régiment infidèle à sa patrie, qui le repousse à présent de son sein, aurait-il acquis le droit de faire la loi dans nos murs, de faire feu sur des gardes nationales qui se présentent en vertu de la loi, pour entrer dans une ville française?... Les chefs, les soldats, les citoyens ont dû obéir ; si le mouvement de la nature était contraire à la rigueur, l'obéissance n'a été que plus difficile. Ils n'en ont pas moins mérité des éloges. Je propose le projet de décret suivant :

« L'assemblée nationale décrète que les mesures indiquées par le décret du 31 août, auront leur plein et entier effet : et néanmoins l'assemblée nationale instruite des événemens arrivés successivement à Nancy, et des mesures prises en vertu du décret du 16 août dernier, pour le rétablissement de l'ordre, déclare qu'elle approuve la conduite des gardes nationales et des troupes, qui, par leur courage et leur obéissance, ont concouru à la tranquillité publique ; déclare qu'elle approuve la conduite de M. Bouillé, et que la liste des gardes nationaux morts dans cette affligeante circonstance, sera envoyée au comité des pensions. » (L'assemblée applaudit.)

M. *Praslin le jeune.* J'adhère entièrement à la proposition du préopinant. Quand on a cherché à intimider par des bruits dont on n'ignore pas les auteurs.... Mais je m'arrête; il suffit. J'adopte le projet de décret de M. Beauharnais.

M. *Larochefoucault-Liancourt.* On a exposé mes sentimens ; je me bornerai à présenter un projet de décret : « L'assemblée nationale, pénétrée de douleur d'apprendre que la révolte du régiment du Roi, pour être réprimée, a nécessité l'effusion du sang;

mais satisfaite du rétablissement de l'ordre, sans lequel il n'y a pas de constitution; décrète qu'elle approuve la conduite du général, et charge son président de le lui témoigner, et d'adresser aux gardes nationales dont le courage patriotique a vaincu la révolte de la garnison de Nancy, et aux troupes de ligne, sous les ordres du général, son entière satisfaction; déclare prendre sous la protection particulière et immédiate de la nation, les veuves et les enfans des citoyens morts pour la patrie et le rétablissement de l'ordre; décrète qu'il leur sera élevé un monument, que les informations seront continuées, et les lettres et procès-verbaux imprimés dans le plus court délai. »

M. Alexandre Lameth. Sans m'étendre sur les douloureux événemens qui viennent d'avoir lieu à Nancy, je me borne à examiner ce que nous devons faire dans cette circonstance. L'ordre vient d'être rétabli dans cette ville par la voie des armes, il faut au moins qu'il y soit maintenu par la justice la plus impartiale. Tels sont les principes, tels sont les moyens que l'assemblée nationale avait consacrés dans sa proclamation; elle y disait que des commissaires seraient envoyés, pour faire parvenir jusqu'à elle la vérité, pour connaître les causes des désordres, pour en découvrir les véritables auteurs, et pour les faire punir sans distinction de grades et de dignités. Eh bien! ces commissaires ne sont point partis, et leur présence me paraît aussi instante en ce moment qu'avant les événemens qui se sont passés à Nancy; car ce n'est pas seulement l'insubordination, mais les causes; ce n'est pas seulement les soldats, mais les officiers, mais les chefs, mais les coupables, sans aucune acception de personnes, que l'assemblée nationale veut punir; je propose donc la motion suivante :

« L'assemblée nationale décrète que M. le président se retirera par-devers le roi, pour le prier d'ordonner que les commissaires que l'assemblée a décrété devoir être envoyés à Nancy, se rendront immédiatement dans cette ville, pour y prendre les mesures nécessaires à la conservation de la tranquillité et à la connaissance des faits qui doit amener la punition des coupables, de quelque rang et grade qu'ils puissent être (on applaudit); décrète que le conseil de guerre ordonné à Nancy, ne sera mis en activité que sur la réquisition de ces commissaires. »

M. Regnier. Quelque parti que l'assemblée prenne, relativement aux commissaires, je crois qu'il est important, pour la chose publique de ne pas retarder les témoignages d'approbation qu'on vous a proposé d'accorder. (On applaudit.) M. Lameth, dont j'avais mal saisi l'intention, m'assure que son objet n'est pas de différer la juste approbation qui vous est proposée. Pour faire sentir combien elle est nécessaire, je ne dirai qu'un mot. C'est qu'une approbation émanée du sein de l'assemblée nationale, sera l'éternel encouragement des bons, et l'éternelle consternation des méchans.

M. Menou. Voici le décret que je propose, quant aux remercîmens :

« L'assemblée nationale considérant que, dans un État libre, le plus bel éloge qu'on puisse faire d'un citoyen, c'est de dire qu'il a rempli son devoir, déclare que les différens corps administratifs du département de la Meurthe, que les troupes de ligne et les gardes nationales, que le général et les officiers qui les commandaient, ont rempli leur devoir; décrète qu'elle prendra en considération le sort des veuves et des enfans de ceux qui sont morts pour l'exécution de ses décrets. »

La discussion est fermée.

M. Rœderer. Je vais présenter une rédaction qui se ressentira peut-être des sentimens que m'inspire la perte d'un grand nombre de mes concitoyens et de mes amis.

« L'assemblée nationale instruite des événemens qui ont procuré le rétablissement de l'ordre à Nancy, de la bravoure de la garde nationale, des troupes de ligne et du général qui les commandait; instruite des pertes qu'a souffertes l'armée patriotique; considérant que tous méritent la gratitude de la nation, mais qu'il en est dû en particulier à ces gardes nationales qui, les premières ont répandu leur sang dans un combat pour le maintien de l'ordre et l'exécution des décrets, et qui laissent pour la plupart, des familles sans appui, déclare que lesdites gardes nationales, les détachemens des troupes de ligne et le général ont mérité les éloges de l'assemblée nationale; pour leur dévoûment et leurs travaux; décrète qu'il sera élevé dans la ville de Nancy un obélisque pour en perpétuer le souvenir : que les femmes et les enfans des gardes nationaux qui ont péri, sont sous la protection spéciale de l'assemblée nationale, et qu'elle pourvoiera à leur sort. »

M. Riquetti l'aîné (ci-devant Mirabeau). J'aurais exposé mon avis, si l'assemblée n'avait pas fermé la discussion. Je l'indiquerai d'un seul mot. Le décret du 31 ayant ordonné qu'il serait envoyé des commissaires, il me paraissait sage d'attendre avant tout, les renseignemens qu'ils auraient donnés (il s'élève des applaudissemens et quelques murmures); telle n'est pas la tendance de l'assemblée, puisque la discussion est fermée; mais j'ai une observation à faire et je la motiverai brièvement. Il m'a semblé dans les différens projets de décrets, qu'il échappait une nuance très-digne de remarque. Les troupes de ligne et le général ont rempli glorieusement leur devoir; les gardes nationales sont allées plus loin que le devoir, elles ont fait un acte de vertu. (Des applaudissemens nombreux se font entendre.)

Ce témoignage honorable d'approbation m'a déjà dispensé de motiver mon avis. Voici donc le projet de décret qui me paraîtrait convenable. « L'assemblée nationale décrète que le directoire de la Meurthe et de la municipalité de Nancy, seront remerciés de leur zèle; que les gardes nationales qui ont marché sous les ordres de M. Bouillé, seront remerciées du patriotisme et de la bravoure civique qu'elles ont montrés pour le rétablissement de l'ordre à Nancy; que le général et les troupes de ligne de ligne seront approuvés pour avoir glorieusement rempli leur devoir. » Ces deux articles pourront être les premiers. J'adopte ensuite ceux qui sont relatifs aux informations, aux veuves et aux enfans.

On demande à aller aux voix.

M. Robespierre monte à la tribune.

On demande de nouveau à aller aux voix, sauf rédaction.

M. Robespierre reste à la tribune.

M. Riquetti l'aîné (ci-devant Mirabeau), rédige un projet

de décret dont il fait lecture, et qui est conçu en ces termes.

« L'assemblée nationale décrète que le directoire du département de la Meurthe, et les municipalités de Nancy et de Lunéville seront remerciés de leur zèle ;

« Que les gardes nationales qui ont marché sous les ordres de M. Bouillé, seront remerciées du patriotisme et de la bravoure civique qu'elles ont montrés pour le rétablissement de l'ordre à Nancy ;

« Que M. Silly sera remercié pour son dévoûment héroïque ;

« Que la nation se charge de pourvoir au sort des femmes et des enfans des gardes nationales qui ont péri ;

« Que le général et les troupes de ligne seront approuvés pour avoir glorieusement rempli leur devoir ;

« Que les commissaires, dont l'envoi a été décrété, se rendront à Nancy pour prendre les mesures nécessaires à la conservation de la tranquillité, et pour l'instruction exacte des faits qui doivent amener la punition des coupables, de quelque grade qu'ils puissent être. »

M. Robespierre demande la parole.

Le projet de décret de M. Riquetti l'aîné est unanimement adopté.]

Le N° 213 de l'*Ami du peuple* renferme une analyse de cette séance. Nous y prenons les réflexions suivantes : « La lettre de la municipalité annonce qu'une partie de la garde de la ville était pour les régimens, auxquels s'étaient joints pareillement une multitude de pauvres. Ce qui confirme une vérité bien constatée par l'histoire entière de la révolution, c'est que la classe des citoyens infortunés est la seule qui soit patriote, comme elle est la seule qui soit honnête. »

« C'est le rebut du genre humain, dit la canaille à la cour : mais pour l'observateur et le philosophe, c'est la seule partie saine de la société.

« Le directoire rend compte des événemens comme la municipalité ; ce qui prouve qu'ils ne valent pas mieux l'un que l'autre. Ainsi, dans tout le royaume, les nouveaux corps, composés des membres gangrénés des anciens, infecteront toujours l'établissement du règne de la liberté, et s'entendront avec le gouvernement comme fripons en foire. Divine Providence, prends pitié de tes enfans! Toi qui tiens dans tes mains tous les fléaux de la nature, choisis celui qui conviendra le mieux à tes saints décrets, pourvu qu'il nous débarrasse enfin de cette engeance maudite, et qu'il l'extirpe radicalement du milieu de nous. »

SÉANCE DU 4 SEPTEMBRE.

[M. le président annonce qu'il vient de recevoir une lettre de M. Necker.

Un de MM. les secrétaires fait lecture de cette lettre qui est ainsi conçue :

« Messieurs, ma santé est depuis long-temps affaiblie par une suite continuelle de travaux, de peines et d'inquiétudes ; je différais cependant d'un jour à l'autre d'exécuter le plan que j'avais formé de profiter des restes de la belle saison, pour me rendre aux eaux, dont on m'a donné le conseil absolu. N'écoutant que mon zèle et mon dévoûment, je commençais à me livrer à un travail extraordinaire, pour déférer à un vœu de l'assemblée, qui m'a été témoigné par le comité des finances ; mais un nouveau retour que je viens d'éprouver des maux qui m'ont mis en grand danger cet hiver, et les inquiétudes mortelles d'une femme aussi vertueuse que chère à mon cœur, me décident à ne point tarder de suivre mon plan de retraite, en allant retrouver l'asile que j'ai quitté pour me rendre à vos ordres. Vous approcherez, à cette époque du terme de votre session, et je suis hors d'état d'entreprendre une nouvelle carrière.

« L'assemblée m'a demandé un compte de la recette et de la dépense du trésor public, depuis le premier mai 1789, jusqu'à mai 1790. Je l'ai remis le 21 juillet dernier.

« L'assemblée a chargé son comité des finances de l'examiner, et plusieurs membres du comité se sont partagé entre eux le travail. Je crois qu'ils auraient déjà pu connaître s'il existe quelque dépense ou quelque autre disposition susceptible de reproche, et cette recherche est la seule qui concerne essentiellement le ministre; car le calcul du détail, l'inspection des titres, la révision des quittances, ces opérations nécessairement longues, sont particulièrement applicables à la gestion des payeurs, des receveurs et des différens comptables.

« Cependant, j'offre et je laisse en garantie de mon administration, ma maison de Paris, ma maison de campagne, et mes fonds au trésor royal; ils consistent depuis long-temps en 2,400,000 livres, et je demande à retirer seulement 400,000 liv. dont l'état de mes affaires, en quittant Paris, me rend la disposition nécessaire; le surplus, je le remets sans crainte sous la sauvegarde de la nation. J'attache même quelque intérêt à conserver la trace d'un dépôt que je crois honorable pour moi, puisque je l'ai fait au commencement de la dernière guerre, et que par égard pour les besoins continuels du trésor royal, je n'ai pas voulu le retirer au milieu des circonstances les plus inquiétantes, où d'autres avaient mis l'administration des affaires.

« Les inimitiés, les injustices dont j'ai fait l'épreuve m'ont donné l'idée de la garantie que je viens d'offrir; mais quand je rapproche cette pensée de ma conduite dans l'administration des finances, il m'est permis de la réunir aux singularités qui ont accompagné ma vie. *Signé*, NECKER. »

Post-Scriptum de la main du premier ministre des finances.

« L'état de souffrance que j'éprouve en ce moment, m'empêche de mêler à cette lettre les sentimens divers qu'en cette circonstance j'eusse et le désir et le besoin d'y répandre. »

M. Biauzat. C'est ici le moment de charger les comités des finances et de constitution de présenter un projet de décret pour l'organisation et la direction du trésor public, qu'il convient enfin de prendre en main.

La proposition de M. Biauzat est adoptée.]

Suite de la discussion sur la dépense publique. — Suite de la dette.

Article officiel du Moniteur *sur l'état de la dette publique.*

[Le comité des finances de l'assemblée nationale, étant au moment de lui présenter un plan de liquidation de la dette publique, a cru devoir faire précéder ce plan, d'un état très-circonstancié de cette dette. — Le comité, dans son travail, a considéré la dette publique sous trois rapports, et en conséquence il en a divisé le compte en trois parties. — La première renferme les états de la dette, dont les capitaux sont aliénés, et que la nation est libre de ne jamais rembourser, pourvu que les intérêts en soient fidèlement acquittés. — La seconde renferme les états de la dette actuellement exigible, qui va le devenir par les décrets qui suppriment toutes les vénalités. — La troisième, les états de la dette qui deviendra exigible annuellement, en vertu des engagemens à terme fixe, contractés au moment des emprunts.

La dette constituée se compose :

1° Des rentes viagères, dont le total est de 106,524,846 liv.; on peut, suivant le comité, évaluer les extinctions de 1788, de 1789 et 1790 à 4,500,000 liv.; ainsi les rentes viagères seront au 1er janvier 1791, de 101,823,846 liv.

2° Des rentes perpétuelles, dont le total est de 65,913,973 liv. — Les intérêts de la dette constituée, tant viagère que perpétuelle, montent donc à 167,737,819 liv.

La dette exigible se compose :

1° Des rentes constituées par le ci-devant clergé de France. Quoique la dette du clergé eût dû naturellement être comprise dans la partie de la *dette constituée*, le comité a pensé que cette dette était dans un cas particulier. La vente des biens du clergé enlève à ses créanciers le gage qu'ils avaient reçu. La nation en rentrant dans la possession des biens du clergé, est censée les avoir pris dans l'état où ils étaient. Or, ils étaient grevés du capital de cette dette; en conséquence, le comité a cru que la vente n'en pouvait être consommée, sans le remboursement effectif de tous les créanciers qui s'y rendront opposans. — Le capital de ces rentes est de 149,434,469 liv., et l'intérêt de 5,835,126 liv. Une partie de cette dette est constituée au denier 50, une autre au denier 40, une autre au denier 25, une autre à 4 $\frac{1}{2}$ p. %, une autre au denier 20.

2° Du prix des offices de magistrature supprimés, qu'on peut évaluer à 450,000,000 liv., en n'en exceptant aucun des offices ministériels. Cette somme entraînerait en intérêts, au denier 20, une dépense de 22,400,000 liv. Les intérêts attachés aux finances des offices de magistrature de toutes espèces, dans tout le royaume, ne coûtaient au trésor public que 9,353,160 liv.

3° Du prix des charges de finances qui montent à 118,143,885 l.; et dont l'intérêt au denier 20, est de 5,907,194 liv.

4° Du remboursement des cautionnemens en argent, dont le capital est de 203,401,400 liv., et dont l'intérêt est de 10,105,218 l.

5° Du remboursement des charges de la maison du roi, de la reine et des princes, dont le capital est de 52,020,000 liv., et l'intérêt au denier 20, de 2,600,000 liv.

6° Du remboursement des charges et emplois militaires, dont le capital est de 55,121,984 liv., et l'intérêt au denier 20, de 1,756,099 liv.

7° Du remboursement des gouvernemens et des lieutenances générales de l'intérieur, dont le capital est de 3,783,150 liv., et l'intérêt au denier 20, de 180,157 liv.

8° Du remboursement des dîmes inféodées, dont le capital, d'après les renseignemens qu'on a pu se procurer, est de 100,000,000 l.

9° De la partie échue des remboursemens à terme fixe, dont le capital est évalué à 107,856,925 liv., et dont l'intérêt est de 5,392,846 liv.

10° De l'arriéré des départemens, dont on peut évaluer le capital, d'après les premiers renseignemens à la somme de 120,000,000, et dont l'intérêt est de 6,000,000 liv.

Le total de ces différentes parties de la *dette exigible*, est donc de 1,339,741,813 liv., et les intérêts sont de 64,284,008 liv.

La troisième partie de la dette renfermant les engagemens à terme fixe, monte à 558,274,921 liv.; elle se compose : — De l'emprunt de septembre 1789, — 51,939,768 liv. — Des emprunts de Hollande et de Gênes, 18,330,870 liv. — Des avances faites par les fermiers de Sceaux et de Poissy, — 902,675 liv. — Des emprunts à terme à écheoir, — 390,101,508 liv. — Des annuités des notaires et de la caisse d'escompte, — 77,000,000 liv. Ainsi la *dette exigible* monte à 1,878,816,534 liv.]

SÉANCE DU 5 SEPTEMBRE.

Le conseil-général de la commune de Nancy demande que l'on attribue le jugement des coupables au bailliage de cette ville. Prugnon invoque contre eux toute la sévérité des lois. Duport demande l'attribution à un autre tribunal. Desmeuniers fait ajourner la motion de Prugnon et décréter que l'information sera continuée.

Sur le rapport fait par M. Rostaing, au nom du comité militaire, le décret suivant est adopté :

« L'assemblée nationale décrète, 1° que le bouton uniforme des gardes nationales de France sera conforme à l'empreinte annexée à la minute du présent décret, portant une couronne civique, au milieu de laquelle seront écrits ces mots : *la loi et le roi*, avec le nom du district en entourage, entre la couronne civique et le cordon du bouton ; 2° que dans les districts où il y a plusieurs sections, elles seront distinguées par un numéro placé à la suite du nom du district ; 3° que l'uniformité ne sera pas détruite, quelle que soit la qualité du bouton, doré sur bois, surdoré, monté sur os, sur moule de cuivre, ou massif, chaque citoyen restant le maître de choisir la qualité qui lui conviendra le mieux. »

Ce décret est adopté.

Réflexions de Marat. — « Discuter sur un bouton d'uniforme ! ah ! il s'agit bien de discussion ; c'est l'alarme que je veux répandre. Dans ce bouton qui vous paraît si peu de chose, mes chers concitoyens, vous trouveriez bientôt la plus lourde des chaînes.

« Observez d'abord que ce décret ridicule va contre toutes les règles d'une bonne discipline : en laissant à votre choix la monture et la richesse du bouton, il flatte votre vanité et vos caprices pour paraître respecter votre liberté.

« Observez ensuite que ce dangereux décret a été proposé par le sieur Rostaing, aristocrate renforcé dont vous verrez dans les débats le nom accolé à ceux de Duquesnoy, Desmeuniers!, d'André, Dupont, Regnault, Beauharnais, Emmery, Virieu, Foucault, Coster, Maury, Cazalès, Prugnon, Riquetti, Malouet et autres archinoirs, ou archiministériels gangrenés. Or, cela seul suffit pour le rendre suspect.

» Hé bien! direz-vous, sans doute, voilà des soupçons ; où est le mal ? — Que vous êtes enfans, aveugles citoyens : vous prenez ce décret pour la peccadille d'un sot qui a voulu donner un plat de son métier ; et moi, je le prends pour un piége ministériel redoutable, pour un coup violent porté à la liberté publique, et pour le triomphe du despotisme, si vous avez la sottise de vous y conformer. Remarquez avec quel soin on a supprimé de la légende, *la nation* qui seule peut vous rappeler la patrie, pour ne laisser que *la loi et le roi*. Ils ont beau vous crier, la loi c'est la nation, et la nation c'est vous ; ils mentent impudemment. Si vous étiez la loi, la loi blesserait-elle si souvent vos intérêts ? Détruirait-elle si souvent les droits de la nation et des citoyens ! Si vous étiez la loi, les décrets funestes et infâmes du *veto*, de la loi martiale, du marc d'argent, de la contribution directe du citoyen actif, des millions prodigués au roi, à sa femme, à ses frères, de l'initiative de la guerre, de l'anathême de la garnison de Nancy, ces décrets existeraient-ils ? etc., etc. » (*L'Ami du peuple*, n° CCXV, pages 5 et 6).

SÉANCE DU 6 SEPTEMBRE.

M. Laborde. Le comité de finances vient de recevoir une lettre de M. Dufresne, qui annonce que le trésor public est dans une telle pénurie, qu'il ne pourra payer ce soir. En attendant le rapport du comité sur le trésor public, je propose le décret suivant:

« L'assemblée nationale décrète que la caisse d'escompte sera autorisée à remettre au trésor public la somme de dix millions en promesses d'assignats, pour faire partie du service du mois de septembre. » — Ce décret est adopté.

SÉANCE DU 7 SEPTEMBRE.

(Extrait des *Révolutions de France et de Brabant*, n° 43, p. 167 et suivantes.) — « Dupont, mon ami, s'est emparé de la tribune dès neuf heures, et avant que les Jacobins fussent arrivés. Il s'est hâté de dire que ceux qui gémissaient sur le prix que le régiment de Château-Vieux venait de recevoir du patriotisme qu'il avait montré au Champ-de-Mars ; ceux qui, dans les Tuileries, avaient plaint les 2,600 citoyens et les 400 femmes ou enfans égorgés à Nancy, avaient reçu 12 livres. Dupont, le balai d'antichambre, a articulé que des honnêtes gens disaient qu'*on leur avait offert* 12 livres pour faire *chorus*. Et sans qu'il nommât ces honnêtes gens, sur la parole de Dupont, il est sorti un décret aussi vague que la dénonciation, qui autorise les tribunaux à poursuivre ceux qui ont distribué de l'argent, décret bien propre à induire les 83 départemens en erreur, et à leur faire croire que, puisque le décret a été rendu, il faut bien en effet qu'on distribue de l'argent pour exciter des émeutes autour de l'assemblée nationale, et gêner la liberté de ses opérations.

» Dans son discours, l'ami Dupont avait développé la théorie et la tactique des émeutes. Vous n'avez, dit-il, qu'à prédire une sédition pour tel jour ; tous les gens qui espèrent dans les séditions, où ils n'ont rien à perdre et tout à gagner, se tiendront prêts pour la sédition et accourront de vingt lieues à la ronde. La veille du jour prédit vous débiterez avec profusion un libelle bien séditieux ; et le jour dit vous aurez la sédition immanquablement. C'est ainsi, a-t-il ajouté, qu'on vous prédit une sédition pour le 10 septembre. Eh bien ! tous les gens vivant de séditions se rendent déjà à Paris. Vous verrez que le 9 septembre, Marat, l'*Ami du peuple*, tirera un libelle à 50 mille exemplaires, et la sédition viendra à point nommé. La chose n'a point manqué d'arriver. La sédition prédite dans l'assemblée nationale par le prophète Dupont avait rempli de terreur une foule de Parisiens. Le 9, il parut un libelle, signé l'*Ami du peuple*, qui fut distribué gratis par milliers, où l'on soulevait le public contre les assignats, où l'on disait que ceux qui proposent de faire deux milliards d'assignats, et qui *font leur embarras* comme s'ils étaient bons citoyens, *ont pour objet de faire monter le pain de 4 livres à vingt sols.* A l'émission d'un pamphlet si incendiaire, et qui désignait la société des Jacobins et tous les membres de l'assemblée nationale qui n'ont point encore abandonné la cause du peuple, comme des traîtres qui voulaient l'affamer, on ne douta plus de l'accomplissement de la prophétie de Dupont; et le lendemain 10 les boulangers ne pouvaient suffire au pain qu'on leur demandait, tant le pamphlet et la prophétie avaient fait craindre la famine et la sédition ! Il n'y eut pourtant ni sédition ni famine. Mais quelle fut l'indignation des honnêtes gens d'apprendre, à la séance de ce jour-là même, par la dénonciation de Barnave, que c'était le prophète Dupont *lui-même qui avait fait le libelle* (voir la séance du 10). Certes, voilà un trait qui donne la mesure de la candeur, de la probité, du civisme de Dupont. L'*Ami du peuple* et le prophète Dupont, qui vont criant dans les rues que les Jacobins veulent que le peuple mange du pain noir, mériteraient bien d'être condamnés pour leur prophétie à manger le pain noir du prophète Ézéchiel. » — Voici le discours inculpé par Desmoulins.

[*M. Dupont, député de Nemours.* J'ai à vous exposer des faits auxquels votre amour pour la constitution, et votre zèle pour achever promptement et utilement vos travaux, vous obligent de donner une attention sérieuse. Je les aurais déférés à votre justice et à votre prudence dès l'instant même où quelques-uns d'entre eux vous ont frappés, si je n'avais regardé comme un devoir d'examiner leurs rapports, et de pouvoir vous parler avec plus de certitude des manœuvres qui les ont accompagnées.

Vous ne pouvez pas vous dissimuler que les ennemis de la constitution décrétée par vous et acceptée par le roi, soit ceux qui regrettent l'ancien ordre de choses, soit ceux à qui l'anarchie procure une autorité coupable, soit les agens des puissances étrangères, qui, dans l'état politique de l'Europe, peuvent désirer de distraire votre attention, et de diminuer vos forces par des troubles intérieurs, cherchent à les propager en France avec une cruelle activité. Dans le désespoir qui les a saisis lorsqu'ils ont vu la valeur héroïque des gardes nationales rétablir l'ordre à Nancy, garantir à jamais la discipline dans l'armée, en imposer aux ennemis du dehors, assurer la gloire et la liberté de la nation, ils n'ont plus envisagé qu'un moyen pour empêcher la paix de renaître généralement; et ce moyen a été de fomenter des séditions dans Paris même. Il leur en fallait pour soutenir le courage abattu de leurs émissaires, pour montrer qu'ils ne sont pas atterés avec leurs alliés de Lorraine, pour prolonger leur désastreux empire sur les brigands qu'ils savent faire courir d'un bout du royaume à l'autre, dont ils avaient un détachement à Nancy, dont ils en ont un autre dans la capitale, et qu'ils ont l'audace de présenter comme le peuple français, tandis qu'il n'y a parmi eux que très-peu de Français, et que ce n'est qu'un ramas d'hommes sans patrie, la plupart repris de justice. C'est avec eux, Messieurs, qu'en présence du véritable peuple français justement indigné, ils n'ont pas craint de troubler vos délibérations, jeudi dernier, par de nouvelles motions d'assassinats, proférées à grands cris, à prix d'argent, sous vos fenêtres, et avec menaces *de la guerre* contre vous-mêmes.

On avait choisi le moment où le transport d'un modèle de la Bastille, depuis la porte Saint-Bernard jusqu'ici, amenant un très-grand concours de peuple aux Tuileries, ferait confondre les bons citoyens, qu'un tel spectacle intéresse justement, et qui sont en très-grand nombre, avec la poignée d'incendiaires qu'on avait à répandre dans cette multitude, et que l'on espérait qui pourraient, à force de harangues et avec le secours des libelles, séduire le zèle de quelques hommes estimables. On a en effet dispersé dans les groupes environ quarante fanatiques, réels ou volontaires, à puissans poumons, et quatre ou cinq cents hommes payés. On leur a donné ce mot du guet : *êtes-vous sûr?* et la réponse : *un homme sûr*. On a doublé la dépense afin d'entraîner, par l'attrait de l'argent, quelques-uns de ceux qu'on n'aurait pas pu déterminer par le *magnétisme* des motions et des cris. Plusieurs dépositions faites entre les mains des officiers de la garde nationale et à la mairie, attestent que d'honnêtes gens mêlés parmi la foule ont reçu la proposition de *douze francs* pour joindre leurs cris à ceux que vous entendiez retentir, et qu'il en est à qui on a laissé les douze francs dans la main. On a publiquement annoncé que cela devait durer encore, qu'il y aurait un mouvement chaque jour : et chaque jour en effet de nouvelles motions d'assassinats ont été faites. On a publiquement annoncé que jusqu'au 10 cela ne serait pas sérieux ; mais que la grande explosion était fixée au 10 de ce mois, jour que vous avez indiqué pour une délibération d'une haute importance.

Ces annonces, qui paraissent imprudentes, sont une des plus grandes ruses de la science de cette honteuse guerre. C'est d'après ces annonces que l'on fait courir au loin, *qu'un tel jour il y aura un grand désordre, des assassinats, un pillage important, précédés d'une distribution manuelle pour les chefs subalternes, pour les* GENS SURS; c'est d'après ces annonces que les brigands se rassemblent de trente et quarante lieues à la ronde, et qu'un très-petit nombre d'hommes parviennent à se procurer un jour d'affaire une armée nombreuse et redoutable de malfaiteurs, qu'ils n'ont pas été obligés de s'épuiser à solder habituellement, et qui arrivent à point nommé, sans autre paie que l'espoir de faire quelques bons coups. Les habiles gens qui ourdissent ces trames ont, pour vous combattre et pour s'opposer à vos travaux, profité de vos lumières.

Ils ont disposé leur force active comme vous avez décrété que devait être celle de la nation elle-même. Ils ont une armée au drapeau, peu nombreuse et peu coûteuse, et une armée auxiliaire dispersée dans tout ce royaume, qui ne coûte point d'argent et qui se réunit facilement au besoin. Le coup de tambour, les trompettes qui la rappellent, sont d'une part les libelles, et de l'autre cette annonce publique : *la sédition pour un tel jour.*

Il ne vous sera pas difficile de vous souvenir, Messieurs, qu'il n'y en a eu aucune qui n'ait ainsi été prédite plusieurs jours d'avance, et sans la prédiction, l'événement n'arriverait pas.

Vous ne pouvez pas, Messieurs, être instruits de ces faits et n'y opposer aucune mesure. Je sais qu'on dira que vous devez dédaigner de vous occuper de ces viles manœuvres, et que des clameurs séditieuses ne sont dignes que de votre mépris. Messieurs, ces conseils sont ceux de la faiblesse qui tâche de se déguiser en courage. Quand on affecte de mépriser les menaces et les séditions, c'est qu'on a peur. Il ne suffit point que vous soyez au-dessus de la crainte de voir, en aucun cas, *influencer* vos opinions par aucun tumulte. Il faut que la calomnie elle-même ne puisse, ni en France, ni en aucun lieu du monde, en répandre le soupçon. Vous le devez, comme je vous l'ai dit, pour que votre travail, qui touche à son terme, s'achève plus promptement et plus paisiblement. Vous le devez encore pour que ce noble travail inspire tout le respect qu'il mérite. Vous le devez par reconnaissance pour les Parisiens, afin que la garde nationale recueille enfin le prix de son courage inébranlable et de ses honorables fatigues, et pour que la paix et la tranquillité rappellent dans la capitale les dépenses, le commerce, les arts, les occupations utiles qui font vivre le peuple.

Je fais donc la motion expresse que vous ne feigniez pas d'ignorer ce qui se passe sous vos yeux; et que vous veuillez bien adopter le projet de décret suivant :

« L'assemblée nationale a décrété et décrète :

« 1° Qu'il sera ordonné aux tribunaux d'informer contre les quidams qui ont fait, le jeudi 2 septembre, des motions d'assassinats sous les fenêtres de l'assemblée nationale, contre ceux qui ont excité à faire des motions, et contre ceux qui ont distribué de l'argent à cette fin.

« 2° Qu'il sera ordonné aux officiers municipaux de Paris de veiller soigneusement au maintien de l'ordre et à l'exécution des décrets rendus par l'assemblée nationale pour la tranquillité publique.

« 3° Que le présent décret sera porté à la sanction royale dans le jour. »

Le projet de décret présenté par M. Dupont est adopté à l'unanimité.]

M. Gonin présente la suite des articles sur la liquidation des offices de judicature. Après une motion de Mirabeau renvoyée au comité de constitution, Brulart (ci-devant de Sillery) rend compte d'une dépêche relative au camp fédératif de Jalès. Voici l'analyse de ce rapport, extraite des *Révolutions de France et de Brabant*, n° 42, p. 125 et suivantes. « Les papiers publics anti-révolutionnaires publient depuis quelques jours, avec complaisance, les détails du camp fédératif de Jalès, dans le département de l'Ardèche. On avait sollicité le rassemblement des milices nationales de l'Ardèche, de l'Hérault et de la Lozère, sous prétexte de renouveler entre elles le serment civique; mais en effet pour prendre des arrêtés inconstitutionnels, et semer dans les trois départemens des germes de guerre civile. M. de Sillery, au nom du comité des recherches, a fait un rapport fort applaudi, et tel qu'on l'attendait de son patriotisme. Il paraît, d'après ce rapport, que le gros de l'armée n'était point dans le secret; il paraît que l'aristocratie aime beaucoup les états-majors, et que les états-majors ne haïssent point l'aristocratie. Dans une première assemblée tenue à Baunes, on avait résolu de nommer l'état-major du camp, et il avait été nommé. Après la fête, et lorsque les troupes se retiraient, le général, l'état-major, le comité fédératif, les maires et les officiers municipaux, ainsi que les députés de l'armée, et toutes les écharpes et épaulettes, se rassemblèrent au château de Jalès, où on prit les arrêtés suivans:

« Il est arrêté : 1° Que les prisonniers détenus dans les prisons de Nîmes depuis les troubles qui ont agité cette ville, seront transférés hors du département du Gard, et jugés de suite selon le cours ordinaire des lois, pour être punis s'ils sont coupables, et rendus à la société s'ils sont innocens.

2° Que les dommages occasionés pendant les troubles seront entièrement réparés.

3° Que l'assemblée nationale et le roi seront suppliés d'éloigner de Nîmes le régiment de Guyenne (ce régiment dont le patriotisme est si connu. — *Note de Desmoulins*).

4° Que les catholiques de Nîmes et du département du Gard seraient réintégrés dans leurs droits de citoyens français, et que leurs armes leur seraient rendues.

5° Qu'il sera envoyé une députation conciliatrice à l'état-major et aux membres de la garde nationale de Montpellier, pour se concerter et agir ensemble avec la même sagesse qu'ils ont déjà manifestée, à l'effet de rétablir d'une manière définitive le bon ordre dans cette ville.

« Ces arrêtés étaient une levée de boucliers, un signal de guerre civile, et une insurrection manifeste contre l'assemblée nationale, qui avait commis la sénéchaussée de Nîmes pour juger les auteurs des troubles, qui avait voté au régiment de Guyenne des remercîmens *universellement applaudis*, qui avait décrété que les catholiques de Nîmes, signataires de la protestation, seraient mandés à la barre, et, faute de s'y rendre, privés des droits de citoyens actifs.

« Le plan de contre-révolution se développe dans ces cinq arrêtés. Suit un procès-verbal rempli, d'un bout à l'autre, de déférence, de respect pour l'assemblée nationale, et de vœux ardens pour la paix, qu'on sent bien, comme l'observe M. de Sillery, qui étaient loin du cœur de ceux qui l'ont rédigé. Le dernier article de cet insidieux arrêté est que le comité du camp de Jalès sera permanent, et demeurera toujours en activité; qu'il sera renforcé et ses membres changés, suivant le vœu de leurs commettans; qu'il connaîtra les différentes pétitions des membres de l'armée, et qu'enfin il sera le point central de toutes les gardes nationales fédérées, le tout avec l'approbation du département de l'Ardèche. Ce même article allouait un traitement aux membres du comité, et, usurpant l'un des premiers attributs de la souveraineté, ordonnait que les frais de la commission seraient répartis sur tout le département qui, lui-même, n'aurait pas eu le droit d'imposer ainsi les citoyens.

« Au camp de Jalès, plusieurs bataillons avaient pour bannière une croix; et des gardes nationales, sans doute les pénitens du pays, portaient une croix à leur chapeau. Le général de ces croisés était un abbé Labastide, de Villefort, département de la Lozère. M. l'abbé se trouvant avoir une armée de 22 mille hommes, avait nommé pour ses aides-de-camp ou grands-vicaires cinq gardes-du-roi. Sur un cheval blanc, symbole de la candeur de son âme et de la loyauté sacerdotale, il courait de rang en rang, exhortant les soldats citoyens à aller délivrer leurs frères de Nîmes, prisonniers pour la foi, prêchant le rétablissement de l'ordre et de la paix comme Bouillé. Les gardes nationales du département de l'Hérault ont été invitées et ne se sont pas rendues au camp de Jalès. Il faut rendre justice à tout le monde, et parmi tous les plans de contre-révolution, c'est ce dernier qui est le mieux conçu : il fait honneur au château de Jalès. Heureusement ce château est situé dans le département de l'Ardèche, et je dois ce témoignage au département, que c'est de là que me sont venues les lettres les plus brûlantes de patriotisme. Le directoire, aux premiers bruits de l'arrêté de Jalès, s'est empressé d'en empêcher l'effet par une proclamation pleine de sagesse et de vigueur. Voici le décret proposé par le patriote Sillery, et adopté par l'assemblée nationale. »

« L'assemblée nationale, après avoir entendu le rapport de son comité des recherches, décrète :

1° « Qu'elle approuve les dispositions de la proclamation du directoire du département de l'Ardèche, qui s'oppose à l'exécution de l'arrêté pris dans le château de Jalès, par les officiers qui se qualifient d'état-major d'une soi-disant armée fédérée.

» 2° Déclare la délibération prise par l'assemblée tenue au château de Jalès, après le départ des gardes nationales fédérées, inconstitutionnelle, nulle et attentatoire aux lois.

» 3° Charge son président de se retirer par-devers le roi, pour le supplier d'ordonner au tribunal de Villeneuve-de-Bergue d'informer contre les auteurs, fauteurs et instigateurs des arrêtés inconstitutionnels contenus au procès-verbal, et de faire deux procès-verbaux, suivant les ordonnances.

» 4° Défend aux commissaires nommés de se rendre à Montpellier pour y prendre les informations sur l'affaire de Nîmes.

» 5° Déclare le comité militaire inconstitutionnel : en conséquence, lui fait défense de s'assembler, et lui enjoint de se conformer à cet égard au décret de l'assemblée nationale du 2 février, qui les a supprimés.

» 6° Défend également aux gardes nationales de tous les départemens du royaume, de former aucun camp fédératif, à moins d'y être autorisé par les directoires de leurs départemens respectifs.

» 7° Décrète enfin que son président se retirera par-devers le roi, pour le prier de donner les ordres les plus prompts pour l'exécution du présent décret. »

« Croirait-on que le vertueux Desmeuniers voulait opiniâtrément la suppression du mot *attentatoire !* Ce champion de Malouet, qui trouvait mes feuilles si sanguinaires, si criminelles de lèse-nation, si liberticides, a presque voté des remercîmens à l'abbé de la Bastide et à l'état-major, pour ses bonnes intentions ! »

SÉANCE DU SOIR.
Trouble de Saint-Etienne-en-Forez.

[Le 4 du mois d'août dernier, une insurrection s'est manifestée dans la ville de Saint-Etienne-en-Forez. M. Berthéas, soupçonné d'accaparer les grains, en était l'objet. Des attroupemens s'étant formés devant sa maison, la municipalité a requis la garde nationale, qui s'y est aussitôt transportée; moins forte que les séditieux, elle a été obligée de se replier. Alors la municipalité a fait traduire M. Berthéas dans les prisons, afin de le soustraire à la mort. Le peuple est accouru vers la prison, et, malgré les sollicitations des officiers municipaux, il a enfoncé les portes, s'est emparé de M. Berthéas, et l'a massacré. Le lendemain 5, les assassins se sont assemblés ; ils ont nommé de nouveaux officiers municipaux, qu'ils ont forcés à baisser le prix des grains et à arrêter la liberté du commerce. Le 6, la municipalité de Saint-Etienne a été prévenue qu'il se formait de nouveaux attroupemens : alors elle a fait une proclamation, qui ordonnait à tous les bons citoyens de prendre les armes. On s'est aussitôt mis à la poursuite des séditieux : vingt-deux ont été pris dans un village voisin de Saint-Etienne, et transférés dans les prisons de Lyon, où ils sont en ce moment.

En conséquence, décret qui attribue la poursuite de ces troubles au siége de Lyon.]

ASSEMBLÉE NATIONALE.
SÉANCE DU 8 SEPTEMBRE.

Treilhard propose, au nom du comité ecclésiastique, de fixer au 1er janvier 1791 le moment où commencera à courir le traitement fixé pour les religieux. — Observations de Couturier sur la détresse des religieux. — Amendemens de Camus, pour améliorer le paiement; réponse de Treilhard.

[*M. l'abbé Maury.* La cause que je viens défendre est celle de la justice et de la vérité : je ne manquerai pas de moyens ; mais je demande auparavant à invoquer toute l'autorité de l'assemblée contre les tribunes..(On murmure.) La nation, en envoyant ses représentans dans cette assemblée, n'a pas cru y envoyer des comédiens livrés aux applaudissemens ou aux huées du peuple. (On murmure.) Elles n'ont pas commencé aujourd'hui ; et vous avez été témoins, et vous avez vu avec indignation les violences que les spectateurs ont faites à l'assemblée pour lui arracher des décrets. (On demande que M. l'abbé Maury soit rappelé à l'ordre.) Avant de monter dans cette tribune, j'ai entendu ce même public, qui nous doit le respect, applaudir à des déclamations injustes contre les religieux. Je respecte le peuple ; mais je déclare que je n'ai nul besoin de ses applaudissemens.

M. le président. Je vous rappelle à l'ordre, parce que ni les applaudissemens, ni les improbations des tribunes n'ont arraché aucun décret à l'assemblée. (L'assemblée et les tribunes applaudissent.)

M. l'abbé Maury. Monsieur le président, c'est à vous que je parle ; c'est vous que je cite au tribunal de la nation entière, vous qui protégez par une complaisance indigne de votre place.... (La partie gauche se soulève. — La partie droite applaudit.)

M. le président. Ma réponse ne sera pas différente de l'observation que j'ai faite à M. l'abbé Maury en le rappelant à l'ordre. Je sais parfaitement que les tribunes doivent se tenir dans le silence, et je le leur recommande. J'ai rappelé M. l'abbé Maury à l'ordre pour s'être servi d'expressions attentatoires au respect qu'il doit à l'assemblée et à ses délibérations, en disant que les tribunes arrachent des décrets. (Il s'élève beaucoup de murmures dans la partie droite.)

M. Foucault (s'adressant à la partie droite). Puisque le président n'est pas le maître de l'assemblée, je vous prie de rester dans le silence, et de la laisser aller comme elle pourra.

On demande que la motion de censurer l'abbé Maury soit mise aux voix.

M. Alquier. Non, non, il est au-dessus de la censure.

M. l'abbé Maury. Les faits particuliers qui vous ont été rapportés jusqu'à présent, fussent-ils vrais, ne peuvent pas vous dispenser des devoirs ni des soins que l'humanité exige et réclame ; si les dilapidations ont eu lieu, elles viennent plutôt des religieux qui ont abandonné leur monastère, que de ceux qui sont restés fidèles à leurs vœux : il serait injuste de les punir tous. Ce qui est certain, c'est qu'un grand nombre de maisons religieuses sont dans la misère. Je suis spécialement chargé, par madame l'abbesse de Conflans, de vous rendre compte de la situation de cette abbaye : tous ses biens ont été saisis comme partout. Le collecteur est venu demander les impôts ; l'abbesse a répondu que les revenus étaient arrêtés, qu'il fallait s'adresser aux officiers municipaux ; et comme le collecteur a menacé d'envoyer garnison dans l'abbaye, elle s'est dessaisie d'une somme de 200 livres, sa dernière ressource. Je demande si on peut laisser de malheureuses filles dans une semblable détresse ? Quand nous avons jugé à propos de mettre les biens ecclésiastiques à la disposition de la nation, nous nous sommes engagés à nourrir ceux qui en vivaient. Les revenus échus au mois de juin ont été arrêtés : ils devaient assurer la subsistance des six derniers mois : il ne reste rien. Mais observez une contradiction manifeste : vous avez décrété que les religieux qui régissent leurs domaines préleveraient sur leurs revenus le traitement qui sera accordé ; pourquoi la même justice ne serait-elle pas rendue à ceux qui ont affermé leurs biens ? Je demande qu'il soit ordonné aux fermiers de payer les pensions, et de verser le surplus dans la caisse des districts :

cette demande me paraît porter le caractère de la justice et de la modération. Non-seulement les municipalités retiennent nos revenus, mais encore elles nous forcent à payer les portions congrues et les impositions. Comment payer, puisque nous ne recevons rien. M. l'évêque de Condom me charge de vous annoncer qu'il éprouve des contraintes pour les charges de son diocèse.

M. Regnaud, député de Saint-Jean-d'Angely. Il y a un compte à faire pour cette année, entre ceux qui ont administré leurs biens ou qui ont dilapidé une partie du mobilier; il est donc naturel d'adopter la proposition de M. Camus : des secours seront donnés quand ils seront jugés nécessaires. Voilà ce que propose encore le comité, dans les derniers articles du titre premier; voilà ce que l'assemblée accordera sans difficulté, et ce qu'on pouvait demander, sans se permettre des déclamations inutiles.

M. Dumetz. Je demande qu'on mette aux voix la motion de M. Camus; c'est la seule que l'assemblée puisse adopter en ce moment.

Après quelque discussion, la question préalable demandée sur cette proposition est rejetée, et la motion de M. Camus obtient la priorité.

M. Regnaud, député de Saint-Jean-d'Angely. S'il est juste d'accorder aux religieux rentés des pensions pour les biens qu'ils ont abandonnés, en remontant jusqu'au 1er janvier dernier, est-il juste de grever la nation, depuis cette époque, du traitement des religieux non rentés? Ils ont vécu jusqu'à ce moment, ils vivront encore des secours de la bienfaisance. Ils en ont reçu des administrations. Vous ne pouvez dire que vous compterez de clerc à maître avec eux, puisqu'ils n'ont aucun compte à faire avec vous. Je demande qu'on renvoie aux articles XXXIV et XXXVI à s'occuper de ce qui concerne les religieux non rentés.

M. Camus adopte cet amendement, et rédige l'article Ier, qui est adopté, à une grande majorité, en ces termes :

Art. Ier. « Le traitement fixé pour les religieux, par le décret du 13 février, commencera à être payé au 1er janvier 1791, pour l'année 1790. A cette époque, il sera fait compte avec les religieux qui se présenteront pour recevoir leur traitement de tout ce qu'ils auront touché, à compter du 1ᵉʳ janvier 1790 ; et il ne leur sera remis que la somme qui se trouvera nécessaire pour compléter leur traitement, en faisant faire d'ailleurs, par lesdits religieux, les déclarations qui seront prescrites ci-après. A l'égard des religieux vivant habituellement et actuellement de quêtes et aumônes, et qui sont demeurés dans leur couvent, il y sera pourvu ci-après. »

Un de MM. les secrétaires fait lecture d'une lettre adressée à M. le président par M. l'abbé Perrotin ; elle est ainsi conçue :

« J'ai l'honneur de vous adresser quelques observations sur mon affaire ; je vous prie de les mettre sous les yeux de l'assemblée : elles sont courtes, dignes, je crois, de son attention, peut-être même de son intérêt. Depuis six semaines je suis détenu, environné de troupes, surveillé le jour et la nuit. Depuis quinze jours un décret a été rendu contre moi ; ce décret ne m'accuse pas ; c'est plutôt une épreuve à laquelle l'assemblée a voulu soumettre la conduite d'un de ses membres, en permettant à chacun de l'accuser : le silence le plus profond a été, de ma part, une preuve de respect pour les décrets. J'ai attendu mes accusateurs, il ne s'en est présenté aucun ; j'ai défié mes ennemis, ils ont évité le combat ; la calomnie a cherché à m'atteindre de ses traits les plus venimeux, j'ai méprisé ses efforts : la patience est le courage de la vertu. Cependant je ne peux pas tellement isoler mon affaire, que le principe de ma détention n'intéresse la liberté de tous les Français. S'il était vrai qu'une arrestation provisoire ne dût avoir d'autres termes que la plainte d'un accusateur, quelle serait la ressource de l'innocence ? Je supplie l'assemblée de peser dans sa sagesse quels moyens je puis avoir de recouvrer ma liberté, lorsque je n'ai ni adversaire, ni accusateur. Ma position est telle, que, détenu depuis six semaines, j'ai encore à regretter de n'avoir pas eu un ennemi assez généreux pour faire un pas de plus contre moi, en m'accusant légalement. Je pourrais alors entrevoir le moment de ma délivrance, puisque je pourrais me justifier. C'est cette position que je dénonce à l'assemblée, c'est sur elle qu'elle doit prononcer.]

Dupleix demande que le comité des recherches soit tenu de remettre au Châtelet, dans les vingt-quatre heures, les pièces de cette affaire, et que provisoirement la liberté soit rendue à Perrotin. (Murmures.) Le comité annonce que les pièces ont été remises.

SÉANCE DU 9 SEPTEMBRE.

Rapport de Bouthilier sur l'organisation de l'artillerie et du génie, et décret à la suite portant que ces deux corps continueront à être séparés comme par le passé. — Fréteau rappelle les circonstances critiques qui se développent aux frontières.

M. Fréteau. Comme je suis du comité diplomatique, je ne dois pas laisser ignorer à l'assemblée qu'il n'y a pas un moment à perdre. Dans la plupart des provinces frontières, les troupes n'ont point la confiance du peuple. Plusieurs villes d'Alsace, par exemple, désirent d'être débarrassées des régimens qui, par leurs relations avec l'étranger, donnent de justes alarmes. Je ne soupçonne point les intentions du comité militaire ; mais je suis attaché au succès de la chose publique, que je déclare être dans un péril certain.

Regnaud d'Angely appuie ces observations, et l'assemblée ordonne un prompt rapport sur cet objet. — La Tour-du-Pin annonce la sortie du régiment de Languedoc de Montauban, et le refus de celui de Noailles de le remplacer.

M. Ramel-Nogaret. Le régiment de Noailles est en garnison à Carcassonne. A la réception de l'ordre pour quitter cette ville, il y avait des troubles relatifs à l'exportation des grains ; le régiment était dispersé dans divers endroits. Le directoire du département a écrit au ministre qu'il était impossible en ce moment de laisser partir le régiment. Il n'y a point d'autres troupes dans la ci-devant province de Languedoc.

Adresse de l'assemblée générale du commerce de Bordeaux en faveur des assignats. — La Tour-du-Pin annonce que les districts de Marseille se sont opposés au départ du régiment de

Vexin. L'assemblée ordonne l'exécution du décret par lequel il est défendu de mettre obstacle aux mouvemens des troupes.

[*M. Voydel.* Votre comité des recherches a travaillé toute la nuit à une affaire qui lui a paru mériter une sérieuse attention, et dont il va vous rendre compte. Hier, à une heure après midi, le président de la section de la Fontaine de Grenelle est venu apporter au comité une lettre qu'il a dit avoir été adressée à madame Persan par un particulier qui a signé cette lettre : *le comte Henri.* Voici cette lettre :

« Il est impossible, madame la marquise, de pouvoir vous écrire tout ce que j'aurais à vous dire ; mais ce que je vous ai mandé, il y a quelque temps, était assez intelligible pour vous préparer à vous garder de tout ce qu'il y a à craindre du moment de crise où nous nous trouvons. Plus nous allons, et plus nous avançons vers le dénouement ; plus il serait dangereux de se trouver trop près du contre-coup. La mine se charge tous les jours ; je suis à même de vous instruire quand on sera prêt à y mettre le feu. L'éclat qu'elle peut occasionner ne saurait être calculé ; mais attendez-vous qu'elle éclatera, et prenez d'avance vos précautions pour en éviter les éclaboussures. C'est tout ce que je peux vous dire comme votre ami. Vous devez bien me regarder comme tel, et c'est en cette qualité que je ne cesserai jamais de prendre intérêt à tout ce qui vous regarde. Je laisse à votre papa le soin de vous parler de lui. Je me borne aujourd'hui à vous assurer que personne ne vous est plus sincèrement attaché que *le comte Henri.* »

Votre comité a envoyé quelqu'un chez madame Persan pour s'informer de l'adresse de M. Henri. Voici la déclaration du particulier chargé de cette commission : « Le 8 octobre, moi Michel Jouan, sellier, demeurant rue Contrescarpe, je me suis transporté chez madame Persan à huit heures du soir. J'ai demandé à un domestique l'adresse de M. le comte Henri. Ce domestique m'a dit, en réfléchissant : montez vers Madame. Elle m'a répondu avec vivacité et un ton d'humeur : *Non, non, je ne connais pas cela.* Le domestique a repris : *Mais si, Madame, ce nom ne vous est pas inconnu.* — Le comité avait toutes sortes de raisons de croire que madame Persan connaissait M. Henri. Vous en jugerez d'après la manière dont la lettre que je viens de vous lire a été trouvée. — Le 8 septembre, s'est présenté au comité des recherches M. Cuss, blanchisseur, et a déclaré qu'il y a environ trois semaines, ayant du linge à blanchir de madame Persan, il a trouvé dans le gousset d'une des poches de cette dame une lettre qu'il avait gardée, ne pouvant la lire; jusqu'au 7 de ce mois. Qu'alors il la montra à madame Houdé, épicière, et à madame Arnoul, tenant un bureau de loterie, rue de Bourgogne; que ces deux dames l'ont engagé à en faire le dépôt au district, ce qu'il a exécuté. — Le comité, après ces déclarations, a cru devoir envoyer deux commissaires chez madame Persan, pour s'assurer de ses papiers. (Il s'élève beaucoup de murmures dans la partie droite.) On n'a rien trouvé qui eût rapport à la lettre de M. Henri.

Le comité a cru devoir mander ensuite madame Persan; elle s'est présentée à deux heures du matin. Voici sa déclaration.... Sur quoi madame Persan a répondu qu'elle reconnaît ladite lettre pour lui avoir été écrite par M. Henri Cordon, Savoyard ou Piémontais, comte de Lyon. Qu'elle est une réponse à une question que madame Persan lui avait faite sur les projets de la Sardaigne. Qu'elle ne se souvient pas de ce qui était contenu dans la première de M. Cordon, et exprimé en termes assez inintelligibles. Qu'elle ne peut donner aucun détail sur les projets dont il peut être question dans la lettre à elle présentée, et qu'elle a reconnue. Qu'elle croit que cette lettre a rapport à un armement projeté en Sardaigne, pour favoriser une contre-révolution en France, et qu'elle a contribué à avancer le départ, elle déclarante, pour Genève, où elle va rejoindre son frère; mais qu'elle n'a aucune connaissance plus particulière de ce projet; que cette lettre ne contient qu'un avertissement, et ne peut faire présumer d'elle déclarante aucune complicité. Fait au comité des recherches, le 9 septembre 1790, à trois heures du matin. *Signé*, LEFOURNIER-VARGEMONT DE PERSAN.

Votre comité, d'après ces mots de la lettre de M. Henri : *je suis à même de vous instruire quand on sera prêt à y mettre le feu*, a pensé que ce particulier étant Français, tirant sa subsistance de la France, il était de son devoir de découvrir un projet qui avait pour objet le bouleversement de l'État. Voici le décret que votre comité vous propose.

« L'assemblée nationale, après avoir entendu le rapport de son comité des recherches, décrète que son président se retirera par-devers le roi, pour le prier d'informer contre M. Henri Cordon, ci-devant comte de Lyon, comme complice d'un plan de conspiration contre la liberté publique ; et à l'égard de madame Persan, déclare qu'elle est libre d'aller où bon lui semblera. »

M. Martineau propose de garder la dame Persan jusqu'à ce qu'elle se soit expliquée. (L'assemblée applaudit. — Quelques applaudissemens partent des tribunes.)

M. Duval. J'ai quelquefois entendu le public applaudir à des jugemens ; mais je n'ai jamais eu la douleur de l'entendre exprimer ses sentimens sur des propositions de rigueur. (Il s'élève des murmures.) Il serait triste que l'esprit de la nation fût changé à ce point. Vous avez entendu, M. le Président, les tribunes applaudir. (On engage l'opinant à passer à la question.) On perdra beaucoup de temps à m'applaudir.... J'entends qu'autour de moi on menace de quitter l'assemblée ; c'est ce que je demande. J'ai donc le droit, en commençant mon opinion, de réclamer le silence, et que les tribunes soient contenues.... (On rappelle à la question.) Les tribunes ne doivent donc pas applaudir..... (Une grande partie de l'assemblée demande à aller aux voix, et se lève.) Nous devons tous respecter l'assemblée ; mais je suis bien éloigné de la confondre avec deux ou trois cents personnes qui prétendent la gouverner par la violence.

M. le Président. Je donne d'abord ordre aux tribunes de se rappeler le respect qu'elles doivent à l'assemblée nationale, et de s'y renfermer exactement. Je vous observe ensuite qu'il serait malaisé de faire penser à la France entière que les opinions de l'assemblée nationale pussent être influencées par les applaudissemens ou les improbations des tribunes, lorsque la vôtre ne l'est pas.

M. Duval. C'est une faiblesse que je vous recommande.

M. Goupilleau. Voilà trois quarts d'heure que vous nous faites perdre sans entrer dans la discussion.]

Après une suite d'hypothèses et de suppositions en forme de dialogue, Duval traite d'inquisiteurs les membres du comité des recherches, et conclut à ce qu'ils soient remplacés par d'autres.

[*M. Alquier.* Je ne demande pas la parole pour répondre à la prolixité et aux inutilités de M. Duval, mais pour remarquer qu'on cherche à vous faire prendre le change. Il n'est pas question d'armement dans la lettre; on y parle *d'éviter le contre-coup*; on y dit que *la mine se charge*. Madame Persan était donc sur le foyer de la mine!...... J'appuie l'amendement de M. Martineau.

M. Prieur. Le comité ne dit pas dans son projet de décret par qui l'information sera faite. Je propose de rédiger aussi cette partie du décret : « Le Châtelet sera tenu d'informer dans le jour; madame Persan ne pourra s'éloigner de Paris sans avoir fait sa déposition, et sera tenue de se présenter, s'il y a lieu, dans le cours de la procédure. »]

L'assemblée adopte le projet du comité des recherches, ainsi amendé par Prieur.

SÉANCE DU 10 SEPTEMBRE.

Suite de la discussion sur la dette publique. — C'est dans cette séance que fut dénoncé par Barnave et avoué par Dupont le pamphlet d'un ami du peuple contre les assignats. Nous rapprocherons de ce système celui d'un autre ami du peuple, de Marat. Il sera facile de juger cette question économique en comparant les deux argumentations.

« Les différentes discussions élevées sur les assignats pourraient se réduire à quelques points très-simples, en ramenant les choses à leurs principes.

« Nul ordre à espérer dans l'administration des finances que l'état ne soit libéré.

» Le seul moyen de libérer complétement l'État est la vente de biens nationaux. Moins cette vente sera différée, et plutôt le peuple sera soulagé du fardeau des intérêts de cette dette énorme.

» Pour faciliter l'acquisition de ces biens, on a inventé des effets qui les représentent, et qui seront reçus en paiement : ce sont les *assignats*, espèce de monnaie destinée à rembourser les créanciers de l'État.

» Les créanciers de l'État considérés abstraitement, ont droit d'être remboursés en monnaie qui ait cours. Sous ce point de vue, les assignats doivent être pris forcément comme des espèces d'argent ou d'or, et ils doivent toujours être pris au poids.

» Mais les créanciers de l'État, considérés relativement à la position malheureuse où ils se trouvent, sont trop heureux d'être remboursés avec des effets solides quelconques. Sous ce point de vue, les assignats sont un simple gage spécial sur les domaines de l'État.

» Dans ces deux cas les assignats ne doivent porter aucun intérêt ; et comme le bien de l'État exige qu'il soit libéré le plus tôt possible, les assignats destinés à l'acquisition des biens nationaux, ne doivent avoir cours qu'un certain temps, pendant lequel il ne sera pas licite de les refuser.

» La commodité des opérations demanderait qu'il y eût des assignats de toute valeur ; mais le salut de l'État exige qu'il n'y en ait pas un au-dessous de deux cents livres ; car les créanciers du gouvernement, tous financiers ou capitalistes, conséquemment tous ennemis de la révolution, ne s'en serviraient qu'à accaparer le numéraire, sur lequel ils font d'immenses profits, et lequel est toujours, en dernière analyse, le bien le plus sûr, le vrai nerf de la puissance. Or, si l'émission des assignats est tout à coup portée au-dessus de deux milliards, comme on l'annonce, et si la plupart sont de très-petite valeur, on verra disparaître subitement tout l'argent du royaume, et dans quelques mois on se mettra à genoux devant un écu. On prétend que la fabrication d'un grand nombre de petits assignats revivifiera les arts, les manufactures, le commerce, et qu'ils donneront aux ouvriers des facilités d'amasser un certain nombre de ces assignats pour faire l'acquisition d'un morceau de terre; je crois qu'elle produirait un effet diamétralement opposé, en rendant le numéraire beaucoup plus rare. La preuve est sans réplique : ce n'est pas faute de moyens, mais de volonté, que ceux qui ont enfoui leur or ne font pas travailler; ils craignent les événemens et ils gardent leurs espèces, comme la plus sûre des ressources. » Mais revenons à la séance.

[*M. Malouet.* A peine trois propositions vous ont été présentées par le rapporteur du comité, qu'il s'est élevé une opinion entraînante qui a eu de rapides succès. Les motionnaires ambulans, les écrivains et les crieurs publics marquent du sceau de la réprobation tous les adversaires des assignats..... (Murmures.)

M. Barnave. Il me paraît nécessaire de vous faire connaître un fait qui n'est pas sans importance. On a imprimé chez M. Baudouin, imprimeur de l'assemblée nationale, un pamphlet intitulé : *Effet des assignats sur le prix du pain, par un ami du peuple.* Cet écrit a été répandu gratuitement et avec profusion. L'imprimeur a le manuscrit dans ses mains; l'auteur en a corrigé les épreuves. Assurément voilà un fait certain; voilà une véritable motion incendiaire, voilà une dénonciation qui n'est pas dans les usages.

Une partie de l'assemblée demande que M. Baudouin soit appelé à la barre pour faire connaître l'auteur de cet écrit.

M. Duval (ci-devant d'Esprémenil). Nous devons rendre grâce à M. Barnave de sa dénonciation, puisqu'il fait connaître un bon ouvrage. Je ne suis pas l'auteur de cet écrit, assurément je l'avouerais. Je déclare que je me propose, dans mon opinion, d'apprendre au peuple quel sera l'effet des assignats sur le prix du pain. (La partie droite applaudit.)

M. Dupont. Si l'assemblée entend prononcer sur la brochure qu'on lui dénonce, je demande qu'elle en prenne connaissance; si cette motion est incendiaire, son auteur doit être puni, et il ne sera pas difficile à trouver ; mais si elle ne contient que des idées philosophiques, et si elle n'est point une motion incendiaire, l'auteur ne sera ni recherché, ni puni. La question est donc de savoir si la brochure est coupable.

Un de MM. les secrétaires fait lecture de cette brochure, qui est conçue en ces termes :

Effet des assignats sur le prix du pain, par un ami du peuple.

« Le prix du pain, du vin, des autres denrées, et de toutes les marchandises, est fixé par la quantité d'écus qu'il faut donner pour avoir un setier de blé, ou un muid de vin, ou une quantité quelconque d'une autre marchandise.

» Quand on achète une marchandise, on échange contre elle ses écus, qui sont aussi une sorte de marchandise.

» En tout échange de deux marchandises l'une contre l'autre, s'il s'en présente beaucoup de l'une sans qu'il y en ait davantage de l'autre, ceux qui veulent se défaire de la marchandise surabondante en donnent une plus grande quantité.

» On dit que les assignats vaudront l'argent, et serviront aussi bien que l'argent : si cela est, comme il n'y aura pas plus de pain, ni plus de vin qu'auparavant, ceux qui voudront avoir du pain et du vin avec des assignats ou avec de l'argent, seront donc obligés de donner plus d'assignats ou plus d'argent pour la même quantité de pain et de vin.

» On veut mettre autant d'assignats qu'il y a déjà d'argent dans le royaume, c'est donc comme si on doublait la quantité de l'argent.

» Mais s'il y avait le double d'argent, il faudrait acheter les marchandises le double plus cher, comme il arrive en Angleterre où il y a beaucoup d'argent et de papier, et où une paire de souliers coûte douze livres.

» Ceux qui proposent de faire pour deux milliards d'assignats, et qui font leur embarras comme s'ils étaient de bons citoyens, ont donc pour objet de faire monter le pain de 4 livres à vingt sous, la bouteille de vin commun à seize, la viande à dix-huit sous la livre, les souliers à douze livres.

» Ils disent que cela n'arrivera pas, parce qu'avec les assignats on achètera les biens du clergé : mais ils attrapent le peuple ; car les biens du clergé ne pourront pas être vendus tous au même moment, et du jour au lendemain.

» Quand on veut acheter un bien, on visite les bâtimens, les bois, les prés ; on examine si les vignes sont vieilles ou jeunes ; on en voit plusieurs pour savoir celui qui convient le mieux, et, pendant qu'on prend toutes ces précautions très-sages, le temps coule.

» Les assignats resteront donc assez long-temps sur la place et dans le commerce.

» Ceux qui les auront, en feront usage pour leurs affaires ; et, comme ils seront en grand nombre, ils seront obligés de donner beaucoup d'assignats ou beaucoup d'argent pour ce qu'ils voudront acheter.

» Pendant tout ce temps-là, toutes les marchandises à l'usage du peuple, et surtout le pain, qui est la marchandise la plus générale et la plus utile, se vendront le double, et il se fera de bons coups aux dépens des citoyens.

» Il n'en sera pas de même si, au lieu des assignats, on ne donnait que des quittances de finance.

» Car ces quittances de finance ne pouvant servir que pour acheter les biens du clergé, elles ne viendraient pas troubler le commerce du pain et du vin, ni déranger tout le prix des marchandises.

» Cependant les biens du clergé ne s'en vendraient pas moins, puisqu'il y aurait pour les payer précisément la même somme en quittances de finance que l'on veut donner en assignats.

» Mais les quittances de finance seront libres ; on ne pourra pas forcer le pauvre peuple de les prendre en paiement ; elles ne circuleront qu'entre les gros créanciers du gouvernement et le trésor national qui vend les biens du clergé : aucune denrée n'augmentera de prix.

» Ainsi les *assignats* sont BONS POUR LES GENS RICHES qui ont beaucoup de dettes à payer au pauvre peuple, qui voudraient bien lui donner du papier tel quel, au lieu d'écus, et qui voudraient bien encore lui vendre leur blé et leur vin le double de ce qu'ils valent.

» Les *quittances de finance* au contraire sont BONNES POUR TOUTE LA NATION; qui ne paiera ses subsistances qu'au même prix, qui recevra ses salaires en argent comme par le passé, et qui n'en vendra pas moins ses biens du clergé pour les quittances de finance qu'elle aura données à ses créanciers.

» Voilà ce dont un véritable AMI DU PEUPLE se croit en conscience obligé de l'avertir. »

(Quelques membres du côté droit applaudissent.)

M. *Dupont.* L'assemblée peut voir que cette brochure n'a d'autre objet que de balancer l'effet des motions incendiaires contre ceux qui voudront faire connaître au peuple que l'émission proposée pourrait causer les plus grands malheurs, serait complétement inutile à la vente des biens nationaux et nuirait au commerce et à l'agriculture. Je déclare que je suis le citoyen qui a fait cette brochure. (Le côté droit applaudit.) Je n'ai pas voulu mettre mon nom à cette brochure, parce que je craignais, comme député, de lui donner trop d'influence, et j'ai mis le titre d'*Ami du peuple*, parce que je me crois digne de le porter. S'il s'agissait d'une opinion prise par l'assemblée nationale, tout citoyen devrait s'interdire le plus léger commentaire. Tous les Français ne doivent parler des décisions de l'assemblée qu'avec respect.

Il y a plusieurs mois vous avez décrété l'émission de 400 millions d'assignats; je m'étais opposé à la proposition qui vous en avait été faite; j'avais fait imprimer mon opinion; le décret a été rendu avant que je l'eusse publiée, et je n'en ai pas donné un seul exemplaire, et l'édition entière m'est restée; mais dans ce moment où l'on soulève le peuple, il m'a paru important de jeter quelque lumière sur son plus grand intérêt (il s'élève des murmures); il m'a paru que je faisais un acte de bon citoyen, que ce n'était point abuser de la liberté de la presse que de prévenir le peuple par des raisons sensibles, par des vérités claires et mises à sa portée, sur un projet qui me semble si désastreux pour le peuple, pour l'agriculture et pour le commerce. Si on me croit coupable, je me soumets à la peine que l'assemblée voudra m'infliger, je me soumets à la poursuite par-devant les tribunaux. (Les murmures continuent.) Je dois déclarer et je déclare que, par les gens *qui font leur embarras*, et que j'appelle *mauvais citoyens*, je n'entends que ces faux amis du peuple, qui distribuent de l'argent, et qui, par des motions dans les promenades publiques, ne cherchent qu'à égarer le peuple, qu'à le tromper sur ses véritables intérêts. (Les murmures d'une partie de l'assemblée augmentent.)

La partie gauche demande qu'on passe à l'ordre du jour. La partie droite vote des remercîmens à M. Dupont.

Après quelque temps d'une insistance tumultueuse sur l'une et l'autre proposition, l'assemblée décide à une très-grande majorité de passer à l'ordre du jour.

La séance est levée à trois heures.]

Les amis de la constitution, établis aux Jacobins, ayant pensé qu'une adresse aux sociétés qui leur étaient affiliées (cent cinquante-deux villes), sur les désordres qui ont lieu dans les troupes, pourrait être utile dans les circonstances présentes, M. Alexandre Lameth a été chargé de la rédiger. Voici cette adresse telle qu'elle a été lue par lui à la séance du 10, et unanimement adoptée.

Adresse de la société des amis de la constitution de Paris aux sociétés qui lui sont affiliées.

Les amis de la constitution ne cessent de veiller pour le salut de la chose publique, soit que la liberté paraisse menacée par des entreprises funestes, soit que l'observation des lois soit troublée par la licence ou l'erreur, leur sollicitude est la même. Avec ce zèle infatigable qui poursuit incessamment les complots des ennemis de la patrie, ils s'empressent d'éclairer ceux qu'une effervescence dangereuse pourrait égarer sur leurs devoirs. Le maintien de l'ordre, l'exécution des lois, le respect des propriétés, ne sont pas moins l'objet de leurs soins que la recherche des abus, la défense des opprimés et la surveillance des dépositaires du pouvoir.

Bornés à l'influence de l'opinion, ils défendent la constitution par la propagation des lumières et de l'esprit public; leurs écrits, leurs discours, tendent sans cesse à entretenir le courage civique qui a fondé la liberté, qui doit la défendre; et les principes d'ordre social qui la maintiennent, qui en répandent les fruits, qui la font chérir à tous.

Dirigés par ces sentimens, nous croyons, Messieurs, pouvoir en ce moment présenter à votre patriotisme un moyen de servir efficacement la chose publique. De grands mouvemens, de grands désordres se sont manifestés dans plusieurs régimens de l'armée. L'ordre a été rétabli; mais la nation est en deuil des événemens qui se sont passés : elle n'est pas encore tranquille sur l'avenir.

De la méfiance, des torts réciproques entre ceux qui commandent et ceux qui obéissent, des manœuvres odieuses, des insinuations perfides des ennemis de la patrie, ont égaré nos frères, nos défenseurs. Si la justice doit remonter aux causes de ces désordres, si elle doit en rechercher les vrais auteurs, si elle doit les punir sans distinction d'état, de grade, de rang, de dignité, confions-nous à elle, et laissons-lui ce pénible ministère. Nous citoyens, nous pouvons en remplir un plus doux et non moins utile.

Membres des sociétés établies dans les villes où sont les troupes de ligne, et où quelques semences de troubles ont excité vos alarmes, employez tous vos soins à y ramener l'ordre et à y établir cette union, cette franchise, cette cordialité qui conviennent si bien à des militaires. En rappelant la paix parmi eux, vous rappellerez la tranquillité et la confiance dans la nation.

Dites-leur qu'un aveuglement funeste égare leur patriotisme;

que, livrés aux suggestions des ennemis de la patrie, ils travaillent, sans le vouloir, à détruire cette constitution qu'ils ont juré de maintenir ; que tandis que les bons citoyens sont alarmés de ces désordres, les méchans s'en réjouissent et se flattent d'opérer, par l'insubordination de l'armée, la ruine d'une constitution qui s'est formée à l'abri de son civisme.

Le plus noble désintéressement a toujours caractérisé les militaires français; quand l'intérêt public a parlé, ils ne consultent point le leur; mais l'horreur de l'ingratitude doit faire impression sur des âmes généreuses. Une grande révolution vient d'abattre presque tous les corps qui existaient dans l'ancien gouvernement; ceux qui n'ont pas été détruits ont perdu la plupart de leurs avantages; l'armée seule en a recueilli: tandis que tous les fonctionnaires publics ont vu réduire leurs salaires, ceux des militaires ont été augmentés; toutes les injustices dont ils souffraient ont été réprimées, ou sont près de l'être; tous les avantages compatibles avec les devoirs de leur profession, leur ont été accordés ou promis.

Quoi! la nation obtiendrait-elle moins d'eux par sa bienveillance et par sa justice, que l'ancien régime n'en obtenait par la rigueur et par l'oppression? Mais de plus nobles motifs auront plus d'empire sur eux.

Dites-leur que si les peuples ont attaché tant de considération à la profession des armes, ce n'est pas seulement la valeur et le mépris de la mort qu'ils ont voulu récompenser; que d'autres devoirs non moins utiles, non moins glorieux, attachent les soldats à leur patrie. Toujours prêts à accourir à la voix des magistrats, pour le maintien de l'ordre public, c'est sur eux que reposent la sûreté et la tranquillité des citoyens. Leurs armes leur ont été remises pour assurer l'exécution des lois, de même que pour repousser les ennemis de l'État; et le citoyen se confiant en eux, repose en paix à l'abri de leur courage et de leur vigilance. Ainsi, troubler l'ordre public qu'ils sont chargés de maintenir, tourner contre les lois les armes qu'ils ont reçues pour les défendre, abuser du dépôt que la nation a remis dans leurs mains, ce serait violer à la fois tous les devoirs, ce serait trahir la confiance et manquer à l'honneur.

Qu'ils le sachent, c'est assez; la patrie n'a rien à craindre d'eux, quand ces vérités leur seront connues.

Dites aux chefs que les soldats, pour leur être subordonnés, n'en sont pas moins leurs compagnons d'armes; que ce titre appelle la bienveillance réciproque; que l'autorité ne perd rien de sa dignité, en se conciliant l'affection; et, que s'ils ont le droit de réclamer l'obéissance au nom de la loi, ils ont le devoir de la rendre facile par la confiance.

Dites aux soldats que chaque état impose des devoirs; que l'engagement qu'ils contractent, les soumet aux règles que l'intérêt de la nation a dictées; qu'il ne peut point exister d'armée sans discipline, et de discipline sans obéissance; que l'obéissance prescrite par les lois est un titre d'honneur.

Dites à tous que le bien de la patrie leur fait un devoir de se concilier et de s'unir; que la nation a les regards fixés sur eux, et qu'elle attend de leur patriotisme cette unité d'efforts et de volontés qui peuvent seuls la rendre tranquille au-dedans et imposante au-dehors.

Dites-leur que la liberté, qu'ils ont défendue et qu'ils chérissent, ne saurait exister avec des armées indisciplinées; que le respect des lois est nécessaire pour assurer et maintenir cette liberté que l'énergie du patriotisme a conquise, et que c'est à ce signe désormais que l'on reconnaîtra s'ils sont Français et citoyens.

Telles sont, Messieurs, les idées que nous avons cru utile de répandre dans les circonstances présentes. Nous en laissons le développement à vos lumières, à votre patriotisme, et nous nous reposons avec confiance sur tout ce qu'il saura vous inspirer.

SÉANCE DU 11 SEPTEMBRE.

[M. le président annonce qu'il vient de recevoir une lettre de M. Necker. — Un de MM. les secrétaires en fait lecture.

« M. le président, j'ai l'honneur de vous écrire dans une auberge d'Arcy-sur-Aube, où la garde nationale me retient, ainsi que madame Necker, jusqu'à ce que l'assemblée nationale ait bien voulu ordonner qu'on me laisse continuer ma route. L'assemblée jugera, sans que je l'exprime, les sentimens que j'éprouve. J'ai servi l'État sans aucune récompense, avec le dévoûment le plus entier; et j'ose le protester, je n'ai pas eu un moment de mon ministère qui n'ait été employé à faire le bien selon mes forces et mes lumières. Je supplie l'assemblée de ne pas permettre que pour résultat de tous mes efforts je ne puisse jouir de la liberté que les lois assurent à tous les citoyens. J'ai l'honneur d'être, *Necker*. »

P. S. Lorsque j'ai été arrêté, j'avais un passeport du roi et un autre de M. le maire de Paris.

On fait lecture du procès-verbal d'arrestation.

« L'an 1790, le 9 septembre, les maires et officiers municipaux et notables d'Arcy-sur-Aube, instruits que M. Necker, accompagné de madame son épouse et de MM. Etienne, Gaillant, Dubois et Bertrand, ont été arrêtés à la poste aux chevaux par la garde nationale, qui leur a demandé la représentation de leur passeport, à quoi ils ont satisfait :

» Considérant que l'assemblée nationale a décrété la responsabilité des ministres de l'État; que les passeports en question annoncent la sortie de France de M. Necker, et que la responsabilité devient nulle une fois sorti des frontières; que le peuple, pénétré des principes de responsabilité, s'est déterminé à retenir M. Necker et ses compagnons de voyage jusqu'à ce que nous ayons reçu des ordres de l'assemblée nationale pour les remettre en liberté, le maire de ce lieu est convenu avec M. Necker, ancien ministre de l'État, que, pour sa tranquillité et sûreté personnelle, il serait député extraordinairement deux courriers pour recevoir les ordres et l'expression des intentions de l'assemblée nationale sur cette arrestation. — *Signé*, les officiers munipaux d'Arcy-sur-Aube. »

M. Malouet. L'assemblée ne balancera pas sur le parti qu'elle a à prendre. Qu'il me soit permis de lui faire remarquer les déplorables effets..... (Plusieurs voix s'élèvent : il n'y a pas d'opposition.)

M. Charles Lameth. Si on ne permet pas de parler, il n'y aura pas d'opposition.

M. le président. La proposition est que votre président soit chargé d'écrire à la municipalité d'Arcy-sur-Aube, pour lui ordonner de laisser aller M. Necker, et d'écrire en outre une lettre particulière à M. Necker.

M. Charles Lameth demande la parole.

Des murmures l'interrompent.

M. Charles Lameth. Qu'on dise nettement s'il n'est pas permis de parler dans l'assemblée quand il s'agit d'un ministre, et alors je me tairai.

M. Toulongeon. M. Necker est un honnête homme qui a bien servi son pays.

M. Malouet. Je réclame la parole si la discussion n'est pas fermée.

M. Charles Lameth. Je demande au moins la permission de proposer la division sur la proposition qui nous est faite. (Nouveaux murmures. On demande à aller aux voix.)

N...... Je demande qu'il soit voté des remercîmens à la municipalité d'Arcy-sur-Aube.

M. Camus. Je ne m'oppose pas à ce qu'on écrive à M. Necker, mais je demande à savoir ce qu'on veut lui écrire, et voici pourquoi. M. Necker pense que telle dépense que l'on croit n'être pas justifiée, ne peut plus être examinée, parce qu'elle n'a point été critiquée lorsqu'il l'a soumise à l'assemblée. Je veux savoir si on lui écrit une lettre pour le féliciter de son administration.

M. Foucault. Je demande que l'assemblée prenne connaissance de cette lettre.

M. Montpassant. Et que défense soit faite à M. Necker de sortir de France.

On demande à aller aux voix.

M. Jouy Desroches. Je demande la parole pour empêcher l'assemblée de tomber dans une contradiction manifeste avec ses principes.

Après quelques débats, l'assemblée décide que son président sera chargé d'écrire à la municipalité d'Arcy, pour lui ordonner de laisser partir M. Necker et ses compagnons de voyage, comme aussi d'écrire à cet ancien ministre, et de donner lecture de sa lettre à l'assemblée.]

SÉANCE DU SOIR.

[On fait lecture de deux lettres, l'une du directoire du département, séant à Angers, et l'autre de la municipalité du même lieu. Cette ville vient d'être le théâtre d'une insurrection occasionnée par les ouvriers des carrières d'ardoises, *sous prétexte* de la cherté du pain. Le drapeau rouge n'a pas épouvanté les séditieux qui ont attaqué à main armée la garde nationale et le régiment de Royal-Picardie. Ces deux corps ont repoussé les assaillans ; beaucoup de séditieux ont été blessés : plusieurs sont morts sur la place. Le présidial a informé contre les principaux auteurs de ces troubles ; un soldat invalide et un ouvrier de carrière, et un autre soldat en semestre ont été pendus. La fermeté des officiers municipaux et de la garde nationale a ramené le calme.

L'assemblée ordonne le renvoi de cette affaire à son comité des recherches.

Une députation des administrateurs du département de Seine-et-Marne est admise à la barre. Elle exprime au nom de cultivateurs de ce département, les alarmes et les inquiétudes du peuple sur les plans présentés aux comités des domaines et de féodalité, concernant *les plaisirs du roi.* — Serions-nous condamnés de nouveau à respecter des animaux destructeurs, à voir, dans ces saisons rigoureuses, des hommes gagés à grands frais, étendre avec soin, sur la neige, une nourriture abondante pour les bêtes des forêts, tandis qu'à côté, des citoyens meurent de faim, et envient la pâture des animaux? Ah! que de pareils spectacles ne souillent plus nos regards ; quand on a une fois conquis la liberté, et qu'on en a goûté les douceurs, on ne se la laisse pas ravir impunément. Le 4 de ce mois, l'équipage de la vénerie de Fontainebleau a poursuivi un cerf à travers les vignes qui sont en grappes. Plusieurs des malheureux propriétaires qui se sont plaints ont été constitués prisonniers. Nous demandons que la chasse du roi dans le département de Seine-et-Marne, soit bornée à la forêt de Fontainebleau, et que cette forêt soit enclose de murs.

M. Dubois-Crancé. Je demande que ces violations de propriété soient sur-le-champ dénoncées au roi.

M. Raynaud (ci-devant comte de Montlausier). Les faits ne sont pas constatés.

M. Letellier. Les députés du département viennent vous l'assurer, deux membres du corps administratif en ont été les témoins, et vous voulez encore douter.

M. Riquetti l'aîné (ci-devant Mirabeau). Il n'est pas question de rendre un décret, mais d'ordonner la sévère exécution de ceux qui ont été rendus. Il faut instruire le roi directement des dévastations commises par ses véneurs, et demander justice et vengeance.

« L'assemblée décrète que son président se retirera par-devers le roi pour lui faire part de ces malheureux événemens, et faire sévèrement punir les coupables. »

Affaire de M. Trouard (ci-devant de Riolle).

M. Rousselet. Le 8 juillet dernier, M. Riolle a été arrêté à Bourgoin en Dauphiné, allant en Savoie. On trouva dans son portefeuille, 1° une lettre attribuée à Vander-Noot, contenant a critique de l'assemblée nationale; 2° un écrit qui renferme la clef des noms d'hommes, de villes, les places fortes, et l'indication des troupes de cavalerie et d'infanterie. Le roi est désigné par une *croix*, M. Bailly, par un *triangle*, M. Mirabeau l'aîné, par un *V*, M. l'abbé Maury, par un *Y*; 3° un papier indicatif de M. Ruelle, principal du collége de Pont-à-Mousson, comme chargé de tenir la correspondance; 4° une lettre du 27 juin, contenant le détail très-étendu de la mission de M. Riolle; il devait s'informer, dans chaque ville, de l'abondance ou de la rareté du numéraire, du nombre des gardes nationales et des troupes de ligne, du caractère des chefs, des maisons de commerce, des manufactures et des capitalistes, de ce qu'on pense de Paris, des hommes qui peuvent influer dans les élections, du sentiment des provinces sur les décrets, et enfin des journalistes ou autres écrivains. Parmi ses papiers on a aussi trouvé une lettre que M. Riolle croit lui avoir été écrite par M. Mirabeau l'aîné, quoiqu'elle ne soit pas de son écriture. Pour ne pas donner à la correspondance prétendue de ce membre de l'assemblée nationale, avec M. Riolle, plus de confiance qu'elle ne mérite, je vais vous faire lecture d'un papier trouvé sur M. Riolle, dans l'endroit où on aurait dû moins le chercher : « Mirabeau l'aîné est un scélérat, prêt à se vendre à tous les partis.... »

M. Riquetti l'aîné (ci-devant Mirabeau). M. le rapporteur, ne me flattez-vous pas ? Vous avez eu la bonté de me communiquer les pièces, et je crois avoir lu : « Mirabeau l'aîné est *un infâme scélérat.* » Il est bon de montrer, sous ses véritables couleurs, le portrait que mon fidèle agent voulait bien tracer de moi.

M. Rousselet. Je lis comme il y a. « Il a peu de logique, peu de connaissances foncières, mais il a cet ascendant qu'il faut pour dominer des hommes ordinaires, tels que la majorité de l'assemblée nationale. Bergasse est plein de probité et de talent, il passe pour l'un des plus profonds penseurs que nous ayons. Les journaux de Meunier, de Desmoulins, de Carra, de Brissot de Varville, de Marat, servent aux révolutionnaires pour former l'opinion publique. Garat est un plat rhéteur vendu aux enragés. Les honnêtes gens préfèrent l'abbé Fontenay, etc. » M. Riolle a subi deux interrogatoires, tant à Bourgoin qu'au comité des recherches. Dans les circonstances présentes, le comité a cru qu'il ne fallait pas négliger cette affaire ; en conséquence, il a l'honneur de vous présenter le projet de décret suivant :

« L'assemblée nationale a décrété que son président se retirera par-devers le roi, pour le prier de donner les ordres nécessaires au Châtelet de Paris, à l'effet de faire informer, tant contre M. Trouard, ci-devant de Riolle, actuellement détenu ès prisons de l'abbaye de Saint-Germain-des-Prés, que contre les auteurs, complices et adhérens d'un plan de conspiration contre l'État, à l'effet de quoi les pièces, dont est saisi son comité des recherches, seront envoyées au greffe du Châtelet de Paris. »

M. Riquetti l'aîné (ci-devant Mirabeau). Je ne monte point à cette tribune pour éclaircir les confabulations qu'on vient de vous présenter; je viens seulement vous apprendre comment j'ai connu M. Riolle. Je l'ai vu comme 5 ou 600 de nous, à Versailles, à Paris, partout et en tous lieux; je l'ai connu comme un homme qui exploitait, plus ou moins froidement, tous les hommes qui se mêlaient des affaires publiques; mais je n'ai jamais eu avec lui de relations particulières. C'est un homme comme il y en avait au temps où l'on s'amusait à avoir des fous dans les cours, tantôt aristocrate comme autrefois, tantôt démocrate; aujourd'hui enragé dans un sens, et demain dans un autre. Jugez si tout cela pouvait me donner beaucoup de confiance en lui. Il prétend m'avoir adressé des mémoires; je ne dirai ni oui ni non; je reçois à peu près 100 lettres par jour. Il m'est aussi parvenu des milliers de mémoire; j'en ai lu quelques-uns; il y en a beaucoup que je n'ai pas lus, et que probablement je ne lirai pas. Il est très-possible que les mémoires de M. Riolle se trouvent parmi ceux-là. Ce que je puis dire, c'est qu'il ne m'a rien envoyé à ma provocation. Depuis long-temps mes torts et mes services, mes malheurs et mes succès m'ont également appelé à la cause de la liberté. Depuis le donjon de Vincennes et les différens forts du royaume, où je n'avais pas élu domicile, mais où j'ai été arrêté par différens motifs; il serait difficile de citer un fait, un écrit, un discours de moi, qui ne montrât pas un grand et énergique amour de la liberté.

J'ai vu 54 lettres-de-cachet dans ma famille; oui, Messieurs, 54, et j'en ai eu 17 pour ma part. Ainsi, vous voyez que j'ai été partagé en aîné de Normandie. Si cet amour de la liberté m'a procuré de grandes jouissances, il m'a donné aussi de grandes peines et de grands tourmens. Quoi qu'il en soit, ma position est assez singulière. La semaine prochaine, à ce que le comité me fait espérer, on fera le rapport d'une affaire où je joue le rôle d'un conspirateur sérieux ; aujourd'hui on m'accuse comme un conspirateur contre-révolutionnaire. Permettez que je demande la division. Conspiration pour conspiration, procédure pour procédure, s'il le faut même, supplice pour supplice, permettez du moins que je sois un martyr révolutionnaire.

M. Riquetti l'aîné descend de la tribune, au milieu des applaudissemens d'une grande partie de l'assemblée et de toutes les galeries.

Le décret proposé par le comité des recherches est adopté.

M. le président annonce que le scrutin, pour la nomination de son successeur, a donné, sur 428 votans, 261 voix à M. Bureaux (ci-devant de Puzy), 140 à M. Pétion; 27 voix se sont portées sur diverses personnes.

Les trois nouveaux secrétaires sont, MM. l'abbé Bourdon, Viellard, député de Coutances, et Goupilleau.

La séance est levée à dix heures.]

SÉANCE DU 12 SEPTEMBRE.

On doit se souvenir que les ministres se plaignaient assez souvent de la difficulté de percevoir les impôts, et qu'ils l'attribuaient au peuple. Voici des motifs bien différens.

Déjà, dans la précédente séance, on avait dénoncé à la tribune de nombreuses malversations dans le recouvrement des impôts. Fréteau avait dit que les percepteurs des départemens qui composent l'ancienne province de Normandie, arrêtaient les rentrées au lieu de les presser ; qu'il en était de même dans le Valais. Murinais accusait le receveur de Vienne d'occasionner le retard dans le département de l'Isère, en ne voulant pas recevoir les assignats s'ils n'étaient endossés. Un autre député signalait les chambres des comptes de la Lorraine, comme refusant aux administrations des divers départemens, les documens nécessaires, et dont l'assemblée nationale avait ordonné la remise. — « On écrit à ces chambres, elles ne répondent pas ; on écrit au ministre ; il répond : *patientez* ; on patiente, et les chambres des comptes ne répondent pas davantage. » Biauzat affirmait que les receveurs-généraux avaient écrit aux receveurs particuliers de ne recevoir que des assignats signés, et il apportait en preuve une instruction à M. Cottin, receveur de Riom; enfin M. Montesquiou avait dit : « On voit assez que les efforts se multiplient pour discréditer les assignats. Les fermiers-généraux, les receveurs-généraux défendent de les recevoir, et les entreposeurs de tabac reçoivent défense d'en donner en paiement. La Cour des aides, sur un paiement offert en assignats, vient de rendre un arrêt, par lequel elle ordonne que ce paiement ne sera fait qu'en écus. Quand après des exemples aussi multipliés, on dit que les assignats perdent, je dis qu'il faut qu'il y ait une conjuration de bons citoyens pour qu'ils ne perdent pas davantage. »

A la suite d'autres renseignemens de la même nature, fournis par Lecoulteux et Camus, l'assemblée avait chargé son comité des finances de lui présenter le lendemain, un projet de décret sur les divers abus.

Enfin, dans la séance même du 12, M. Gouttes vint dénoncer le refus fait dans plusieurs endroits, et notamment à Valogne, de recevoir les contributions patriotiques. Les percepteurs répondaient : *Il n'y a rien de pressé.*

[*M. Vernier, au nom du comité des finances.* Il n'est pas surprenant que la perception des impôts éprouve tous les jours de nouveaux obstacles : on découvre de nouveaux abus, et les manœuvres employées par les percepteurs : voici un fait dont on a rendu compte à votre comité. Un tanneur devait 2,000 liv.; il écrit au receveur que quand il passera, il trouvera son argent prêt; le receveur ne vient pas, et le tanneur lui écrit de nouveau : enfin, il va à la foire de Beaucaire, et demande au receveur pourquoi il ne veut pas d'argent ; J'ai ordre, lui répondit-il, de ne rien recevoir. Par une lettre du département du Cher, le comité est informé que les percepteurs d'impôts directs refusent de recevoir le paiement des droits en assignats. Pour remédier à de pareils abus, le comité vous propose le décret suivant :

« Les percepteurs et collecteurs de deniers publics, qui seront convaincus d'en avoir retardé la perception, soit par leur refus, soit par leur négligence, seront poursuivis par-devant les tribunaux. L'assemblée nationale charge les procureurs-généraux-syndics des départemens et les procureurs-syndics des districts; invite tous les bons citoyens à rechercher, et à dénoncer tous ceux desdits percepteurs et collecteurs coupables de ces délits. »

Le décret proposé par M. Vernier est adopté.

M. *Montesquiou.* Vous savez les obstacles qu'on apporte à la circulation des assignats; les mesures prises par le gouvernement n'étaient propres qu'à les augmenter. On a voulu que les assignats ne fussent reçus que le moins possible dans les caisses publiques. Le moyen de réparer le mal, c'est de suivre une marche absolument opposée. Voici en conséquence le décret que votre comité des finances vous présente :

« L'assemblée nationale, considérant que les assignats-monnaie qu'elle a décrétés, les 16 et 17 avril, avec hypothèque et gage spécial sur les domaines nationaux, sont véritablement la monnaie de l'État, ainsi que toutes les autres monnaies ayant cours, et que c'est par un abus très-répréhensible, et en opposition à ses décrets, que les assignats ont été refusés par différens percepteurs des deniers publics, ou distingués d'avec les espèces sonnantes dans quelques jugemens, a décrété ce qui suit :

« Art. Ier. Aucun receveur ou collecteur de deniers publics ne pourra, sous aucun prétexte, refuser les assignats-monnaie dans le paiement des impositions directes. Ils seront reçus de même au pair, avec les intérêts échus, et comme l'argent, dans les débits et paiement de droits des impôts indirects.

» II. Il sera libre aux contribuables de se réunir entre eux, pour acquitter plusieurs cotes d'impositions, avec un seul ou plusieurs assignats montant à la valeur de leurs cotes réunies.

» III. Toutes les fois qu'un paiement pourra être facilité par l'échange d'assignats de sommes différentes, les percepteurs et collecteurs seront tenus de se porter à cet échange, et de ne faire aucune différence entre les assignats et le numéraire effectif.

» IV. En exécution du décret des 16 et 17 avril dernier, toutes sommes stipulées, par acte, payables en espèces, pourront être payées en assignats, nonobstant toutes clauses et dispositions à ce contraires. »

M. Charles Lameth. Si le ministère nous avait dénoncé toutes ces manœuvres, les affaires seraient actuellement en bon ordre. Le pouvoir exécutif n'est faible que parce qu'il ne veut pas prendre de forces. Il semble que la Providence ait seule pris soin de nous conduire. Il faut renvoyer au comité des recherches ces délits qui devraient être poursuivis par le pouvoir exécutif, mais qu'il faut bien que nous poursuivions, puisqu'il ne le veut pas. Cela n'empêchera pas qu'on ne vienne nous dire que nous empiétons sur le pouvoir exécutif.

Les articles Ier, II, III, sont adoptés sans discussion.

M. l'abbé Maury monte à la tribune.

On demande à aller aux voix.

M. Harambure demande l'ajournement de l'article.

M. Charles Lameth. Il est impossible qu'on mette l'ajournement en délibération.

Cette observation est fortement appuyée. — L'ajournement est vivement demandé.

M. Duval (ci-devant d'Esprémenil). Pourquoi envier au peuple le petit nombre d'hommes courageux et vertueux, et je mets M. l'abbé Maury à leur tête, qui, à quelque prix que ce soit, sont résolus à disputer, pied à pied, le terrain de la vérité, de la liberté, de la fortune publique? Je parle au nom de M. l'abbé Maury et de tous ceux qui l'admirent.

On demande que la discussion soit fermée. — Après de vives oppositions de la part de la droite, le président parvient à se faire entendre, et met cette demande aux voix. — Il prononce que la discussion est fermée. — Les réclamations de la droite nécessitent une seconde épreuve. — D'après l'avis de M. le président et des secrétaires, le résultat est le même à un tiers de majorité. (Les galeries applaudissent.)

M. Reynaud (ci-devant Montlauzier). Je fais la motion que les tribunes aient voix délibérative.

On renouvelle la proposition de l'ajournement de l'article.

M. l'abbé Maury monte à la tribune.

On observe que la discussion est fermée sur l'ajournement comme sur l'article. — La gauche se lève, et demande qu'on aille aux voix. — La droite insiste pour que la discussion soit ouverte sur l'ajournement.

M. l'abbé Maury. Ils sont les maîtres de la minorité; ils nous font la loi, subissons-la.

L'assemblée consultée reconnaît qu'en fermant la discussion sur l'article, elle l'a également fermée sur l'ajournement.

M. l'abbé Maury descend de la tribune, s'adresse à la partie droite, lève pour ce côté la séance, et beaucoup de membres sortent avec lui.

M. *Malouet* propose d'ajouter à l'article que les dépôts faits en argent ne pourront être rendus en assignats.

Plusieurs membres de la gauche. On ne peut délibérer sur cela : un dépôt est inaltérable.

M. Martineau. Cet amendement est inutile et dangereux. Il faut adopter la question préalable en la motivant en ces termes :

« La restitution du dépôt, sans aucune espèce de changement, soit de forme, soit de nature, étant de droit, l'assemblée décide qu'il n'y a pas lieu à délibérer sur l'amendement proposé. »

L'assemblée adopte la question préalable ainsi motivée.

L'article IV est décrété.]

SÉANCE DU 13 SEPTEMBRE.

[*M. Pérès* répond à des inculpations faites précédemment par le contrôleur-général à la ville d'Auch et au pays d'Armagnac. « Ce n'est pas, dit-il, aux contribuables, quoique pauvres, quoique dénués de ressources, qu'on doit imputer le retard apporté à la perception des impôts dans ce pays. On s'y plaint, comme partout ailleurs, de la négligence funeste et combinée des percepteurs des deniers publics à presser les recouvremens. Je demande qu'il soit fait mention de cette déclaration dans le procès-verbal.

Cette proposition est adoptée.

Accaparemens de grains.

M. Salomon, député d'Orléans, fait lecture d'une lettre du directoire du département du Loiret. — Les administrateurs annoncent qu'il règne une grande fermentation dans les environs d'Orléans; que les vignerons apportent des obstacles à la libre circulation des grains, et menacent la ville des plus grands malheurs.

M. André. Ce n'est point le seul département où on apporte des obstacles à la circulation des grains. Une grande partie du département du Var tire ses blés du Languedoc, par le canal. Aujourd'hui Narbonne intercepte la communication, et la ville de Toulon se trouve ainsi à la veille d'une famine.

M. Voydel. Le comité des recherches a reçu une multitude d'adresses, où l'on se plaint des accaparemens; mais aucune ne spécifie de faits particuliers. Ce sont encore là des manœuvres des ennemis du bien public, qui tentent par ce moyen d'exciter les campagnes contre les villes, et les pauvres contre les gens aisés. Le comité vous fera incessamment un rapport à ce sujet.

L'assemblée décrète que son président se retirera par-devers le roi, pour le supplier de faire exécuter dans la ville d'Orléans les décrets sur la libre circulation des grains.]

Extrait de l'Ami du Peuple, sur les troubles d'Orléans, n° 225.

« On feint d'attribuer la fermentation d'Orléans et des provinces circonvoisines à l'enlèvement des blés pour la ville de Nantes. Voici le mot de l'énigme. Le sieur Rimbert, gros marchand vinaigrier, citoyen d'une probité rare, indigné de voir les municipaux d'Orléans accaparer les grains, se mit à la tête des habitans d'un faubourg, pour obliger la municipalité à leur en vendre. La municipalité dissimula quelques momens, fit avancer des troupes, enleva de nuit le pauvre Rimbert, lui fit faire son procès en deux heures, et le fit exécuter immédiatement. Qui croirait que le bourreau de la ville fut plus délicat que les municipaux? Révolté de la violence de cette procédure, il refusa de faire l'exécution nuitamment. Cinq gros bourgeois, intéressés dans le monopole des grains, se disputèrent l'honneur de pendre cet infortuné. Un infâme chirurgien en eut toute la gloire. Plusieurs exécutions suivirent celle-là. Ce sont ces scènes horribles que la municipalité d'Orléans n'ose renouveler sans un décret formel. Ils ont forgé le conte absurde d'un complot de vignerons, comme si une poignée de paysans sans armes pouvait songer à attaquer une forte garnison et la garde nationale. Quant à Salomon, il est lui-même parent de plusieurs accapareurs, dont le chef est le sieur Lambert, commandant pour Louis-Philippe-Joseph d'Orléans. Cet homme atroce était déjà l'auteur des troubles qui ont désolé Orléans il y a treize mois. Or, rien ne prouve mieux le peu de patriotisme de Louis-Philippe-Joseph d'Orléans, que d'avoir conservé à son service ce vil coquin. »

Dans la séance du 9 octobre suivant, M. Salomon vint démentir les imputations renfermées dans la lettre qu'il avait lue le 15 septembre. Ce fait nous est ainsi expliqué par les *Révolutions de Paris*, N° LVI, p. 54 : « Les municipalités et les gardes nationales du vignoble des environs d'Orléans, par une adresse à l'assemblée nationale, ont fortement réclamé contre les sinistres intentions qu'on leur avait prêtées. Ils s'y plaignent de la confiance que M. Salomon, député, accorde aux ennemis de la révolution, et demandent qu'il rende publique *la lettre qui l'a si cruellement trompé.* Ils y rappellent avec majesté ce que la France dut au courage de leurs ancêtres en 1429, et démontrent l'impossibilité que les descendans de ces braves cultivateurs aient dégénéré.

» C'est à MM. Billard, maire, et Midon de l'Isle, commandant de la garde nationale de Saint-Denis-en-Val, que nous devons la communication de cette adresse.

» Que l'assemblée nationale y prenne garde : l'aristocratie a trouvé commode, depuis quelque temps, d'appeler *patriotisme* tout le mal qu'elle fait ou qu'elle veut faire ; et l'assemblée a eu la bonhomie de traiter sur parole de bons patriotes comme des aristocrates. Encore un coup qu'elle y prenne garde ! et que désormais elle n'escompte plus à bureau ouvert tous *les faux billets de patriotisme* qu'on lui présente. »

Lettre de M. Rathmahausen. — Ce député expose qu'ayant reçu ses pouvoirs de la noblesse d'Alsace, que la noblesse ayant été abolie par le décret du 19 juin, il regarde ses fonctions comme supprimées ; en conséquence il donne sa démission.

SÉANCE DU 14 SEPTEMBRE.

Rapport de Bouthillier sur la discipline militaire, et décret qui règle les peines et leurs applications. — Le ministre La Tour-du-Pin annonce que le roi a ordonné l'approvisionnement des places frontières.

SÉANCE DU SOIR.

[*M. Voidel,* au nom du comité des recherches, fait lecture de cinq procès-verbaux de la municipalité d'Angers, département de Maine et Loire. Le premier, fait mention de la dénonciation du procureur-syndic sur une insurrection élevée dans la halle, et qu'avaient occasionnée la cherté des grains et des soupçons d'accaparemens, et la détermination du directoire, qui avait envoyé des députés au commandant de la garde nationale, laquelle avait informé ces députés que le régiment de Picardie venait de prendre les armes sur la réquisition de la municipalité, etc.

Le second procès-verbal fait mention des moyens propres à rétablir l'ordre. On s'était déterminé à faire une proclamation qui invitât les citoyens des deux districts à se réunir paisiblement et sans armes, et discuter les moyens de faciliter la circulation des grains.

Le troisième contient la proposition de M. le maire, d'organiser, sous le bon plaisir de l'assemblée nationale, une force active, prise dans la garde citoyenne, pour maintenir l'ordre et protéger la circulation ; proposition qui a été provisoirement adoptée.

Le quatrième annonce un attroupement des mauvais citoyens et d'un grand nombre de femmes, qui commençaient déjà à investir le lieu de la séance et à menacer les membres du directoire.

Le cinquième enfin, annonce que les ouvriers des carrières s'armaient et se réunissaient pour faire dans la ville une invasion à force ouverte ; que le tocsin sonnait ; que les soldats du régiment de Picardie étaient menacés ; que le directoire et la municipalité avaient proclamé une diminution de 4 deniers par livre sur les deux dernières espèces de pain. A peine le calme paraissait rétabli, qu'on vint avertir le directoire que le peuple devenait plus furieux ; la municipalité a fait déployer le drapeau rouge ; une décharge de mousqueterie, faite par les ouvriers des carrières armés, sur le régiment de Picardie et la garde nationale, a forcé ces derniers de repousser la force par la force : le parti des insurgés a perdu beaucoup de monde. Plusieurs corps de gardes nationales des environs se sont présentés le lendemain pour secourir la ville d'Angers ; mais le directoire, informé qu'il se trouvait parmi elles un grand nombre des ouvriers des carrières, leur ordonna de se retirer, ce qu'elles exécutèrent ; cependant le tocsin, qui ne cessait de sonner, excitait de nouveaux attroupemens, qui se dissipèrent au moment où on le fit cesser, en faisant enlever les cordes des cloches.]

Décret approbatif de la conduite des autorités, et qui charge le roi de faire poursuivre les coupables.

Affaires de presse.

Extrait des *Révolutions de Paris*, n° 65, p. 550 : — « A voir les persécutions qu'on suscite aux écrivains, aux imprimeurs, et même aux colporteurs, on serait tenté de croire que la liberté n'a rien gagné à la révolution, et que les Français n'ont fait réellement que changer de maître. Les comités de police de quelques-unes des sections de Paris exercent sur la presse l'inquisition la plus tyrannique. Il n'est point de commissaire de district qui ne s'arroge le droit d'arrêter ou de faire arrêter les brochures prétendues incendiaires.

» Mardi 14, vers dix heures du matin, un sieur Angot Duplessis, secrétaire-greffier du comité de police de l'Abbaye-Saint-Germain, se permit d'arrêter un crocheteur chargé de diverses brochures. Il les visita toutes ; mais il eut la douleur de n'en point trouver d'*incendiaires*. Nous dénonçons le sieur Angot à sa section; il mérite au moins la censure de ses concitoyens, pour avoir joué le rôle infâme de suppôt de l'ancienne police. »

Extrait de l'*Ami du peuple*, n° 224. — « Le 14, à neuf heures du soir, l'un des cinq mille espions à qui le divin Bailly sert de père, informa le général de l'armée parisienne que l'*Ami du peuple* avait sous presse un numéro où il était peint avec des couleurs assez sombres, et où l'écrivain incendiaire rapportait un trait de patronage de l'illustre commandant, qui avait tout l'air d'une trahison. A l'instant, le digne émule de Washington, le héros américain, le grand général, l'immortel restaurateur de la liberté française, fait endosser l'habit national à trois cents pousse-culs, infanterie et cavalerie; il met à leur tête un sieur Grandin, commissaire au Châtelet, c'est-à-dire inquisiteur public, et un membre du comité municipal des recherches, puis il les charge de l'expédition patriotique de violer l'asile de deux citoyens, de dévaliser l'imprimerie du sieur André, et l'hôtellerie de la dame Meugnier. »

Suit la narration très-animée de cette fouille nocturne, dont le résultat fut la saisie du redoutable numéro, et le bris à coup de hache des presses du sieur André. La police se transporta ensuite chez la dame Meugnier, força les bureaux et les armoires, visita les paillasses à grands coups de baïonnettes, vida les poches de l'hôtesse et se retira, enlevant une charretée de collections. Ici Marat met en parallèle l'ancien régime, l'inquisiteur Sartines et l'inquisiteur Lenoir, avec les alguasils du nouveau régime : *ordre public et liberté*, Motier et Bailly. Il déclare que jamais ordre donné à des muets ne fut plus atroce que celui dont le nommé Grandin était porteur. Il donna ensuite à ses lecteurs les articles importans du numéro enlevé. Les voici :

Lettre à l'auteur.

« Dans le catéchisme que le général fait chaque jour aux gardes-parisiens, il leur dit souvent que Marat est en contradiction avec lui-même; ce qui est encore arrivé hier matin. C'est l'affaire de M. Marat de se procurer là-dessus les éclaircissemens qu'il jugera convenable. Je le prie de demander au sieur Motier d'où lui vient la tendresse qu'il a pour un nommé Someville, parent du sieur Talon, lieutenant-civil au Châtelet. Or, il est certain que ce Someville est un émissaire affidé du général. Il y a quelque temps qu'il l'envoya à Bruxelles intriguer pour la maison d'Autriche ; les députés brabançons actuellement à Paris sont près d'attester le fait, dès que l'*Ami du peuple* le voudra. Aujourd'hui le sieur Motier sollicite le sieur Montmorin de procurer à M. Someville la place de ministre, *non de la nation française, mais du roi*, à la cour de Berlin, la seule qui nous reste attachée en Allemagne. Que dira le général Patelin pour colorer cette perfidie, dont je lui offre la preuve ? Est-ce pour savoir ce qui se passe à Saint-Cloud qu'il est si souvent aux pieds de l'Autrichienne. »

Affiches.

« Le sieur Motier, par la grâce de la renommée et la bêtise du peuple, général de la milice parisienne, se voyant enfin démasqué, et redoutant les suites de l'indignation publique, est déterminé à être moins assidu à Saint-Cloud, et à venir quelquefois chercher la lumière au club des Jacobins (1). En conséquence, il supplie très-humblement le public hébété de croire à son repentir, de lui rendre ses bonnes grâces et de le laisser faire.

Voilà donc le diable qui se cache dans un bénitier ; encore un flacon d'encre, sieur la Fayette, et tu n'oseras plus te montrer. Souviens-toi du sieur Necker. »

A l'auteur.

« Je suis surpris, Monsieur, qu'ayant été informé des assemblées nocturnes qui se tenaient chez l'ambassadeur d'Espagne, sous les auspices du sieur La Tour-du-Pin, vous ne le soyez pas encore de celles qui se tiennent à l'hôtel des Invalides, et où se rendent trois fois la semaine les sieurs Guignard, La Tour-du-Pin, Vaudreuil, Motier, Riquetti l'aîné, Liancourt, etc. Pour

---

(1) A cette époque, il y avait de nombreuses conférences entre M. la Fayette, d'une part, et de l'autre, MM. Dupont, Al. Lameth, Barnave, Durand et Danton, pour faire cesser le schisme des Jacobins et du club de 1789. (*Note des auteurs.*)

cacher leurs menées, ils entrent par la porte noire qui conduit à l'appartement de Sombreuil. A onze heures, on pose autour de l'hôtel une garde de 150 hommes, qui ne se retire que sur les trois heures du matin.

Paris, ce 14 septembre 1790.

Un observateur habitué des Invalides. »

SÉANCE DU 15 SEPTEMBRE.

Camus fait renvoyer au comité des pensions la lettre de Derossel, ancien capitaine de vaisseau, chargé par le roi de peindre les derniers combats de la marine française. — Defermont fait rendre un décret sur l'augmentation de la solde des gens de mer. —Bouthillier présente la suite des articles sur la discipline militaire : ils sont décrétés. — Treilhard reprend la suite des articles sur le clergé; adoptés.—Defermont fait un rapport sur les mouvemens qui ont eu lieu dans l'escadre de Brest, aux ordres de M. d'Albert, lors de la publication du code pénal maritime. Décret d'indulgence pour les matelots égarés, et d'approbation pour la conduite des officiers de l'escadre et de la municipalité.

M. *Voidel.* Vos comités de commerce, d'agriculture et des recherches, se sont occupés de différentes réclamations sur la libre circulation des grains. Les pièces qu'il a examinées sont au nombre de plus de 200 ; elles ont toutes le même objet, et ne contiennent que deux faits particuliers. A Nantes et à Carcassonne, on a remarqué que des particuliers inconnus parcouraient les campagnes, achetaient des blés à un prix même supérieur à celui que les cultivateurs demandaient, et fixaient pour la livraison une époque très-éloignée. A Angers, on a trouvé à chacun des séditieux faits prisonniers, la somme de dix-huit livres. Le comité s'étant d'abord occupé des moyens d'empêcher les accaparemens dont le peuple se plaint, après un long examen il a reconnu que la libre circulation était le moyen le plus efficace et le seul que les principes permissent d'employer ; en conséquence il m'a chargé de vous présenter le projet de décret suivant. — Ce décret, qui a pour but d'assurer la libre circulation des grains, est adopté sans discussion.

SÉANCE DU 16 SEPTEMBRE.

« Après la lecture du procès-verbal de la séance précédente, M. de Robespierre s'élève contre l'article qui met au rang des mendians, des ordres religieux qui, pourvus de revenus suffisans, n'ont jamais voulu profiter de la permission de mendier. Assurément M. de Robespierre ne peut être soupçonné de partialité en faveur des religieux ; il fallait une injustice bien révoltante pour l'exciter à réclamer contre un décret de l'auguste assemblée ; cependant ses importunes réclamations ont été étouffées par les cris *à l'ordre du jour!* Il n'est jamais dans l'ordre du jour de réparer les erreurs ou les injustices de la veille. M. de Lanjuinais a repoussé la motion de M. de Robespierre, par le motif qu'elle tendait à faire revenir l'assemblée sur un de ses décrets... Comment M. de Lanjuinais a-t-il pu conseiller à l'assemblée de persévérer dans une injustice, plutôt que de rétracter un décret ? Il a cependant donné ce conseil, et, ce qu'il y a d'affligeant, avec succès. » (L'*Ami du roi*, n° 109, p. 2.)

Discussion sur les bases fondamentales de l'impôt. Opinion de Dédelay sur son mode et sa quotité. Il pense que l'agriculture ne doit pas être imposée au-delà de 200 millions, et répartit sur les impôts indirects le reste de la contribution.

Un de MM. les secrétaires fait lecture d'une seconde lettre de M. Guignard ; en voici l'extrait : « Au mépris des décrets de l'assemblée nationale, on cherche, par la terreur ou par la force, à se soustraire au paiement des dîmes, des droits de champart, et autres redevances ci-devant féodales. M. Esperbès me mande, de Cahors, que sur les limites du département de la Dordogne, non-seulement on refuse de payer ces droits, mais encore on a élevé des potences pour effrayer ceux qui voudraient les acquitter. Des troupes de ligne ont été employées pour assurer ces perceptions ; mais elles sont en très-petit nombre dans les provinces méridionales. L'augmentation des maréchaussées et l'organisation des gardes nationales paraissant être les seuls moyens sur l'efficacité desquels on puisse compter, il est important que l'assemblée les prenne en considération. »

Après quelques débats entre Maury, Regnaud-d'Angely, Crillon jeune, Foucault et Merlin, l'assemblée renvoie au pouvoir exécutif pour tenir la main aux décrets rendus à ce sujet.

SÉANCE DU SOIR.

Une députation de la garde nationale parisienne et de la municipalité est admise à la barre. — Bailly, maire, invite l'assemblée à assister au service funèbre qui sera fait en l'honneur des citoyens morts à Nancy. Décret portant qu'une députation assistera à cette cérémonie.

SÉANCE DU 17 SEPTEMBRE.

On reprend la suite de la discussion sur la liquidation de la dette publique. Malouet combat le système de l'émission de deux millions d'assignats, et propose le plan d'un fonds d'amortissement et de quittances de finances portant intérêt. — On fait lecture d'un mémoire intitulé : *Dernier rapport de M. Necker à l'Assemblée nationale.* Il est dirigé contre le système de l'émission des assignats. — Baumetz fait décréter la prolongation de la discussion. — Discours d'Anson en faveur des assignats-monnaie sans intérêt.

SÉANCE DU 18 SEPTEMBRE.

Suite de la dette publique. — Opinion de Talleyrand contre les assignats-monnaie ; il propose d'admettre, en paiement des biens nationaux, des créances sur l'État. D'Harambure propose des assignats non forcés portant intérêt. Vernier demande une émission progressive des assignats. Desmeuniers expose les inconvéniens de ce papier, et demande que sa circulation ne puisse excéder 800 millions.

SÉANCE DU SOIR.

Une députation est introduite à la barre, et présente à l'assemblée l'hommage du peuple liégeois. Merlin fait admettre cette députation dans l'intérieur de la salle. Durget demande communication de ses lettres de créance. Mirabeau invoque la question préalable sur cette motion désobligeante. La séance devient orageuse. Folleville et la partie droite persistent à demander les pouvoirs, malgré la majorité. Le président rappelle Folleville à l'ordre. Lucas demande que le premier interrupteur soit envoyé à l'Abbaye. Foucault défie qu'on vienne l'arrêter ; il déclare que la partie droite résistera à l'oppression. (Applaudissemens de ce côté.) Alexandre Lameth s'élève contre l'opposition de la minorité : « Qu'elle frémisse, dit-il, que la patience de la nation ne s'altère ! » (Les tribunes applaudissent.) « C'est une infamie, s'écrie Murmais ; on nous menace du peuple. » L'orateur de la députation liégeoise continue ; il fait l'historique de la révolution de Liège, et réclame des sommes prêtées par les Liégeois au gouvernement français. L'assemblée ordonne l'impression de ce discours et de la réponse du président.

SÉANCE DU 19 SEPTEMBRE.

Noailles fait un rapport sur quelques libelles distribués aux soldats suisses de la caserne de Courbevoie, au nom d'une société helvétique, et dénoncés par les municipalités de Rueil et de Courbevoie. Il s'élève contre cette propagande qui compromet la discipline, et propose ce décret, qui est adopté : « Il est défendu à l'avenir à toutes associations ou corporations d'entretenir, sous aucun prétexte, aucune correspondance avec les régimens français, suisses et étrangers qui composent l'armée; il est également défendu auxdits corps d'ouvrir ou de continuer de pareilles correspondances, à peine, pour les premiers, d'être poursuivis par les magistrats, chargés du maintien des lois, comme perturbateurs du repos public, et pour les seconds, d'être punis suivant la rigueur des ordonnances. » — Là-dessus les *Révolutions de Paris* disent : « Nous sommons en cet instant M. de Noailles, le ci-devant vicomte, de présenter aucun des libelles qu'il attribue si légèrement à des corporations de soldats. Oui, nous le disons hautement, il a surpris la religion de l'assemblée dans le décret qu'elle a rendu sur un rapport aussi faux qu'injuste. Un seul fait suffira pour prouver que les procès-verbaux de Rueil et de Courbevoie n'ont été dirigés que par les officiers de la caserne dévoués aux Bézenval, aux d'Affri, aux Maillardoz et consorts, et signés par des municipaux ignorans ou de mauvaise foi.

» Les libelles prétendus étaient des adresses à la paix et à la concorde, présentés aux soldats par un citoyen estimable (M. Bouillé). Le seul crime qu'on peut lui reprocher, c'est de les avoir fait remettre à l'insu des officiers du régiment.

» On n'a point pardonné à M. Bouillé de s'être méfié des ennemis mortels de la révolution ; et dès ce moment, on a juré d'interrompre les relations des soldats envers leurs camarades ; et c'est M. Noailles qu'on a choisi pour cette expédition !... Et sur son rapport l'assemblée, sans demander la lecture préalable des libelles qu'on leur imputait, déclare traîtres à la patrie des soldats qui veulent éclairer la nation sur la conduite ténébreuse et clandestine de leurs chefs. Ce décret porte l'atteinte la plus violente à la liberté individuelle, et fait gémir les bons citoyens sur les funestes effets qu'il produira bientôt dans l'armée française. » (N° 65, p. 671.)

SÉANCE DU 20 SEPTEMBRE.

Troubles de Brest.

Nous avons rapporté dans la séance du 16 les premières plaintes d'Albert de Rioms sur les matelots de son escadre. Le mécontentement s'était déclaré le 6 au bord du navire l'*America*, et de là s'était communiqué au vaisseau commandant, ainsi qu'à plusieurs vaisseaux de l'escadre.

Une partie de l'équipage s'empara des chaloupes pour se rendre à terre, et se porta au nombre de quinze cents hommes à la maison commune pour y faire ses réclamations.

Cette démarche tumultueuse alarma la municipalité ; elle se hâta de requérir les deux commandans des troupes de terre et de mer, de mettre sur pied leurs soldats pour prévenir le désordre. Ces précautions devinrent inutiles par la docilité des matelots qui se rendirent sans peine aux représentations des officiers municipaux, et convinrent bonnement de l'irrégularité de leurs procédés.

On leur fit une nouvelle lecture du code pénal, avec les explications qui parurent convenables; alors leur inquiétude diminua peu à peu; mais ils disaient toujours qu'ils ne s'accoutumeraient jamais à souffrir la peine de l'anneau au pied et de la chaîne traînante. Ils y trouvaient un avilissement insupportable par la comparaison avec la chaîne des galériens, et l'anneau que portent les galériens cautionnés.

Les officiers municipaux promirent qu'ils engageraient l'amiral à faire passer les représentations des matelots à l'assemblée nationale. Sur cette promesse, ceux-ci retournèrent tous à bord très-paisiblement, et sans avoir commis le moindre excès.

Cependant Albert de Riom, effrayé des suites de cette espèce d'insurrection, écrivit au ministre de la marine que, pour en prévenir une seconde, il fallait nécessairement ou désarmer l'escadre, ou bien envoyer à Brest deux députés de l'assemblée nationale pour recevoir les plaintes des matelots.

L'assemblée déclara qu'il n'y avait pas lieu à délibérer sur cette proposition; et quant au fond de l'affaire, elle prononça qu'elle voulait bien oublier les torts de la partie des matelots de Brest qui avait quitté l'escadre sans la permission de ses chefs; qu'en créant la peine de l'anneau et de la chaîne, elle a eu pour unique but de substituer à la peine douloureuse et malsaine des fers sur le pont et du retranchement de vin pendant une longue suite de jours, une peine douce et légère, et qui, rangée dans la classe des peines de discipline, ne peut être regardée comme infamante, ni faire supposer aucune similitude entre de vils criminels et l'utile et honorable classe des matelots français.

Ce décret fut très-bien reçu par les matelots, et le calme fut parfaitement rétabli jusqu'à l'arrivée du vaisseau le *Léopard*, qui portait en France les membres de l'assemblée générale de Saint-Domingue, forcés de s'exiler de la colonie. Ceci avait eu lieu à la suite de querelles entre les planteurs et les négocians, aussi peu révolutionnaires, aussi peu patriotes d'ailleurs les uns que les autres. Le motif véritable de ces collisions, qui retentirent plus d'une fois au sein de l'assemblée nationale, était une opposition d'intérêt entre les planteurs, qui voulaient l'indépendance et la franchise du commerce, afin que la concurrence élevât le prix des denrées, et les négocians, qui voulaient le maintien du monopole, c'est-à-dire de leurs immenses bénéfices. Nous avons jugé sans importance de faire passer sous les yeux du lecteur le détail parlementaire de ces premiers déchiremens, communs à nos colonies américaines. Il nous suffira d'ajouter, pour compléter cette courte explication, que les deux parties belligérantes étaient l'assemblée provinciale du Nord, et l'assemblée dite générale de la colonie; que le prétexte politique de la première était l'obéissance aux décrets du corps législatif de la métropole, et celui de la seconde, le principe de la sanction royale, comme l'unique source de l'autorité des lois. Ce qui prouve au reste que la division n'était profonde que dans les intérêts, et qu'il y avait confusion et absurdité dans les doctrines, c'est que les négocians, qui résistaient au nom de l'assemblée nationale de France, avaient à leur tête le gouverneur Peynier, exclusivement dévoué à la cour de Louis XVI.

A leur débarquement à Brest, les planteurs de Saint-Domingue répandirent le bruit que leur patriotisme leur avait attiré les persécutions du gouverneur Peynier, et que pour fuir ces persécutions, ils avaient été obligés de chercher un asile dans la mère-patrie; que l'assemblée générale de la colonie, dont ils étaient membres, avait été insultée par les ennemis de la liberté, et que le gouverneur lui-même, au moment de leur départ, se préparait à tirer à boulets rouges sur le vaisseau qui les avait amenés.

Cette idée de péril par rapport à des gens qui se disaient patriotes, trompa, séduisit jusqu'à la *Société des Amis de la Constitution* de Brest. La municipalité les reçut avec distinction; ils furent logés chez les citoyens, qui se disputaient l'honneur de les recevoir et de les fêter.

En même temps on fit circuler dans tous les vaisseaux de l'escadre que le major-général de la marine, le sieur de Marigny, devait se faire envoyer à Saint-Domingue *pour mettre à la raison et tailler en pièces les partisans de l'assemblée générale de la colonie.* Ce propos, faussement attribué à Marigny, devint le signal de la révolte. Un matelot du *Léopard* se rendit à bord du *Patriote* : là il injuria grossièrement M. d'Entrecasteaux, commandant du vaisseau, qui le renvoya cuver son vin.

Alors tout l'équipage crut que l'on voulait punir sévèrement le matelot, et déclara qu'il ne le souffrirait pas.

Les circonstances qui suivirent sont contenues dans la lettre d'Albert de Rioms au ministre la Luzerne. On la trouvera plus bas.

Pour se venger de Marigny, les matelots plantèrent, pendant la nuit, une potence à sa porte; elle fut déplacée le lendemain sans le moindre tumulte.

Les menées des planteurs ne furent, il est vrai, que l'occasion de cet éclat. Les matelots se méfiaient de leurs chefs; l'amiral surtout, partisan décidé de la cour, reconnu pour tel, leur inspirait des soupçons pleinement justifiés par deux démarches authentiques de ce personnage : celle d'avoir refusé de prendre la cocarde, et celle de s'opposer encore à ce que la marine arborât le pavillon national. On peut se convaincre qu'il y avait en outre dans ses habitudes de langage tout ce qu'il fallait pour irriter des patriotes aussi ardens que les marins de Brest. Nous avons cité une de ses injonctions relative au décret du 6; dans sa lettre à la Luzerne, il y a cette phrase : — « J'ai dit que j'allais faire part de leur désobéissance *à la cour.* »

Nous avons tiré ce récit de Prud'homme, de Desmoulins et de Marat. Le premier termine ainsi le sien : « Quant au décret de l'assemblée nationale à ce sujet, il ne peut être comparé qu'à celui du 16 août sur l'affaire de Nancy. L'assemblée se détermine à licencier l'équipage du vaisseau le *Léopard*, sur de simples lettres des officiers de marine; elle punit, elle déshonore de braves marins sans les avoir entendus, et sur le seul rapport de leurs commandans, trop justement suspects. Elle a tant été trompée par des relations prétendues officielles ! veut-elle donc renouveler les scènes d'horreur qui se sont passées en Lorraine, et qui font le désespoir des hommes qui en avaient reçu la nouvelle avec le plus d'indifférence. » (*Révolutions de Paris*, n° 63, page 531.)

SÉANCE DU 20 SEPTEMBRE.

[*M. Curt, au nom des comités de marine, des colonies et des recherches.*— Vous avez entendu ce matin la lecture de la lettre du ministre de la marine, qui vous rend compte d'un événement arrivé à Brest. Vos comités se sont retirés, conformément à votre décret, pour examiner cette affaire; et après avoir lu avec attention les pièces, ils ont décidé de vous présenter le projet de décret que je suis chargé de vous lire. Ils ont cru nécessaire avant tout de vous donner lecture de la lettre de M. d'Albert à M. de la Luzerne.

Extrait de cette lettre.

Brest, le 16 septembre 1790.

« Hier, à sept du soir, un officier vient m'annoncer qu'un matelot du *Léopard* avait tenu des propos séditieux et avait insulté le major du vaisseau. Je demandai s'il était ivre; et sur l'affirmative, j'ordonnai qu'on le conduisît à bord. Un autre officier, bientôt après, m'annonça que l'arrestation de ce matelot avait excité de la fermentation sur le vaisseau *le Patriote*, où elle avait été faite. Le patron du canot du vaisseau avait montré le plus de chaleur. Je le fis venir dans la chambre du conseil, où il me déclara que le matelot n'était point coupable, et qu'il ne devait pas être puni. J'eus la force de me contenir. Je lui demandai pourquoi il prenait pour une punition l'ordre que j'avais donné; que lui seul était coupable, et que je me contentais de le renvoyer à son bord. J'avoue cependant que je pensai perdre patience, lorsqu'il me demanda si j'assurerais ce que je venais de dire. Je lui ordonnai de se retirer promptement, ce qu'il fit, en me disant que c'était au plus fort à faire la loi; qu'il l'était, et que le matelot ne serait point puni. — Le désordre durait toujours à bord du *Patriote*. M. d'Entrecasteaux cria aux séditieux que si cela continuait, il serait forcé de quitter le commandement : *tant mieux!* s'écrièrent-ils : *vive la nation! les aristocrates à la lanterne!*

M. d'Entrecasteaux sortit alors du vaisseau, et je lui permis de venir à terre, en le chargeant d'informer la municipalité de ce qui s'était passé. — Ce matin, à huit heures, je me suis transporté à bord du *Patriote*; j'ai ordonné que tous les officiers se tinssent sur le gaillard d'arrière; j'ai fait venir l'équipage, et j'ai demandé quelle était la cause du trouble. On a gardé le plus profond silence. Je me suis alors adressé au patron du canot; il m'a répondu qu'on avait craint que le matelot du *Léopard* ne fût trop sévèrement puni. J'ai fait venir l'officier que j'avais chargé de cette commission; il a rapporté les faits que je viens de vous raconter. Vous voyez, ai-je dit à l'équipage, que vos craintes étaient mal fondées. Votre faute, ai-je ajouté au patron du canot, est bien plus grave : vous avez manqué à votre capitaine; vous m'avez manqué, je ne puis m'empêcher de vous envoyer en prison, et je vais vous y envoyer. Plusieurs voix se sont écriées : *Il n'ira pas!* — Vous allez donc me désobéir? — *Il n'ira pas!* — Que ceux qui sont disposés à obéir se montrent et lèvent la main. — Personne ne s'est montré. J'ai dit que j'allais faire part de leur désobéissance à la cour. J'ai voulu auparavant m'informer s'ils avaient à se plaindre de leur capitaine? — Non. — S'ils se plaignaient de moi? — Non. — S'ils avaient des plaintes à faire contre leurs officiers? — Non. — Je suis entré dans la chambre du conseil, où j'ai fait entrer les sergens. Je leur ai fait observer que l'équipage les déshonorait en se déshonorant lui-même. Ils ont répondu qu'ils n'étaient pour rien là-dedans. Je leur ai dit qu'ils ne remplissaient pas tout leur devoir, en observant l'ordre, s'ils ne le faisaient pas observer. Je rejoins mon bord, ai-je continué, afin de donner le temps de revenir sur ce qui s'est passé. A mon départ, j'ai entendu beaucoup de cris de *vive la nation!* sans rien distinguer de malhonnête pour moi. L'heure s'écoulait, et j'attendais en vain; je me suis embarqué dans mon canot pour aller conférer avec M. Hector. Plusieurs voix ont crié au patron : *Fais chavirer le canot.* Je n'ai pu distinguer ceux qui se sont rendus coupables de cette insolence, qui sera, sans doute, suivie de bien d'autres. — A bord du *Majestueux*, plusieurs soldats ont refusé de faire le service de la manœuvre, sans être punis...... En vain, je voudrais persuader aux officiers que la subordination règne encore; ma bouche leur persuaderait mal ce que je ne crois pas moi-même : il n'y a d'espoir absolument que dans une commission composée de membres de l'assemblée nationale. Les décrets ne rameneraient point, on s'en moquerait. »

On lit ensuite plusieurs pièces qui constatent ces faits.

M. *Curt.* Plusieurs officiers sont prêts à donner leur démission, moins découragés des dangers qu'ils courent, que de l'impossibilité de rétablir la discipline. M. Marigny, major-général de la marine, a éprouvé des traitemens dont je dois vous rendre compte. Le bruit s'étant répandu que des lettres interceptées annonçaient que si on l'envoyait à Saint-Domingue avec des vaisseaux, il saurait bien faire rentrer dans l'ordre ceux qui en sont sortis, des attroupemens considérables se sont formés, et l'on a planté la potence à sa porte. Il n'était pas chez lui. Il a quitté son uniforme, en demandant qu'on le jugeât, et en donnant sa démission, que M. d'Albert n'a pu s'empêcher d'accepter jusqu'à ce qu'il soit intervenu un jugement.

Une lettre de M. Hector confirme ces détails.

M. *Montcalm.* Il y a une liaison intime entre l'affaire de Saint-Domingue et celle de Brest. Les ci-devant membres de l'assemblée générale sont en ce moment en rade, à bord du vaisseau le *Léopard*, commandé par M. Santo-Domingo. Ces gens-là cherchent à mettre l'insubordination dans l'escadre. C'est parce que votre comité a lieu de soupçonner cette intention, qu'il vous proposera de les appeler à la suite de l'assemblée.

M. Curt lit le projet de décret conçu en ces termes :

« L'assemblée nationale, ayant entendu le rapport de ses comités de marine, des colonies et des recherches, sur les actes d'insubordination commis à bord de deux vaisseaux de l'escadre de Brest, depuis l'arrivée du *Léopard*; justement indignée des écarts auxquels se sont livrés quelques hommes de mer, avec lesquels elle n'entend pas confondre les braves marins qui se sont toujours distingués, autant par leur attachement à la discipline militaire, que par leur courage,

» Décrète que le roi sera prié de donner des ordres :

» 1° Pour faire poursuivre et juger, suivant les formes légales, les principaux auteurs de l'insurrection, et ceux de l'insulte faite à M. Marigny, major-général de la marine.

» 2° Pour faire désarmer le vaisseau le *Léopard*, et en congédier l'équipage, en envoyant ceux qui le composent, dans leurs quartiers respectifs, et en enjoignant aux officiers de rester dans leur département.

» 3° Pour faire sortir de Brest, dans le plus court délai, et transférer, dans les lieux qui lui paraîtront convenables, les individus appartenant au régiment du Port-au-Prince, arrivés à bord dudit vaisseau.

» Décrète que les ci-devant membres de l'assemblée générale de la partie française de Saint-Domingue, ceux du comité provincial de l'ouest de ladite colonie, et M. Santo-Domingo, arrivé à Brest, commandant le *Léopard*, se rendront à la suite de l'assemblée nationale, immédiatement après la notification du présent décret; laquelle leur sera faite en quelques lieux qu'ils puissent se trouver, d'après les ordres que le roi sera prié de donner à cet effet.

» Décrète en outre que le roi sera prié de nommer deux commissaires civils, lesquels seront autorisés à s'adjoindre deux membres de la municipalité de Brest, tant pour l'exécution du présent décret, que pour aviser aux mesures ultérieures qui pourraient être nécessaires au rétablissement de la discipline, de la subordination dans l'escadre, et de l'ordre dans la ville de Brest; à l'effet de quoi tous les agens de la force publique seront tenus d'agir à leurs réquisitions. »

M. *Reynaud*. Si l'on avait lu la lettre qui a été renvoyée, il y a quelques jours, au comité colonial, on aurait vu que les membres de l'assemblée générale de la partie française de Saint-Domingue, sont partis de leur propre mouvement. Il n'est donc pas à craindre qu'ils refusent d'obéir au décret de l'assemblée nationale; ils n'intriguent point à Brest; rien ne le prouve, et personne ne s'en plaint.

M. Barnave. Je n'aurais rien à dire, sans les observations du préopinant; mais puisque déjà on cherche à prévenir ici les esprits, comme on a tenté de le faire à Brest; je dois, moi, qui ai vu toutes les pièces, établir la vérité, et dire que la ci-devant assemblée générale, actuellement à Brest, n'a cessé, depuis le premier moment de son existence, de préparer la scission de la partie française de Saint-Domingue avec la métropole. Lorsqu'à la réception de votre décret et de l'instruction qui l'accompagnait, toute la colonie retentissait d'acclamations de reconnaissance; cette assemblée, par des calomnies, par de perfides insinuations, par tout ce que l'intrigue a de ressources, s'efforçait à faire renaître dans l'esprit des colons des inquiétudes que vous veniez de dissiper. C'est par des décrets remplis d'audace, c'est en ouvrant les ports aux vaisseaux étrangers; c'est en licenciant les troupes; c'est en prescrivant un nouveau serment, qu'elle a cherché à tromper sur le sentiment qui vous animait : nous n'avons pas à regretter ses succès; elle a elle-même détruit son pouvoir; et bientôt menacée de dissolution, elle s'est vue forcée à se réfugier sur le vaisseau *le Léopard* qui s'était rendu à elle par des manœuvres qu'en ce moment je ne m'occupe point à découvrir. Mais je puis vous annoncer que quand vous connaîtrez tous les faits de cette affaire, vous ne balancerez pas à déclarer rebelle l'assemblée générale de la partie française de Saint-Domingue, et à casser, en conséquence, tous les actes émanés d'elle. J'appuie le projet de décret.]

Le décret présenté par le rapporteur, est adopté sans aucun changement.

SÉANCE DU 21 SEPTEMBRE.

Lamerville fait le récit de la cérémonie funèbre qui a eu lieu au Champ-de-Mars, en l'honneur des citoyens tués à l'affaire de Nancy. Impression. — Vernier fait rendre un décret de liquidation sur la dépense des administrations. — Suite du projet de décret sur l'admission et l'avancement militaire; les articles en sont unanimement adoptés. — Suite de la discussion sur le système de l'imposition. Montcalm-Gozon propose de porter le total des impositions foncières des campagnes à 198 millions, et le tarif de tous les droits à 70 millions.

SÉANCE DU SOIR.

[On fait lecture de plusieurs adresses. — Le colonel et les officiers du régiment de Saintonge offrent une somme d'argent pour les veuves des gardes nationaux qui sont morts à Nancy. — La ville de Saint-Étienne-en-Forez exprime son vœu contre l'émission des assignats. — Une lettre de Nantes annonce que des députés envoyés près de l'assemblée nationale par la colonie de Saint-Domingue, dont l'assemblée est dissoute, sont arrivés en cette ville.

M. Aubergeon (ci-devant Murinais) fait lecture d'une lettre de Lyon, dans laquelle on lui mande qu'un club y a été formé par des émissaires envoyés de Paris; que ce club s'est empressé de réclamer l'émission des assignats; que non-seulement il a arraché des signatures, mais encore il en a apposé de fausses à une adresse qui contient un vœu pour cette émission.

On demande à passer à l'ordre du jour.

M. l'abbé Maury. Ce ne sont là que des jeux d'enfans : je suis porteur de cent cinquante oppositions qui dévoilent toutes les manœuvres dont on s'est servi. Je les ferai connaître à l'assemblée.

On passe à l'ordre du jour.]

« Avant d'y passer cependant on a permis à M. de Robespierre une pétition en faveur des frères lais de l'ordre de Saint-François, qui demandent à être traités comme les Pères. Puisqu'on n'accorde à ceux-ci que le strict nécessaire, c'était bien le cas de proscrire toute distinction antisociale, et contraire au système d'égalité constitutionnelle; mais celui de l'économie est encore bien plus en faveur, et la demande de M. de Robespierre a été rejetée pour venir à l'ordre du jour. » (L'*Ami du roi*, n° 115, page 1.)

SÉANCE DU 22 SEPTEMBRE.

M. Lépaux fait lecture d'une adresse des professeurs et écoliers de la ville d'Angers, qui supplient l'assemblée nationale d'examiner si l'enseignement du droit public ne doit pas être fait en français plutôt qu'en latin.

L'assemblée renvoie cette adresse à son comité d'institution.

M. Lebrun fait ensuite un rapport sur la dette. Après un coup d'œil général sur l'histoire des finances depuis François Ier, qui laissa à sa mort 75,000 liv. de rentes perpétuelles, le rapporteur divise la dette en dette constituée, dette remboursable, dette exigible. Il comprend dans la dette constituée, les rentes perpétuelles et les rentes viagères. Les rentes perpétuelles s'élèvent à 61 millions, les rentes viagères à 10 millions. Voici sa récapitulation de la dette remboursable successivement et à diverses époques :

Offices et charges..........................	426,000,000 l.
Brevets de retenue........................	90,800,000
Cautions et fonds d'avance................	150,000,000
Emprunts directs et Compagnie des Indes....	377,000,000
Emprunts des paiemens de l'État............	127,000,000
Dette exigible........	1,170,800,000
Les remboursemens échus.................	108,000,000
La partie de l'arriéré des dépenses qui est liquidée, et qu'on peut évaluer au plus à....	50,000,000
Le reste de l'arriéré, celui qui n'est pas liquidé, peut se remplir par les fonds destinés à des parties qui s'éteignent tous les ans. Jamais la dépense effective de l'année ne peut être soldée dans l'année ; il y a des mémoires qui traînent, des fournitures qui ne se consomment que dans l'année.	
Ce sont d'anciennes charges liquidées........	30,000,000
Les dîmes inféodées quand elles seront liquidées	100,000,000
Total des dettes exigibles tout à l'heure.	288,000,000

Ce sont enfin les 400 millions d'assignats.

« Voilà, continue Lebrun, l'aperçu de votre dette dans son ensemble et dans ses divisions; je n'ai point porté les annuités qui s'élèvent à 6,020,000 livres dus à la caisse d'escompte et aux notaires; je n'ai point porté le remboursement de Gênes et d'Amsterdam, ni le remboursement de l'emprunt de septembre 1789 : tous ces articles doivent entrer dans les dépenses annuelles, et font ensemble 14 ou 15 millions par année; et cette dépense annuelle, qui a son terme fixe, devrait être balancée par la rentrée de la créance sur les Américains, et de plusieurs autres créances actives du trésor public. »

Emmery fait rendre un décret sur la compétence des tribunaux militaires, leur organisation et la manière de procéder devant eux.

SÉANCE DU 23 SEPTEMBRE.

Discussion sur la contribution foncière. Aubry présente un cadastre pour l'établissement de l'impôt. Ramel-Nogaret veut qu'on renvoie aux prochaines législations ce qu'on ne peut faire. Rey attaque le projet du comité, parce qu'il augmente la contribution foncière.

— Voici une réponse officielle du *Moniteur* aux journaux révolutionnaires, qui se plaignaient très-énergiquement à cette époque des mesures de la police contre les crieurs et colporteurs. Cette question était défendue comme l'une des plus importantes en matière de presse. Un arrêté récent de la municipalité de Lyon avait aigri cette polémique à un point dangereux. Les publicistes ministériels opinaient de la manière suivante :

POLICE.

Il n'est pas vrai, comme quelques personnes se sont plu à le déclamer, que la municipalité de Lyon ait défendu d'imprimer, vendre ou colporter des livres, sans en avoir obtenu la permission d'elle. La municipalité a fait une chose très-juste, très-constitutionnelle : elle a défendu de *crier* dans les rues les journaux ou autres écrits particuliers : la proclamation comme l'affiche n'appartiennent qu'à la puissance publique. C'est un droit qu'il est de l'intérêt de tous de lui conserver exclusivement. La liberté de la presse ne s'étend point à donner aux opinions des écrivains l'appareil réservé aux ordres de la puissance civile : cette confusion de droits est l'anéantissement de l'ordre et de la tranquillité publique.

C'est une chose monstrueuse, en effet, qu'on puisse effrayer toute une ville par la proclamation bruyante des rêveries atroces d'un écrivain menteur. C'est une cause d'erreurs et d'inquiétudes populaires, qu'on puisse donner à des calomnies la publicité que l'on ne doit accorder qu'à la loi, parce qu'il est de l'intérêt de tout le monde de la connaître.

Ainsi la municipalité de Lyon a fait un acte de justice et de raison en défendant la proclamation pour tout autre écrit que les lois du souverain ou les actes de la puissance politique; et c'est méconnaître les droits de la paix et de la liberté, que de chercher dans cette conduite une oppression qui n'y existe réellement pas.

SÉANCE DU SOIR 23.

Gossin dénonce une protestation de la municipalité de Corbigny contre le décret qui place le tribunal hors de son sein. Décret sur sa proposition, improuvant cette municipalité, et portant qu'il n'y a lieu à délibérer sur aucune des pétitions relatives au placement des tribunaux dont la fixation est décrétée. — Voidel dénonce la conduite de la municipalité de Soissons, au sujet de la circulation des grains, et il propose d'improuver cette municipalité.

[*M. Robespierre.* « Je réclame contre le projet du comité. La municipalité de Soissons s'est conduite comme elle le devait. Le peuple devait être inquiet sur sa subsistance; il devait craindre que les grains ne fussent importés à l'étranger ou ne servissent aux troupes étrangères. N'aliénons pas de l'assemblée nationale le peuple par des décrets tels que ceux qu'on nous propose. »]

Voici comment s'exprime l'*Ami du roi* sur un discours ainsi étriqué par le *Moniteur*. Il commence par se plaindre des progrès que fait chaque jour l'esprit d'indépendance et d'insubordination. Il accuse les municipalités de se croire un petit Etat libre, souverain, indépendant; mais il impute ces empiétemens à l'exemple donné par l'assemblée générale elle-même. Abordant ensuite l'affaire de Soissons, il s'étonne que M. Voidel, intrépide du haut de la tribune, accuse de mollesse, d'inaction, de connivence coupable, les officiers municipaux de cette ville, et cela devant une assemblée qui permet à tout moment que jusque dans son enceinte on vienne faire violence à ses délibérations; puis il ajoute : « M. de Robespierre était bien plus conséquent dans ses principes. Le même motif qui a déterminé tant de membres de l'assemblée à prendre avec zèle et courage la défense des assassins et des incendiaires, le désir d'engendrer des amis et des protecteurs à la constitution, porte M. Robespierre à s'opposer vigoureusement aux mesures rigides que les seuls ennemis du bien public peuvent, dit-il, conseiller de prendre contre les assemblées administratives, pour *les brouiller avec la constitution*. Il faut avouer que la tendresse de M. de Robespierre est aussi trop ombrageuse. Du reste, l'assemblée n'a pas partagé ses alarmes; et malgré les applaudissemens que les tribunes soldées ont prodigués à son zèle, pour maintenir une parfaite intelligence entre la constitution et les assemblées administratives, celle de Soissons est fortement inculpée pour n'avoir pas, au péril de ses jours, au risque de faire couler des flots de sang, dissipé une populace mutinée, nombreuse, et supérieure peut-être aux forces qu'on pourrait lui opposer. » (N° CXVII, p. 1 et 2.)

SÉANCE DU 24 SEPTEMBRE.

Suite de la discussion sur la liquidation de la dette publique.

D'Elbhecq parle contre l'acquittement de la dette en assignats forcés. — La Galissonnière propose la création de quatre-vingts millions de billets de caisse nationale, endossés par douze députés du commerce, et employés à l'acquisition des biens nationaux. — Antoine Morin s'élève contre le système des assignats, et propose de payer la dette exigible en papier de cours libre, sous le nom de *délégation nationale*. — Montesquiou propose de créer des quittances portant trois pour cent d'intérêt, et de faire une émission de huit cents millions d'assignats. — Regnaud-d'E:percy déclare que les villes de commerce ne sont pas d'avis des assignats, et que, sur trente-trois adresses, vingt-six ont été contre. — Mirabeau annonce qu'il a une liasse de pétitions contraires, des villes citées par le rapporteur. Il déclare que la mesure des assignats est faite pour anéantir l'espoir de la contre-révolution. — Interruptions de Murinais et d'Esprémenil. — Réveillère atteste que la ville d'Angers est prononcée pour les assignats. — Même déclaration d'Anson pour la ville de Paris. — Beaumetz défend le système des assignats; il vote pour la fabrication d'une somme de huit cents millions sans intérêt, et pour la création de quittances de finances.

ASSEMBLÉE GÉNÉRALE DES REPRÉSENTANS DE LA COMMUNE DE PARIS.

Extrait du procès-verbal du 24 septembre 1790.

Après diverses considérations, l'assemblée a unanimement arrêté, 1° que dans la séance du jeudi 30 du présent mois de septembre 1790, à laquelle tous les représentans sans exception, même ceux qui ont été remplacés à raison de la cessation de leurs mandats ou de leur démission volontaire, seraient convoqués spécialement et extraordinairement, chacun d'eux affirmera individuellement et sur son honneur avoir fidèlement exécuté l'arrêté du 30 septembre 1789; en conséquence, n'avoir jamais, à raison des fonctions de mandataire de la commune, reçu, touché, retenu directement ni indirectement, à quelque titre que ce puisse être, ni de la commune, ni des agens du pouvoir exécutif, ni de quelque autre personne que ce soit, aucuns deniers ni choses équivalentes, à l'exception cependant de simples déboursés justifiés nécessaires.

2° Que M. le maire de Paris, chef de l'assemblée, sera spécialement invité à se rendre à la séance pour y affirmer sur son honneur qu'il n'a rien reçu ni directement ni indirectement, à raison de ses fonctions, outre le traitement qui lui a été offert par la commune comme indemnité nécessaire.

3° Que M. le commandant-général, membre de l'assemblée, sera pareillement invité d'une manière spéciale à se rendre à la même séance, pour y affirmer sur son honneur que n'ayant pas voulu, malgré les vives instances de la commune, accepter jusqu'à présent les indemnités qui lui sont nécessairement et indispensablement dues pour les dépenses immenses qu'il a été dans le cas de faire, il n'a rien reçu d'ailleurs ni directement ni indirectement pour ses fonctions.

4° Qu'après l'affirmation de M. le maire, de M. le président de l'assemblée et de M. le commandant-général, l'appel nominal sera fait d'abord sur la première liste des trois cents représentans, et ensuite sur la liste additionnelle des nouveaux représentans, qui, au nom de quelques districts, ont remplacé les premiers.

5° Qu'il sera donné acte de l'affirmation à chacun de ceux qui l'auront prêtée; quant aux absens, il leur sera accordé un délai de huitaine, après lequel la liste des noms de ceux qui n'auront point affirmé sera imprimée et affichée.

6° Que tous les citoyens qui auraient connaissance de sommes quelconques, ou de choses équivalentes, reçues par un des trois cents représentans à raison des fonctions de mandataires de la commune, sont invités à l'exposer librement dans l'assemblée, à condition (*toutefois*) qu'ils en apporteront en même temps la preuve.

7° Que MM. les présidens des sections et MM. les présidens des comités de districts seront invités à venir siéger à cette séance, qui intéresse l'honneur de la commune entière.

Cette séance solennelle s'ouvrira à la maison de ville, jeudi 30 du présent, à cinq heures du soir. *Signé*, l'abbé FAUCHET, *président*.

Observations de Marat.

« Chez un peuple qui a de la religion et des mœurs, le serment est la chose du monde la plus sérieuse. Celui qui le prête n'approche de l'autel qu'avec un saint respect; il prend Dieu à témoin de la pureté de son cœur, et il appelle sur sa tête son ire vengeresse, si ses lèvres trahissent la vérité. On peut donc ajouter foi entière à ses paroles. Mais chez une nation avilie et corrompue, chez une nation où l'on tourne la piété en ridicule, où l'on se moque du ciel, où l'on regarde la religion comme le travers des esprits faibles, l'austérité des mœurs comme l'apanage des reclus, la vertu comme une duperie; chez une nation où la feinte, la dissimulation, l'hypocrisie, l'abus de confiance, les menées clandestines, la trahison, la perfidie, sont le fruit de l'éducation publique; chez une nation où la violation du serment n'est qu'un jeu, où l'on s'en fait un devoir, lorsqu'il a pour but quelque objet de politique, où les hommes les plus délicats en sont quittes pour faire quelques restrictions mentales, et où l'honneur n'est que l'impatience à s'entendre traiter de lâche : comment s'en rapporter à la parole des gens du monde, et des gens d'affaire, les deux classes les plus dépravées de la société? Imaginez-vous qu'un homme sans foi et sans loi, sans honneur et sans pudeur, qui a vendu sa conscience et souillé ses mains, aura la bêtise d'avouer hautement sa turpitude, en montrant le prix de ses trahisons? Pensez-vous que des hommes qui ont violé cent fois leur serment civique, et qui le violeraient cent fois par jour pour en venir à leur fin, craindront un instant de fausser leur parole?

» Cette convocation solennelle de tous les agens de la commune à la maison de ville, n'est donc qu'une farce municipale ajoutée à tant d'autres, et militaires et politiques, pour amuser le peuple et en imposer aux sots. » (*L'Ami du peuple*, n° 236, p. 5 et suivantes.)

SÉANCE DU 25 SEPTEMBRE.

M. David, graveur, fait hommage à l'assemblée, d'un tableau, représentant l'entrée du roi à l'assemblée nationale, le 4 février. Crétot parle contre les assignats, s'élève contre l'agiotage et propose de cumuler l'intérêt de la dette avec le principal, et de recevoir en délégations le paiement des domaines nationaux. Custine vote pour les assignats. Opinion contraire de Dupont ; il propose d'y substituer des quittances de finances. Prugnon déclare que les domaines nationaux sont la dot de la constitution ; il propose d'admettre l'argent dans les ventes, en concurrence avec les assignats, d'établir une prime sur les premiers 500 millions en assignats et argent comptant, portés dans les acquisitions.

Séance du soir. — Emmery est nommé président. Les nouveaux secrétaires sont Vernier, Beyven et Bouche. — Treilhard fait décréter la suite de son projet sur le traitement des religieuses. — Eymard, député de Forcalquier, demande que la détermination à prendre sur le couvent des dames religieuses anglaises, ainsi que sur les colléges anglais, irlandais, soit renvoyée aux comités ecclésiastique et diplomatique réunis. — Adopté.

SÉANCE DU 26 SEPTEMBRE.

Fréteau demande que les états de recette et dépense du trésor public soient imprimés de quinzaine en quinzaine. Mirabeau appuie cette proposition, et s'élève contre le système monétaire actuel. — Camus fait décréter le versement de 20 millions au trésor public par la caisse d'escompte, et le renvoi au comité, de la motion de Fréteau. — Lecouteulx développe son opinion sur les assignats, dont il propose de limiter l'émission. — Raynaud-Montlausier dit qu'on peut se passer de ce papier destructeur, en donnant aux titres de la dette, valeur d'espèce dans l'acquisition des biens nationaux. — Lettre de l'abbé Perrotin qui réclame l'envoi au procureur du roi des pièces existantes au comité des recherches. D'Esprémenil et Murinais veulent parler contre sa détention. — Ordre du jour.

SÉANCE DU 27 SEPTEMBRE.

On reprend la discussion sur la liquidation de la dette publique. L'abbé d'Abbecourt demande qu'on restreigne l'émission à 300 millions d'assignats, portant trois pour cent d'intérêt. Broglie vote pour qu'il en soit créé autant qu'il sera nécessaire pour payer la dette, ayant cours forcé, et sans aucun intérêt. Batz les met en parallèle avec les billets de Law.

Déjà Mirabeau, dans la séance du 27 août, avait longuement parlé sur la question des assignats. Comme il se réservait de la reprendre, et de répondre à toutes les objections qu'on pourrait faire, nous nous sommes contentés alors de noter ses conclusions ; aujourd'hui nous insérons son discours de réplique à peu près tout entier. Maury lui proposait une conférence, mais l'assemblée n'y consentit pas. —*Sans prétendre donner notre opinion sur ce grand débat économique, nous ferons observer au lecteur que dans les crises financières antérieures, aussi bien que dans celle-là, la liquidation a toujours cherché à se résoudre par une transformation du signe des richesses. Nous avons fait cette remarque sur les entreprises de Law, et sur celles de Necker, lors de son premier ministère. Nous avons dit que l'un et l'autre avaient reconnu l'extension que le crédit était appelé à recevoir, mais qu'ils en avaient ignoré le soutien et la source. La conception de Mirabeau et celle de tous les partisans des assignats pèchent par le même vice de logique : ils s'obstinent en effet à justifier les assignats sur ceci, qu'ils représentent les biens nationaux. Or, les biens nationaux, pas plus qu'un autre instrument de travail quelconque, comme on parle aujourd'hui, n'étaient la base du crédit : c'était donc ne pas sortir de l'ancien système économique. Pour entrer dans le nouveau, pour opérer une révolution qui est encore à faire, il aurait fallu poser le travail comme source unique de la richesse ; et la probité, c'est-à-dire la morale, comme caution du travail. Alors le crédit eût été fondé, et il se serait appliqué de lui-même au signe de la richesse, par celà même que ce signe aurait représenté la richesse réelle.

L'argumentation de Mirabeau dut sa fortune à des inconséquences. Tout ce qu'il dit en effet de la confiance est antilogique à son principe général; mais quoique sa science fût fausse, son sentiment était vrai, et il devait révolutionnairement prévaloir sur celui des hommes qui avaient une science aussi fausse que la sienne, et de plus le sentiment faux du passé.

[*M. Riquetti l'aîné.* Il s'est introduit un ordre pour la parole extrêmement étrange, qui éloigne mon tour chaque fois que je me présente. L'assemblée m'a accordé de résumer la question. Je demande qu'elle fixe le moment où elle daignera m'entendre. Je désirerais que M. l'abbé Maury me répondît, que M. Barnave fût ensuite entendu et que la discussion fût fermée.

M. l'abbé Maury. Je n'ai point composé de pièce d'éloquence, je n'ai point de discours. Je demande que M. Mirabeau monte à la tribune, qu'il parle, et moi, près du bureau de M. le président, je lui ferai mes objections, auxquelles il répondra.

L'assemblée repousse cette proposition, et décide que M. l'abbé Maury parlera à son tour.

M. Riquetti l'aîné monte à la tribune.

M. l'abbé Maury près du bureau, fait signe qu'il veut parler. — On observe que M. l'abbé Maury n'a pas la parole.

M. l'abbé Maury. Me voici placé, si M. Mirabeau veut me proposer ses difficultés.

L'assemblée repousse de nouveau ce mode de discussion.

M. Riquetti l'aîné (ci-devant Mirabeau). J'eus l'honneur de vous exposer, le 27 août dernier, la mesure que je croyais la plus convenable pour liquider cette partie de la dette nationale, appelée dette exigible; et je me félicite du temps écoulé dès-lors jusqu'au moment actuel, qui nous approche d'une résolution définitive sur cette matière. Le projet que je soumis à votre examen, et les raisons dont je l'appuyai, ont engagé une discussion très-étendue; la question a été agitée dans tous les sens, soit dans cette assemblée, soit dans des sociétés particulières; de nombreux écrits ont été publiés contradictoirement; rien ne manque, ce me semble, de tout ce qui peut mûrir une décision.

Mais il arrive, dans des matières de cette étendue, susceptibles d'être envisagées sous tant de faces, qu'on s'embarrasse enfin par la multitude des objections et des réponses; et la discussion, où tout semble exposé et balancé, reporte les esprits au même point d'incertitude d'où ils sont partis; car le doute est bien plus le résultat des lumières vagues que de l'ignorance. Je pense donc, qu'après le grand jour jeté de toutes parts sur cette question, le meilleur moyen de trouver une issue dans ce labyrinthe, c'est de nous rallier aux principes, de saisir le fil qu'ils nous offrent, et de marcher alors avec courage, à travers les difficultés et les fausses routes. Ce serait également offenser vos lumières, et abuser d'un temps précieux, que de tenir compte de toutes les difficultés élevées contre notre moyen de liquidation, et de m'occuper à y répondre. Quelques tableaux où je retracerai des vérités qu'on oublie, des principes que l'on veut ébranler; où je repousserai, entre les attaques quelconques, celles qui m'ont semblé les plus spécieuses, et d'autres même qui peuvent emprunter quelque éclat de leurs auteurs; où je ferai marcher en opposition la mesure des assignats-monnaie, avec d'autres mesures que l'on vous présente : voilà ce que je vais mettre sous vos yeux.

Pourquoi suis-je obligé d'insister de nouveau sur un fait que nous regardons tous comme la pierre angulaire de l'édifice que nous élevons; de raffermir une base sur laquelle reposent toutes nos espérances; de rappeler que les domaines que nous appelons nationaux, sont entre les mains de la nation, que certainement elle en disposera par votre organe; de déclarer que la constitution est renversée, le désastre inévitable, la France en dissolution, si la vente des biens nationaux ne s'effectue pas immanquablement, si elle n'est pas partout protégée, encouragée; si les derniers des obstacles qui peuvent s'y opposer ne sont pas renversés, détruits; si le moindre acheteur peut éprouver de la part des premiers usufruitiers, des premiers fermiers, quelque empêchement à rechercher, à examiner les possessions à sa convenance; si tout, dans ces acquisitions, en un mot, ne présente pas une face accessible qui les favorise? Quel est le but de ces observations? vous ne l'ignorez pas; c'est qu'on semble encore douter, ou du moins on voudrait faire douter, que la vente des biens nationaux puisse s'accomplir et triompher des difficultés qu'on lui oppose. Ecoutez les discours qui se répandent; lisez les écrits que l'on publie; voyez surtout le mémoire du ministre des finances, qui vint attrister cette assemblée, au sein des espérances dont je venais de l'entretenir. Vous verrez qu'on ne veut pas croire à cette opération nationale; qu'on part, dans tous ses raisonnemens, d'un principe de doute et de défiance. Car il serait absurde de prétendre renverser un projet solide, fondé sur la valeur réelle de nos assignats, si l'on ne contestait pas au fond cette valeur, si l'on ne se plaisait pas à regarder comme conjectural, tout le système de la restauration de nos finances, qui repose sur ce fondement. C'est donc la persuasion de la vente certaine et instante des biens nationaux, qui peut seule assurer le succès de notre projet de liquidation par les assignats, comme il n'y a que cette vente effective qui puisse sauver la chose publique. Ainsi, je mets au nombre des ennemis de l'État, je regarde comme criminel envers la nation, quiconque cherche à ébranler cette base sacrée de tous nos projets régénérateurs, à faire chanceler ceux qui s'y confient. Nous avons juré d'achever, de maintenir notre constitution; c'est jurer d'employer les moyens propres à ce but; c'est jurer de défendre les décrets sur les biens nationaux, d'en poursuivre jusqu'à la fin, d'en hâter l'exécution; c'est un serment civique, compris dans le serment que nous avons fait; il n'y a pas un vrai citoyen, pas un bon Français, qui ne doit s'y réunir. Que la vente des biens nationaux s'effectue; qu'elle devienne active dans tout le royaume, la France est sauvée. (On applaudit.)

Je pars donc de ce point fondamental, et j'ai d'autant plus de raison, que, quelque système qu'on embrasse, reconstitution, contrats, quittances de finances, assignats, peu importe; il faut toujours en revenir là. Que vous échangiez les créances sur l'État contre des titres nouveaux et uniformes, qui aient pour gage des biens nationaux; ou que les créanciers soient admis à l'acquisition de ces biens, par l'échange immédiat de leurs créances; la libre disposition des biens nationaux, la sûreté de l'acquisition pour les créances n'est pas moins nécessaire dans tous les cas, pour que la liquidation de la dette puisse s'opérer. Qu'on ne s'imagine donc pas, en énervant la confiance due aux assignats, en présageant d'après cela une dégradation sensible de leur prix, pouvoir faire prédominer quelque autre plan de liquidation ; il serait frappé du même vice ; et il faut convenir, ou qu'un assignat, ou qu'une portion équivalente des biens nationaux, c'est la même chose, ou que la dette nationale est impossible à acquitter en aucune manière par ces mêmes biens. Il n'y a pas de réponse à cela. (Il s'élève des murmures. On remarque les mouvemens de M. Maury.) Je parle de la confiance due à la valeur de nos assignats, et dans ce sens, il n'y a pas, sans crime, de réponse à ce que je viens de dire. Ainsi ne nous départons point de cette vérité ; et que les adversaires de notre mode de liquidation le sachent enfin : c'est que nos assignats ne sont point ce qu'on appelle vulgairement du papier-monnaie. Il est absurde en changeant la chose, de s'obstiner à garder le mot, et de lui attacher toujours la même idée. Nos assignats sont une création nouvelle, qui ne répond à aucun terme ancien ; et nous ne serions pas moins inconséquens d'appliquer à nos assignats l'idée commune de papier-monnaie, que nos pères ont été peu sages d'avoir estimé le papier de Law à l'égal de l'or et de l'argent. Et ici, l'on prétend m'opposer à moi-même. L'on veut que je me sois élevé ci-devant contre ce même papier-monnaie que je défends aujourd'hui. Mais dans quel lieu ? dans quel temps ? Dans cette même assemblée ; dans la séance du premier octobre dernier, où il s'agissait aussi de papier-monnnaie. Ouvrons donc le journal de cette séance. Voici mot à mot ma réponse à M. Anson, comme elle est rapportée dans les journaux du temps. « Je sais que, dans les occasions critiques, une nation peut être forcée de recourir à des billets d'état (il faut bannir de la langue cet infâme mot de papier-monnaie), *et qu'elle le fera sans de grands inconvéniens, si ces billets ont une hypothèque, une représentation libre et disponible.* Mais qui osera nier que, sous ce rapport, la nation seule ait le droit de créer des billets d'État, un papier quelconque, *qu'on ne soit pas libre de refuser ?* Sous tout autre rapport, un papier-monnaie attente à la bonne foi et à la liberté nationale : c'est la peste circulante. » Voilà ce qu'on appelle mon *apostasie.*

Vous voyez cependant que je distinguais alors ce que je distingue aujourd'hui ; que je distingue aujourd'hui ce que je distinguais alors. Vous voyez que je suis constant dans mes principes ; et vous voyez aussi que mes adversaires sont parfaitement constans dans les leurs.

Je poursuis. Qu'est-ce qui constitue le prix des métaux monnayés ? c'est leur valeur intrinsèque, et leur faculté représentative qui résulte de cette valeur. L'or et l'argent, considérés dans les objets auxquels ils sont propres, ne sont que des métaux de luxe dont l'homme ne peut tirer aucun parti pour ses vrais besoins. Ils ne sont pas moins étrangers aux premiers des arts, aux arts nécessaires, qu'ils ne le sont à notre nourriture, à nos vêtemens. Mais nonobstant cet usage restreint et non essentiel des métaux précieux, leur qualité représentative s'est étendue conventionnellement à tous les objets de la vie. Comparons maintenant nos assignats aux métaux-monnaie. A la différence de ceux-ci, ils n'ont aucune valeur intrinsèque ; mais ils ont à sa place une valeur figurative qui fait leur essence. Les métaux dont se forme la monnaie ne s'emploient qu'aux arts secondaires, et la chose figurée par les assignats, c'est le premier, le plus réel des biens, la source de toutes les productions. Or, je demande à tous les philosophes, à tous les économistes, à toutes les nations de la terre, s'il n'y a pas plus de réalité, plus de richesses véritables dans la chose dont nos assignats sont le type, que dans la chose adoptée sous le nom de monnaie. Je demande dès-lors, si, à ce type territorial, à ce papier figuratif du premier des biens, une nation comme la nôtre ne peut pas attacher aussi cette faculté de représentation générale, qui fait l'attribut conventionnel du numéraire. On la donne à des billets de banque, à des lettres de change, qui suppléent les métaux et les représentent ; comment refuserait-on le même crédit à des assignats qui sont des lettres de change payables à vue, en propriétés territoriales ? Comment n'auraient-ils pas le même cours, le même privilège que les métaux, celui d'être un instrument général d'échange, un vrai *numéraire national* ?

Mais nos assignats, dit-on, éprouvent ce désavantage, comparativement à la monnaie; c'est de ne représenter, en dernier résultat, qu'une seule chose, savoir, les biens nationaux. Eh! qu'importe si les biens nationaux eux-mêmes représentent tout? Quel est le créancier qui ne trouve pas ses écus sûrement placés, et représentés très-valablement, quand ils ont pour hypothèque un équivalent en propriétés foncières? C'est donc en envisageant, de fait et de droit, nos assignats sous ce point de vue; c'est en leur attribuant la valeur jurée par la nation, que je défends le projet de finance dont ils sont la base, et qui ne pourrait sans cela se soutenir. Et je regarde tout homme poussé par l'intérêt à prêcher une défiance qui les déprise, comme plus coupable envers la société, que celui dont la main criminelle dégrade les métaux précieux, et altère leur titre à la foi publique. Garantir cette base contre les attaques de la mauvaise foi, de la légèreté, des sophismes, ou de l'ignorance, c'est répondre à la plupart des objections élevées contre la proposition que nous avons faite. Je ne m'attendais pas, je l'avoue, à trouver toutes ces objections ramassées, accumulées dans le mémoire du ci-devant ministre des finances. Dans une matière aussi grave, je ne lui dois que la vérité. Les égards qu'il mérite d'ailleurs, ne peuvent affaiblir, dans mes mains, une défense toute consacrée au plus grand intérêt de la patrie. Quel n'a pas été mon étonnement, et vous l'aurez partagé, sans doute, d'entendre ce mémoire qui semble, d'un bout à l'autre, vouloir ôter tout crédit aux moyens d'alléger la dette publique, d'arracher les affaires, par une nouvelle révolution, à cette langueur qui nous tue! Tout ce mémoire repose sur l'avilissement présagé de nos assignats, et ne renferme pas un mot qui rende une justice ferme et encourageante à cette valeur. Tous les pronostics de décadence, applicables au plus vil des papiers-monnaie, y poursuivent notre numéraire territorial. Certainement si nous eussions eu besoin d'un écrit pour faire entrevoir à la nation le prochain rétablissement de la fortune publique, pour développer à tous les yeux l'étendue et la certitude de nos ressources, pour faire marcher, par une impulsion d'espérance et de courage, toutes nos affaires vers un amendement si désiré, nous aurions attendu un tel écrit de celui qui était à la tête de nos finances. C'est lui aujourd'hui qui vient assembler les premiers nuages sur la carrière que nous devons parcourir. N'est-il pas clair que tout se ranimera chez nous par le retour de la confiance, et que c'est à la faire naître qu'il faut s'appliquer? N'est-il pas clair que, désespérer l'entrée de tout rétablissement fondé sur notre seule ressource actuelle, c'est empêcher cette confiance précieuse de se rétablir? Qu'est-ce donc qu'on prétend par ces cris d'alarmes? Celui qui les pousse, est-il, quelques lumières qu'on lui accorde, un raisonneur si sûr, qu'on ne puisse, sans malheur, s'écarter de ses opinions? Si cela n'est pas, si nonobstant ses craintes, nous osons penser qu'on peut néanmoins marcher en avant, ne nuit-il pas dès-lors au succès de vos résolutions? Car les ennemis du bien public profitent de tout pour nuire aux affaires; et parmi les moyens qu'ils cherchent, celui que leur fournit le mémoire ministériel, ne leur échappera certainement pas; non que l'adoption d'une mesure quelconque, à plus forte raison d'une mesure si importante, doive jamais être irréfléchie et précipitée; non que la confiance publique ne doive être le fruit d'un mûr examen, d'un jugement éclairé par des discussions contradictoires. Mais c'est précisément contre cette ardente précipitation à trancher une question si grave et si compliquée; c'est contre cette violence de censure que je m'élève; c'est parce qu'un mouvement si impétueux, comme s'il s'agissait d'arracher la nation aux flammes, part d'un point assez élevé pour répandre une frayeur aveugle, pour remplir les esprits de préventions; c'est pour cela que nous sommes fondés à le réprimer. Convient-il, dans la situation actuelle de sonner la trompette de la défiance, au risque d'exciter cette défiance par ces prédictions? Quitte à dire, si ces maux arrivent : *On pouvait les éviter; je l'avais bien dit......* Eh! de grâce, dites-nous donc aussi ce qu'il faut faire; car il ne suffit pas, quand le vaisseau s'enfonce sous nos yeux, de crier à ceux qui veulent tenter d'en sortir : *Ne vous fiez pas* à cette nacelle; il faut leur fournir un moyen plus sûr de salut.

Mais voyons si notre ressource est tellement frêle qu'il soit périlleux de s'y confier; voyons du moins si les objections qu'on forme contre elle sont assez solides pour que nous devions la rejeter.

Le tableau que trace, dès les premières lignes, le mémoire que nous examinons, c'est celui de la disette du numéraire : marchands, manufacturiers, artisans, consommateurs, tous la ressentent, tous s'en plaignent. L'administrateur se dit tourmenté par la nécessité de pourvoir à cette partie des besoins publics. Il semble presque attribuer cette disette d'espèces à la trop grande abondance d'assignats qui sont déjà en circulation. *Je l'avais craint*, dit-il, *et le temps l'a prouvé*. Oserais-je remarquer qu'il y a peut-être ici quelque ingratitude envers les assignats-monnaie, et que ce serait plutôt le cas de reconnaître tous leurs bons services. Qu'aurions-nous fait et qu'aurait fait lui-même le ministre, si ces fâcheux assignats ne fussent venus à notre secours? Qui peut savoir où nous en serions sans cette ressource si déplorable? Le numéraire alors était déjà rare; rien n'alimentait le trésor public : c'étaient les mêmes plaintes qui se renouvellent aujourd'hui. Les assignats libres croupissaient dans la caisse d'escompte; il a fallu en faire de la monnaie pour leur donner cours, et quelque temps après, voici ce que ce ministre dit dans cette assemblée, mémoire du 24 mai :
« Vous apprendrez sans doute avec intérêt que le crédit des assignats s'annonce aussi bien qu'on pouvait l'attendre.... Le trésorier de l'extraordinaire ne peut suffire à toutes les demandes qui lui sont faites.... de nouvelles parties de billets destinés à la circulation. » Cet hommage rendu aux assignats-monnaie par le ministre, est d'autant plus probant et d'autant plus noble, qu'il n'avait aucune part à cette mesure.

Que prouve donc aujourd'hui contre les assignats cette disette de numéraire dont le public souffre, et l'inquiétude de l'administrateur à ce sujet? Elle ne prouve autre chose sinon que leur service n'est pas assez divisé, assez général. Les assignats actuels ont mis une valeur numéraire entre les mains de ceux qui n'avaient point d'espèces ; il faut maintenant qu'ils puissent les convertir en de moindres valeurs ; et c'est encore ce que de petits assignats permettront de faire. Mais cette solution même forme une objection nouvelle dans le mémoire ministériel. Il n'envisage qu'un redoublement de difficultés, d'embarras dans cette infinité d'échanges, puisqu'enfin les derniers assignats doivent se résoudre en numéraire. Je réponds à cela, premièrement, que dans l'état actuel des choses la difficulté est bien plus grande, puisqu'il faut changer un assignat de 200 livres, non-seulement quand on a besoin de quelque monnaie, mais de toutes les sommes qui sont au-dessous de cette valeur ; ce qui n'arrivera pas quand trois ou quatre assignats inférieurs les uns aux autres joindront les assignats de 200 livres à notre monnaie effective. Alors le plus grand nombre de ces petits assignats seront destinés à échanger ceux de forte somme, et il en résultera un bien moindre besoin de numéraire pour effectuer ces sortes d'échanges. Est-il douteux que l'administrateur, qui a éprouvé tant de difficultés à rassembler les espèces nécessaires pour ses divers paiemens, n'eût été très-soulagé par les petits assignats dont nous parlons, et dont ces paiemens pouvaient être formés en grande partie? Je réponds en second lieu, que si l'or et l'argent ont pris des ailes pour s'envoler en d'autres climats, il nous faut inévitablement quelque suppléant qui les remplace, et que s'ils sont resserrés par l'effet de la défiance ou de quelque mauvaise intention, il n'y a rien de tel que de les rendre moins nécessaires, pour qu'ils se montrent et redescendent à leur premier prix. C'est ici le lieu d'expliquer cette maxime financière si rebattue et si mal appliquée : *le papier*, dit-on, *chasse l'argent*. Fort bien. Donnez-nous donc de l'argent, nous ne vous demanderons point de papier. Mais quand les espèces sont *chassées* sans que le papier s'en mêle, admettez pour un temps le papier à leur place, et ne dites pas que c'est lui qui les chasse. *Le papier chasse l'argent!* De quel papier parlez-vous? Le mauvais papier, un papier-monnaie sans consistance, sans garantie, sans hypothèque disponible, qui est introduit par le despotisme d'un gouvernement obéré, qui est répandu sans bornes connues, et n'a point d'extinction prochaine; celui enfin dont je parlais le 1ᵉʳ octobre dernier, je vous l'accorde; quand un tel papier prétend rivaliser avec le numéraire, celui-ci se cache, et ne veut pas se compromettre dans la parité.

Le papier de commerce *chasse encore l'argent*, ou plutôt il le fait servir à d'autres dispositions, quand il abonde sur une place débitrice envers l'étranger et que les espèces y sont envoyées. Il le *chasse* de plus, ou plutôt il le resserre quand le papier afflue au point de faire suspecter sa qualité et d'éveiller la défiance. Mais ce n'est pas là notre papier. Les terres productives de tout valent bien les métaux qu'elles produisent; elles peuvent marcher de pair avec eux. Notre signe territorial ne *chassera* donc pas les espèces : il en tiendra lieu jusqu'à ce que l'activité les rappelle. Ils conspireront alors amiablement; ils circuleront ensemble dans la masse des échanges et des affaires. Mais j'entends ici l'auteur du mémoire se récrier de concert avec les détracteurs des assignats. « Quoi ! disent-ils, l'expérience ne renverse-t-elle pas déjà vos conjectures ? Ne connait-on pas le prix actuel des assignats contre de l'argent ? Que serait-ce si leur masse était quintuplée ? » Vous allez vous convaincre, d'un côté, que si les assignats perdent dans l'échange contre de l'argent, de l'autre, la cause qu'on en donne est fausse, et que ce fait ne prouve rien contre l'assignat. Je fais deux classes de tous les objets qu'on peut se procurer par les assignats : ceux qui excèdent ou égalent par leur valeur celle des assignats dont on les acquitte, et ceux qui, étant au-dessous de la moindre valeur de ces assignats, ne peuvent être payés qu'en espèces. Si les assignats étaient déchus de leur prix par trop d'abondance, les marchandises d'une certaine valeur qu'on paierait par des assignats en nature, seraient renchéries : c'est ce qui n'est pas. Il est de fait qu'on achète aujourd'hui avec un assignat de 200 livres toutes les choses dont la valeur en espèces était de 200 livres avant la création des assignats, et le vendeur, au surplus, tient compte de l'intérêt des assignats sans difficulté. Il n'est donc pas vrai que l'assignat perde sous ce point de vue, qui offre le seul moyen de connaître sa juste valeur dans l'opinion publique. Je sais bien que les assignats ont tort de se soutenir, puisque nos infaillibles raisonneurs assurent qu'ils doivent perdre ; mais ce n'est pas ma faute, et je raconte les choses comme elles sont. (On murmure.)

Pourquoi donc les assignats perdent-ils contre du numéraire ? C'est qu'il faut du numéraire à tout prix ; c'est qu'il en faut beaucoup pour l'échange de nos assignats actuels ; c'est que nos assignats ont beau être rares, les espèces le sont davantage. Eh ! n'avons-nous pas un fait bien capable de nous éclairer sur cette matière ? On sait que les écus perdent quand on veut les échanger contre des louis. (On murmure.) Dira-t-on pour cela que les écus sont en discrédit ? Non, mais c'est que l'or est encore plus rare que l'argent. Il y a plus : si le billon venait à manquer pour le peuple, c'est le billon qui ferait la loi, et nous verrions l'or et l'argent le rechercher avec perte. Le papier, même de commerce, gagne sur les espèces, quand on a grand besoin de ce papier, et qu'il est fort rare. On raisonne donc mal, on n'analyse rien, on prend une cause pour une autre, quand on attribue à la dépréciation des assignats le renchérissement des espèces. Faites en sorte d'avoir moins besoin de les échanger, créez de plus petits assignats, vous ne *chasserez* pas l'argent ; vous le rapprocherez du pair, et vous sentirez moins sa rareté. Cette seule observation répond aux trois quarts du mémoire ministériel. On insiste : on dit que des difficultés de toute espèce naîtront si l'on répand cette multitude de petits assignats dans une classe peu aisée, où leur échange serait un besoin de tous les instans. Mais qu'on me dise comment la même quantité d'espèces employées aujourd'hui à changer des forts assignats, ne suffirait plus à échanger les fractions de ces assignats ! Qu'on me dise comment, quand les assignats de 200 livres n'auront plus besoin d'être convertis en argent, puisqu'ils seront divisibles en assignats de moindre valeur, comment il sera si difficile de pourvoir alors avec cet argent aux derniers échanges nécessaires! Ce louis, que des laboureurs aisés ou des artisans économes ont actuellement dans les mains, s'anéantira-t-il si un assignat de 24 livres est mis à sa place? La société, pour recevoir un nouveau numéraire représentatif, cessera-t-elle d'être le dépôt commun de numéraire métallique? la petite monnaie, qui est l'or du peuple, quittera-t-elle sa bourse pour fuir en Angleterre ou en Allemagne? Un nouveau mouvement, au contraire, étant imprimé à notre industrie, le crédit renaissant par l'extinction de la dette publique, le numéraire étranger viendrait plutôt chercher nos productions; et peut-on craindre qu'en de telles circonstances notre avoir actuel en numéraire tende à s'échapper?

Mais ce n'est pas uniquement, je le sais, jusque dans les derniers rameaux de la circulation que les ennemis des assignats les poursuivent pour les décrier; ils les considèrent aussi dans leur masse: cette quantité que nous proposons les épouvante. Au lieu d'une puissance productive, ils n'y voient qu'un torrent de destruction. Le moindre éclair de la raison dissipera ces vaines terreurs. Je demande aux détracteurs de notre plan de quel génie bienfaisant, de quel pouvoir surnaturel ils attendent donc la restauration de nos arts, de notre commerce, de tous nos moyens de prospérité; je leur demande si c'est de la sécheresse de nos canaux qu'ils espèrent voir sortir des fleuves d'abondance; n'entendent-ils pas le besoin général qui pousse un cri jusqu'à nous? Je le répète: riches en population, riches en sol, riches en industrie, nous ne l'avons jamais été en numéraire. Pourquoi? c'est qu'un gouvernement vampirique a, depuis plus d'un siècle, sucé le sang des peuples pour s'environner de faste et de profusion. (On applaudit.) Ce prodigieux mouvement d'espèces qui en résultait dans la capitale, pour fournir à des emprunts immodérés et aux jeux forcenés qui en sont la suite, n'a jamais qu'une circulation stérile en bien, trompeuse dans ses apparences, désastreuse dans ses effets. La pléthore était au centre de l'empire, le marasme, la langueur aux extrémités. L'énormité de notre luxe en vaisselle, qui fait passer tant d'écus du coin au creuset, c'est une source de destruction pour le numéraire. Les vices de notre système monétaire en sont une autre chaque jour plus active. Ainsi, pour bien des raisons, nous n'avons jamais atteint le point de prospérité nationale auquel nous étions appelés par la nature; et les métaux précieux, qui sont à la fois le signe et le moyen de cette prospérité, ont toujours été chez nous fort au-dessous de nos besoins.

On craint une obstruction générale par cet accroissement subit et prodigieux du numéraire. Quant à moi, j'ai une crainte d'un autre genre : c'est que les opérations préliminaires et indispensables pour la liquidation de la dette, la vérification des titres, la fabrication et la délivrance successive des assignats, en prenant beaucoup de temps, ne prolongent notre langueur, et ne nous privent d'une partie des avantages qu'une plus prompte émission d'assignats nous procurerait. Nous appréhendons d'être écrasés sous le poids de ce numéraire de liquidation ! Ne le sommes-nous donc pas sous celui de la dette qu'il faut liquider ? Les avantages qui doivent résulter des remboursemens et du crédit qui en est la suite, ne sont-ils pas une belle réponse à ceux qui craignent que ce précieux numéraire ne s'avilisse, que l'argent ne fuie devant lui? Vos assignats-monnaie ne sont-ils pas un papier actif qui remplace le papier dormant, le papier fâcheux dont une grande partie de la dette exigible se compose? Cette surabondance nous effraie! Que nos voisins doivent rire de nos craintes! Comparez leur sol, leur population, leurs moyens aux nôtres; comparez ensuite à notre quantité de numéraire les valeurs qu'ils savent mettre en activité, vous verrez qu'ils en ont beaucoup plus que nous, sans comparaison, et que dans les valeurs qui forment leur circulation, il entre plus de billets que d'espèces. Vous verrez, par conséquent, que si nous portions notre papier-monnaie même à deux milliards, nous en aurions bien moins encore que ces riches insulaires. Et pour connaître à cet égard tous nos avantages, pensez que notre papier ayant disparu, il reste à sa place des campagnes, des domaines, les propriétés les plus précieuses, et que le papier national des Anglais ne porte que sur le prestige du crédit. Quoi donc ! craindrions-nous la ruine en nous acquittant avec notre signe territorial, tandis que l'Angleterre prospère malgré l'immensité de sa dette, au moyen d'un signe d'opinion, d'un vain simulacre de richesses ?

Ce sont de grandes erreurs sur la circulation du numéraire, qui font craindre si fort l'accroissement des assignats que nous proposons. On pense que tout le numéraire répandu dans la société doit se porter jusqu'aux derniers rameaux de la circulation ; et se subdiviser comme ces eaux qui, sortant de l'Océan, n'y retournent qu'après s'être transformées successivement en vapeurs, en pluies, en rivières. Mais si une portion du numéraire est destinée à la partie fécondante et productive de la circulation, une autre portion non moins considérable a pour objet le commerce, le transport des immeubles, les dépôts, une multitude de gros échanges. Or, si la subdivision des espèces est nécessaire dans la circulation productive, pour atteindre la main-d'œuvre, pour satisfaire aux menues dépenses, aux petits salaires, l'autre partie de la circulation commerciale n'éprouve pas les mêmes besoins. C'est à grands flots que le numéraire y roule; les déplacemens ne s'y font qu'en certaines masses; et comme le billon ne passe guère de la première de ces circulations à la seconde, de même la somme des métaux précieux qui servent à celle-ci est en plus grande partie étrangère à l'autre. Vous en pénétrez la conséquence. C'est particulièrement cette dernière sphère de circulation que vous êtes appelés à enrichir par l'émission de vos assignats, parce que c'est aussi dans cette sphère que se trouvent placés les fonds territoriaux qui leur correspondent. Vous jetez dans cette région du commerce de nouvelles marchandises et de nouvelles richesses ; et par l'activité des ventes, le signe disparaît à mesure que la chose le remplace. Vous n'arrêterez donc point de cette manière, vous n'embarrasserez point la circulation productive : elle profitera de tout ce qu'elle pourra s'approprier dans la circulation supérieure pour s'étendre, se vivifier. Celle-ci, de même, puisera dans la source abondante que vous ouvrirez, de quoi alimenter ses diverses branches, et le superflu de tous ces besoins sera nécessairement refoulé par la force des choses vers la masse des biens nationaux.

Or, je vous demande comment voir dans cette marche naturelle des affaires, ce désordre, ce chaos dont on nous menace? n'est-il pas plutôt dans les idées de ceux qui les peignent? Figurez-vous qu'au lieu d'un ou deux milliards d'assignats de 1,000, de 300, de 200 livres et au-dessous, vous missiez en circulation des pièces d'or de même valeur et en même nombre; ne voyez-vous pas 1° qu'une grande quantité de ces pièces seraient employées pour les grands besoins, sans être jamais échangées contre d'autres pièces ; 2° qu'il y aurait une autre partie de ces espèces dont la conversion en moindre valeur se ferait sans sortir de ce nouveau numéraire dont nous vous parlons; et qu'enfin les moindres de ces pièces d'or qui se rapprocheraient de notre numéraire actuel, et dont l'échange serait nécessaire, y trouveraient de quoi se convertir en écus, comme ceux-ci se convertissent en petites pièces de monnaie? Ainsi s'accompliraient de proche en proche, et sans embarras, tous les échanges nécessaires à la circulation générale.

Maintenant mettez des assignats de même valeur à la place des grosses espèces d'or que nous avons supposées, vous ne dérangez rien, les choses restent dans le même état, et vos assignats entrent dans la partie de la circulation à laquelle ils sont propres; ils s'échangent entre eux et avec notre numéraire, comme feront ces masses d'or dont nous venons de suivre les divers emplois.

Il est vrai que je place toujours vos assignats sur la même ligne que les métaux précieux; s'ils ne les valaient pas, il faudrait renoncer à notre mesure : mais comme des propriétés foncières sont une chose aussi précieuse que celle des métaux, et qu'on ne peut pas faire circuler en nature des arpens de terre, je pense qu'il est égal d'en faire circuler le signe; et qu'il doit être pris pour la chose même. (On applaudit.) Releverai-je ici un singulier rapprochement fait entre nos assignats et le papier-monnaie de certaines banques des États-Unis de l'Amérique, et de plusieurs puissances du nord de l'Europe? « Plusieurs de ces banques, dit-on, malgré des hypothèques territoriales équivalentes à leurs billets, n'en ont pas moins fait banqueroute. Les papiers de ces puissances, malgré les biens particuliers et nationaux qui les garantissent, n'en sont pas moins tout-à-fait déchus. » Mais pour mettre par un seul argument irrépliquable nos assignats hors de pair avec de tels papiers, je demanderai à ceux qui font ce parallèle, si nos assignats, qui ne s'éteignent qu'à une époque indéterminée, lors de leur emploi pour l'acquisition des biens nationaux, peuvent être comparés à des billets de banque payables à vue, et qui mettent la banque en faillite au moment où elle cesse de payer. Je demanderai, relativement au papier-monnaie des autres puissances, s'il y a aucune comparaison à tenter entre la prétendue garantie de ce papier, entre ces hypothèques vagues, qui ne sont point disponibles, dont personne ne peut provoquer la vente, et nos biens nationaux dont la vente est actuellement ouverte, et qui sont moins une hypothèque qu'un remboursement. J'aimerais cent fois mieux avoir une hypothèque sur un jardin que sur un royaume. (On applaudit.) Enfin, j'entends les Américains dire aux Français : « Nous avons créé, pendant notre révolution, de mauvais papier-monnaie, et cependant ce papier tel quel, nous a sauvés ; sans lui notre révolution était impossible. » Et vous qui avez aussi une révolution à terminer ; vous qui, à côté de grands besoins, possédez de grandes ressources ; vous qui avez encore plus de domaines à vendre que d'assignats sur ces domaines à distribuer ; vous qui, en créant ce papier solide, ne contractez point une dette, mais en éteignez une, vous n'oseriez vous confier à cette mesure ! Allons, après avoir commencé votre carrière comme des hommes, vous ne la finirez pas comme des enfans. (On applaudit.)

Le principe de la parité de prix, entre les métaux précieux et nos assignats, étant admis, et il faut bien l'admettre ; car c'est non-seulement un principe vrai, mais le seul qui nous sauve dans tous les systèmes ; ce principe admis, toutes les objections formées en général contre le papier-monnaie ne regardent pas nos assignats ; ce principe admis, les choses, en marchant avec le temps vers un établissement général, doivent conserver entre elles ces rapports dont on redoute mal à propos le renversement. On nous parle de la hausse des denrées, du renchérissement de la main-d'œuvre, et de la ruine des manufactures qui doit s'ensuivre. Eh ! qu'on nous parle donc aussi des centaines de manufactures qui n'ont point d'ouvrage, de cette foule d'ouvriers qui meurent de faim, de ces milliers de marchands dont les affaires s'anéantissent dans un repos dévorant ; qu'on nous parle des cruels effets, quelle qu'en soit la cause, de cette soustraction du numéraire, qui, s'il existe encore dans le royaume, est du moins sorti de la circulation, et qu'il faut remplacer, de manière ou d'autre, sous peine de ruine ! Vous fermez les yeux sur tous ces maux actuels, qui s'appellent, se multiplient les uns et les autres, et dont on ne peut calculer la durée et les conséquences ; et quand on vous présente un remède à notre portée, un moyen de vaincre la cruelle nécessité, toute votre industrie est de rechercher, de grossir les inconvéniens attachés à notre projet. Certes, ce n'est pas une chose juste de ne compter pour rien tous ces avantages, et de venir ensuite subtiliser à perte de vue sur les prétendues conséquences qu'ils entraînent ; conséquences si éloignées et si obscures, que l'esprit le plus profond a bien de la peine à les démêler. Oui, il est un point d'abattement dans les forces du corps politique, où il faut de grands moyens pour le remonter, sans qu'il en résulte même incessamment tout l'effet qu'on doit s'en promettre. Vous verrez des millions d'assignats se répandre, combler les vides, réparer les pertes, avant même qu'on s'aperçoive d'un vrai retour de force et de santé.

Ce n'est pas la nation seule qui a une dette à liquider. Dans ces temps nécessiteux, où des milliers de citoyens ont usé toutes leurs ressources pour se soutenir, ils ont entre eux une immensité de comptes à solder, une liquidation générale à faire. Ce sera là, sans doute, un des plus grands services, un des premiers emplois des assignats. Et quand leur effet se fera sentir près des premières sources de nos productions, de notre industrie, quelque renchérissement dans la main-d'œuvre serait peut-être un signe de prospérité : cela prouverait qu'il y a plus d'ouvrage que d'ouvriers. En supposant ce renchérissement, malgré la faveur maintenue aux assignats, par le crédit acquis à une grande nation qui se libère, et malgré la nécessité qui ne fait pas moins la loi à celui qui vend son travail, qu'à celui qui en a besoin, le système des assignats fournirait ici lui-même une compensation à cette perte ; car leur effet devant être d'abaisser l'intérêt de l'argent, le commerçant, le fermier, l'entrepreneur, profiteront de cet avantage, puisque la plupart sont débiteurs des fonds qu'ils emploient. Quand je pense que les biens nationaux et notre caisse de l'extraordinaire sont le débouché où vos assignats doivent tendre, où tous, enfin, doivent s'engloutir, je ne comprends pas qu'on puisse les traiter d'avance comme des valeurs détériorées, des titres qui perdront leur prix. Comment ne pas sentir que ce numéraire ne pourrait déchoir sensiblement, sans être recueilli par des mains empressées à lui faire remplir sa destination ? Se soutient-il, c'est une preuve qu'il est nécessaire ; tend-il à descendre, la vente des biens nationaux n'en est que plus prompte. Ici, comment se défendre d'un ressentiment patriotique ? Vous avez entendu dans cette tribune ces mots du mémoire ministériel : *On dira*, aux créanciers de l'État, *achetez des biens nationaux*. Mais à quelle époque et dans quel lieu ? À QUELLE ÉPOQUE ! À l'époque de la dette approfondie, connue, arrêtée ; à l'époque où toute la nation met son salut dans la vente des biens nationaux, et saura conspirer à l'accomplir ; à l'époque où les propriétés territoriales reprendront leur prix, et ne seront plus grevées par une féodalité barbare, par des impositions arbitraires. DANS QUEL LIEU ? Dans un lieu que le ciel a favorisé de ses plus heureuses influences, dans un empire sur lequel passeront les orages de la liberté, pour ne laisser après eux que le mouvement qui vivifie, que les principes qui fertilisent ; dans un pays qui appellera ceux qui cherchent un gouvernement libre, ceux qui fuient et détestent la tyrannie. (Une grande partie de l'assemblée applaudit.) Voilà *à quelle époque et dans quel lieu* les créanciers de l'État sont appelés à devenir propriétaires. Et si l'homme qui a prononcé ces étonnantes paroles était encore à la tête de nos finances, je lui dirais à mon tour : *à quelle époque* tenez-vous un tel langage, et *dans quel lieu* vous permettez-vous de le tenir? (Les applaudissemens redoublent.)

Ce même administratateur qui, plus vivement que personne a peint le dénuement que nous éprouvons, trouve néanmoins que nous avons encore assez de numéraire pour effectuer la vente de deux milliards de biens nationaux. Il ne pense pas que ces terres ajoutées à tant d'autres terres qui déjà ne se vendent point faute de moyens, se vendront bien moins encore, si le numéraire n'est point augmenté. Il redoute les assignats qui paient la dette publique; mais il craint moins ceux qui ne la paient pas. Il permet que le capital de la nation se ronge, se détruise pour acquitter tant bien que mal les intérêts qu'elle doit, pour subvenir à un déficit journalier : alors les assignats lui semblent nécessaires. Mais l'opération qui nous libère par leur entremise, et prépare pour le trésor public les moyens de diminuer à l'avenir ces secours extraordinaires, il la repousse, il la décrie comme désastreuse; et, sans nous rien offrir qui nous en tienne lieu, il nous livre de nouveau à la merci des événemens. Joindrai-je ici d'autres objections, qui, pour être énoncées par des hommes respectables, n'en sont pas moins faibles ou exagérées? On nous assure que mettre dans les mains du public tous ces assignats dont on annonce à plaisir le discrédit, c'est diminuer partout les moyens de consommation; c'est porter coup aux reproductions qu'elle encourage; c'est énerver le corps social; et l'on vous tient ce langage, quand les consommateurs n'ont plus le moyen de consommer, quand les reproductions ne sont plus encouragées, quand le corps social souffre de langueur, quand un nouveau numéraire, appelé fictif, quoique très-réel, semble créé par les circonstances, comme le meilleur moyen de soutenir le mouvement et la vie!

On vous dit que c'est une erreur en politique, de vouloir qu'un État acquitte sa dette ; que les intérêts de cette dette sont un suc nourricier et productif, qui fait fleurir et prospérer la société. Et l'on ne considère pas que ces intérêts si productifs ne produisent rien, quand on ne peut plus les payer, et que c'est alors que leur suppression est une ruine. On ne considère pas que c'est en suite de ce pernicieux système, que les Etats n'ont plus qu'une apparence de prospérité, qui peut s'évanouir au premier revers. On ne considère pas que ce sont des guerres insensées, de coupables profusions, de mémorables extravagances, qui ont obéré à la longue les gouvernemens, accablé les peuples, corrompu les mœurs, avili les ames. On ne considère pas que, si c'est là l'ouvrage du vice et de la folie, il n'est pas d'une politique bien sage, bien vertueuse, de nous exhorter à la maintenir. On vous dit qu'avoir en vue, dans ces opérations financières, de faire hausser ou baisser le prix de l'argent, c'est incapacité ou charlatanisme. Eh ! quand l'incapacité ou le charlatanisme ont formé dans la capitale de l'empire un tourbillon d'affaires dévorantes, un gouffre d'espèces; quand ils ont fait excéder par ce moyen toute borne aux taux de l'argent, qu'on vous permette de tenter à cet égard quelque réforme ; elle ne peut être que salutaire. Faire rétrograder l'intérêt par des principes contraires à ceux qui l'ont si monstrueusement élevé, c'est travailler à la prospérité nationale, c'est fonder le bien du commerce, de l'agriculture sur l'anéantissement d'une circulation improductive, d'un agiotage pernicieux. On vous dit que doubler ainsi le numéraire, c'est doubler en peu de temps le prix de tout ; que le même nombre d'objets à représenter ayant le double de signes, chacun d'eux doit perdre la moitié de sa valeur. Fausse conséquence s'il en fut jamais ; car les signes étant doublés, les objets à représenter se multiplient, les consommations, les reproductions s'accroissent ; mille choses abandonnées reprennent leur valeur, les travaux augmentent, d'utiles entreprises se forment, et l'industrie fournit une nouvelle matière à de nouvelles dépenses. Aujourd'hui que la moitié du numéraire semble évanoui, voyons-nous que tous les objets nécessaires à la vie s'acquièrent à moitié prix? Depuis l'émission des assignats, qui forment à peu près la cinquième partie de notre numéraire effectif, voyons-nous que le prix des choses se soit élevé d'une cinquième partie, qu'il ait même reçu quelque accroissement? Qu'on cesse donc de nous harceler en contant ces rêves; qu'on ne pense point nous effrayer par ces vains fantômes.

Je lis encore un pamphlet, où l'on prétend *avertir* le peuple sur le renchérissement du pain par les assignats. Mais mal raisonner n'est pas instruire; égarer, n'est pas *avertir*. On représente dans cet écrit l'argent comme une *marchandise*. A la bonne heure, dans sa qualité de métal, comme serait le fer et le plomb; mais dans sa qualité de monnaie, cela n'est pas. Alors l'argent représente tout; il sert à tout: c'est ce qu'aucune marchandise ne peut faire. Ces marchandises périclitent à les garder; elles ruinent le marchand par le chômage; il faut les vendre. Mais je n'ai pas encore ouï dire qu'on eût grande hâte de porter son argent au marché pour s'en défaire. Cette faculté que possède l'argent, de représenter l'universalité des choses, le soustrait aux conséquences établies par l'auteur. L'augmentation du numéraire n'augmente pas le besoin des premières subsistances, puisque ce besoin est borné par sa nature; mais facilitant et multipliant leur production, la plus grande partie du numéraire qui s'accroît se porte vers de nouveaux objets, et crée de nouvelles jouissances. Oublie-t-on encore nos relations commerciales? Et ne voit-on pas qu'un renchérissement sensible, dans les objets de première nécessité, les ferait affluer de toutes parts? Les faits se joignent ici au raisonnement. L'auteur donne l'exemple de l'Angleterre, où le numéraire surpasse de beaucoup le nôtre: *aussi*, dit-il, *les souliers y coûtent 12 livres*. J'aurais beaucoup à dire sur ces souliers de 12 livres; espèce de souliers qui apparemment ont la propriété particulière de coûter 12 livres à Londres, et ensuite à raison du transport, des droits d'assurance et d'entrée, de venir s'offrir à 7 livres, rue Dauphine, à Paris. Mais sans remarquer que les personnes qui sont appelées à consommer des choses recherchées et d'un prix un peu élevé, font aussi des profits plus considérables, je demanderai à l'auteur pourquoi il ne nous parle pas du prix du pain en Angleterre, puisqu'il s'agissait de pain dans son écrit? Pourquoi il ne nous parle pas en général du prix des alimens de première nécessité dans ce pays-là, du salaire des journaliers, et de la main-d'œuvre ordinaire? Il est vrai qu'il aurait été forcé de convenir que tout cela n'est pas plus cher, que tout cela même est moins cher en Angleterre qu'en France: Il aurait vu dès-lors que le numéraire doublé ne double pas le prix des choses nécessaires, et il n'aurait pas publié sa feuille.

Mais puisque nous sommes à l'Angleterre, qu'on me permette encore un mot sur cet échafaudage de raisonnemens, dont on veut épouvanter nos manufactures, en montrant leur ruine dans nos assignats. L'augmentation du numéraire, dit-on, renchérira les vivres; ceux-ci renchériront la main-d'œuvre; les ouvrages des manufactures hausseront de prix; nous ne pourrons plus soutenir la concurrence; et tandis que nous ne vendrons rien aux étrangers, ils nous inonderont de leurs marchandises, et finiront par emporter le reste de nos écus. Si cela pouvait être vrai pour nous à l'avenir, cela devrait l'être aujourd'hui pour les Anglais, puisqu'ils sont plus riches que nous en moyens de circulation. Or, vous savez comment nous devons craindre, par leur exemple, que cet horoscope ne s'accomplisse à notre égard. Fasse le Ciel que les assignats ruinent bientôt notre commerce, comme la multitude des guinées et des papiers ruine aujourd'hui celui d'Angleterre!

Ce ne sont là, sans doute, de la part de nos adversaires, que des caricatures économiques, qui ne permettent pas les regards sérieux de la raison. Mais je dois à cette assemblée une observation plus grave sur les aberrations d'un de ses honorables membres en fait d'économie politique, et sur le cas qu'on doit faire de sa diatribe contre les assignats et leurs défenseurs. Comment, après avoir *blanchi*, comme il le dit, dans l'étude des matières qui nous occupent, et j'ajouterai dans la carrière de la plus incorruptible probité, étonne-t-il si fort aujourd'hui et ceux qui le lisent et ceux qui l'entendent? Quoi! le même homme qui naguère, dans cette assemblée, justifiait les arrêts de surséance obtenus par la caisse d'escompte, qui défendait un privilége de mensonge et d'infidélité accordé aux billets de cette caisse, puisque ces billets portaient : *je paierai à vue*, et que l'arrêt disait : *vous êtes dispensé de payer à vue*; qui trouvait très-convenable, très-légale l'immoralité de ce papier-monnaie créé par l'impéritie du gouvernement, et dont le juste discrédit a donné à la confiance publique un ébranlement que nous ressentons encore; le même homme vient décrier aujourd'hui notre papier territorial, dont le prix repose sur l'or de nos plus riches propriétés; un papier qui, étant toujours payable en fonds nationaux, ne peut jamais perdre un denier de la valeur foncière, ni tromper un instant la confiance de son possesseur! Ainsi donc ce membre caresse une caisse en faillite, un gouvernement suborneur; et il diffame un papier national, un titre sacré, dont la solidité est inaltérable. Est-ce là le résultat que nous devons attendre de ses travaux et de ses lumières? (On applaudit.)

On vous dit, et ce sont des hommes célèbres, des académiciens que je cite; on vous dit que les assignats actuels embarrassent déjà la circulation. Possesseurs d'assignats, dites-nous en quoi votre embarras consiste; et moi, je vous montrerai des embarras tout autrement graves, faute d'assignats. (On applaudit.) On ajoute qu'un plus grand intérêt attaché à ces assignats en eût fait au moins un placement. On oublie donc que leur création ayant été sollicitée de toutes parts, par les besoins d'une circulation anéantie, c'eût été créer un étrange remède au manque d'argent, que de faire encoffrer les assignats, imaginés pour en tenir lieu. On prétend encore que ces assignats ne remédieront point à la stagnation du numéraire. Ils n'y remédieront point sans doute, si, comme ces auteurs l'entendent, on favorisait par de forts intérêts la stagnation des assignats. Enfin, on est aussi fondé à soutenir que les assignats sont inutiles, parce qu'ils ne feront point reparaître les espèces, que nous aurions été fondés, durant la disette, à rejeter le riz, parce qu'il ne faisait pas revenir du blé.

Le même détracteur des assignats compte parmi leurs dangers celui de faire penser bientôt au public qu'une seconde chambre, dans l'assemblée nationale, composée de propriétaires plus riches, aurait réprouvé cette fatale mesure. Or, voici qu'un autre détracteur des assignats dit au peuple, dans son pamphlet sur le renchérissement du pain, que les assignats ne sont bons que pour les gens riches. Daignez donc vous accorder, pour que nous sachions auquel répondre.

En attendant, nous demandons à celui qui semble invoquer le jugement des riches propriétaires contre ces assignats, comment il pense que ces propriétaires s'accommodent de la situation actuelle des choses, où les terres perdent chaque jour de leur valeur, faute d'argent pour les acquérir; où un très-grand nombre d'entre eux sont forcés de les vendre à vil prix, soit qu'ils ne trouvent pas à emprunter pour les affranchir, soit qu'elles ne puissent pas supporter l'intérêt énorme qu'on leur demande. Qu'il nous dise si, le numéraire n'étant point augmenté, ces terres ne seront pas encore plus dépréciées par la concurrence prochaine de deux ou trois milliards de biens nationaux; qu'il nous dise encore si des contrats ou des quittances, dont les dix-neuf vingtièmes seront à vendre, loin de fournir de nouveaux moyens de circulation, ne l'appauvriront pas toujours davantage, si tout cela peut relever le prix des fonds territoriaux, et améliorer le sort des propriétaires.

Il ne manquait plus à ce philosophe que de se passionner contre le projet des assignats, au point d'y voir trois ou quatre banqueroutes les unes sur les autres. Que nous conseille-t-il à la place? les chères quittances de finance, c'est-à-dire la perte inévitable du quart au moins de ces quittances pour la malheureuse foule des vendeurs. En vérité, c'est là un étrange remède. On reproche au système de liquidation par les assignats, qu'ils seront répandus long-temps avant que les domaines nationaux s'achètent; que l'acquit de ces domaines, par leur moyen, ne s'accomplira qu'au bout de plusieurs années, et qu'ainsi l'on ne peut regarder l'achat des biens nationaux comme débarrassant, à mesure, la circulation, puisqu'elle en sera d'abord surchargée. J'observe sur cela, 1° qu'il s'en faut bien que la somme d'assignats que nous proposons, double, dans la circulation actuelle, la somme de numéraire que nous possédons ordinairement. La moitié peut-être de cet avoir en numéraire a disparu de la circulation; ce déficit, qui tend à s'accroître, peut parvenir au point le plus effrayant. Ainsi l'émission proposée ne fait en plus grande partie que combler le vide et réparer la perte. 2° Il est impossible, quelque diligence que l'on mette dans l'examen des créances, l'apurement des comptes et la fabrication des assignats, de consommer cette grande opération sans un travail de plusieurs mois, peut-être de plus d'une année. On n'a donc pas à craindre une émission prompte et brusque de la totalité des assignats. 3° Ayant la liquidation de la dette exigible et l'émission de tous les assignats décrétés, une partie de ceux qui auront déjà été délivrés rentrera dans la caisse de l'extraordinaire, soit pour le premier paiement des acquisitions effectuées, soit pour le paiement complet de celles dont les acquéreurs ne voudront pas jouir des délais; de sorte qu'il n'existera jamais à la fois dans la circulation la totalité des assignats émis. 4° Cette mesure ayant pour objet de nous faire franchir par des secours nécessaires cette époque de compression et de besoin, le numéraire à mesure que le calme et la confiance reprendront le dessus, et que les affaires se rétabliront, sera rappelé et remplacera à son tour les assignats qui s'écouleront par les paiemens annuels de la caisse de l'extraordinaire. Cette substitution du numéraire aux assignats aura douze ans pour s'accomplir. Pendant ce temps, la nation jouira du produit des biens qui ne seront pas encore vendus ou acquittés; et les particuliers tireront des assignats tous les secours que les besoins de la circulation et l'état des choses pourront exiger.

Mais est-on plus heureux dans les mesures qu'on propose, au lieu d'assignats pour la liquidation de la dette, que dans le combat qu'on livre pour les écarter? On vous parle des quittances de finance escortées d'un intérêt plus ou moins fort. A la réquisition du porteur, elles seront échangées directement contre les biens nationaux ; et voilà cette créance éteinte, cette partie de la dette liquidée. J'entends : on part donc de cette vente comme incontestable ; c'est de l'or que l'on met dans la main du créancier, qui n'a qu'à vouloir pour acquérir. On ne peut donc pas refuser aux assignats la même solidité, la même valeur ; c'est de l'or aussi ; et la moindre défiance qui ébranlerait leur crédit, ferait tomber de même les quittances. Mais ces quittances, qu'en feront les propriétaires ? Que de papiers morts ajoutés à d'autres papiers morts ! Quel cimetière de capitaux ! Ces quittances auront-elles la faculté de métamorphoser leurs maîtres en agriculteurs ? Le plus grand nombre d'entre eux ne pourront pas faire cette disposition de leur fortune. Une foule de créanciers et d'arrière-créanciers se présentera ; le gage n'est pas transmissible à volonté ; et il faudra vendre. Cette masse énorme d'effets va créer, dans la bourse de Paris, un nouveau commerce improductif, qui achevera de ruiner toutes les branches du commerce utile ; et toute autre espèce d'industrie. C'est là que les assignats, actuellement en circulation, et le peu d'écus qui restent encore dans le royaume, seront attirés par ce tourbillon vraiment dévorant. C'est là que seront pompés les derniers sucs qui laissent encore à nos affaires une ombre de vie. Mais qui s'engraissera derechef aux dépens de la chose publique ? ceux-là seulement qui ont des écus libres, des millions à leurs ordres ; tandis que la pluralité des créanciers de l'état verront leur ruine, au moment où ils feront argent de leurs quittances.

En laissant dans l'abîme cette multitude de victimes, suivons la destinée de ces effets. Ou le capitaliste accapareur, après avoir spéculé sur les quittances, spéculera encore sur les domaines ; il dictera la loi aux campagnes, et vendra cher son crédit à leurs habitans, ou il gardera dans son portefeuille ces quittances acquises à vil prix, qui lui rapporteront un intérêt considérable ; et dès-lors les biens nationaux ne se vendront pas. Le remède à ce mal serait donc de soustraire ces porteurs de quittances à la servitude de leur position, à l'empire de leurs créanciers ; de donner à leurs créances sur l'état une valeur qu'elles ne puissent perdre, de manière que, passant de main en main, elles rencontrent enfin un propriétaire qui puisse les réaliser. Or, c'est là précisément la nature et la fonction des assignats-monnaie. Des revers multipliés, dit-on, les attendent dans la carrière qu'ils ont à fournir. Mais ces prophètes de malheur ne connaissent pas de quels spéculateurs ils sont les aveugles échos ; ils se perdent dans l'avenir, et ne savent pas voir ce qui se passe autour d'eux. Voici le mystère : on peut faire trois classes principales des détracteurs ou des défenseurs des assignats. La première est composée de ceux qui, jugeant la mesure des assignats indispensable, ne laissent pas d'en dire beaucoup de mal ; et pourquoi ? c'est qu'ils veulent, par ce moyen, empêcher l'essor des effets publics ; et ils en achètent tant qu'ils peuvent, certains de la faveur que la nouvelle création d'assignats leur donnera. Le décri des assignats est pour ces gens-là une spéculation de fortune. La seconde classe est celle qui a vendu des effets à terme ; elle tremble que ces effets ne haussent : son intérêt est aussi de décrier les assignats, de prêcher les quittances de finance, les moyens qui retardent le crédit ; mais voyant que la mesure des assignats prend faveur, ils s'efforcent de leur associer du moins quelque papier lourd, d'attacher le mort au vif ; afin de retarder l'action de celui-ci, et de diminuer leur perte. La troisième classe est celle qui se déclare en faveur des assignats, rondement, consciencieusement, en les regardant comme un moyen nécessaire et patriotique. Je crois fermement qu'on doit ranger dans cette classe les premiers promoteurs des assignats, et la grande majorité de ceux qui sont attachés à cette mesure. (On applaudit.)

Un orateur s'élève avec un nouveau projet à la main ; il rejette, dès l'entrée, les assignats, et ses premiers argumens sont les troubles répandus dans le royaume, les désordres suscités par les ennemis de la révolution, et la défiance publique qui en est la suite. Or, je vois bien là les raisons qui chassent l'argent, qui créent la misère générale ; mais je n'y vois pas celles qui empêchent qu'on ne remplace cet argent, qu'on ne subvienne à cette misère, et je plains l'orateur qui marche ici à rebours de ses intentions, et qui plaide si bien, sans s'en apercevoir, en faveur du parti qu'il voulait combattre. Il continue, il se récrie de ce qu'on pense faire des amis à la constitution, par la cupidité et non par la justice. Mais les assignats-monnaie font *justice* à tout le monde; mais ils soustraient une foule de citoyens à la *cupidité* de quelques hommes. Eh! vraiment, il est permis, peut-être, de combattre un intérêt par un autre; il est permis d'opposer à l'intérêt mal entendu, qui fait les anti-révolutionnaires, un intérêt bien entendu, qui arrache les égoïstes à leur système d'indépendance, et les lie, par leur fortune particulière, à la fortune publique, au succès de la révolution. Je supplie donc ces moralistes sublimes, qui s'indignent ici contre moi, de me permettre de ramper loin d'eux dans la bassesse du sens commun et d'une raison toute vulgaire. (On applaudit.) L'honorable membre descend enfin à la proposition d'un décret, où il admet pour huit cents millions de ces redoutables assignats. L'académicien qui les a comparés à de l'arsenic, pourra trouver que la dose ici en est un peu forte; mais voici le grand antidote : ce sont les quittances de finance. L'orateur en demande pour le remboursement de la dette, et ces quittances ne pourront être refusées en paiement par les créanciers-bailleurs de fonds. Mais rien, selon moi, de plus inadmissible que cette mesure. Comment l'état peut-il distinguer deux espèces de créanciers pour la même quittance? Celui qui la reçoit de la seconde main ne devient-il pas créancier de l'état, au même titre que celui qui la reçoit de la première? Pourquoi donc cette quittance commence-t-elle par exercer, en faveur de l'un, les droits de papier forcé, pour tomber tout-à-coup, au préjudice de l'autre, dans les inconvéniens du papier libre? La justice a-t-elle ainsi deux poids et deux mesures? et la nation peut-elle les admettre dans sa balance? Un prélat a fixé l'attention sur cette matière. Je ne me propose pas de suivre le fil délié de sa discussion contre les assignats. Il me suffira d'en saisir quelques traits essentiels, et de leur opposer un petit nombre de vérités simples et incontestables.

Cet orateur observe que les biens nationaux n'étant point une augmentation de richesses territoriales, les assignats qui en sont le type ne représentent point non plus une richesse nouvelle; et il rejette, en conséquence, la qualité de monnaie qu'on veut leur donner. J'observe à mon tour que si les biens nationaux ne sont pas une nouvelle richesse, ils sont du moins une nouvelle marchandise; que les assignats peuvent être institués par-là même comme une monnaie accidentelle pour les acquérir, et qu'ils disparaîtront quand la vente sera consommée. (On applaudit.) On a vu des nations forcées de créer au hasard du papier-monnaie dans des circonstances pareilles aux nôtres. Plus heureux dans nos besoins, nous avons une richesse réelle à mettre en circulation. Ceux qui acheteraient des biens nationaux avec des quittances de finance, les acheteront également avec des assignats; mais ceux qui n'en pourront pas acheter avec leurs assignats, par le besoin d'en disposer pour quelqu'autre usage, qu'auraient-ils fait de leurs quittances? Ils les auraient vendues à perte pour se procurer ces mêmes assignats. Ainsi l'assignat, par cela même qu'il est entraîné pour quelque temps dans la circulation, atteste sa double utilité; et la quittance de finance ne peut point le remplacer à cet égard. Supposons que la nation acquît tout à coup assez de numéraire pour payer sa dette; qui pourrait se plaindre qu'elle l'appliquât à cet usage? qui pourrait se récrier contre une telle opération, et la repousser par ses conséquences? Je soutiens que nous avons un numéraire moins dangereux pour nous libérer; il n'est pas à demeure : il ne nous surchargera pas. Nos fonds territoriaux seuls sont permanens; et c'est un papier à temps qui les représente. Ce papier, quoique fugitif, ne prendra pas du moins le chemin de notre vaisselle, de nos bijoux et de nos écus. (On applaudit.) C'est donc une utile, une heureuse mesure pour la nation que de remplacer son numéraire par les assignats, tout en s'acquittant par-là de ce qu'elle doit. C'est à tort que le même censeur de notre projet distingue, quant aux assignats, deux ordres de personnes : les débiteurs qui s'en déchargent et les créanciers qu'ils embarrassent; car les mêmes hommes, considérés individuellement, étant pour la plupart créanciers et débiteurs à la fois, peu leur importe de quel moyen d'échange ils se servent, pourvu que ce moyen soit reconnu valable, et qu'ils puissent le transmettre comme ils l'ont reçu.

On a peine à comprendre que l'honorable membre dont je parle ait pu imputer aux assignats le mauvais usage ou l'emploi détourné qu'on pourrait en faire, comme de les resserrer par malice, d'en acheter de l'argent, afin de l'enfouir, d'acquérir par leur moyen des biens particuliers et non nationaux. Car mettez, je vous prie, des quittances de finance à la place d'assignats, et voyez si la mauvaise intention n'en tirera pas le même parti. Mais, direz-vous, il faudrait vendre pour cela les quittances de finance, et il y aurait trop à perdre. J'avoue que je n'ai rien à répondre à une pareille apologie des quittances de finance. Créer des assignats-monnaie, poursuit l'orateur, qui perdront un dixième sur les espèces, c'est comme si l'on augmentait le prix des espèces d'un dixième; c'est élever l'écu de 6 livres à 6 livres 12 sous. Je conviens d'abord que s'il n'y avait point d'assignats, on ne pourrait pas leur comparer les écus, et que ceux-ci ne gagneraient rien vis-à-vis des assignats. Mais alors les écus gagneraient une foule de choses qu'on achète aujourd'hui au pair avec l'assignat, et l'on aurait pour 6 livres, non pas seulement ce qui se paie aujourd'hui 6 livres 12 sous, mais des valeurs peut-être de 7 ou 8 livres. Or, j'aime mieux à tous égards que la rareté des écus leur fasse gagner un peu sur les assignats, que si la plupart des choses perdaient beaucoup contre les écus. Je reviens donc à cette vérité : c'est que l'assignat gradue la valeur des espèces, et que la rareté seule de ces espèces en hausse le prix. Suivons l'orateur dans ses observations sur le change, relativement à notre commerce avec l'étranger, en supposant la perte future qu'il attribue à l'assignat-monnaie. Il en résulte, dit-il, qu'alors le Français qui commerce avec l'Angleterre, soit comme vendeur, soit comme acheteur, perdra sur le change. Mais pénétrons plus avant, et passons du principe à la conséquence. Que les marchandises anglaises renchérissent pour nous, dès-lors moins de consommation, moins de demandes pour les objets de fantaisie, moins d'argent qui sort du royaume, et tout se compense. Que les marchandises françaises soient acquises à meilleur marché par les Anglais, dès-lors il y aura plus de débit, plus de commissions; le prix haussera; on gagnera d'un côté ce qu'on perdra de l'autre. Enfin alimenter, raviver notre industrie, mettre la balance de notre commerce en notre faveur, c'est l'essentiel. Il n'y a rien de plus ruineux pour un pays, que d'y payer l'argent au poids de l'or, d'y languir, de ne rien manufacturer, de ne rien exporter. Quelques inconvéniens, qui même sont bientôt balancés par des avantages, ne sont rien au prix d'une telle calamité, et les plus fines, les plus ingénieuses argumentations contre les assignats-monnaie n'ébranleront jamais la masse des raisons et des faits qui en établissent la nécessité.

L'habile orateur dont je parle s'est contenté, dans son projet de décret, d'écarter les assignats comme les ennemis les plus dangereux de son dernier plan de liquidation. Il me suffit donc, pour écarter son plan, d'avoir vengé contre lui les assignats.

Mais ici, entre notre signe territorial et ces divers moyens de remboursement, une grande différence se présente à son avantage : c'est la nation qui paie l'intérêt de ces reconnaissances, de ces quittances mortes. Mais l'assignat agit, fructifie comme numéraire entre les mains qui l'emploient; et tandis qu'il circule, la nation perçoit les intérêts des biens dont il est le gage.

Et je ne puis m'empêcher de m'élever contre divers projets d'association qui ont été présentés entre l'assignat-monnaie et les quittances de finance, soit contrats ou reconnaissances pour le paiement de la dette. Je m'élève, dis-je, contre cette association comme n'ajoutant rien à la confiance due aux assignats, comme compliquant la mesure, comme prodiguant des intérêts inutiles, comme ouvrant la porte à des spéculations dont les suites peuvent être pernicieuses. Et quant à l'option laissée aux créanciers, dans quelques projets, entre les assignats et les obligations territoriales, pourquoi cette option a-t-elle été imaginée? C'est en comptant, dit-on, sur la préférence qui sera donnée aux assignats. Je demande si une aussi puérile combinaison est digne de cette assemblée.

Je sais qu'en dernière analyse la nation ne gagnerait rien à l'économie d'intérêt dont je viens de parler, si l'assignat venait à tomber en discrédit; mais après tout ce que nous avons observé à cet égard, il nous est permis de regarder cette épargne d'intérêt comme quelque chose : nous devons surtout en sentir la conséquence dans les circonstances où nous entrons.

L'impôt, dont le nom seul jusqu'à présent a fait trembler les peuples, mais qui doit présenter maintenant un tout autre aspect, l'impôt va recevoir chez nous une nouvelle forme. Nos charges seront allégées; mais nous avons encore de grands besoins. Le fardeau, ci-devant plus divisé et supporté dans ses différentes parties de jour à jour, pour ainsi dire, se faisait peut-être moins sentir, bien qu'en somme il pesât cruellement sur la nation. Aujourd'hui qu'il va se concentrer en quelque sorte, et se rapprocher plus près des terres, il peut étonner le peuple, et lui sembler pénible à porter. Cependant il n'est aucun de nous qui ne sente combien le succès de cette grande opération importe à celui de tout notre ouvrage : nous n'aurions rien fait pour la tranquillité et pour le bonheur de la nation si elle pouvait croire que le règne de la liberté est plus onéreux pour elle que celui de sa servitude. (On applaudit.)

Nous pouvons affaiblir maintenant cette redoutable difficulté; nous pouvons diminuer les impositions de toute la différence qui existe entre l'intérêt qu'on attachera aux quittances de finance, ou autres instrumens de liquidation, et le revenu d'une masse de biens nationaux équivalant au capital de ces quittances; nous pouvons les diminuer encore de la différence entre l'intérêt de la somme des quittances qu'on voudrait donner en remboursement des divers offices, et celui que perçoivent aujourd'hui leurs titulaires. En rassemblant ces deux objets, dont l'évaluation dépend du rapport entre ces différens intérêts, on peut assurer à la nation, pendant plusieurs années, une grande épargne, si l'on acquitte par des assignats la dette actuellement échue. Il est bien d'autres épargnes qui seraient le fruit de cette mesure ; mais il en résultera évidemment un *moins imposé* pour les Français. Or, si le parti des assignats présente d'ailleurs tant d'avantages, et si nous pouvons les regarder comme un titre d'une solidité si parfaite qu'on ne doive point en craindre l'altération, vous sentez quelle prépondérance y ajoute le soulagement qu'ils apportent au fardeau des subsides; vous sentez même quel accueil cette économie peut valoir à la mesure des assignats, et comme le public sera disposé à favoriser leur succès par la confiance; vous sentez combien votre système général d'impôt trouvera plus de facilité à être adopté en le présentant comme un résultat diminué d'une somme si considérable; vous sentez enfin quel avantage ont encore ici les assignats, qui, en allégeant les impositions, en facilitant de plus le paiement par leur qualité circulante, au lieu que les quittances de finance, avec tous les autres vices, aggravent les charges de l'État et ne fournissent aucun moyen de les supporter.

Quand je réduis la création des assignats-monnaie à la somme strictement nécessaire pour le paiement de la dette actuellement exigible, c'est que nous devons leur laisser tout l'appui d'un gage étendu, et que la juste confiance qu'il importe de leur assurer, nous prescrit, à cet égard, des bornes inviolables. Et je ne conçois pas comment l'on a inféré de mon précédent discours sur ce sujet, que je comprenais dans cette dette exigible celle qui rigoureusement n'est pas exigible, celle qui ne l'est point encore, et qui ne le sera qu'avec le temps. Je ne comprends pas que quelques personnes se soient effrayées de ma proposition, comme si j'avais demandé la création de deux milliards d'assignats-monnaie, tandis que je n'ai pas articulé une seule somme. Quand même la masse des fonds nationaux et disponibles pourrait s'élever à trois milliards, pouvons-nous compter sur cette somme? Nous savons bien que tout est à vendre, mais la fleur des biens attirera les premiers empressemens; et quant au reste, une partie peut rester long-temps sans acheteurs. La prudence nous oblige donc à borner l'aperçu de cette richesse territoriale à deux millards. Joignons aux quatre cents millions d'assignats répandus une réserve à peu près égale pour les besoins futurs et contingens ; reste au-delà d'un milliard pour l'acquit de cette partie de la dette publique, à laquelle on peut donner le plus strictemeut le nom d'exigible. Si nous savions nous réunir sur les objets que je viens de mettre sous vos yeux ; si nous savions écarter les nuages d'une fausse défiance, d'où peuvent encore partir les tempêtes ; si, nous ralliant aux vérités qui sauvent, nous n'avions d'ardeur que pour les défendre et les propager, toute incertitude, toute crainte, cesseraient, et la restauration de nos affaires serait très-prochaine. Rien n'est plus fragile que la confiance, puisqu'elle dépend toujours, en quelque point, de l'opinion ; l'ébranler est donc un grand tort, quand elle repose sur de bonnes bases, quand elle peut faire le salut de la nation. Tous Français, compatriotes et frères, nous ne pouvons ni périr, ni nous sauver les uns sans les autres : en nous élevant au-dessus de circonstances passagères, sachons voir que les mêmes intérêts nous commandent les mêmes vœux, nous prescrivent le même langage. (On applaudit.)

Comment donc souffrir, dans la grande affaire qui nous occupe, qu'on emploie plus de mouvemens pour diviser les opinions des citoyens, qu'il n'en faudrait pour les éclairer et les réunir ? Ignore-t-on les menées, les instigations, les instances que l'on s'est permises ? Ignore-t-on qu'après avoir fait parler l'aveugle intérêt, et soufflé son rôle à l'ignorance, on vient ensuite nous donner ce résultat comme le jugement libre et réfléchi de l'expérience et des lumières, comme le vœu respectable des manufactures et du commerce ? Est-ce là cet oracle pur de l'opinion publique, qui devait nous servir de guide ? N'est-ce pas plutôt la voix déguisée d'un égoïsme astucieux, qu'il nous suffit de reconnaître pour le repousser ? Et voulez-vous pénétrer les motifs de ces clameurs mercantiles, de ces répulsions financières, qu'il a été si aisé d'exciter contre les assignats ! Sondez les intérêts d'un certain ordre de commerçans; apprenez quels sont les calculs des fournisseurs d'argent et de crédit. Les manufactures sont toutes tributaires des uns ou des autres. Ceux-là, soit que voués au commerce de commission, ils fassent des fonds aux fabricans sur leurs marchandises; soit qu'adonnés à la banque, ils se chargent d'acquitter leurs engagemens, tous mettent un prix de 6 pour 100 à leurs avances; ceux-là, riches commanditaires, portent jusqu'à 10 pour 100 et au-delà, l'intérêt de leurs capitaux. Or, créons des capitaux en concurrence; élargissons, facilitons la voie des emprunts et du crédit; abaissons par-là même le taux de l'intérêt, n'entendez-vous pas crier aussitôt ces commissionnaires, ces banquiers, ces capitalistes? Mais vous ne vous y trompez pas : ce cri est un suffrage des manufactures; c'est le signal de leur prochaine restauration, c'est un préjugé favorable pour les assignats. (On applaudit.) Législateurs, rapprochez donc les volontés par le concert de vos sentimens et de vos pensées; votre opinion ferme et arrêtée sera bientôt l'opinion publique; elle aura pour elle tous les fondemens que la sagesse et la nature des circonstances peuvent lui donner. Mais ne pensons pas nous dérober entièrement à leur empire. Nous marchons chargés d'une dette immense, d'une dette que des siècles de despotisme et de désordre ont accumulée sur nos têtes. Dépend-il de nous, même en l'allégeant, de faire qu'elle puisse être supportée sans aucun embarras, sans aucune gêne? Est-ce enfin des choses impossibles que la nation exige de nous? Non, elle n'entend pas que nous convertissions soudainement et par miracle la pénurie en abondance, la fortune adverse en prospérité; mais qu'en opposant à ces temps nécessiteux toute la grandeur des ressources nationales, nous servions aussi la chose publique, selon la mesure de nos forces et de nos lumières. Si donc la nation se confie dans le zèle de cette assemblée, sans doute aussi cette assemblée peut se confier dans la justice de la nation. (On applaudit.)

Non, il n'est pas de la nature des choses, dans ces conjonctures calamiteuses, d'user d'un moyen qui ne porte avec lui ses difficultés ; celui des assignats-monnaie en serait-il donc le seul absolument exempt? Ce n'est pas ici l'objet d'un choix spéculatif et libre en tout point ; c'est une mesure indiquée par la nécessité, une mesure qui nous semble répondre le mieux à tous les besoins, qui entre dans tous les projets qui ont été offerts, et qui nous redonne quelque empire sur les événemens et sur les choses. Des inconvéniens prévus et imprévus, viennent-ils ensuite à se déclarer? Eh bien! chaque jour n'apporte pas avec lui seulement ses ombres, il apporte aussi sa lumière ; nous travaillerons à réparer ces inconvéniens. Les circonstances nous trouveront prêts à leur faire face, et tous les citoyens, si éminemment intéressés au succès de notre mesure, formeront une fédération patriotique pour la soutenir. (La salle retentit d'applaudissemens.)

Ainsi tout doit fortifier votre courage. Si vous aviez prêté l'oreille, jusqu'à ce jour, à toutes les instances des préjugés, des vues particulières et des folles craintes, votre constitution serait à refaire.... Aujourd'hui, si vous défériez à tous ces intérêts privés, qui se croisent et se combattent les uns les autres, vous finiriez par composer avec le besoin, vous concilieriez mal les opinions, et la chose publique resterait en souffrance. C'est d'une hauteur d'esprit qui embrasse les idées générales, résultat précieux de toutes les observations particulières, que doivent partir les lois des empires. Un administrateur qui viendrait vous vanter l'art de ménager tous les détails, comme formant le véritable génie de l'administration, vous donnerait sa mesure ; il vous apprendrait bien le secret de tous les embarras qui ont fatigué sa marche ; mais il ne vous apprendrait pas celui d'assurer la vôtre. Faut être grand, savoir être juste, on n'est législateur qu'à ce prix. (Les applaudissemens redoublent à plusieurs reprises.)

Je propose donc et j'amende de cette manière le décret que j'eus l'honneur de vous soumettre le 27 août dernier :

1° Qu'il soit fait une création d'assignats-monnaie, sans intérêts, jusqu'à la concurrence d'un milliard, pour le paiement de la dette actuellement échue et rigoureusement exigible, lequel paiement devrait s'effectuer à mesure que la liquidation des différentes créances sera arrêtée, à commencer par l'arriéré des départemens, les rentes en retard, les effets suspendus, la partie actuellement liquide des charges et offices, et ainsi de suite, selon l'ordre et l'état qui seront dressés à cet effet.

2° Qu'on s'occupe incessamment de la fabrication de petits assignats au-dessous de 200 livres pour la somme totale de 150 millions, dont 50 seront échangés, à commencer du 15 décembre prochain, contre la même valeur d'assignats actuellement en circulation; et le reste des petits assignats sera distribué pour le paiement des diverses créances, et réparti sur toute l'étendue de ce paiement.

3° Qu'à la susdite époque du 15 décembre prochain, l'intérêt attaché aux quatre cents millions d'assignats actuels, cessera d'avoir lieu, et que l'intérêt échu jusqu'alors soit acquitté par la caisse de l'extraordinaire, aux porteurs de ces billets dont les coupons seront retranchés.

4° Que la vente de la totalité des domaines nationaux soit ouverte le 15 octobre, et que les enchères en soient reçues dans tous les districts.

5° Que les assignats et l'argent soient admis également en paiement pour l'acquisition desdits domaines; et que l'argent qui sera reçu, serve à éteindre une somme égale d'assignats.

6° Que le comité des finances soit chargé de dresser une instruction et un projet de décret pour fixer ces différentes opérations, et les mettre en activité le plus tôt possible, comme aussi de présenter à l'assemblée nationale, le plan de formation d'un bureau particulier, qui serait chargé de la direction de tout ce qui concerne la dette publique.]

SÉANCE DU 28 SEPTEMBRE.

D'Esprémenil demande la parole pour un plan tout nouveau de finances. Goupilleau l'accuse d'avoir dit qu'il ne parlerait plus que pour une contre-révolution. D'Esprémenil déclare avoir dit seulement que s'il y avait une contre-révolution à proposer, il la proposerait lui-même à la tribune de l'assemblée. Ordre du jour. — Bergasse-Laziroule combat comme antipatriotique le projet d'émission des assignats. Maury les regarde comme un désastre public. Opinion contraire de Barnave. Lebrun demande à rendre compte des vœux des départemens, des directoires et des municipalités contre cette émission. Mirabeau dit qu'une telle proposition tend à altérer la constitution, en introduisant le système fédératif; il déclare qu'il défendra la constitution tant contre ses ennemis secrets que contre ses faux et insidieux amis. Rejet de la proposition de Lebrun. — On demande que la discussion soit fermée sur le fond. Cazalès s'y oppose, et s'engage à répondre à Barnave. Alexandre Lameth appuie la clôture. Cazalès se borne à demander le renvoi au lendemain pour prendre un parti définitif. Adopté.

SÉANCE DU 29 SEPTEMBRE.

[*M. Voidel.* Votre comité des recherches m'a chargé de vous présenter une dénonciation contre un curé de la Flandre maritime. La municipalité demande qu'on lui indique les moyens pour faire cesser les prédications dangereuses de ce prêtre fanatique : non-seulement il ne publie au prône aucun décret, mais il damne impitoyablement ceux qui parlent de la vente ou de l'acquisition des biens nationaux ; il va plus loin, il étend la damnation jusqu'aux derniers individus de leur famille, et jette ainsi le trouble dans sa contrée. La dénonciation est signée du procureur-syndic de la commune : votre comité des recherches vous propose le décret suivant :

« L'assemblée nationale, après avoir entendu son comité des recherches, a décrété que son président se retirerait par-devers le roi, pour le supplier de donner les ordres les plus prompts, à l'effet de faire informer provisoirement, et jusqu'à la nouvelle organisation des tribunaux, par la municipalité de Saint-Omer, sur la requête du procureur de la commune de Lordewese, contre le curé de cette même municipalité. »]

Ce décret a été adopté.

Suite de la discussion sur les assignats. — Duval d'Esprémenil propose un décret pour la restauration des finances, la liquidation de la dette, et le rétablissement de la tranquillité. — Ce décret renversait tous les actes antérieurs de l'assemblée nationale: la lecture en fut interrompue par des éclats de rire continuels. A la fin, plusieurs membres demandèrent que ce décret fût renvoyé au comité de santé. M. Charles Lameth fit la motion de condamner d'Esprémenil à passer quinze jours à Charenton, etc. Cazalès et Maury prennent sa défense. — La discussion est reprise. — Débats sur la question de priorité pour la motion de Barnave. — Après les observations de Desmeuniers, Poignot, Mirabeau et Maury, la discussion est fermée. Faussigny, Foucault, Cazalès, Dufraisse et Montlausier réclament avec violence. — On passe à l'appel nominal; et le projet, amendé par Camus et par Crillon jeune, est adopté ainsi qu'il suit, à la majorité de 508 contre 423:

« L'assemblée nationale décrète que la dette non constituée de l'Etat, et celle du ci-devant clergé, seront remboursées suivant l'ordre qui sera indiqué, en assignats-monnaie sans intérêt. Il n'y aura pas en circulation au-delà de 1200 millions d'assignats, y compris les 400 millions déjà décrétés. Les assignats qui rentreront dans la caisse de l'extraordinaire seront brûlés. Il ne pourra en être fait une nouvelle fabrication sans un décret du corps-législatif, sous la condition qu'ils ne puissent excéder la valeur des biens nationaux, ni se trouver au-dessus de 1200 millions en circulation. »

SÉANCE DU 30 SEPTEMBRE.

M. le vicomte de Beauharnais. «J'ai reçu du collége de Pontlevoy un mémoire qui présente un nouveau système d'éducation publique. Il m'a paru d'autant plus important, que l'assemblée nationale a le projet de s'occuper de cet intéressant objet. Ce collége a joint à ce mémoire une lettre, dans laquelle ces bons citoyens se plaignent du désagrément que leur ont occasionné leurs principes, et surtout leur aggrégation à une société des amis de la constitution établie dans leur ville. Je demande qu'on fasse mention du mémoire et de la lettre dans le procès-verbal. »

Extrait de l'Ami du roi, n° XXIV, p. 1. « Le respect dû à la majesté royale n'a pas paru à notre auguste sénat aussi digne de son attention que l'honneur des confrères Jacobins. On a retardé l'ordre du jour pour réparer l'injure faite à la confrérie, dans la personne des professeurs de Pontlevoy ; on l'a invoqué au contraire à grands cris, quand M. Moreau a demandé vengeance des injures audacieuses vomies nouvellement par M. Marat contre notre auguste souveraine. Est-il, en effet, jamais dans l'ordre du jour de venger la dignité du trône, de punir les outrages faits à la reine? L'impunité est donc assurée de nouveau au sieur Marat ; et son audace peut désormais se porter, s'il est possible, à de nouveaux excès. »

Le rapport de Chabroud sur les affaires d'octobre 1789 est une pièce parlementaire trop importante, pour qu'il soit permis d'en retrancher un seul paragraphe. Ce rapport fut lu dans deux séances consécutives, celle du 30 septembre et celle du 1er octobre. Le rapporteur y approfondit et y discute les principaux témoignages, de manière à ne laisser aucun doute sur la part que prirent à ces événemens la cour, les membres incriminés de l'assemblée nationale, et le peuple. — Nous avons fait entrer le rapport tout entier dans la séance du 30 ; nous en avons dressé l'argument, pour donner à nos lecteurs une idée préliminaire de l'ensemble.

Argument. — Examen des causes éloignées ou prochaines de l'insurrection et des excès qui l'ont suivie, résumé des preuves, exposition des principes, conclusions, tel est le plan que l'auteur s'est tracé.

Première partie. On a dit que le peuple fut conduit à Versailles par les agens d'une intrigue ; on a dit d'un autre côté que l'intérêt de sa cause, la faim, était son seul mobile. — D'abord y a-t-il un complot? Dépositions à cet égard de Pelletier, Malouet, Coroller, Dufraisse, Guilhermy, Tailhardat, Perrin avocat,

Clermont-Tonnerre, Bresson, M. et madame Coulomiers, Henri Longuere, Mounier, Lafisse, Chamseru, Belleville, Pomier, Dupré, Lachèze, Digoine, Bergasse, Régnier, Lasalle, René Magin, La Châtre, Mirabeau (le vicomte), Blaizot, Voisins, Anne-Marguerite Audelle, Turpin, Henry, Latontinière, Laïmant, Pierre Bouche, Miamandre-Châteauneuf, Diot, Barras, Leclerc, Monmorin, major en second du régiment de Flandre. Sur deux cents témoins à charge, soixante-quatre étaient membres de l'assemblée.

L'analyse de ces témoignages conduit le rapporteur à établir qu'ils n'offrent aucun ensemble, que chacun a son thème à part, que tous sont fondés sur des ouï-dire; enfin, qu'il n'en découle nullement la preuve d'un complot.

Passant ensuite aux dépositions qui ont pour objet d'expliquer par la misère et la faim, le mouvement du peuple sur Versailles, il présente celles de cinq grenadiers des gardes-françaises, de l'huissier Maillard, dont il loue le courage, la présence d'esprit et la conduite; de Lecointre, de La Reynie, vainqueur de la Bastille.

Il rend compte de l'état de l'opinion publique sur la cour, et justifie le soupçon d'un complot contre-révolutionnaire, en alléguant des faits authentiques, des procès-verbaux, le récit du dîner donné le 1er octobre par les gardes-du-corps, un propos tenu par la reine. — Jusque-là, dit-il, aucun excès n'a été commis par le peuple. — Viennent ensuite les violences provoquées par des violences: le peuple n'a commis un meurtre que pour en venger un autre. Quant à la prétendue profanation de l'appartement de la reine, et surtout au bouleversement de son lit, ce sont des contes absurdes, où des hallucinations de gens morts de peur.

Le rapporteur examine après cela les charges dans leur rapport avec MM. d'Orléans et Mirabeau, et les trouve plus insignifiantes encore. — Il conclut que les *attentats d'octobre* sont des malheurs; qu'ils sont une leçon utile aux rois, aux courtisans et aux peuples.

Rapport de la procédure criminelle instruite au Châtelet de Paris, sur la dénonciation des faits arrivés à Versailles dans la journée du 6 octobre 1789.

[M. *Chabroud.* D'horribles attentats ont été commis dans la journée du 6 octobre. Les ministres de la justice ont cherché les coupables. Ils vous ont dit : le secret de toutes les horreurs est dévoilé, les coupables sont assis parmi vous. Vous avez ordonné à votre comité des rapports d'examiner s'il y avait lieu à accusation contre ceux de vos membres qui vous sont désignés. J'ai été chargé de ce pénible ministère, et je vous apporte le fruit de mes soins.

Une grande révolution venait de s'opérer, le calme était survenu : tout à coup l'inquiétude s'empare de nouveau des esprits. La capitale laisse échapper un peuple immense, qui va demander son salut à l'assemblée nationale et au roi. Peut-être des scélérats s'étaient mêlés dans la multitude, et elle en était le mobile instrument. L'asyle du monarque est environné. Le sang coule ; quelqu'imprudente bravade n'a-t-elle pas provoqué le désordre? L'armée parisienne arrive ; l'ordre renaît, la nuit se passe ; mais bientôt le jour paraît, et c'est le premier signal des forfaits. Une bande homicide s'avance : dans son ivresse elle ne respecte rien. Il n'y a bientôt plus d'espace entre les tigres et Louis XVI : le crime n'ira pas plus loin.

Voilà une esquisse, et vous demandez un tableau. Vous voulez qu'on découvre l'étincelle qui a occasionné cet incendie. C'est un labyrinthe à parcourir. L'on a peine à saisir le fil et l'enchaînement des faits. L'esprit se perd et se confond au milieu de l'action et de la réaction des événemens qui se succèdent. L'esprit de parti reprend son influence : de grands ascendans essaient de maîtriser les jugemens. Les ministres de la loi se taisent, et on crie à la trahison. Ils instruisent, on crie à la partialité : des libellistes répandent qu'ils méditent le renversement des lois. C'est dans cet état de choses que la conscience des juges leur désigne deux de vos membres comme coupables. Et voici ce qu'ils ont ordonné :

Attendu que MM. *Louis-Philippe-Joseph d'Orléans et Mirabeau l'aîné, députés à l'assemblée nationale, paraissent être dans le cas d'être décrétés, nous disons que les expéditions de la présente information, ensemble de celle visée au réquisitoire du procureur du roi, seront portées à l'assemblée nationale, conformément au décret du 26 juin dernier, sanctionné par le roi.*

L'assemblée nationale va décider s'il y a lieu à accusation. Il a dû s'armer de courage, celui qui est appelé à déchirer le voile; il a dû s'attendre à entendre autour de lui murmurer les passions opposées. Eh bien! ses regards seront constamment attachés vers le but, et il demeurera inflexible comme la vérité qu'il vous doit. Les juges ont érigé en certitude ce qui pouvait n'être qu'un soupçon. Je serai moins hardi, et je demanderai si l'affaire du 6 octobre n'est pas un de ces événemens, où le sort se plaît à confondre la prévoyance humaine. Voici le plan que je me suis tracé. J'examinerai les causes éloignées ou prochaines de l'insurrection et des excès qui l'ont suivie; je résumerai les preuves pour poser les principes, et je conclurai. — *Première partie. — Recherches des causes des excès commis.* — On a dit que le peuple fut conduit à Versailles par les agens d'une intrigue; on a dit, d'un autre côté, que l'intérêt de sa cause était son seul mobile. Tantôt c'est le hasard, tantôt c'est l'accomplissement d'un complot déconcerté. D'abord y a-t-il un complot?

M. Pelletier, premier témoin, dit qu'il a appris par des bruits publics, dans les sociétés, promenades, clubs ou cafés; que M. d'Orléans fomentait un parti avec quelques membres de l'assemblée nationale, pour s'emparer de l'administration du royaume; que M. Mirabeau était un de ses principaux agens. M. Lafisse a aussi entendu dire par différentes personnes, et dans différentes sociétés, que ce projet existait. M. Malouet est agité de noirs pressentimens; il pronostique des malheurs. Des bruits publics, des bruits de société, des pressentimens; presque toujours ils sont trompeurs. Nul témoin n'a montré la chaîne d'une intrigue concertée. Vous attendez un tableau, j'en apporterai cent; vous verrez ensuite si vous pouvez composer un ensemble. Je suis chargé de dépecer, pour ainsi dire, mon ouvrage; car chaque article demande une discussion particulière. Je ne dirai pas par quels motifs on a recueilli des faits, que leur date fait remonter au mois de juillet. Deux témoins déposent que des piques ont été fabriquées par le serrurier de M. d'Orléans, que ses domestiques avaient des habitudes avec les habitans du faubourg Saint-Antoine. Les habitudes des domestiques, on leur fait signifier ce qu'on veut ; les piques, elles ont été fabriquées par l'ordre du district des Filles-Saint-Thomas. M. Coroller a déjeuné chez M. Malouet avec plusieurs de ses collégues ; il leur a dit que la révolution ne pouvait se faire sans commotion, et là-dessus il est entré dans des détails. Trois convives, MM. Dufraisse, Guilhermy et Tailhardat ont tenu registre de la conversation ; et comme les devoirs de l'hospitalité ne sont rien devant les grands intérêts de l'État, ils ont rendu compte en justice de leur conversation.

M. Dufraisse veut parler, il est interrompu par la partie gauche, qui le rappelle à l'ordre.

M. Perrin, avocat, le jeudi 9 juillet 1789, entendit une harangue dans laquelle on disait : « Nous nommons M. le duc d'Orléans pour lieutenant-général du royaume. » M. Mirabeau avait dit à M. Virieu qu'on voulait faire M. d'Orléans lieutenant-général du royaume ; mais il devait l'obtenir de la médiation entre le roi et le peuple, et alors où trouve-t-on à blâmer ? Antérieurement M. Mirabeau avait dit à M. Bergasse qu'on ne ferait jamais un pas vers la liberté, tant qu'on n'opérerait pas une révolution à la cour ; interrogé sur la nature de cette révolution, il avait fait entendre qu'il importait d'élever M. le duc d'Orléans au poste de lieutenant-général du royaume. Quelqu'un lui ayant demandé si M. le duc d'Orléans y consentirait, il avait répondu que M. d'Orléans lui avait dit sur cela des choses très-aimables. M. Virieu conversa à la place Louis XV avec un officier de la garde nationale, le 17 juillet, et cet officier lui dit que : si on avait attenté à la sûreté de l'assemblée ou de quelqu'un de ses membres, on était déterminé, à Paris, à proclamer M. d'Orléans, soit protecteur, soit lieutenant-général du royaume. Ce n'est ici qu'une mesure. Ce n'est, ni dans ce moment, ni dans ce lieu, qu'on peut chercher quelles mesures auraient été prises.

M. Clermont-Tonnerre va plus loin : il tient de M. Besson : qu'un groupe d'hommes ayant porté dans le Palais-Royal le buste de M. d'Orléans et celui de M. Necker, un de ces hommes a crié : N'est-il pas vrai que vous voulez que ce prince soit votre roi, et que cet honnête homme soit son ministre? Cri auquel un petit nombre de personnes a répondu : Nous le voulons. » Il y a une seule observation à faire; M. Besson entendu, n'a rien dit de cela. On est léger dans des propos familiers ; on est grave devant les juges. Tous ces faits ont été suivis par la prise de la Bastille. Ce grand événement, devenu légitime par la nécessité, l'est encore devenu par le succès; il fit la gloire de Paris et le salut de l'empire. Nous voulons découvrir des coupables, et non disputer au patriotisme les lauriers qu'il a cueillis. On dit que quelques jours avant celui du 5 octobre, il se tenait des conciliabules à Passy, dans une maison où l'on faisait l'éducation des enfans de M. d'Orléans. M. Mirabeau le jeune a cité pour témoins M. et madame Coulomiers, qui ont été entendus et n'ont rien vu. Ici M. Malouet et toute sa société, MM. Guilhermy, Henri Longuève, Tailhardat, etc., ont déposé. Ces dépositions portent sur des propos tenus par des domestiques de M. Malouet; ces domestiques les tenaient d'un officier de M. Malouet; celui-ci d'un parfumeur de Versailles, qui les tenait probablement encore de quelqu'un. Cette généalogie donne peu de lumières. Deux soldats disent que le roi sera enlevé pour le conduire à Paris. M. Mounier parle des inquiétudes du ministère : cela s'accorde mal avec les dépositions de MM. Lafisse et Chamseru. Plusieurs particuliers déposent avoir entendu parler d'un conseil de régence. M. Guilhermy, député, rapporte que, « dans la nuit du 5 au 6 octobre, ayant été rappelé à l'assemblée vers une heure après minuit, il fit rencontre, dans la cour du Chenil, d'un député qu'il n'a pas reconnu, dont il ignore le nom, et qui lui dit qu'il fallait nommer un régent du royaume, et que c'était pour cet objet qu'on se rendait à l'assemblée. » On sait que l'assemblée ne s'en est pas occupée et n'en a pas eu le projet. On a dit à M. Belleville que le peuple aurait proclamé M. le dauphin, et à son défaut M. d'Orléans ; que le peuple répétait ce propos. Quand on médite des complots, on ne parle pas, et ce n'est pas le peuple qu'on choisit pour confident. M. l'abbé Pomier a dit à un laïque, qui l'a dit à un prêtre nommé Dupré : « qu'aux environs de l'époque où M. d'Estaing a été mis à la tête des troupes de Versailles, un député ecclésiastique s'étant retiré à l'écart dans la salle de l'assemblée nationale, pour lire son bréviaire, il avait entendu M. d'Orléans et M. Latouche converser ensemble en entrant dans la salle, et M. d'Orléans dire à M. Latouche : *Le coup est donc manqué?* — Oui, a répondu M. Latouche. — Mais ne serait-il pas possible, reprit M. d'Orléans, de gagner d'Estaing? — Oh non ! répliqua M. Latouche ; il est inutile de penser à lui ; et alors ce député se retira bien vite pour ne pas être aperçu de ces messieurs. »

M. Pomier, interrogé pour connaître la souche de ce fait, dit qu'il l'a entendu dire à quelqu'un qu'il ne peut indiquer. M. Lachèze rapporte ces faits à l'époque de la discussion sur la succession d'Espagne ; M. Digoine, au 6 octobre. M. Bergasse et M. Regnier racontent une conversation entre M. Mounier et M. Mirabeau l'aîné, dans laquelle ce dernier dit : « Eh ! mais, bonhomme que vous êtes, qui est-ce qui vous a dit qu'il ne faut pas un roi? Mais qu'importe que ce soit Louis XVI ou Louis XVII? » Je n'ai pas lu de sang-froid ces paroles abominables ; j'ai dit : il y a un complot ; mais revenu au calme qui me convient, je cherche la déposition de M. Mounier, et je n'y trouve rien qui confirme celles-ci. Laissons les bruits et passons à des faits. M. Lasalle, député, dépose « que M. Durban lui a dit savoir que depuis le 5 octobre, les ouvriers qui travaillaient aux ferremens de la nouvelle salle de spectacle du Palais-Royal, avaient abandonné cet ouvrage pour s'occuper à faire des piques et des lances ; qu'interrogés par M. Durban sur les motif qui les engageait à fabriquer ces armes, ils avaient répondu en avoir reçu l'ordre du chef de leur atelier. »

Je cherche les dépositions de M. Durban et du chef d'atelier, je ne les trouve pas : craignait-on d'être éclairé? Le 5 octobre, M. René Magin, environ à sept heures du soir, passant devant la maison de M. Boulainvilliers, à Passy, a remarqué et a fait remarquer à ses camarades que cette maison était intérieurement illuminée. On pourrait observer que le témoin ne dit pas avoir vu d'autres fois cette maison à la même heure; qu'une armée passant dans un moment de trouble, la lumière dans les appartemens était une précaution; que des milliers de citoyens ont dû voir la même chose, et qu'un seul en a déposé. M. Tailhardat rapporte que le 5 octobre, s'étant approché de M. Sillery, et lui ayant entendu dire à des députés auprès desquels il était assis, que le roi venait de partir, il lui a dit qu'il n'en était rien; qu'étant ensuite passé dans une autre partie de la salle, il entendit M. Louis Noailles dire également à ses voisins que le roi venait de partir; que lui ayant dit, ainsi qu'il venait de le faire à M. Sillery, que la chose n'était pas, M. Noailles répondit que c'était M. Malouet qui venait de lui annoncer cette nouvelle; que le lendemain M. Malouet attesta qu'il n'avait même pas parlé à M. Noailles. Que conclure de cette déposition? Cela passe mes lumières.

Voici une autre énigme : M. Lachâtre, député, et M. Mirabeau le jeune, la proposent le 5 octobre. Un quidam annonçait qu'il y avait beaucoup de bruit à Paris. M. l'abbé Sieyès lui répondit : « Je le sais; mais je n'y comprends rien, cela marche en sens contraire. » Cela passe encore mes lumières. Après les énigmes viennent les prédictions; car il y a de tout dans cette affaire. Quelques jours avant le 6 octobre, un officier de la garde nationale de Versailles se présente, en uniforme, au jeu de la reine; on le refuse à cause de son habit. En se retirant mécontent, il disait : Nous verrons qui entrera dimanche. » Une seule personne dépose de ce fait; un seul propos et un seul témoin ne font pas charge.

M. Blaizot dépose « que dix à douze jours avant le malheureux événement du 5 octobre, étant allé parler de livres à M. Mirabeau l'aîné, ce dernier lui dit qu'il croyait apercevoir qu'il y aurait des événemens malheureux à Versailles; mais que les honnêtes gens qui ressemblaient à lui témoin, n'avaient rien à craindre. » M. Belleville, en disant tenir ce fait de M. Blaizot, ajoute « que M. Mirabeau s'exprima ainsi après avoir fait retirer trois secrétaires et fait fermer la porte avec soin. » La déposition de M. Blaizot écarte cette circonstance; il ne reste plus qu'une inquiétude dans ce discours. « Quelques jours après, et de même avant l'événement, continue M. Blaizot, un particulier à lui inconnu, étant à regarder des livres, dit à un autre qui entra : J'ai une lettre qui m'est venue d'un tel, dans laquelle il me marque qu'il a peur pour moi; qu'il se répand dans les environs un bruit qu'il doit arriver à Versailles quelques événemens sinistres. » M. Blaizot croit que cette lettre venait de Toulouse.

M. Voisins dépose qu'il a entendu dire que M. Latouche a dit que voulant se rendre de Toulouse à Bordeaux, un chevalier de Saint-Louis lui dit : Vous ne trouverez pas Versailles dans l'état où vous l'avez laissé; que ce propos fut tenu au moins huit à dix jours avant les événemens du 6 octobre. Voici une déposition qui passe en merveilleux celle dont je viens de vous entretenir : Mademoiselle Anne-Marguerite Andelle, ouvrière en linge, dépose, entre autres choses, « que le 28 septembre dernier, revenant de Versailles, où elle avait été présenter un mémoire à madame Victoire de France, et sur lequel on lui avait dit de revenir au commencement d'octobre, ce qui a donné lieu à son second voyage, et étant entre Auteuil et Passy, un particulier à elle inconnu, passablement mis, l'a abordée, paraissant prendre part à son chagrin; qu'elle déposante lui en raconta les causes; et il lui conseilla d'avoir recours aux bontés de M. d'Orléans, comme étant de sa paroisse, lui offrant une lettre de recommandation pour ce prince, l'engageant même à retourner à Versailles avec lui. La déposante lui ayant prouvé qu'elle était de la paroisse Saint-Eustache, par les certificats qu'elle lui a représentés, qu'elle nous a exhibés à l'instant et que nous lui avons remis; qu'arrivés à Versailles, il lui indiqua une petite auberge où elle pourrait savoir si M. d'Orléans était chez lui; que s'en étant informée et ayant rejoint ce particulier, il l'a conduite par une rue qui est presque vis-à-vis la maison de M. d'Orléans; qu'après un certain trajet de chemin et près d'une église, ce particulier l'a laissée là, lui disant de l'attendre; qu'environ un quart d'heure et demi après, ce particulier lui a apporté une lettre à l'adresse de M. d'Orléans; qu'ayant demandé à ce particulier de quelle part elle pouvait s'annoncer, il lui dit que le prince reconnaîtrait bien le cachet, en lui recommandant de ne la remettre qu'au prince; que si elle ne pouvait le rejoindre, elle n'aurait qu'à s'adresser à M. Latouche, ou à Marcel, son valet de chambre, et que si elle ne trouvait ni les uns ni les autres, elle le rejoindrait lui, à la grille de Montreuil; que s'étant présentée à l'hôtel de Monseigneur, que le particulier lui avait enseigné être l'hôtel de Vergennes, le Suisse la reçut fort mal; qu'elle se retira et se présenta à l'autre porte : elle trouva un postillon couché sur le gazon qui va en pente, à qui elle demanda s'il était possible qu'elle remît une lettre à Monseigneur; que ce postillon s'étant informé si c'était pour des bienfaits, lui dit que Monseigneur était très-généreux, mais qu'il était difficile de parvenir à lui parler; que, la veille, une femme lui avait présenté une lettre; qu'à la vue du cachet, il lui avait remis dix louis; que si elle voulait tenter d'entrer, elle n'avait qu'à prendre, à droite en entrant, un petit escalier fort étroit, et au haut d'icelui, le corridor à gauche, qu'elle trouverait les gens de Monseigneur; qu'elle a suivi la route que ce postillon lui a indiquée; qu'un des gens de Monseigneur s'étant présenté, elle lui demanda s'il était possible qu'elle remît cette lettre au prince; que sur ce, ce particulier lui dit que le prince y était, mais qu'elle ne pouvait lui parler; lui demanda de quelle part elle venait; ne pouvant lui dire, il la renvoya avec sa lettre; que de là, étant allée chez M. Latouche, en passant par-devant le grand-commun, elle trouva une porte à main gauche, où il y avait une sentinelle; qu'elle s'adressa à la porte d'après, ainsi qu'il lui avait été indiqué par le particulier qui lui avait remis la lettre; que M. Latouche ni son valet-de-chambre, n'y étaient pas; qu'au lieu d'aller à la grille de Montreuil, pour rejoindre le particulier qui lui avait remis ladite lettre, elle est allée au parc; que se promenant seule, et réfléchissant que cette lettre lui appartenait, puisque c'était une recommandation pour elle, elle eut la curiosité de l'ouvrir, et rompit le cachet; qu'au lieu de trouver une lettre de recommandation, elle trouva un grand papier épais, au haut duquel était une espèce de timbre en ovale, partagé par deux petites barres, entre lesquelles était écrit le mot *concordia* : au-dessus des deux barres était un demi-soleil, de la bouche duquel sortaient deux lances qui traversaient les deux barres, et passaient aussi sur deux mains unies, symbole de la bonne-foi, qui étaient au-dessous des deux barres; au haut de l'ovale et en-dehors était une couronne ornée de trois fleurs de lis, dont celle du milieu était renversée; d'un côté de l'ovale était un double aigle, et de l'autre une femme tenant une ancre d'espérance, le tout imprimé, que le *recto* et moitié du *verso* du premier feuillet de cette feuille de papier, étaient remplis de chiffres mêlés de caractères, qu'elle croyait grecs, avec des signatures et des paraphes; qu'elle n'a rien pu déchiffrer; qu'elle a remis ce papier dans sa poche et a continué sa promenade. Parvenue sur la route de Marly, à ce qu'on lui dit, elle a vu deux cavaliers vêtus de grandes redingotes bleu-de-roi, ayant l'air de chercher quelqu'un, courant à bride abattue; qu'ils ont demandé à une femme qui vend de la bière à une porte, si on n'avait pas vu une femme passer; que cette marchande de bière leur dit : qu'il passait tant de monde, qu'elle ne pouvait pas leur rendre raison là-dessus : qu'elle, déposante, curieuse de savoir quels étaient ces gens, elle s'en enquit à cette marchande de bière, qui lui dit qu'elle n'en savait rien; que tout le monde prenait actuellement la livrée du roi et de la reine, et qu'on ne reconnaissait plus personne; que ces deux cavaliers avaient ralenti leur course, et allaient de côté et d'autre, comme cherchant quelqu'un; qu'elle, déposante, étant dans le parc de Marly, elle a vu ces deux cavaliers s'adresser à un pavillon à gauche, au bas d'une descente de gazon, et les a entendus demander si on n'avait pas vu une femme qui avait l'air étrangère; que jugeant alors que ce pouvait être elle que ces cavaliers cherchaient, elle s'est enfoncée dans les charmilles, et a coupé avec ses ciseaux, en petits morceaux, le papier qu'elle avait trouvé dans l'enveloppe qui lui avait été donnée pour M. d'Orléans, et les a éparpillés dans lesdites charmilles; que sortie des charmilles, les cavaliers l'ont abordée, lui ont demandé si elle était de Paris? Qu'elle leur répondit que non; qu'ils la laissèrent : qu'elle remonta la pièce de gazon; et comme elle allait sortir du parc, ces cavaliers sont accourus sur elle, ont mis pied à terre, se sont saisis d'elle brusquement, sans rien lui dire, l'ont fouillée dans ses poches et jusque dans son estomac; lui ont fait les mêmes questions qu'ils lui avaient faites la première fois, et l'ont laissée; d'où elle est revenue à Versailles, et le lendemain à Paris. »

Cette aventure est étonnante; mais cette femme est elle-même un prodige : quelle mémoire! Elle a fait une première déposition et n'a rien dit de tout cela. Elle s'est présentée chez M. Clermont-Tonnerre, auquel elle a raconté une première aventure, sans parler de celle-ci.

Je ne vous ai pas rendu compte des dépositions sur les opinions proférées dans l'assemblée; vous en entretenir, ce serait déjà blesser une loi sacrée. Quand les tribunaux s'occuperont de vos opinions, il n'y aura plus de liberté, plus de constitution. MM. Tailhardat, Turpin et Henry, députés, déposent, « qu'il a été montré, au comité des recherches de l'assemblée nationale par celui de la commune de Paris, deux plaques de plomb, de la grandeur à peu près d'une demi-feuille de papier, portant tous deux les armes d'Orléans, et l'une d'elles ayant pour devise : *Vive d'Orléans!* » On est allé à la source, et M. Simon, graveur, a déposé : « qu'il a fait le modèle de ces plaques en cuivre, de l'ordre de M. Latouche; qu'il y a environ 15 mois, ces plaques ont été fondues par un nommé Rousseau, fondeur, au nombre de 500; qu'elles étaient destinées à être mises sur des poteaux de limites de terres. »

M. Tailhardat déclare, « que pendant son exercice au comité des recherches, il a été apporté par un membre du comité des recherches de la commune de Paris, plein une petite boîte de morceaux de bois de diverses longueurs, en forme de lambels, provenant d'une très-grande quantité qui avait été saisie sur des voitures, à la suite d'un régiment. Ces petites pièces de bois, ouvrage de la patience des solitaires, servent à faire des croix et des meubles propres à orner des corniches de cheminées. Elles ne paraissent pas annoncer quelque chose de bien coupable. M. Rasnec a dit que ces bois pouvaient être employés à faire des ponts. Il me semble voir des ligueurs, portant leurs ponts comme leurs fusils, et les torrens cessant de devenir des obstacles. MM. Tailhardat, Henry et Turpin déposent également, « qu'à la même époque, Messieurs du comité de l'Hôtel-de-ville se présentèrent à celui de l'assemblée nationale, pour se concerter sur l'ouverture de plusieurs lettres adressées de Londres à des personnes attachées à M. d'Orléans, et dont quelques-unes étaient même aux armes et de l'écriture de M. d'Orléans. Qu'on en avait référé au roi, qui avait répondu qu'il consentait bien que M. Dogny remît au comité des recherches, les lettres qui paraîtraient suspectes; mais que c'était à la justice seule à juger si elle devait en ordonner l'ouverture. Je n'observerai pas que le secret des lettres est la loi la plus sacrée; je ne dirai pas que ces dépositions sont étrangères à l'affaire du 6 octobre.

MM. Latontinière et Laimant déposent d'un récit qui leur a été fait par M. Blaugez, domestique de ce dernier. M. Blaugez leur dit que, vers le 12 ou 13 septembre 1789 suivant M. Latontinière, vers la fin de juin ou le commencement de juillet de la même année suivant M. Laimant, et il y a environ un an suivant M. Pierre Bouché, autre témoin entendu le 22 juin de cette année, M. Blaugez dit « qu'il avait été goûter la veille avec deux de ses amis de Paris dans un cabaret de la rue des Récollets de Versailles; qu'il avait quitté ses amis vers les sept heures du soir; qu'étant sorti du cabaret un peu pris de vin, il était redescendu, en chantonnant, de la rue des Récollets dans celle du Vieux-Versailles; qu'au moment où il détournait la rue pour se rendre dans celle de la Surintendance, il avait été accosté par un jeune homme de la taille de cinq pieds six à sept pouces, sortant de l'auberge du *Juste*, vêtu d'un habit garni de boutons d'acier, un gilet, deux montres, et en général fort bien mis; que ce jeune homme, en l'abordant, le félicita sur sa gaîté; à quoi, lui domestique, répondit qu'il chantait, mais qu'il n'en était pas plus gai pour cela; qu'il était aussi affecté que tout le monde des malheurs publics; qu'il avait entendu dire que c'était la reine qui en était cause; qu'à ces mots le jeune homme lui parla avec plus d'intérêt, et l'excita à entrer dans de plus longs détails sur les griefs qu'il prétendait avoir contre la reine; qu'alors il se livra à beaucoup de propos contre la reine; il en vint jusqu'à dire qu'il serait heureux s'il pouvait en délivrer la France; ces dernières paroles firent un effet tel sur le jeune homme, qu'il le félicita sur ses sentimens, qu'il qualifiait de patriotiques, et, se retirant à l'écart près la boutique d'un cordonnier établi au coin de la rue du Vieux-Versailles, lui avait offert une fort grosse bourse pleine d'or et d'argent, pour entretenir les dispositions qu'il annonçait, et lui promit une récompense bien plus considérable s'il exécutait ce projet; que d'ailleurs il n'était pas seul dans ces dispositions; que plus de soixante personnes avaient part à ce même complot, et étaient intéressées et payées pour qu'il eût du succès; que s'il voulait se rendre le même jour à Paris, à la place Louis XV, il y souperait avec ses complices, qui seraient bien aises de faire connaissance avec lui; qu'il avait répondu qu'il n'avait pas besoin d'argent, qu'il aurait bien le courage d'agir sans intérêt; que, quant au voyage de Paris, il remerciait des invitations qui lui étaient faites, parce qu'il avait son service auprès de son maître; qu'il pourrait compter sur lui, mais qu'il désirait savoir comment il lui serait possible de le joindre; que le jeune homme lui répondit que sous quelques jours il lui ferait parvenir de ses nouvelles, mais qu'il ne perdit pas son objet de vue, et qu'enfin après plusieurs démonstrations ils se séparèrent; qu'il était revenu à la Ménagerie en pensant à cette conversation, ce qui avait de plus en plus échauffé sa tête, au point que, sur la route, il avait poursuivi à coups de bâton un homme jusqu'à la porte de la ménagerie ; que là, on lui avait ôté cet homme des mains, et qu'il ne savait plus ce qu'on avait fait de lui, domestique, depuis ce moment, et qu'il n'avait repris ses esprits que le matin, où il s'était trouvé couché dans l'écurie du déposant ; que le domestique s'étant retiré, le déposant et ledit sieur Laimant ne crurent pas devoir prendre sur eux de garder secret d'une telle importance, et s'accordèrent à en faire part à M. de Villedeuil ; que ledit déposant se chargea de cette démarche, et sur-le-champ alla chez M. de Villedeuil déposer tous les faits ci-dessus. »

Les dépositions de MM. Latontinière et Laimant diffèrent en quelques points importans. On a déjà remarqué une différence considérable dans les dates. M. Latontinière dit que M. Blaugez fut accosté par une personne. M. Laimant dit qu'il le fut par deux. Ce dernier s'exprime ainsi : « Ledit Blaugez est revenu le soir à la ménagerie sur les 8 à 9 heures. » Il observe ensuite « qu'il n'a point vu M. Blaugez dans l'après-midi, mais seulement le lendemain à 10 heures ; qu'il a été amené par M. Latontinière ; qu'il l'avait trouvé dans un poulailler de la maison. » M. Bouché, troisième témoin, parle de propos tenus par M. Blaugez dans des accès de désespoir, et il dit ne pas se souvenir de ces propos. Voilà un fait bien grave et bien estropié. Comment n'a-t-on pas informé du jeune homme sorti du *Juste*? Comment n'a-t-on pas entendu l'homme battu par Blaugez, et les personnes qui amenèrent celui-ci chez M. Latontinière? Est-il vraisemblable que l'on confie à un homme ivre, rencontré par hasard, des complots aussi odieux? Comment cet homme conserve-t-il avec autant de détail la mémoire de cette conversation, et ne se souvient-il plus de ce qu'on a fait de lui, depuis le moment où on a ôté de ses mains la personne qu'il battait, jusqu'à celui où il s'est, dit-il, trouvé dans l'écurie de M. Latontinière? Voici d'autres dépositions qui présentent des faits importans. M. Miamandre-Château-Neuf dit qu'après le repas, donné par les gardes-du-corps le 1er octobre, « on fit la motion de faire transporter la musique sur la terrasse de M. le dauphin : il pouvait être alors 9 heures environ du soir.

Je suivis le cortége, après avoir demeuré environ un quart-d'heure sur la terrasse. Je me proposais de monter à l'œil-de-bœuf, lorsque je fus arrêté dans le passage qui communique au grand escalier, auprès du corps-de-garde des hocquetons, par un chasseur des Trois-Evêchés, qui était le front appuyé sur le pommeau de son sabre hors du fourreau. Cet homme, en me voyant passer, me saisit par le poignet gauche, et me dit qu'il était bien malheureux : la douleur la plus profonde était peinte sur sa figure. Je lui demandai s'il avait quelques chagrins domestiques, s'il avait besoin de secours particuliers. Il me répondit qu'il n'avait besoin de rien que de la mort ; qu'il avait un poids sur le cœur qui l'étouffait. Je lui répondis qu'il pouvait s'en rapporter à moi, que je ferais mon possible pour lui être utile. Les larmes l'empêchaient de s'expliquer ; mais se voyant seul pour le moment avec moi, il prononça ces mots sans aucune liaison : notre bon roi, cette brave maison du roi ; je suis un grand gueux ! les monstres ! qu'exigent-ils de moi ? Qui ? lui demandai-je. Ces j... f... de commandant et d'Orléans : dans l'instant il y eut beaucoup de monde qui nous entourèrent. Cet homme devint furieux, et il ne fut plus possible de le contenir. Il se mit la pointe du sabre sur l'estomac ; et ne pouvant l'arrêter, j'aperçus M. Duverger, garde-du-corps, compagnie de Luxembourg, et je m'écriai : A moi, Duverger ! Il vint aussitôt, et désarma ce chasseur. Malgré la force que M. Duverger et moi employâmes, nous ne pûmes empêcher que le militaire ne se blessât : le sang vint aussitôt, et l'homme devint plus furieux. Plusieurs personnes, à moi inconnues, donnèrent du secours pour saisir cet homme et l'emporter au-delà des cours. Je fis avancer des porteurs ; mais il ne fut pas possible de le placer dans la chaise, et j'ai dirigé ma marche pour déposer cet homme au corps-de-garde des ci-devant gardes-françaises, qui communique à l'escalier du ministre de la maison du roi, où le régiment des chasseurs des Trois-Evêchés avait établi une vedette. En traversant la cour royale, j'aperçus M. Saint-Marceau, officier des gardes-du-corps ; je l'appelai et le priai de vouloir être témoin des aveux que nous espérions avoir de cet homme. En arrivant dans le local ci-dessus désigné, je fis étendre une botte de paille, et y fis placer cet homme, qui était tombé dans un abattement total : on lui fit donner tous les secours du moment. Mais lorsque nous espérions être seuls avec lui, sont survenus plusieurs de ses camarades, qui, à la vue de l'état de ce chasseur, se sont avancés; et un d'entre eux m'a détaché deux coups de pied dans l'estomac, en disant que c'était un mauvais sujet dont ils voulaient se défaire, et me décida à me retirer. » Plusieurs témoins déposent de ce fait avec quelques différences. Tous se rapportent au soupçon de séduction. Apparemment ce chasseur est mort; car on ne voit pas qu'il ait déposé, qu'il ait été appelé : on n'en parle en aucune manière.

J'ai lu, dans une déclaration faite par M. Lecointre au comité des recherches de la ville de Paris, que dans un accès de joie, le même jour, on escalada le balcon du roi, et qu'un chasseur voulait se tuer ayant manqué l'escalade. Ce chasseur ne serait-il pas le même? M. Diot, curé de Ligny et député, dépose : « que le lundi 5 octobre, vers les 7 heures et demie du soir, passant par la place d'armes à Versailles, et s'étant arrêté pour quelques besoins près d'une baraque, à l'entrée de l'avenue de Paris, il entendit, de l'autre côté de cette baraque, trois personnes qui causaient ensemble. La curiosité l'ayant porté à écouter, parce que cette conversation lui parut fort animée, il entendit l'une de ces personnes engager fortement les deux autres, même en leur proposant de l'argent, à se joindre à plusieurs autres personnes qu'elle nomma, et dont lui déposant n'a pu retenir les noms, pour entrer dans le château de Versailles, le lendemain matin, assassiner les gardes qui feraient résistance, et assassiner la reine; que les deux autres personnes, après avoir refusé d'abord, acquiescèrent, sur l'assurance qui leur fut donnée qu'une personne, attachée à M. d'Orléans, leur paierait la somme proposée; que cette somme était de 50 louis pour chacun, ou 50 louis pour les deux, ce que le déposant ne peut se rappeler au juste; que la conversation terminée, une de ces personnes, habillée en femme, de haute stature, et d'une forte corpulence, et qu'à la voix il a reconnue pour être un homme, ayant passé du côté de la baraque où était lui déposant, s'étant aperçu que leur conversation avait été entendue par lui déposant, s'avança vers lui avec une épée ou une canne à épée à la main, avec intention de lui en porter un coup, coup que lui déposant a paré avec sa canne qu'il tenait à la main, et duquel coup cette personne fut désarmée; que vu l'obscurité dans laquelle on était, lui déposant ne peut pas désigner plus particulièrement ces personnes; qu'après cette scène, et pénétré de l'indignation de ce complot affreux, il avait conçu le dessein d'aller en donner connaissance au château; mais qu'il n'a pu se faire un passage au milieu de ceux qui en remplissaient les abords; et que d'ailleurs insulté par un grand nombre de particuliers, de la manière la plus outrageante, il put croire qu'au moment même sa vie n'était pas en sûreté. »

M. Barras dit « que le 5 octobre dernier, entre dix et onze heures du soir, étant à l'entrée de la place d'armes, il entendit la conversation de trois hommes. L'un des trois, âgé d'environ 30 ans, blond, figure ovale, taille d'environ cinq pieds quatre pouces, vêtu d'un habit gris-marbré, et que le déposant a reconnu, par diverses indications, demeurer rue Saint-Honoré, et être un homme au-dessus du commun, qui disait aux deux autres, avec chaleur et agitation, qu'on serait bientôt en forces, que les milices allaient arriver; qu'il fallait aller au château, se saisir de la personne du roi et de la reine, ainsi que de tous les coquins qui les entourent; qu'on n'avait pas besoin de tous ces gens; que, puisqu'ils ne savaient pas gouverner, il fallait se débarrasser de ce fardeau; qu'au reste il arrivait un homme de la milice nationale dont ils étaient sûrs, et qui seconderait bien leur dessein; qu'alors, lui déposant, leur dit : « Quoi! Messieurs, il y a donc des complots? C'est une horreur; le roi n'est pas cause si ses ministres ont prévariqué; » qu'ils répondirent : « Bon, bon; à quoi bon un roi? plus de tout cela. Au surplus, qu'êtes-vous, Monsieur? Etes-vous de la milice nationale? » Qu'il leur répondit que non, mais qu'il était bon citoyen; et frémissant du propos, il s'éloigna. Observe le déposant, que c'est particulièrement l'homme qu'il a ci-dessus désigné qui se livrait à toutes ces déclamations ; qu'un des deux autres disait seulement : *Oui, tu as raison*, et que le troisième gardait le silence ; que beaucoup d'autres personnes que lui déposant entouraient ces particuliers, et entendirent comme lui les horreurs dont il vient de rendre compte. »

Ces deux témoins ont l'air de vouloir se rencontrer : plusieurs dépositions prouvent que l'obscurité était profonde. Je ne conçois pas comment M. Diot a pu voir et parer le coup qu'on lui portait, et M. Barras donner un signalement aussi détaillé. On ne concevra pas aisément encore que, malgré la faveur de l'obscurité, ce soit dans un lieu public que des conspirateurs cherchent à séduire des hommes dont ils veulent se faire des complices, qu'ils développent leurs perfides projets ; mais surtout on aura peine à croire que deux personnes, auxquelles le hasard révélait des secrets de cette importance, n'en aient pas donné connaissance à l'instant. M. Diot craint pour sa tranquillité, pour sa vie, comme si alors il était permis de s'occuper de son repos et de sa vie. (La partie droite murmure.) M. Barras se borne à faire des remontrances froides. Si je crois le récit de l'un et de l'autre, je dois mettre sur leur tête les événemens qui se préparaient. M. Derosnet observe que, « lorsque les femmes qui étaient entrées chez le roi, vers sept heures, pour demander du pain, furent sorties, elles ne cessèrent de crier : *Vive le roi !* qu'elles rendirent compte sur la place d'armes de la réponse favorable qu'elles avaient reçue du roi. Plusieurs femmes ouvrirent alors l'avis de retourner à Paris ; mais beaucoup d'autres dirent qu'il fallait bien s'en garder ; qu'on leur avait donné ordre exprès de rester. »

M. Leclerc dépose : « qu'à neuf heures du matin, le mardi 6, M. Jannet, député de Troyes, ayant dit à M. Nivelet qu'il allait se rendre à la salle, le déposant lui observa qu'il devait quitter son épée et sa bourse, et prendre le costume de député des communes, pour éviter tout accident ; que M. Jannet suivit son conseil, et se rendit à l'assemblée, où il ne trouva que quelques députés, et qu'en traversant la cour des Menus, il entendit tirer quelques coups de fusil, qui paraissaient se diriger contre lui ; qu'en ayant fait part aux députés qui se trouvaient dans la salle, plusieurs lui répondirent qu'il n'y avait rien d'étonnant, attendu qu'il n'avait pas une de ses manchettes déchirées, le morceau attaché avec une épingle sur sa manche. M. Jannet entendu, ne dit pas un mot de ce fait. Cette fusillade se passa sans bruit, et ne fut entendue de personne.

On dépose qu'on avait payé des filles de joie pour les envoyer au régiment de Flandre. Les conspirateurs avaient des confidentes peu discrètes. Des témoins nombreux annoncent que des soldats payaient au café avec des écus de 6 livres. On dépose aussi que 45 mille livres ont été distribuées au régiment de Flandre à Saint-Denis. M. Masse, capitaine-commandant dans ce régiment, prêta à M. Belœillet, soldat de sa compagnie, garçon honnête, tranquille, bon sujet, une pièce de 12 sols, le 4 ou le 5 octobre. Que le mercredi 7, il fut surpris de voir à ce soldat des écus de 6 livres qu'il avait dans une bourse, et lui en témoigna sa surprise ; à quoi ce soldat lui répondit : *C'est que j'ai reçu de l'argent pour mes camarades, à cause des travaux par nous faits, et je n'ai pas encore eu le temps de les payer.* A su, lui déposant, depuis, que ledit Belœillet a payé quelques sommes à quelques soldats.

M. Montmorin, major en second du régiment de Flandre, voit, le 5 au soir, une femme portant dans l'un de ses bras un panier d'osier à anse, couvert d'une toile, et dans lequel il y avait de l'argent qu'elle distribuait au régiment de Flandre. Il fallait aussi gagner le peuple. M. Duval, dit Grand-Maison, dépose qu'on a vu jeter de l'argent par les fenêtres du Palais-Royal. Il cite M. La Mothe, qui dépose aussi du même fait, et cite à son tour M. Duval. M. Hesse rapporte « qu'il a ouï dire, sans pouvoir décliner par qui, qu'il avait été distribué de l'argent au Palais-Royal à différentes époques ; qu'à une époque, dont lui déposant n'est pas mémoratif, un des commis de M. Leroux, négociant, lui a dit qu'un particulier inconnu avait proposé au portier de M. Leroux de boire demi-setier, lui avait offert de l'argent, et lui avait dit d'aller au Palais-Royal à une adresse qu'il lui donnerait, parce qu'il avait l'air d'un bon garçon. » M. Firmin Mianné dépose qu'il a ouï dire à M. Destreffes, qu'étant chez lui lorsque sa blanchisseuse rapporta son linge, il lui dit : Comment! vous n'êtes pas à Versailles! Et que cette blanchisseuse lui répondit : M. le chevalier, vous êtes dans l'erreur d'imaginer que ce ne sont que des blanchisseuses et autres femmes de ce genre qui sont allées à Versailles ; on est bien venu sur mon bateau en faire la proposition à moi et à mes compagnes, et c'est une femme qui est venue, offrant six et douze livres ; mais cette femme n'est pas plus femme que vous. Je l'ai bien reconnu, car je blanchis son valet de chambre ; c'est un seigneur qui demeure au Palais-Royal ou aux environs.

On a déposé que cinquante garçons vitriers avaient été enrôlés à un louis. Les témoins varient, et descendent d'un louis à 3 liv. M. Gérard-Henri Deblois a ouï dire que six ou sept millions étaient arrivés de Hollande. M. Lallemand dit que les femmes reçurent de l'argent dans l'assemblée. Madame Andelle dépose qu'on en distribua dans la matinée du 6, dans la cour du château ; mais alors on était au terme ; la séduction pouvait paraître inutile : au reste, en lisant la déposition de madame Andelle, ne croirait-on pas lire le roman des *Mille et une Nuits?*

Voilà beaucoup de dépositions ; je reste entre le soupçon et la croyance ; si l'on ajoute, je pourrai croire ; si l'on ôte, je ne puis même soupçonner. M. Montmorin affirme ; eh bien! qu'il dise : j'ai vu, et mon irrésolution subsiste. (Il s'élève de grands murmures dans la partie droite.) J'ai quelque lieu de croire qu'il croit avoir vu ce qu'il n'a pas vu, et voici mes raisons. Un panier plein d'argent est d'un poids trop lourd pour une femme ; des yeux qui distinguent de l'argent à travers une toile sont peut-être trop perçans, et puis il faisait nuit, et puis on ne trouve qu'un seul témoin quand il devrait y en avoir mille. J'ai donc pu croire que M. Montmorin a cru voir, et s'est trompé. Je compte pour rien Marguerite Andelle : la vérité même est suspecte à côté de telles visions. Je voudrais des témoignages directs à la place des ouï-dire. Une considération vous a déjà frappés. Le devoir d'un rapporteur est de vous présenter un ensemble où l'attention puisse se reposer ; mais je prévoyais que dans 393 dépositions, dont chacune paraît avoir son thème à part, je prévoyais que je n'aurais à vous présenter qu'une liste sans ensemble. Il ne m'était donc pas donné de créer : mon imagination a dû dormir. Nous allons maintenant changer de marche, nous allons rechercher les causes.

Le 5, des grenadiers se présentent à M. la Fayette. Voici le discours qu'ils lui adressent : « Mon général, le peuple manque de pain, la misère est au comble, le comité des subsistances ou nous trompe ou est trompé ; nous sommes dans une position qui ne peut pas durer ; il n'est qu'un moyen de la faire cesser : allons à Versailles. » Je préviens ici que je n'ajoute pas une autre phrase qui est en contradiction avec ce qui précède, et qui se trouve d'ailleurs diversement rapportée. L'orateur est simple, il m'apprend que le pain manquait ; il est prouvé qu'on avait des inquiétudes sur les dispositions de la cour, que le peuple était rempli d'indignation au sujet d'une insulte faite au signe de la liberté nationale. On désirait posséder le roi à Paris pour faire cesser toutes les craintes. Voilà les causes présumées des mouvemens qui eurent lieu à Paris, et qui déterminèrent le départ pour Versailles. Si elles sont véritables, nous aurons fait un grand pas. Plusieurs jours auparavant, il y avait eu des mouvemens certains pour le pain ; en partant pour Versailles, on disait : Nous allons demander du pain au boulanger et à la boulangère : c'est ainsi que l'on désignait le roi et la reine. Grâce à M. Maillard, cette caravane avait quelque discipline, observa quelque ordre : on n'a pas fait assez d'attention à l'action de ce citoyen obscur. Je me plais à rendre hommage à son courage, à sa présence d'esprit et à sa conduite. (Une partie de l'assemblée applaudit.) Le lendemain on recueille des expressions basses, mais énergiques : il semblait que quand le roi serait à Paris cette ville serait l'asile du bonheur et de l'abondance.

Le besoin de subsistances peut donc paraître un puissant motif du départ pour Versailles. Il s'en présente un autre également digne de considération. Il était annoncé que le roi devait fuir ; qu'il devait se rendre à Metz ; que l'assemblée serait dissoute ; que la guerre civile commencerait. M. Bouillé était désigné chef de cette armée ; des cocardes blanches substituées à la cocarde nationale, augmentaient les soupçons. M. Delafont-Daguilhac, quelque temps avant la journée du 6 octobre, a entendu dire à plusieurs personnes, entre autres à M. Laprade, chevalier de Saint-Louis, que le roi pourrait se retirer à Metz ; il a, ainsi que plusieurs autres personnes, vu M. Laprade et deux autres inconnus vêtus d'uniformes verts, paremens rouges, se montrer à Paris ainsi qu'à Versailles. Le jour de l'événement, M. Laprade disparut et on le dit à Londres. M. Roussille-Chamseru dépose que, « le dimanche 17 septembre dernier, il a recueilli, dans une société où les opinions sur la révolution actuelle étaient variables, un plan de guerre civile dont on appuyait le succès en faveur des ordres privilégiés, sur ce qu'ils auraient le moyen et les facultés de soutenir trois campagnes, pendant que l'ordre du tiers-état pourrait à peine en soutenir une ; et le jeudi suivant premier octobre, le déposant a été mandé dans une société où on avait projeté de lui déclarer des motions qu'il a prises par écrit.

« Ces motions consistent : 1° en un projet d'enrôlement et d'équipement d'un nouveau corps de troupes, comme surnumérariat indéfini des gardes-du-corps, sans qu'il y eût à cet égard aucune ordonnance du ministre de la guerre ; 2° en une annonce de divers régimens prêts à se rapprocher de nouveau de la capitale et de Versailles ; 3° en un projet de faire enclouer les canons de Paris, en subornant un certain nombre d'hommes par chaque district. Le déposant ajoute qu'on lui a assuré que M. le comte d'Estaing et un certain baron de Morgue, qu'il croit être le comte d'Astorg, étaient d'intelligence dans tous ces projets, et qu'il s'agissait, et dès la semaine suivante, de favoriser l'évasion du roi et de la famille royale à Metz. »

L'uniforme de M. Laprade ne pouvait-il pas passer pour celui de surnuméraire des gardes-du-corps ; le régiment de Flandre pouvait paraître l'avant-garde de l'armée.... Le 5 octobre, les voitures du roi sont arrêtées à la grille de l'Orangerie: cinq témoins en déposent. Le procès-verbal de la garde nationale annonce qu'on a également arrêté à la grille du Dragon les voitures de la reine. — Ici l'intérêt va croître. Suivant la déclaration faite au comité des recherches de la ville, par M. Le Cointre, M. d'Estaing se rend, le 18 septembre, au comité militaire de la garde nationale de Versailles, il exige le serment du secret; il lit une lettre dans laquelle M. la Fayette dit qu'il n'est plus maître de retenir les gardes-françaises qui veulent aller reprendre leurs postes à Versailles. M. d'Estaing représente qu'un secours de mille hommes serait nécessaire; les compagnies sont consultées; vingt-huit sur quarante-deux refusent de laisser entrer le régiment: la municipalité, engagée à demander que ce régiment soit appelé, ne veut le faire qu'en donnant connaissance de la lettre de M. la Fayette. Sur les observations de M. d'Estaing, on retire cette lettre, et l'on en rédige une que M. Saint-Priest signe; le roi accorde la demande; l'assemblée nationale en est informée; le 23 le régiment est aux portes de la ville. Le 4 octobre, M. Le Cointre monte au château: il voit dans la galerie trois dames et plusieurs abbés distribuant des cocardes blanches. « Conservez-les bien, disent-elles; c'est la seule bonne, c'est la triomphante. » Ces dames demandent le serment de ceux qu'elles reçoivent ainsi chevaliers, et le récipiendaire, après l'avoir prêté, leur baise la main.

Un particulier armé de toutes pièces se trouve là pour soutenir les opérations de ces dames. Sur quelques observations de M. Le Cointre, ce particulier, nommé le chevalier de Cartouzières, le provoque en duel: M. Matrot, qui se trouve là, voit aussi ces dames distribuant des cocardes. — Je remarque que le procureur du roi du Châtelet n'a appelé en déposition, ni M. Le Cointre, ni M. Matrot. Vous croiriez qu'ils ne lui ont pas été désignés: j'ai demandé les listes qui avaient été données par le comité des recherches, et j'ai vu les noms de M. Le Cointre et de M. Matrot. J'ai trouvé une autre pièce écrite de la main de

M. d'Estaing, également désignée au Châtelet, également négligée. Cette pièce est un brouillon de lettre dans laquelle M. d'Estaing parle de signatures de la noblesse et du clergé, du départ d'une armée, de M. Breteuil comme conseil, de M. Demercy comme devant agir de concert; on vous fera lecture de cette pièce. Les affaires connues de MM. Augeard et Douglas viennent à l'appui de ces bruits et de ces faits; mais je ne cherche que la preuve des alarmes qui ont été connues, et non des conspirations qu'on a pu former.

La conduite des gardes-du-corps pourrait seule avoir causé les mouvemens. On apprend de M. Le Cointre que les citoyens déclarèrent que les couleurs nationales et le serment civique ne pouvaient aller aux gardes-du-corps. Quelques témoins attestent la décence du dîner donné le premier octobre à la salle de l'Opéra. M. Le Cointre dépose que la santé de la nation y fut proposée et rejetée avec mépris; que plusieurs personnes y prirent la cocarde blanche; qu'elle a été portée par M. Varin, qui dit l'avoir acceptée à ce dîner; que M. Leclerc a entendu crier sur la terrasse : *Vivent le roi et la reine! au diable l'assemblée nationale!* qu'un M. Parseval, aide-de-camp, à la suite de cette fête, escalade l'appartement de Louis XVI, s'empare des postes, s'écrie : *Ils sont à nous!* et arbore la cocarde blanche. Un garde du roi, M. Canecaude, dépose qu'au moment où le roi vint au repas, il demanda au maître de musique l'air: *Où peut-on être mieux qu'au sein de sa famille?* et qu'on y substitua l'air : *O Richard! ô mon roi! l'univers t'abandonne*; allusion qui ne pouvait manquer d'être sentie. M. Le Cointre dit que cet air fut un signal pour escalader les loges : jeu significatif, par lequel peut-être on se disposait à quelques efforts. Tous ces détails se répandirent. Le déjeuner du 3 jeta des matières inflammables sur l'incendie. M. d'Estaing convient qu'au premier dîner la santé de la nation fut omise à dessein. M. Hiver, dans un billet adressé à M. d'Estaing, dit qu'on cria sur la terrasse : *Vivent le roi et la reine! f..... de l'assemblée nationale et du duc d'Orléans!* La déclaration de M. Le Cointre et le même billet de M. Hiver, instruisent d'un fait qui pouvait exciter des inquiétudes. La reine avait donné des drapeaux à la garde nationale de Versailles; quand on fut la remercier, elle répondit : « Je suis fort aise d'avoir donné des drapeaux à la garde nationale de Versailles....... L'armée et les citoyens doivent être fidèles au roi... J'ai été très-contente de la journée de jeudi. » — Je ne cherche pas tant à juger les faits qu'à reconnaître l'effet qu'ils ont produit; depuis long-temps le peuple désirait son roi : peut-être lui disait-on que quand il serait à Paris, les Parisiens ne manqueraient plus de rien; il craignait, non pas que le roi l'abandonnât, mais qu'il lui fût enlevé....

Maintenant vous auriez à choisir entre des complots et des causes naturelles ; mais s'il y a plusieurs routes pour arriver à la vérité, il n'en faut négliger aucune. Un nom auguste fut prononcé le 5 octobre au milieu des imprécations. Le trône est comme un sanctuaire où le peuple tient ses regards attachés.... La reine avait dit qu'elle était contente du dîner de jeudi ; l'uniforme national avait été refusé à sa porte; des dames de la cour avaient distribué des cocardes ; beaucoup de conjectures semblaient lier la reine aux torts dont on accusait les gardes du roi.... Examinons maintenant les faits; les gardes étaient en bataille sur la place. Plusieurs témoins disent, les uns que les gardes ont été hués, les autres que des gens armés de piques sont allés à eux. Un garde dit qu'au sortir de l'hôtel de Charost il a été blessé d'un coup de massue; son frère dépose que ce n'est qu'à minuit qu'on le lui amena blessé...... Si on croit M. Saint-Aulaire, un garde national a traversé les rangs, le sabre à la main, et sabrant de droite et de gauche. M. Madier dit que le garde national venait derrière les gardes-du-corps. Mademoiselle Marguerite Paton reçoit un coup de plat de sabre; trois gardes du roi quittent les rangs. M. Savonière poursuit un garde national qui se défend en fuyant; un cri s'élève : On nous laisse assassiner. Un coup de fusil part, et M. Savonière est atteint.

M. Charpentier, garde national de Versailles, est indiqué dans la procédure comme ayant tiré un coup de fusil; il n'est pas décrété : le Châtelet a donc pensé que cet événement était la suite naturelle d'une agression. Les gardes se retirent; quatre témoins déposent qu'un ou plusieurs coups de pistolets sont partis de la queue de la colonne. La garde nationale de Versailles répond par une décharge, et la guerre est déclarée.... L'armée parisienne arrive en bon ordre ; elle se retire vers le milieu de la nuit, à quatre heures du matin, suivant M. Digoine et un cent-suisse; le château n'était pas fermé, et n'avait que la garde ordinaire : voilà le moment qui convient à des conjurés. Tout reste calme ; c'est avec le jour que la multitude se répand autour du château. M. Depéry traverse la place d'armes, dirige ses pas vers la cour de marbre. Là, à ses côtés, un homme qui lui était inconnu, vêtu d'une veste courte, est tué d'un coup de feu. Voyant que ce meurtre pouvait être le signal du désordre, il se transporte à son bataillon, etc., etc. D'autres témoins disent qu'un garde du roi a assassiné un homme de trois coups de couteau ; deux témoins ont entendu des coups de feu.

Jusque-là il n'a été commis par le peuple aucun excès : c'est ici qu'on trouve la première violence du peuple. Un témoin dit qu'un garde du roi, qui avait massacré un homme, avait été assommé. M. Durepaire se défend à la porte de la salle; il se retire, et un coup de pistolet fait tomber un homme à ses pieds. On désirerait que les momens fussent désignés, il y aurait moins de confusion. Il paraît que les premiers événemens se passèrent vers la chapelle; il paraît aussi que les gardes du roi tuèrent deux hommes. M. Saint-Aulaire dit qu'un homme s'est avancé jusque dans la cour de marbre ; ses deux pieds ont glissé en avant ; qu'il est tombé en arrière, et s'est tué raide. Trois témoins déposent avoir entendu un coup de fusil partir. Trois autres disent avoir vu ce même homme tomber d'un coup de fusil. La déposition de M. Saint-Aulaire ne résiste pas contre ces témoignages. Ainsi, il paraît que le peuple n'a commis un meurtre que pour en venger un autre. Je pense que la même chose est arrivée dans le grand escalier, théâtre de la dernière scène. Aussi je remarque que deux têtes seulement (il s'élève de grands murmures dans la droite); je remarque que deux têtes seulement sont coupées, bien qu'un plus grand nombre périsse, parce que la vengeance dans le premier moment a épuisé toute son atrocité. Aussi je remarque qu'une rage excessive se dissipe, quand les gardes du roi sont retranchés, et qu'une poignée de gardes nationaux sépare tout. M. Claude-Louis de la Châtre, député, dépose en ces termes : « J'entrai ensuite dans la salle des gardes de la reine; des traces de sang étaient à sa porte. Je pénétrai dans son appartement, dont je trouvai les portes ouvertes, et je frémis à l'aspect de son lit, qui me parut avoir été bouleversé par des malfaiteurs. J'y restai pendant quelques minutes à genoux sur un canapé; et lorsque j'eus repris mes sens, je sortis de cette chambre, devenue une lice d'horreur, et dans laquelle je crus entrevoir une femme attachée à la personne de la reine, à ce que j'ai présumé à son air triste et abattu. »

Ainsi, selon M. de la Châtre, le lit de la reine parut avoir été bouleversé par des malfaiteurs, tandis qu'il est certain que cet appartement n'a pas été souillé par leur présence. (La partie droite murmure.) Voici la preuve : M. Rabel, garçon de la chambre du roi, dépose que la reine frappa à la porte derrière le poêle de l'œil-de-bœuf; qu'elle y entra fondant en larmes, criant : *Mes amis, mes chers amis, sauvez-moi!...* Que pendant que la reine passait chez le roi, le roi, inquiet d'elle et de sa famille, était allé la chercher par un passage pratiqué sous l'œil-de-bœuf; que le roi est rentré par la même porte que la reine y était entrée, et qu'une minute plus tard le roi aurait vu dans la chambre de la reine les gens à piques qui y étaient entrés. M. Marquand, aussi garçon de chambre du roi, fait à peu près la même déposition, mais ne dit pas que les gens à piques soient entrés dans la chambre de la reine. M. Rabel n'affirme pas les avoir vus; il ouvre, ainsi que son camarade, l'œil-de-bœuf à la reine, et le referme : il a cru ce qui n'était pas. Quant à M. de la Châtre, je considère le lieu et le moment : rempli de saisissement et de respect, un regard furtif le servit mal, son imagination vit le reste. Les femmes de la reine déposent et ne disent pas qu'on entra ; un valet-de-pied de la reine et un cent-suisse présent n'en disent rien : leur silence vaut des négations. Trois gardes entrèrent chez la reine, y virent le roi, et y restèrent après lui. La présence de ces trois gardes est une preuve que le roi, une minute plus tard, n'aurait pas vu les gens à piques. M. Miomandre-Sainte-Marie, laissé pour mort, les vit passer dans la salle des gardes pour s'armer, et il vit que le danger de la reine était passé..... Nous trouvons des excès, et nous apercevons l'impulsion immédiate qui les occasionnait. Si vous admettez un complot, vous verrez que M. Blaugez et le chasseur des Trois-Évêchés auraient été destinés à en être les complices. Les conversations nocturnes, l'ordre donné aux femmes de rester, et les distributions d'argent annonceraient des chefs puissans. Examinons maintenant les charges dans leurs rapports avec MM. Mirabeau et d'Orléans.

Un de MM. les secrétaires fait lecture de pièces dont l'extrait suit.

Première lettre trouvée dans les papiers de M. d'Estaing, écrite de sa main.

Lundi, 14 septembre 1789.

« Mon devoir et ma fidélité l'exigent, il faut que je mette aux pieds de la reine ce que j'ai vu dans mon voyage de Paris. On m'a dit, dans la société et dans la bonne compagnie, qu'on prend des signatures de la noblesse et du clergé : les uns disent que c'est à la connaissance du roi ; d'autres disent que c'est à son insu. On dit que le roi ira par la Champagne ou à Verdun ; M. Bouillé est désigné ; M. la Fayette me l'a dit : il est froidement positif, M. la Fayette..... On nomme M. le maréchal de Broglie commandant le tout ; M. Breteuil conduit le projet, M. Mercy agit de concert. L'effet de ces propos, s'ils se répandaient dans le peuple, serait incalculable. Je suis allé chez M. l'ambassadeur d'Espagne, et c'est là, je ne le cache pas à la reine, que mon effroi a redoublé. M. Fernand-Nunès en a parlé avec moi ; je lui ai parlé de ce bruit et de ce plan qui occasionnerait la plus déshonorante guerre civile. Après avoir parlé de la cour errante, de la banqueroute indispensable, M. l'ambassadeur a baissé les yeux : il est convenu que quelqu'un de considérable ou de croyable avait reçu des signatures. Ce fait m'inspire un genre de terreur que je n'ai jamais connu. La première démarche coûte assez cher : ce serait des flots de sang. La reine peut conquérir au roi son royaume, la nature lui en a prodigué les moyens..... Je supplie la reine de m'accorder une audience. »

Autre lettre de M. d'Estaing ; également trouvée dans ses papiers.

« Il m'est impossible de ne pas mettre aux pieds de la reine mon admiration ; il faut qu'elle croie uniquement ses véritables serviteurs : sa fermeté triomphera de tout..... L'ondulation des idées a failli tout perdre.... Les anciens ministres du roi n'ont peut-être mérité la haine que par l'instabilité des principes. Ils n'ont pu empêcher ce malheureux dîner. La santé à la nation a été omise à dessein ; portée par des personnes augustes, elle aurait tout arrangé..... Le hasard, car il est plus consolant d'y croire, a fait partir deux coups de pistolet, partis de trop bas pour venir de gens à cheval. J'ai voulu retenir la garde nationale de Versailles. J'ai en vain retenu ou relevé les coups..... Il faut un autre enthousiasme ; la reine seule a le pouvoir de le faire naître. La voilà sur un grand théâtre ; avec quelques soins elle sera adorée.... Ah ! Madame, soyez notre première citoyenne, vous serez tout, si vos principes vous permettent de le vouloir. Le clergé et la noblesse n'ont que le roi pour les sauver..... M. la Fayette m'a juré que les événemens en avaient fait un royaliste. Tout Français doit l'être jusqu'à un certain point. »

Billet de M. Hiver, officier de la garde nationale de Versailles, à M. d'Estaing.

3 octobre 1789.

« Je suis trop attaché au roi et à votre personne, pour vous taire ce qui m'a été dit à l'assemblée nationale..... Étiez-vous du dîner ? (Suit un colloque détaillé. Voici la dernière réponse.) Il est vrai que le propos a été tenu sur la terrasse par un homme ivre ; cet homme a dit : *Vive le roi et la reine ! au diable l'assem-*

blée nationale! — Permettez-moi une réflexion. La réponse de la reine déplaira. Elle a dit : *Je suis enchantée de la journée de jeudi.* Notre fête était le mercredi. Je croirais prudent de ne pas donner de publicité à cette réponse. »

On lit ensuite une partie de la déclaration faite le 11 décembre par M. Lecointre à la municipalité de Paris. (*Voyez* t. III, p. 111.)

Charges contre M. Mirabeau et M. d'Orléans.

Un complot a pu exister sans que vos deux collègues y aient eu part, mais les crimes du 6 octobre, réduits à des assassinats, ne peuvent être les leurs. S'ils ont contribué à ces assassinats, il y avait un complot. A leur égard, l'un est lié à l'autre, et tel est l'intérêt de notre recherche actuelle, qu'elle peut déterminer même le résultat de celle qui nous a d'abord occupés. J'appelle premièrement votre attention sur les charges qui affectent M. Mirabeau. Je laisse de côté tout ce qui remonte à cette époque précieuse, où le retour à la liberté consacra tous les efforts qui furent faits pour elle. Je ne parle ici ni des opinions soutenues dans l'assemblée nationale ou entre ses membres, ni des pressentimens communiqués à Blaizot, à l'hôtel de la reine. J'excepterais le propos tenu à M. Mounier, si la déposition de M. Mounier n'en démentait pas le rapport. Un témoin a dit que M. Mirabeau entretient des liaisons suspectes; il a désigné trois personnes, elles ne sont plus désignées après lui dans l'information ; ce n'est qu'un vain propos. Le 5 octobre arrivé, le peuple de Paris est annoncé à Versailles; M. Mirabeau donne au président de l'assemblée nationale, en secret, le conseil de se trouver mal, pour rompre la séance, et aller tout de suite chez le roi.

Je suis d'autant plus embarrassé de l'importance que l'on donne à ce conseil, bon ou mauvais, de rompre la séance et d'aller chez le roi, que l'on ne tarde pas d'interpréter mal dans des circonstances qui ne diffèrent pas beaucoup, le conseil de ne pas aller chez le roi ; or, si ce fut une trahison en dernier lieu de s'opposer à ce qu'on allât chez le roi, il semble qu'en premier lieu, la proposition d'y aller ne fut pas une trahison.

On dit que, dans la soirée, M. Mirabeau fut vu dans les rangs ou derrière les rangs du régiment de Flandre, portant un sabre nu, et parlant aux soldats. Suivant M. Bouthillier, le lieutenant-colonel en entendit assez pour s'être porté à quelque extrémité, s'il avait été plus maître de sa troupe. M. Miomandre-Sainte-Marie va jusqu'à rapporter, d'après M. Valfond, ce que disait Mirabeau : « Mes amis, prenez garde à vous; vos officiers et les gardes du roi ont formé une conspiration contre vous; les gardes du roi viennent d'assassiner deux de vos camarades devant leur hôtel, et un troisième dans la rue Satory; je suis ici pour vous défendre. » Voilà M. Mirabeau jouant le rôle de don Quichotte, transformé en visionnaire, qui pense qu'à l'ombre de son sabre, des régimens n'ont aucune offense à redouter. Je prends la déposition de M. Valfond, et je vois qu'entre lui et M. Mirabeau, tout se réduisit à cette conversation. « Vous avez l'air d'un Charles XII, dit le premier; on ne sait, répond l'autre, ce qui peut arriver. » Ce n'est pas tout : M. la Morte déclare qu'un officier d'infanterie lui a dit que l'homme vu dans les rangs du régiment de Flandre, était M. Gamache; il ajoute que celui-ci ressemble de figure à M. Mirabeau. De plus, M. Bessancourt a déposé qu'il vit un homme en redingotte, de la taille de 5 pieds 7 à 8 pouces, lequel portait un sabre nu, et disait être le comte de ***. Ces trois étoiles vous surprennent dans une information où l'on cherche les noms comme les choses; quant à moi je remarque que la taille énoncée n'est pas celle de M. Mirabeau. Il se pourrait donc que la personne vue armée d'un sabre nu, ne fût pas M. Mirabeau; mais quelle qu'ait été cette personne, il n'y a rien à dire, si le discours rapporté par Miomandre n'a pas été fait; et puisque personne ne l'a entendu, il ne reste qu'une promenade indifférente. M. Thiery-la-Ville vit des membres de l'assemblée nationale se trouver à la rencontre des femmes sortant de chez le roi, et leur crier : courage et liberté; dans ce nombre il crut reconnaître M. Mirabeau; j'observe d'abord l'incertitude du témoin, et ensuite que dans ce moment il n'y avait aucune raison de ne pas applaudir au peuple qui était venu exposer ses besoins et ses craintes, et qui n'avait annoncé aucun dessein hostile.

M. Deschamps allant au Château, dans la nuit, entendit des femmes crier : *où est notre comte de Mirabeau? nous voulons notre comte de Mirabeau.* Partout ailleurs que dans une information, je prendrai cela pour une mauvaise plaisanterie. Mais le même M. Deschamps, en cela d'accord avec M. Henry, m'apprend que quelques instans après, comme ces femmes introduites dans la salle de l'assemblée nationale y mettaient le trouble, ce fut M. Mirabeau qui les gourmanda vivement. Le second fait ne permet plus les interprétations mystérieuses du premier. Deux soldats parisiens arrêtent dans la nuit un citoyen de Versailles, pour lui demander où est l'habitation de M. Mirabeau. Vous allez penser que ces deux hommes cherchent M. Mirabeau, et sont des émissaires ou des complices; c'étaient un avocat et un tapissier, et l'un des deux déclare qu'il a l'honneur d'être l'ami intime du valet de chambre de M. Mirabeau.

Le lendemain 6, M. Mirabeau fut vu par M. Gallemand caché avec d'autres membres de l'assemblée nationale derrière les rangs du régiment de Flandre. Alors la fatale scène était passée, et je ne conçois pas M. Mirabeau se cachant, quand il n'y avait assurément aucune raison de se cacher. M. Mirabeau vous proposa une adresse aux provinces, pour les rassurer sur un événement dont il était à craindre qu'on ne leur fît des récits divers et menteurs. Il ajouta qu'il fallait apprendre aux Français *que le vaisseau de l'État allait avancer plus rapidement vers le port.* M. Madier a grand soin d'assurer qu'il rapporte fidèlement les expressions de l'orateur, et le Châtelet les souligne, et moi je ne vois pas ce que cette tournure oratoire cèle d'important et de suspect. Voici un apophtegme recueilli par M. Peltier. M. Mirabeau parlant de ce qui venait de se passer, s'était exprimé ainsi : *le peuple a besoin quelquefois qu'on lui fasse faire le saut du tremplain.* Je vois bien que l'on peut, en quintessenciant ce propos, en tirer parti pour commentaire ; mais pour fonder une accusation, il n'est pas besoin d'aller si loin; et puis M. Peltier a ouï dire seulement.

M. Mirabeau et M. d'Orléans sont prévenus d'une trame commune. Je vais vous faire part des seuls faits dans lesquels l'information les réunisse. — M. d'Orléans était déterminé à passer en Angleterre. M. Mirabeau pour l'en détourner, lui dit que l'on n'avait contre lui que des indices, et que son départ allait produire des preuves ; c'est encore un ouï-dire de M. Peltier. Apparemment le conseil de M. Mirabeau avait été goûté; mais pour retenir M. d'Orléans, on avait pensé qu'il fallait le dénoncer à l'assemblée nationale, et M. Mirabeau s'en était chargé; le jour était pris, la séance était ouverte, lorsque M. Mirabeau reçut une lettre de M. d'Orléans, qui lui mandait : « — J'ai changé d'avis; ne faites rien : nous nous verrons ce soir. » — Le docteur Lafisse a ouï dire cela. Or, non-seulement M. Mirabeau ouvre et lit la lettre, de manière que quelqu'un placé derrière lui peut la lire aussi; de plus il la fait passer à l'un de ses voisins, qui sans doute était de la confidence; de plus il s'exhale en reproches peu discrets, qualifiant rudement le personnage qui lui avait écrit, en ajoutant : il ne mérite pas la peine qu'on s'est donnée pour lui. M. Peltier et le docteur Lafisse ont ouï dire; et je m'étonne que ce qui s'est passé dans le sein de l'assemblée nationale, et avec si peu de réserve, ne nous parvienne que par des rapports.

Au milieu de l'ennuyeuse monotonie de ces anecdotes, votre impatience me demande si je n'arriverai pas enfin à de plus graves récits; vous m'accusez de m'appesantir sur des riens, et de retarder par une vaine prolixité une délibération importante. Eh bien ! j'ai tout dit; voilà l'énumération complète et fidèle des charges que j'ai péniblement cherchées contre M. Mirabeau. Je n'entends pas prévenir ici le jugement de l'assemblée nationale. Je ne dis pas que ces charges, bien que très-légères à mon sens et au premier coup-d'œil, ne méritent aucune attention.

Arrêtons quelques points principaux; la promenade dans les rangs du régiment de Flandre, et l'accord que supposent entre

M. Mirabeau et M. d'Orléans, ces conseils sur le départ du premier et le dessein d'une dénonciation bientôt abandonnée; voilà ce qui peut faire croire que M. Mirabeau eut part à un complot. Il n'y a de ceci que des ouï-dire; mais des ouï-dire qui se répandent ainsi, peuvent faire quelque impression. Quant à l'affaire isolée du 6 octobre, le sabre nu dont on prétend que M. Mirabeau était armé la veille, peut être un indice, mais il est le seul. Venons à M. d'Orléans.

La première partie de mon rapport vous a présenté une énumération de bruits divers et de faits qui ne durent pas attacher vos regards. Je vous rappellerai le chasseur ivre et désespéré, qui, sur les questions de M. Miomandre, nomma M. d'Orléans, et le même nom échappé dans la conversation qu'entendit M. Diot. Je vous rappellerai encore ce conseil de ne pas partir pour l'Angleterre, donné par M. Mirabeau, et ce projet avorté de dénonciation. Je m'arrête à ces distributions d'argent faites aux soldats, faites au peuple, et que des indices multipliés, quelquefois pressans, semblent constater. Simple interprète de la procédure, je crains d'abord de me livrer à des conjectures qu'elle ne m'offre pas explicitement. Elles sont indiquées par M. Peltier, qui suppose que M. d'Orléans a fait une dépense énorme, et par le chasseur de M. Miomandre, qui, suivant M. Rebourseau, avait reçu de l'argent. Madame Marguerite Andelle reçoit un passeport miraculeux, avec lequel elle doit pénétrer jusqu'à M. d'Orléans, et quand elle l'aura vu, elle sera riche. Rien n'est extravagant comme la déposition de cette femme, si elle fut de bonne foi; rien n'est plus grossièrement fourbe si elle jouissait de ses sens et de son entendement. On ne discute pas des témoignages de ce genre. La déposition de M. Frondeville demande un instant vos regards. Il vit M. d'Orléans, le 2 ou le 3 octobre, descendant de sa voiture, qu'une grande foule suivait, et entrant dans l'assemblée nationale; il remarqua quelque chose qui paraissait peser dans la poche droite du frac de M. d'Orléans; il pensa que c'était un sac d'argent : il observa de façon à pouvoir s'en assurer, et vit *très-distincte-*

ment le sac tomber dans la basque droite de l'habit par une ouverture faite à la doublure, et la tête du sac répondre dans la ceinture de la culotte à laquelle elle était attachée. Il vit M. d'Orléans dans cet état durant deux jours de suite, et auparavant il n'avait rien vu de pareil. Le témoin ne sait pas si le sac contenait en effet de l'argent; il n'en a vu faire aucun usage: il était permis à M. d'Orléans de porter un sac d'argent, de l'attacher à sa ceinture, de percer la doublure de sa poche.... Puisque tout cela pouvait se voir *très-distinctement*, il en fallait peut-être conclure qu'il n'y avait rien de suspect.

M. Frondeville observe; il avait sans doute quelque motif d'observer. Comment ne communiqua-t-il sa remarque à personne? comment eut-il, pendant deux jours entiers, la patiente discrétion de garder sa découverte pour lui?

On prétend que le jardin du Palais-Royal était le théâtre des distributions, le lieu d'adresse du distributeur Otel. Les distributions et le distributeur sont une étrange chose; je ne sais rien de plus singulier que l'argent jeté par les fenêtres, et qu'ont déclaré M. Duval, sur la parole de M. de la Morte, et M. la Morte, sur la parole de M. Duval. Les distributions du Palais-Royal fussent-elles bien avérées, peut-être faudrait-il, pour compromettre M. d'Orléans, remonter jusqu'à lui, et je ne trouve pas le chemin qui conduit jusque-là. Si des millions sont venus de Hollande, je ne vois pas qu'ils aient passé dans les mains de M. d'Orléans; si de grandes sommes ont été distribuées, je ne vois pas qu'elles aient été répandues par lui; et l'information à la main, je dois penser peut-être que ces faits lui sont étrangers. M. Peltier a ouï dire que M. d'Orléans fit appe'er les gardes du Palais-Royal pour leur faire l'histoire du dîner du 1er octobre, et leur recommander de la rendre publique : pourquoi les gardes n'ont-ils pas été produits pour confirmer un ouï-dire qu'il était si aisé de vérifier? cette charge particulière aurait été de quelque conséquence. M. Peltier a ouï dire encore qu'un grand nombre de courriers avait couvert les routes, de la part de M. d'Orléans. M. Bouthillier vit, dans la nuit du 5 au 6 octobre, deux hommes à cheval arriver de Paris à Versailles, dans la maison de M. d'Orléans, et successivement un autre homme partir à cheval de cette maison et aller vers le château; mais en soi des courriers ne sont pas suspects : c'est la mission qui caractérise la course, et ce que vit M. Bouthilier pouvait n'être qu'un mouvement indifférent.

Quittons un moment M. d'Orléans pour parler de ses enfans. M. Raigecourt était auprès d'eux le 5 octobre, assistant à l'assemblée nationale, dans la tribune des suppléans. La réponse du roi à la déclaration des droits donnait lieu à des débats; M. Raigecourt entendit ou crut entendre à côté de lui, M. de Chartres et M. Barbantane, qui était avec lui, dire qu'il fallait encore des lanternes, expressions qui furent répétées. Je dis ; on crut entendre, car on m'a assuré que M. Raigecourt est extrêmement sourd, et je vois que M. Barbantane lui en fit le reproche. M. Beauharnais cependant entendit aussi ce propos; mais il ne l'entendit qu'une fois; et il put attribuer à M. de Chartres ce qui était la fin de la querelle et des explications que l'on donnait à M. Raigecourt. De ce fait, au reste, fût-il bien constaté, il y aurait peu de chose à conclure.

Je retourne à M. d'Orléans, et je vais le suivre pendant le 5 et le 6 octobre. Je lis d'abord l'exposé que M. d'Orléans a publié de sa conduite, page 17. « Il n'y avait pas d'assemblée le dimanche 4, et j'étais parti pour me rendre à Paris. J'étais dans l'intention de retourner le lundi matin à Versailles; mais je fus retenu par le travail qu'avaient à faire avec moi quelques personnes de ma maison. J'appris successivement pendant ce jour l'effervescence qui régnait dans Paris, le départ pour Versailles... Je ne sus d'ailleurs rien de ce qui se passait à Versailles jusqu'au lendemain matin, que M. Lebrun me fit éveiller. Le même jour, vers huit heures du matin, je me mis en route pour me rendre à l'assemblée nationale. Tout me parut tranquille jusqu'à l'entrée du pont de Sèvres; mais là je rencontrai les têtes des malheureuses victimes de la fureur du peuple. Entre Sèvres et Versailles je rencontrai quelques charrettes chargées de vivres et escortées par un détachement de la garde nationale. Quelques-uns des fusiliers pensèrent que ma voiture ne devait pas passer ce convoi... Mon postillon était Anglais et ne savait pas un mot de français : il écoutait sans comprendre, et continuait son chemin. Un des fusiliers le mit en joue à bout portant, et tira son coup de fusil, qui par bonheur ne partit point. L'officier accourut, réprimanda le soldat, ordonna qu'on me laissât passer, et me donna deux hommes à cheval pour escorte. Je sortis sur-le-champ de chez moi pour me rendre à l'assemblée nationale : je trouvai une partie des députés dans l'avenue; ils m'apprirent que le roi désirait que l'assemblée se tînt dans le salon d'Hercule. Je montai au château, et j'allai chez sa majesté. J'appris ensuite que l'assemblée se tiendrait dans la salle accoutumée, et j'y revins. »

Vous avez entendu la version de M. d'Orléans, vous allez juger de celle de l'information. M. Foucault était à Paris le 5; il sortit à la pointe du jour; il rencontra M. d'Orléans boulevard Saint-Honoré, en redingote grise et chapeau rond. M. Foucault était sorti de bonne heure par curiosité; M. d'Orléans était sorti de même, il n'importe par quel motif : ce fait ne m'apprend rien. Le même jour, à onze heures, M. Lacorbière étant au bois de Boulogne, vit deux quidams à cheval, demandant le chemin de Boulogne. Un quart d'heure après il vit M. d'Orléans, suivi de deux jockeis, entrer par la porte Maillot, s'arrêter près de l'obélisque, donner des ordres aux jockeis, ceux-ci le quitter, l'un allant vers Neuilly, l'autre vers la Muette, et lui aller vers Boulogne. Il vit ensuite M. d'Orléans revenir seul, et ayant repassé la porte Maillot, rester un moment indécis, puis revenir sur ses pas, et prendre *au galop* le chemin de la Révolte. Il était alors midi et demi environ : M. Pierre Loutaud, domestique de M. Lacorbière, tenait deux chevaux près de la porte Maillot; il ne vit qu'un quidam demander le chemin de Boulogne, puis il vit M. d'Orléans et les deux jockeis, puis il ne vit plus rien. J'ignore comment il ne vit pas, ainsi que son maître, M. d'Orléans revenir, s'arrêter et prendre le galop; ce qui semble être le fait dans lequel la charge consiste. M. Cornier, médecin, venant de Ruel à midi, entre dans le faubourg Saint-Honoré, puis retourne à pied à Ruel : il chemine entre le bois de Boulogne et Neuilly avec un boucher : trois cavaliers, un maître en habit gris, et deux jockeis en habit rougé viennent à eux. Le maître aborde le boucher : après quelque conversation, le boucher rejoint M. Cornier, et lui dit qu'il croit avoir parlé à M. d'Orléans.

Je me demande d'après ces témoignages pourquoi le valet ne voit qu'un quidam, tandis que le maître en voit deux? Pourquoi il ne voit pas revenir M. d'Orléans? Comment M. d'Orléans, revenu seul de Boulogne à midi et demi, suivant M. la Corbière, se trouve à peu près à la même heure revenir de Neuilly avec les deux jockeis? Enfin, quel rapport il y a entre ces courses de M. d'Orléans, le quidam ou les deux quidams, et ce qui devait se passer à Versailles le même jour et le lendemain? Mon embarras augmente si je lis la déposition de M. Boisse, garde du roi ; car le même jour, à une heure, il vit à Versailles M. d'Orléans sortir de l'assemblée, monter à cheval, et partir pour Paris. Il me paraît difficile que M. d'Orléans soit sorti du bois de Boulogne, seul à midi et demi, ait été rencontré revenant de Neuilly, bien qu'il eût pris un autre chemin, et ait été vu en même temps à Versailles. M. Boisse vit encore M. d'Orléans à Versailles, au déclin du jour, sur le trottoir de l'avenue de Paris à droite. Croyant le voir à une heure en plein jour, lorsqu'il ne pouvait y être, puisque deux et même trois témoins le voyaient ailleurs, on aurait quelque raison de croire qu'il se trompe de même, et plus facilement, quand la nuit tombait ; et puis, si M. d'Orléans sortit de l'assemblée à une heure, s'il parut dans l'avenue à la fin du jour, comment peut-il n'être vu que par M. Boisse?

M. Mirabeau le jeune remarqua dans la soirée qu'un buvetier distribua au peuple ses cervelas, ses fruits, son vin. On demanda à cet homme s'il voulait se ruiner, et M. Mirabeau le jeune l'entendit répondre que M. d'Orléans lui avait donné ses ordres. Cependant M. Mirabeau le jeune ne vit point M. d'Orléans ; et il ne fut vu par aucun autre, ni dans l'assemblée, ni à la buvette.

Je ne puis m'empêcher de dire combien tout cela me paraît singulier : j'ajoute que, selon la déposition de M. Antoine, le président de l'assemblée avait dit au buvetier de donner des vivres à cette foule exténuée, dernier témoignage qui m'a été confirmé par d'autres personnes; et je vous donnerai connaissance d'une déclaration qui en a été faite en dernier lieu, d'après la publicité de l'information.

Un espion apparemment est envoyé chez la reine; c'est un valet de chambre de M. d'Orléans. M. Digoine et M. Frondeville étaient présens; on raisonnait librement. La reine imposa silence, en avertissant qu'un homme de M. d'Orléans venait d'entrer; et cela était si vrai, que ces messieurs se retournant, M. Digoine le vit en habit puce et cheveux gris-blancs, et M. Frondeville en habit gris et cheveux bruns.

Je conviens que M. Frondeville n'achève pas le signalement; il se ravise et dit que sa mémoire peut ne pas être fidèle sur un fait aussi indifférent. Mais pourquoi déposer d'un fait indifférent? Pourquoi se raviser sur un fait indifférent? Au surplus, j'observe que M. Digoine avait déposé le 19 avril, et M. Frondeville dépose le 21; le dernier se ravise, comme a fait M. Laimant dans l'affaire de Blangez : fort à propos j'achève là mon commentaire. La matinée fatale commence. M. Burkoffer a ouï dire que M. Morel, en faction à l'une des portes du château, vit passer plusieurs fois dans la nuit M. d'Orléans. M. Morel appelé, dit avoir été mis, à six heures et demie ou sept heures, en sentinelle à la porte de la salle des gardes du roi, tenant à l'œil-de-bœuf; que sa consigne était de ne laisser entrer personne, et que M. d'Orléans s'étant présenté, et ayant été refusé par lui, passa dans une autre pièce. Je serai obligé de revenir à cette déposition. M. Chauchard a ouï dire à M. Deroux, que M. d'Orléans fut vu dans la nuit, soit au château, soit à l'assemblée nationale, et même qu'il fut question entre lui et M. la Fayette d'une lettre qu'il avait écrite à ce général. M. Deroux vient ensuite, pour transporter bien avant dans la matinée et après le calme rétabli, la conversation de M. d'Orléans et de M. la Fayette. Déjà les deux têtes des gardes du roi étaient soulevées sur des piques, et d'infâmes meurtriers les portaient comme en triomphe loin du lieu de leur crime, lorsque M. Claude La Châtre vint à sa fenêtre. Il ne vit plus les têtes, il ne dit pas l'heure, mais il déclare qu'il était avec Jacques Guenissey, Antoine Hudeline et Claude Méricourt. Il déclare encore que *très-peu de temps après* l'homme à la grande barbe a passé à la porte du pavillon de Talaru, et a parlé au Suisse, auquel il a demandé une prise de tabac. Ces circonstances nous aideront à découvrir l'heure. Il vit M. d'Orléans longeant la ligne des troupes qui étaient postées dans la cour des ministres. Jacques Guenissey dit que c'était vers huit à neuf heures; Claude Méricourt dit huit heures. Antoine Hudeline était revenu de Paris ce jour-là même, et arrivé, dit-il, à huit heures, et l'on conçoit qu'il n'est pas allé sur-le-champ à la fenêtre. François Dupont, suisse de madame Talaru, ne vit pas M. d'Orléans; mais il dépose qu'il était neuf à dix heures quand l'homme à la longue barbe lui demanda du tabac. M. d'Orléans montait vers la cour des princes; selon M. Frondeville, il était sept à huit heures; selon M. Bayer, dix ou onze heures; selon M. Quence, huit heures et demie; selon madame Besson et selon M. Jean Jobert, sept heures; et selon M. Guillermy, par ouï dire, six heures. Mais si M. Hudeline, revenu de Paris, et le suisse Dupont, nous ont aidés à découvrir l'heure véritable de ce fait, M. La Borde et M. Dodemain achèvent l'éclaircissement. Le premier était aussi venu de Paris, et il était neuf heures lorsqu'il vit M. d'Orléans; le second remarque que, lorsque M. d'Orléans montait vers la cour des princes, tout était déjà tranquille, et le roi s'était montré à son balcon.

Il faut remarquer d'ailleurs que dès-lors les troupes étaient en ligne, ce qui est de beaucoup postérieur aux scènes du grand escalier. Il ne s'agit pas tant de déterminer précisément l'heure à laquelle M. d'Orléans parut dans la cour des ministres, que de juger s'il alla au château avant ou après la scène tragique, et dans un temps éloigné ou voisin de celui-là. On pourrait dire que M. d'Orléans traversa deux fois la cour des ministres; mais comment la première fois personne ne l'aurait-il vu retourner? Ce qui donnerait quelque crédit à cette explication, c'est la différence des vêtemens que les témoins disent avoir vus sur M. d'Orléans. On reconnaît bientôt le peu de justesse de cet indice; car la différence d'habit n'est point liée à la différence d'heure. M. d'Orléans est en redingote ou en lévite à six heures et demie, sept heures, suivant MM. Morel et Jean Jobert; à huit heures un quart, suivant M. Miomandre-Châteauneuf; et à huit, neuf heures, selon M. Guenissey. Il est en frac rayé à six heures, selon M. la Serre; à cette même heure, M. Digoine le voit en frac gris; et MM. Saint-Aulaire et Santerre l'habillent encore en frac gris à neuf heures et demie. De plus, il a un chapeau à trois cornes à six heures, lorsqu'il est vu par M. Digoine; et à neuf heures, lorsqu'il est vu par M. Hudeline, et pourtant il porte un chapeau rond, selon MM. Jobert et Morel, à sept heures; selon M. Guenissey, à huit ou neuf heures; et selon M. Saint-Aulaire, à neuf heures et demie. Voilà de singulières diversités; mais comme elles s'étendent également sur tous les momens de l'intervalle de temps dont il s'agit, on ne peut pas en conclure que M. d'Orléans ait monté deux fois la cour des ministres pour aller à celle des princes. Ajoutez à cela l'exposé de M. d'Orléans, qu'il est parti de Paris vers huit heures, qu'il a vu les deux têtes sanglantes à Sèvres, comme M. la Borde, venant de même de Paris, les y avait vues, et vous douterez de plus en plus que M. d'Orléans ait été au château de Versailles dans le temps des atrocités qui y furent commises. Avant de passer à d'autres faits, il faut suivre celui-ci dans ses circonstances. Selon M. Duval-Nampty, le peuple entourait et suivait M. d'Orléans, traversant la cour des ministres, et l'on entendait crier : *Viva le roi d'Orléans!* M. la Châtre et M. Frondeville répètent le même cri; M. Boisse prétend qu'il l'avait entendu la veille.

M. d'Orléans, souffrant de telles acclamations, n'aurait pas été exempt de blâme, quand même on n'aurait pu lui reprocher de les avoir provoquées. Ce fait mérite donc d'être examiné. Si l'on suppose ces acclamations antérieures aux excès commis par la multitude, on les conçoit, et on juge l'intention qui les a produits. Mais, M. Boisse excepté, dont vous savez que le témoignage unique fait promener M. d'Orléans le 5, dans l'avenue de Paris, elles sont évidemment postérieures; et alors je demande si l'on peut y croire une minute, et quel sens elles pourraient avoir.

Je dirais volontiers que M. Nampty, M. la Châtre et M. Frondeville étaient occupés, d'après ce qui venait de se passer, de mille conjectures, et entendaient un cri pour l'autre dans leurs distractions. Aussi ceux qui n'étaient pas distraits, ceux qui ne conjecturaient pas, MM. Méricourt, Brayen, Quence, Guénissey, qui étant dans la cour, entendaient de plus près, M. de la Borde qui arrivait, M. la Serre lui-même, que vous verrez bientôt n'être pas timide en témoignage, disent qu'ils ouïrent crier : *Vive le duc d'Orléans!* Ce sont six témoins qui ont mieux entendu que trois. Peut-être encore les cris de *vive le duc d'Orléans!* ne sont-ils pas exempts de reproches et de mystère aux yeux de tous ceux qui veulent à tout prix trouver des crimes. Des acclamations, témoignages d'amour, hommage flatteur du peuple à qui sa publicité ne permet pas d'être suspect, des acclamations seraient un attentat dans ces sérails de l'Asie, d'où un maître ombrageux règne par la crainte et défend tout autre sentiment. Là, un seul homme est compté : mériter de l'être est une trahison; et un sultan, dans sa vieillesse imbécille, commande aux ministres de sa vengeance de laver dans le sang de son fils le crime d'avoir été aimé. Mais parmi des hommes libres, ces bénédictions, qui honorent les bons citoyens et acquittent l'Etat, sont le trésor du peuple, le germe à la fois et la récompense du patriotisme.

Je demande votre attention; je vais vous rendre compte d'une charge très-grave : elle résulte principalement de la déposition de M. Laserre. Celui-ci montait, dit-il, le grand escalier au milieu de la foule, après six heures; il entendit proférer autour de lui ces mots : *Notre père est avec nous, marchons.* — Quel est donc votre père? demanda-t-il. — Eh! est-ce que vous ne le connaissez pas? Eh! f....., est-ce que vous ne le voyez pas? Il est là, lui répondit-on d'un ton très-énergique. Alors levant la tête, et se haussant sur la pointe des pieds, il vit M. d'Orléans vêtu d'un frac rayé, sur le second palier; à la tête du peuple, faisant du bras un geste qui indiquait la salle des gardes-du-corps de la reine; il le vit ensuite tourner à gauche pour gagner l'appartement du roi. Lui-même il alla dans cet appartement, et il apprit que M. d'Orléans n'était pas chez le roi. Cette déposition n'est peut-être pas isolée. M. Morel, mis en faction à six heures et demie, sept heurs, vit M. d'Orléans se présenter pour entrer chez le roi. Il semble qu'échappé aux regards de M. Laserre, M. d'Orléans passe immédiatement sous ceux de M. Morel. M. Bercy, valet de pied de la reine, entendit, on ne sait précisément d'où, des voix dire : *c'est là! c'est là!* au moment où la multitude arrivait au-dessus de l'escalier. S'il disait une voix, on pourrait croire que c'était M. d'Orléans qui accompagnait de ces mots son geste indicatif.

M. Digoine assure qu'il vit M. d'Orléans au bas de l'escalier des princes; il se pourrait que monté par le grand escalier, il fût allé descendre par l'escalier des princes. M. Miomandre-Châteauneuf, après avoir été témoin du premier choc qu'essuyèrent les gardes du roi, au-dessus du grand escalier, se retira chez madame Dossun; il y fut retenu quelque temps; il sortit, descendit le grand escalier, au pied duquel il vit deux cent-suisses; l'un de ceux-ci levant son chapeau, il lui demanda qui il saluait, et on lui fit apercevoir M. d'Orléans à côté de deux hommes déguisés en femmes, il était alors, dit-il, huit heures et un quart. Je ne sais si cette déposition ne se rapprocherait pas de celle de M. Laserre. Alors je voudrais que les deux cent-suisses eussent été produits.

M. Duval-Nampty a ouï dire à M. Groux, garde du roi, que ce dernier avait vu M. d'Orléans en grande redingote grise, indiquer du bras, au peuple, le grand escalier. M. Thierry-Laville dépose, d'après M. Rousseau, maître d'armes, que celui-ci avait vu M. d'Orléans, montant le grand escalier, en indiquant du bras, au peuple, l'appartement de la reine. Enfin, M. Latigue a dit, selon M. Guilhermy, avoir vu M. d'Orléans, parmi les brigands qui s'introduisirent dans le château.

Je ne sais si j'énonce bien cette série de témoignages qui s'accordent et s'entr'aident; mais elle me semble effrayante. Notre devoir est pourtant d'étudier ces dépositions.

La déposition de Bercy, exprimant plusieurs voix, ne saurait désigner M. d'Orléans. On ne voit pas ce que signifiaient les mots : *c'est là, c'est là*; une conjecture peut les expliquer, mais elle suppose une foule qui s'indique elle-même, et exclut l'idée d'un indicateur particulier. M. Digoine ne dit pas l'heure à laquelle il trouva M. d'Orléans au pied de l'escalier des princes; et si l'on en voulait juger d'après son récit, il faudrait consulter le temps qu'il dut mettre à se lever, lorsqu'il fut averti de ce qui se passait, à se rendre de chez lui au château, à se présenter à la porte du salon d'Hercule, qu'il trouva fermée, à marcher de là au grand escalier, à le monter, et, ne pouvant pénétrer dans la salle des gardes, à se rendre de là à l'escalier des princes, et le descendre.

Or, M. Digoine dit bien qu'il fut averti à cinq heures et demie; mais cela était-il possible avant les faits mêmes dont on lui donnait avis? Il était six heures lorsque le peuple s'avança dans les cours, et de là pénétra plus avant. Le docteur Goudran, M. Valdony, madame Thibaut et madame Angué déclarent précisément cette heure. Si donc M. Digoine a vu M. d'Orléans au pied de l'escalier des Princes, c'est évidemment trop tard pour que ce fait vienne à la suite de celui de M. Laserre. Il en est de même de la rencontre au bas du grand escalier de M. Miomandre; car lui-même dit huit heures et un quart. Le rapport de M. Duval-Nampty, la redingote grise, et M. d'Orléans guidant la foule du bas de l'escalier, s'accordent mal avec la déposition de M. Laserre. M. Rousseau est produit dans l'information, et ne confirme pas le propos qui lui est attribué par M. Thierry. M. Groux et M. Lartigne, cités par M. Nampty et par M. Guilhermy, ne sont pas dans le nombre des témoins, et il ne reste que les rapports. Le témoignage de M. Morel est plus sérieux.

Voici ce qu'il faut remarquer : Allant à sa faction, il traverse la multitude qui occupe le grand escalier, et c'est au moment de l'invasion, car il est témoin du coup de feu qui casse la tête d'un homme au pied de l'escalier, et c'est ensuite qu'il est posté vers l'œil-de-bœuf, et ensuite qu'il voit M. d'Orléans. Or, la garde nationale ne prit les postes dans l'intérieur du château qu'après avoir expulsé les bandits qui s'y étaient introduits. Quand ceux-ci montaient le grand escalier, les gardes du roi occupaient seuls ces postes : seuls ils résistèrent, seuls ils se barricadèrent. Aussi M. Morel ne vit rien de tout cela. J'en conclus qu'il n'y était pas; j'en conclus que, s'il fut mis en faction vers l'œil-de-bœuf, ce fut dans un autre moment, et dès-lors sa déposition ne s'accorde plus avec celle de M. Laserre; j'en conclus que pour vouloir se donner comme témoin de trop de choses, M. Morel laisse voir qu'il n'a été témoin d'aucune.

Ces considérations sembleraient réduire la déposition de M. Laserre à elle-même; mais dans un fait si grave, une seule déposition, au milieu de certaines conjectures qui la renforceraient et seraient renforcées par elle, serait encore d'une grande importance, et l'on aurait peine à se défendre d'un sentiment même supérieur au soupçon. M. Laserre est-il au-dessus de toutes contradictions? C'est ce que vous allez reconnaître. Je serais tenté de lui demander d'abord comment il se trouvait alors dans le grand escalier : il n'était appelé par aucun service, il n'apportait aucun secours; quel était son dessein? Il monte en même temps que la foule le grand escalier. Nous savons qu'à l'instant même un combat s'engagea : un homme fut tué au-dessus de l'escalier, et un autre au-dessous; les gardes du roi furent, après quelque résistance, accablés par la fureur et le nombre.... Eh bien! M. Laserre n'a pas vu cela. Un garde du roi est terrassé, volé; forcés de céder, lui et ses camarades se retirent, se ferment, se barricadent.... Eh bien! toute cette action échappe à M. Laserre : il est le seul homme qui, dans toute la journée, ait vu M. d'Orléans en frac rayé. Il voit M. d'Orléans tourner à gauche pour gagner l'appartement du roi, et les passages pour aller chez le roi sont condamnés. Lui-même il va dans l'appartement du roi, comme lorsque, dans les momens les plus calmes, toutes les avenues sont libres d'obstacles. Et parvenu miraculeusement dans les appartemens du roi, il n'y remarque aucun mouvement extraordinaire, ni l'inquiétude du roi, ni la fuite de la reine, ni les alarmes que reproduisent de minute en minute les mouvemens, les efforts et la bruyante colère de la troupe forcenée qui est aux portes. Il y avait sur le grand escalier et des oreilles et des yeux; il est frappé dans ces deux sens aussitôt qu'il a aperçu M. d'Orléans, et il ne voit plus, n'entend plus. Après avoir battu ce témoignage par lui-même, on peut le battre par d'autres. M. d'Haucourt, garde du roi, vit d'abord deux femmes entrer dans la salle des gardes et en faire le tour : il faudrait supposer, si quelque projet avait été médité, qu'elles venaient prendre connaissance du lieu, et que la troupe n'avait pas de guides plus sûrs. M. Valdony, cent-suisse, était au pied du grand escalier lorsque le peuple s'y présenta, et il ne vit point M. d'Orléans. M. Galleman, qui monta l'escalier dans le même temps, remarqua quelque chose..... et il n'entendit pas le propos : *Notre père est avec nous*, et il ne vit pas M. d'Orléans. Au premier bruit que l'on entendit sur l'escalier, les gardes du roi accoururent. MM. Gueroult-Berville, Laroque, d'Haucourt, Miomandre-Sainte-Marie, Reboursaux, tentèrent d'arrêter le peuple qui montait l'escalier.... et ils ne virent pas M. d'Orléans. M. Miomandre-Châteauneuf, présent au premier choc..... ne vit pas M. d'Orléans. Dans de telles conjonctures, ne pas dire que M. d'Orléans marchait avec le peuple et à sa tête, c'est affirmer qu'il n'y était pas. Le peuple seul, guidé par son emportement, et le peuple ayant à sa tête M. d'Orléans, sont deux spectacles qui ne se ressemblent point; et les témoins rapportent qu'ils ont vu le premier, parce qu'ils n'ont pas vu le second. Enfin, pour se retirer en prenant à gauche, M. d'Orléans aurait dû passer quelque part, et pourtant il n'a paru d'aucun côté. Était-il donc invisible pour tout le monde, excepté pour M. Laserre?

L'information vous apprendra que plus tard, et le calme étant rétabli, M. d'Orléans fut vu dans les appartemens du roi, seul et rêveur par M. Maison-Blanche, libre, gai et causant avec diverses personnes par M. Digoine et par MM. Durosnet et Santerre. M. d'Orléans convient qu'il est allé chez le roi.

Viennent des particularités indifférentes en elles-mêmes, et ridicules dans les dépositions.

La liste des charges contre M. d'Orléans est nombreuse. Je continue de ne relever que ce qui me présente une certaine importance. Ainsi vous avez à retenir que M. d'Orléans fut nommé par le chasseur de M. Miomandre et par la personne suspecte, dont M. Diot entendit les discours. Vous avez à retenir les distributions d'argent que quelques indices semblent ramener à M. d'Orléans. Vous avez à retenir surtout la déposition de M. Laserre; vous avez à retenir enfin ce que l'on dit s'être passé entre M. d'Orléans et M. Mirabeau, au sujet du départ de celui-là pour l'Angleterre. Après avoir sondé dans tous ses retranchemens ce secret funeste, dont la découverte vous fut annoncée, vous allez composer, s'il se peut, un ensemble, des détails que vous avez parcourus, et chercher, dans un résumé général, les motifs de la conclusion à laquelle vous devez enfin vous arrêter. C'est l'objet de la troisième partie.

Quelques faits et beaucoup de matière offerte aux conjectures, voilà, pour ainsi parler, la provision que nous avons faite. Une foule innombrable sort de Paris, et se rend à Versailles le 5 octobre. Dans la soirée, un officier des gardes du roi est blessé; plus tard l'escadron défilant, reçoit une grêle de coups de fusils; des excès et le pillage de l'hôtel des gardes suivent ces premiers mouvemens. Le peuple entre à six heures du matin dans les cours du Château; et des gardes du roi sont massacrés. Successivement le grand escalier est rempli d'une troupe furieuse, qui renverse tout devant elle; les gardes du roi soutiennent l'ardeur d'une première attaque; ils sont accablés, forcés de fuir et de se retrancher. Voilà le délit dénoncé au Châtelet; et il est avéré.

On a dit que des scélérats, couverts du sang de leurs victimes, pénétrèrent jusque dans l'appartement de la reine. Je n'hésite pas : je retranche ce fait d'un désastre qui n'a pas besoin d'exagération. Deux témoins supposent cette dernière horreur; mais je considère ce qu'ils disent avoir vu; et je reconnais que leur expression va au-delà. Sept témoins contraires, et surtout le verrou qui ne fut pas forcé, déterminent ma conviction. Le délit étant réduit à ses vrais termes, il faut chercher les coupables, dans ses circonstances, dans sa préparation, dans ses accidens. Il y a des bruits d'un complot profond; dans les détails, à peine passons-nous les ouï-dire et les idées éloignées qui se présentent aux esprits soupçonneux.

L'aventure de Blaugez est un conte absurde qui se décrie par ses circonstances. Il y a un apprêt plus que suspect dans l'histoire de ce chasseur, que M. Miomandre fait expirer, que M. Reboursaux sauve de son désespoir, et dont M. Lecointre ne fait qu'un ridicule bravache, désolé d'avoir manqué l'escalade d'un balcon. Les propos nocturnes, entendus par M. Diot et M. Baras, ont contre eux leur invraisemblance, le sang-froid des deux témoins, après d'horribles menaces, l'obscurité profonde au sein de laquelle un coup d'épée est paré avec une canne, et un signalement est tiré avec une extrême exactitude; et enfin M. Diot et M. Baras sont témoins isolés chacun dans le fait qu'ils rapportent. M. Leclerc est le seul qui parle de ce signe d'une manchette déchirée, et d'un morceau attaché sur la manche qui aurait distingué des factieux; et même il ne le vit point. Observez que M. Leclerc est celui qui, à la suite de la fête du 1er octobre, cria : vive le roi, la reine, et au diable l'assemblée nationale et M. d'Orléans. L'argent distribué, dont parlent tant de témoins, fait une impression durable. Toutefois, M. Morin est le seul de ces témoins qui ait vu le fait du panier d'osier, et Marguerite Andelle a vu trop de choses; il n'y a point d'autres témoins positifs.

Des distributions d'argent peuvent appartenir à toutes les conspirations. Nous en cherchions une, nous avons suivi les traces d'une autre; on nous a parlé d'une faction qui pouvait amasser les moyens de trois campagnes, et qui s'était assurée de la délivrance d'un million et demi par mois. C'est donc là qu'était l'argent, mais d'où partaient les canaux qui l'ont distribué, si ce n'est du réservoir où il était amassé? On a soupçonné les ennemis de la France d'un dessein artificieusement combiné, où les moyens auraient été de l'enrichir, et le but de la perdre; et ainsi des trésors nous auraient été envoyés pour opérer notre ruine. Au milieu de ces versions, on ne puise que l'incertitude; et là où l'on avait cru d'abord démêler quelqu'objet réel, on finit par ne voir que ces fantômes vains qu'en ces temps de troubles et de discorde, des imaginations frappées sont sujettes à produire. Mon devoir est de vous rendre compte de toute l'impression que j'ai reçue. La multitude des bruits, des rapports, des propos, m'étonne, et semble condenser devant moi un nuage que ma vue ne peut percer. Je suis peu touché du discours que M. Rosnel seul a entendu. Je crois que, si des femmes avaient parlé d'un ordre de rester, elles auraient été entendues de plusieurs autres; mais l'action répond au propos; ces femmes restent, et voilà ce qu'il est difficile d'expliquer. On peut dire que le dessein d'amener le roi à Paris, retint à Versailles ce peuple qui y passa la nuit; on peut dire qu'il fut successivement arrêté par le ressentiment que provoquèrent les coups de sabre et les coups de pistolet des gardes du roi, et enfin, par l'obscurité de la nuit; mais on ne se dissimule pas que quelque doute survit. Il reste à combiner avec ces considérations générales, qui m'ont appris peu de choses, les considérations particulières qui me ramènent à M. Mirabeau et à M. d'Orléans.

Rappelons-nous les charges : M. Mirabeau a été, le 5 octobre, dans les rangs du régiment de Flandre. On suppose un discours que personne n'a ouï; il portait un sabre nu; mais il n'en a fait aucun usage, mais il a fait comprendre qu'il songeait à sa sûreté; enfin, il n'est pas certain que l'homme désigné ait été M. Mirabeau. Un conseil dont le motif serait un aveu, a été donné à M. d'Orléans sur son départ pour l'Angleterre; on a ouï-dire cela, personne n'a vu, personne n'a entendu. M. d'Orléans a été nommé par le chasseur de M. Miomandre; il n'y a que ce dernier qui le dise, et son récit choque la vraisemblance. Il a été nommé encore dans un groupe, où l'on conseillait d'abominables attentats; mais des scélérats pourraient être apostés pour faire entendre, parmi des horreurs, le nom le plus respectable.

La déposition de M. Laserre est aussi affirmative qu'elle est grave; je serais tenté de dire qu'elle est ici la clef de la voûte : si elle tient, nous avons une masse qui va résister; si elle manque, tout s'écroule.

D'autres dépositions semblent confirmer celle de M. Laserre. M. Morel se décèle lui-même. On voit qu'il n'a pas été mis en faction à l'heure qu'il cite. La déposition de M. Laserre est démentie par elle-même, démentie par des témoignages nombreux, démentie par toutes les circonstances. Un masque tombe à mes yeux, et je marche d'autant plus à la vérité qui se montre, que j'en avais été dévoyé durant quelques momens. Dès que l'imposture est évidente, dès qu'une si positive affirmation n'est pas un garant de la vérité, il devient permis de douter de tout, et il ne reste d'indices que contre les témoins et en faveur des prévenus. Une difficulté m'arrêterait, si l'insurrection du 5 octobre, et les crimes du 6 se montrant à moi dans tout ce qu'ils ont d'étonnant, je ne pouvais en démêler les causes et calmer les inquiétudes de mon imagination.

Tout s'aplanit, lorsque je vois le peuple de Paris accourir à Versailles, parce qu'il manque de pain, parce qu'il croit sa liberté menacée de quelque attentat nouveau, parce que, dans ses alarmes, il pense que la présence du roi, au sein de la capitale, sera le terme de tous ses maux.

Tout s'applanit, lorsque l'on me montre l'occasion du coup de fusil tiré sur M. Savonnières, dans les coups de sabre et dans le cri : *on nous laisse assassiner*; celle de la décharge bruyante qui part ensuite sur l'escadron des gardes du roi, dans les coups de pistolets tirés de cet escadron contre les citoyens; et enfin celle de ce qu'eut d'horrible la matinée du 6, dans l'aspect des victimes qui parurent immolées par la vengeance ou par la trahison des gardes du roi.

Après tout cela, y a-t-il lieu à une accusation contre M. Mirabeau et M. d'Orléans? J'avoue que les juges du Châtelet n'ont pas douté; c'est en vertu de votre décret du 26 juin, qu'ils ont eu recours à vous; et si M. Mirabeau et M. d'Orléans n'eussent pas été membres de l'assemblée nationale, déjà l'accusation existerait. Ils ont écrit sur la procédure que M. Mirabeau et M. d'Orléans étaient dans le cas d'être décrétés, et vous n'avez pas oublié qu'admis à la barre, ils ont pris un ton plus affirmatif encore.

Sous le régime de la liberté, l'accusation demande des preuves. J'appelle preuves, cet ensemble de renseignemens appliqués à un fait et à un homme, qui me démontre la vérité de l'un, et l'opération de l'autre.

Dans cette jurisprudence barbare, dont l'assemblée nationale nous délivrera, l'accusation pouvait être fondée sur des apparences, et la conscience des juges n'allait au délit que lorsqu'après une longue captivité, les victimes étaient amenées devant eux pour entendre leur dernier arrêt. Si vous eussiez pensé que le droit d'accuser les citoyens, dût tenir à ce premier coup d'œil, qui suffit dans les choses indifférentes et légères, M. Toulouse-Lautrec serait dans les fers.

Deux témoins affirmatifs, clairs, uniformes, avaient chargé M. Toulouse, et il s'agissait aussi d'une conspiration; les juges du Châtelet auraient dit que M. Toulouse *paraissait être dans le cas d'être décrété*. Vous ne fûtes pas séduits par une apparence vraiment imposante; vous allâtes encore à la découverte de la vérité; là où les juges du Châtelet auraient presque vu la conviction, la calomnie ne soutint pas vos regards, et M. Toulouse fut absous. Ce que vous avez fait alors, vous le ferez aujourd'hui. Vous êtes entre vos collègues inculpés et le précipice vers lequel on les pousse, entre la vérité et les témoins, entre la justice et la prévention, et votre sagesse saura choisir.

Un crime dénoncé tient à des circonstances qui le caractérisent. Les preuves reçoivent aussi l'influence des conjectures. Isolez l'affaire des passions générales ou particulières qui l'accompagnent, vous serez dans les ténèbres; ramenez-la, pour ainsi dire, dans le cadre auquel elle appartient, vous serez surpris de l'éclat de lumière qu'elle va réfléchir.

J'ai peut-être enfin aperçu le moyen d'aller à la vérité sans nuages. Une grande révolution a changé la face de la France; elle doit faire des heureux; elle a produit des mécontens. L'édifice de la constitution n'a pas été fondé sans contradictions. Des attaques ouvertes ont échoué, des attaques secrètes le minent encore. Il va s'élevant au milieu des efforts et de la rage impuissante d'une faction toujours vaincue; mais toujours révoltée. Supposez un événement. Au milieu de deux partis qui s'observent, avez-vous intérêt de l'approfondir? N'interrogez ni d'un côté ni de l'autre; au lieu de témoins, vous trouveriez des champions, et vous ne trouveriez pas la vérité. Découvrez quelque personne simple, étrangère à la querelle, qui ait vu le fait et qui ne le commente pas, c'est là que vous serez instruits. Ainsi, par exemple, le grenadier qui harangua M. la Fayette, le 5 octobre, ainsi, M. Maillard qui parla dans l'assemblée nationale au nom d'une troupe de femmes qu'il avait guidée et contenue, vous diront naïvement comment le peuple fut poussé à l'insurrection, et quels desseins le conduisirent à Versailles? Des témoins commentateurs, intéressés peut-être, envelopperont ce récit d'un mystère conforme à leurs vues. Ainsi M. Blaizot vous dira sans ornement que M. Mirabeau l'a entretenu de pressentimens fâcheux, et M. Belleville aura ses raisons pour ajouter que M. Mirabeau fit retirer trois secrétaires. Ainsi plusieurs témoins, dont les oreilles sont neutres, entendent crier: *Vive le duc d'Orléans!* et trois autres personnes entendent d'une plus grande distance: *Vive le roi d'Orléans!* Ainsi des témoins disent que M. d'Orléans riait en traversant la cour des ministres, et M. Dodemain s'érige en appréciateur de la pensée, et remarque que *M. d'Orléans n'avait pas l'air qu'il devait avoir dans une pareille circonstance, etc....*

Si j'avais appartenu à une faction antipatriotique, si j'avais été appelé à concerter l'enlèvement du roi et la guerre civile, j'aurais pu désirer le soulèvement de la capitale, j'aurais pu susciter des inquiétudes sur les subsistances; j'aurais pu provoquer des distributions de cocardes odieuses; j'aurais pu semer des bruits inquiétans, j'aurais pu employer tous les moyens de produire des alarmes, et je me serais dit : c'est au milieu du trouble qui va naître qu'il sera aisé de tromper le roi, de le ravir à son peuple, d'étouffer la liberté naissante, où de la faire acheter encore par des flots de sang. J'articule des conjectures qui s'opposent à d'autres conjectures. L'information que nous avons examinée n'est-elle pas elle-même un complot? Quelqu'un a dit que le Châtelet faisait le procès à la révolution : cette remarque fut peut-être une grande vérité. On disait cela lors de la poursuite que la Cour des aides avait entreprise au sujet de l'incendie des barrières. On serait ici tenté de le répéter : il est des circonstances où les intentions les plus pures sont un principe d'erreur, où l'on est entraîné on ne sait comment, où l'on cesse en quelque sorte d'être soi pour avoir une pensée d'emprunt. Ainsi parmi les discordes et les factions, la bonne foi même, environnée de piéges, n'en est pas toujours préservée. J'avouerai l'impression qu'avait faite sur moi ce discours, trop énergique peut-être, dans lequel vos collègues vous furent dénoncés; je cherchais l'immobile équilibre de la justice : je crus démêler dans la balance une secrète oscillation. Quelque prévention m'a-t-elle ensuite guidé? je l'ignore. Je vais vous exposer mes griefs, et vous les jugerez. D'abord je n'aime pas la complaisance avec laquelle on a transmis dans l'information des récits qui appartiennent à une époque glorieuse où les desseins avaient été un droit, et les entreprises des moyens légitimes : il semble qu'en haine de la révolution, l'on remonte jusqu'à son berceau, et l'on voudrait le briser. Sans doute des témoins appelés peuvent s'expliquer avec les détails qu'ils estiment nécessaires, et il n'est pas permis aux juges de les interrompre; il ne faut pas que les dépositions sortent du fait qui est à éclaircir, car au-delà la nuance pouvait être délicate; mais l'intention n'est plus équivoque lorsqu'on trouve des dépositions absolument relatives aux faits du mois de juillet. Or, Louis Poterne, Antoine et Joseph Faure n'ont été appelés que sur le fait des piques fabriquées le 14 juillet. M. Villelongue n'a

paru que pour articuler les mouvemens prétendus des jockeis de
M. d'Orléans à la même époque. N'est-il pas clair après cela
que les juges ont voulu informer sur les faits du mois de
juillet?

Le comité des recherches de la commune avait provoqué la
poursuite et donné des listes de témoins. L'on ne s'arrête pas à
ces listes, et l'on a raison : les premiers témoins appelés en indiquent
d'autres, que l'on appelle à leur tour. Lorsque les témoins
cités se taisent, on sait bien les interroger ; mais est-il
question des piques fabriquées le 5 octobre par les ouvriers du
Palais-Royal, M. Durban est cité, on ne demande point son
témoignage, on néglige celui des ouvriers. Est-il question du
chasseur dont a parlé M. Miomandre, celui-ci a nommé M. Duverger,
M. Saint-Marceau ; il est allé vers un corps-de-garde :
on ne fait déposer ni M. Duverger, ni M. Saint-Marceau, ni les
soldats qui étaient alors dans le corps-de-garde. Le docteur
Chamseru indique, sur des renseignemens particuliers, M. Lintex
et M. Duquesnoy ; ils paraissent, et on les laisse, sans les interroger,
dire qu'ils ne savent rien. Rousseau, fondeur, est interrogé
à l'égard des plaques, car il disait d'abord ne rien savoir ; il
explique le fait : il déclare que sur l'une des plaques Gibiard a
gravé le nom de M. d'Orléans et le sien. Gibiard arrive, il dit ne
rien savoir, et on ne l'interroge pas. M. d'Orléans a publié un
exposé justificatif : il y déclare qu'il était à Paris le 6 octobre,
qu'il fut éveillé par M. Lebrun, arrêté sur la route de Versailles
par un détachement de la garde nationale, dont l'officier le fit
escorter. M. Lebrun était un témoin à produire ; il en aurait indiqué
d'autres. Il n'était pas bien difficile de découvrir les personnes
qui composaient le détachement rencontré à Sèvres, et
surtout l'officier qui le commandait. Je remarque trois dépositions
dont l'objet unique fut de justifier un ministre. On avait
cité, on avait altéré probablement un discours de M. Saint-Priest ;
trois témoins sont soigneusement découverts et produits pour
restituer ce discours dans sa vérité. On se permettait ainsi de
sortir, pour l'intérêt ou pour la gloire d'un homme en place,

des bornes de la mission, que l'on avait à remplir. Lorsqu'on faisait si peu d'état de la justification du citoyen, je demande pourquoi cette étrange prédilection en faveur du ministre?

Il est bien plus difficile de concevoir les officiers du Châtelet, dans l'intention qui éloigne de l'information MM. d'Estaing, Lecointre et Martereau, dont le témoignage était si précieux à recueillir. Je les remarque entre plusieurs dont les noms étaient sur la liste du comité des recherches, et qui n'ont point été appelés. Et pourtant j'aurais cru que cette liste faisait en quelque sorte une partie de la dénonciation; j'aurais cru qu'il n'appartenait pas aux tribunaux de composer ainsi avec les indications fournies par les dénonciateurs.....

Si les juges ont laissé échapper quelques signes d'un secret penchant à décrier la révolution, je vois que les témoins n'ont pas même pensé à le déguiser. Que signifient les rapports multipliés de M. Pelletier, qui ayant tout ouï dire et n'ayant rien vu, remplit douze pages de son fiel anti-patriotique, et semble n'ouvrir l'information que pour donner, dans la malignité du prélude, la juste idée de ce qui va suivre? Que signifie la longue narration au début de laquelle M. Mounier avertit qu'il dira plus qu'il n'a vu, et dont les détails semblent n'être ensuite qu'une glose amère qui, ne s'arrêtant pas aux faits, va jusqu'à supposer les intentions? Que signifie l'histoire des pressentimens de M. Malouet et de sa société intime, où l'on sépare, dans l'assemblée nationale, une classe de membres attachés aux principes constitutifs de la monarchie; comme si ces principes, dans leur pureté, avaient pu être divers? Que signifie cette affectation malicieuse qui, lorsqu'il s'agit des crimes du 6 octobre, rappelle une ancienne conversation de Goroller, et montre un mystère dans une légèreté? qui met dans la bouche de M. Barnave un discours ridicule, pour supposer l'aveu d'un complot? qui répète des expressions indifférentes de M. l'abbé Sieyès, avec le ton que l'on prend pour faire sous-entendre un sens profond? qui établit M. Duport au milieu des soldats du régiment de Flandre, pour les haranguer? qui entasse les membres de l'assemblée nationale parmi le peuple agité, pour le stimuler encore? qui, dans l'affreuse matinée du 6 octobre, déguise en femmes MM. Barnave, Chapelier, d'Aiguillon, Lameth? qui met un mystère dans les conversations de M. d'Orléans avec MM. Duport, de Liancourt, de Biron, de Sillery, de la Touche? qui, dans la même matinée, signale M. de Mirabeau, entouré de plusieurs de ses collègues, mal vêtu, et se cachant derrière les rangs d'un régiment, etc., etc., etc.?

Ce que tout cela signifie?.... Ouvrez l'information : voyez comme ces atroces suppositions sont vagues, comme on s'enveloppe de rapports, comme les momens et les lieux sont à dessein ou confondus, ou passés sous silence, afin que la calomnie, sûre de son effet, se replie, change de face, et, dans sa mobilité, échappe à toutes les lumières. Ce que tout cela signifie?... Voyez les noms qui sont proférés, choisis sur la liste des amis de la liberté, et des coopérateurs de la constitution, noms chers aux citoyens, et odieux aux ennemis du peuple. Ne vous est-il pas démontré que la constitution est le but de tous les traits que l'on aiguise en secret? Les fureurs qui veulent la renverser ne sont-elles pas exercées d'abord contre l'assemblée nationale, dont elle est l'ouvrage? Vous n'avez pas oublié la remarque de M. Virieu et de M. Henry, que le 5 octobre il y avait de la raideur dans certaines opinions. M. Frondeville va renchérir.

Il vous dira ce qui se passait à l'assemblée nationale, lorsque le peuple de Paris y fut annoncé. « L'assemblée, ajoutera-t-il, l'assemblée, dont la très-grande partie n'était pas dans le secret de ce qui devait arriver, continua son travail. » *L'assemblée, dont la très-grande partie n'était pas dans le secret!*.... En peu de mots combien de choses exprimées!... Combien elle est imprégnée de venin, l'intention qui la suggère!... Sera-t-il en vous une force d'indignation qui réponde à l'outrage? Ecoutez encore : M. Frondeville se joint à M. Batz; qualifiez cette basse et méchante note de la prétendue adresse des forçats de Toulouse, « qui, n'ayant point d'argent à donner, offraient à l'assemblée nationale leurs bras et leurs services pour le maintien de la constitution.... » Sarcasme que je ne saurais apprécier dans la bouche de quelque énergumène étranger à l'assemblée nationale. Ne quittez pas M. Frondeville; il est fécond. Lui, M. Digoine et M. Claude Lachâtre, vont apprendre à la France que le roi hésitait sur la déclaration des droits et sur les articles constitutionnels qui lui avaient été présentés. Les femmes qui allèrent chez le roi le 5 octobre, disaient, en sortant : « Nous savions bien que nous le ferions sanctionner : ce qui prouve, dit M. Frondeville, qu'elles avaient ajouté à leurs demandes l'acceptation pure et simple du roi.

Ici la querelle à la constitution ne se déguise pas, elle est ouverte; elle est déclarée. — On veut que l'acceptation du roi soit imputée à l'empire des circonstances ; on veut que le peuple craigne encore de n'avoir embrassé dans ses lois nouvelles, qu'un fantôme assis sur des fondemens ruineux. Ont-ils donc cru, nos détracteurs insensés, que ces vains subterfuges convinssent aux grandes affaires des peuples, et que le monarque, qui fut assez grand pour rendre hommage à nos droits, voulût un jour voir sa gloire ternie dans un repentir inutile? Ont-ils pensé que cette déclaration des droits, évangile immortel de la raison et de la nature, que votre sagesse a recueilli pour les hommes et pour les nations, dût, comme les transactions de l'intérêt, dépendre de quelques formes et de quelques volontés? Ainsi, la Providence a voulu que, dans la tentative même qui nous menaçait, on nous laissât reconnaître le piège qui nous était tendu. Ainsi, la procédure du Châtelet décèle l'esprit secret qui la suscita. A présent, vous allez expliquer sans peine tout ce qu'elle avait pour nous de difficile. Vous concevrez comment l'extravagance d'un soldat, payé peut-être, pour dire qu'il l'avait été, a fourni le sujet d'une description aussi incroyable que pittoresque? Comment a été conçue l'aventure de ce valet associé, dans son ivresse, au coin d'une rue, à une grande conspiration? Vous concevrez M. Leclerc, fusilier, parce qu'il ne portait pas une manchette déchirée, quand personne ne portait une manchette déchirée. Ces richesses distribuées au peuple par des mains libérales et invisibles; les bruits, les rapports, les discours entendus, etc., etc. Vous concevrez cette déposition de M. Laserre, dont l'atroce imposture se trahit elle-même avant d'être démentie.

Vous concevrez cette histoire ridicule de Marguerite Andelle, ce voyage féerie, cette amulette si bien décrite, et qui ressemble au rameau d'or de la sibylle, à la vue duquel les portes de l'enfer laissaient passer les vivans. Eh! quels prodiges ne sont pas intervenus dans cette affaire étonnante? Le ciel, vous le savez, le ciel y a pris intérêt. En ce temps profane où l'art des miracles et des révélations semblait depuis long-temps oublié dans la perversité du monde, la vierge a bien voulu descendre jusqu'à des mortels, et déposer dans leurs mains son témoignage irrécusable. Que penser enfin de l'affaire où le merveilleux intervient, et où les moyens naturels qui mènent à la vérité ne suffisent pas? Je le dirai franchement, quand pour me faire croire on a recours à des miracles, c'est alors que je ne crois pas.

Messieurs, je n'ajoute rien. — Mon irrésolution est fixée. L'affaire où mon esprit a été successivement tourmenté de tant d'impressions diverses, est ramenée à ces termes simples où un seul point éclairci donne l'explication de tous; et il me semble enfin qu'enlacement par enlacement, j'ai défait le nœud gordien. Je ne vois plus qu'une conspiration, celle qui a été ourdie contre la constitution. Une ligue s'est formée sur les débris de l'ancien régime, pour tenter le renversement du régime nouveau. Elle a dit : la force est unie contre nous à la justice, nous avons développé d'inutiles efforts; ployons pour nous relever; opposons l'intrigue à la force, l'artifice à la justice. Agissant ensuite dans l'ombre, elle a marqué un but dont elle ne s'écarte pas; déconcertée, elle substitue une mesure à une mesure nouvelle, et son art est de se reproduire sous toutes les formes. Elle avait appelé cette armée qui devait envahir Paris et la liberté naissante; elle a suscité, elle a nourri cette procédure monstrueuse, cette guerre de greffe, passez-moi l'expression, dont le prétexte n'a pu dérober à nos yeux la prétention secrète. Je m'abuse peut-être, mais partout je crois voir son influence. Je l'accuse de la tiédeur dans laquelle le patriotisme semble s'engourdir, et de cette sécurité dangereuse qui a pris la place d'une sage et nécessaire réserve. Je l'accuse des nuages qui ont obscurci ces jours purs où les bons citoyens n'avaient qu'une âme et ne formaient qu'un vœu. Je l'accuse des vains démêlés où cette milice généreuse qui, de la capitale, donna à tout l'empire un si noble exemple, ne craint pas d'exposer enfin le fruit de ses travaux. Je l'accuse de l'inconcevable illusion dont nous sommes frappés, et où germe, entre les vrais serviteurs de la patrie, cette défiance qu'ils devaient garder pour ses ennemis. Je l'accuse de la division cruelle qui se propage entre nous et dans le sein de l'assemblée nationale, alors même que la liberté est l'objet commun de notre culte ; comme si les dogmes de cette religion étaient à la merci des tristes disputes qui enfantent les sectes. Ainsi l'on nous égare pour nous surprendre, et l'on nous divise pour nous vaincre ; et lorsque nous allons échapper à une embûche, d'autres plus dangereuses peut-être sont dressées, où nous sommes attendus, que dis-je ?.... où nous semblons courir de nous-mêmes.

Citoyens, vous êtes les maîtres de votre sort. Abjurez de funestes débats ; que les soupçons, que la défiance n'habitent plus parmi vous. Serrez-vous, continuez de former cette masse imposante qui renversa tous les obstacles, et qui doit repousser tous les assauts. Vous n'avez pas acquitté votre dette envers la patrie ; elle est toujours menacée. Le temps viendra ; mais il n'est pas encore où, délivrés d'alarmes, vous n'aurez plus qu'à recueillir, dans le bonheur du peuple et la prospérité de l'empire, la récompense digne de vous, qui vous est promise.

Et quant aux malheurs du 6 octobre (car il faut enfin ne plus voir que d'horribles malheurs dans cette journée fatale), nous les livrerons à l'histoire éclairée pour l'instruction des races futures ; le tableau fidèle qu'elle en conservera, fournira une leçon utile aux rois, aux courtisans et aux peuples.—Voici le décret que le comité vous propose :

« L'assemblée nationale, après avoir ouï le compte que lui a rendu son comité des rapports, de l'information, faite à la requête du procureur du roi au Châtelet, ces 11 décembre 1789 et jours suivans, et des charges, concernant M. Mirabeau l'aîné et M. Louis-Philippe-Joseph d'Orléans;

« A déclaré et décrété qu'il n'y a pas lieu à accusation. »]

OCTOBRE 1790.

SÉANCE DU 1ᵉʳ OCTOBRE.

On fait lecture d'une lettre de M. la Fayette.

« M. le président, j'apprends que dans le rapport fait hier à l'assemblée, il est question d'une lettre de moi, ainsi que de l'usage irrégulier et mystérieux qu'on en fit. Ce billet que voici, fut écrit de l'Hôtel-de-ville, non à M. d'Estaing, mais à M. Saint-Priest, ministre. LA FAYETTE.

«M. Larochefoucault vous aura dit l'idée qu'on avait mise dans la tête des grenadiers, d'aller cette nuit à Versailles. Je vous ai mandé de n'être pas inquiet, parce que je comptais sur leur confiance en moi pour détruire ce projet, et je leur dois la justice de dire qu'ils avaient compté me demander la permission, et que plusieurs croyaient faire une démarche très-simple et qui serait ordonnée par moi. Cette velléité est entièrement détruite par les quatre mots que je leur ai dits, et il ne m'en est resté que l'idée des ressources inépuisables des cabaleurs. Vous ne devez regarder cette circonstance que comme une nouvelle indication de mauvais desseins, mais non en aucune manière comme un danger réel. Envoyez ma lettre à M. Montmorin.

«On avait fait courir la lettre dans toutes les compagnies de grenadiers, et le rendez-vous était pour trois heures à la place Louis XV.»

Après la lecture de la lettre de la Fayette, Bonnay fait l'apologie des gardes-du-corps qu'il représente comme ayant sauvé la famille royale dans cette journée, et justifie le repas pour lequel ils sont inculpés: Mirabeau demande la distribution du rapport de Chabroud, afin que cette affaire soit profondément discutée; il invite surtout Bonnay à plaider contre les grands criminels dont il vient de parler.

M. Bonnay. Je déclare que mon dessein n'a pas été de discuter la procédure ; je reconnais mon insuffisance à cet égard. J'ai dû monter à la tribune pour justifier un corps dont je suis ; quant à l'expression dont je me suis servi, de modèle de plaidoyer pour le grand-criminel, et que je ne rétracte point, je déclare que je n'ai voulu retracer que la critique sévère à laquelle le rapport de M. Chabroud m'a paru et me paraît encore donner lieu.

SÉANCE DU 2 OCTOBRE.

Sur un rapport fait par Noailles, l'assemblée décrète qu'il pourra être nommé par le roi aux emplois de l'armée, selon les règles établies, à l'exception des places de lieutenant. — Larochefoucault fait rendre un décret sur les cautionnemens des receveurs des districts. — La discussion s'engage sur le rapport fait par Chabroud. Mirabeau déclare qu'il se porte accusateur du Châtelet ; qu'il le prend à partie et qu'il ne l'abandonnera qu'au tombeau. Sur la motion de Goupil, amendée par Dubois-Crancé, Mirabeau et Guillaume, l'assemblée décrète que les membres témoins dans cette affaire, à l'exception de ceux qui ont déclaré ne rien savoir, ne prendront aucune part à la décision qui sera portée. Maury combat le projet du rapporteur ; il s'élève contre la journée du 6 octobre, et déclare que l'honneur de l'assemblée sollicite un jugement. Alexandre Lameth demande qu'il soit interpellé de prononcer s'il y a lieu, oui ou non, à accusation contre Mirabeau et d'Orléans. Rœderer veut que l'abbé Maury prouve que les événemens du 6 octobre ont été la suite d'un complot dont Mirabeau et d'Orléans étaient les auteurs ou les complices. Maury consent à ce que Mirabeau sorte de la procédure ; mais il pense qu'il y a lieu à accusation contre d'Orléans. Mirabeau prononce un discours dans lequel il réfute les inculpations dont il est l'objet dans cette procédure. Il est couvert d'applaudissemens. Biron défend d'Orléans. Montlausier demande trois jours pour examiner la procédure. Rœderer propose qu'avant de délibérer, on entende d'Orléans, dont l'innocence, dit-il, n'est plus un problème. Barnave vote pour que le projet présenté par le rapporteur soit à l'instant adopté. « Nous ne pouvons, dit Maury, participer à la délibération. » (Il reste ; quelques membres du côté droit se retirent.) Montlausier appuie la motion de Maury. Murinais demande aussi la division, en ce qui concerne Mirabeau. Le projet proposé par Chabroud obtient la priorité. L'assemblée décrète, à une grande majorité, qu'il n'y a pas lieu à accusation contre Mirabeau ni contre d'Orléans.

Indépendamment des protestations du garde-du-corps Bonnay, consignées dans la séance d'hier, plusieurs autres furent dirigées en dehors de l'assemblée nationale contre le rapport de Chabroud. Telle fut la lettre de Luillier, maréchal-des-logis des gardes-du-corps du roi, lettre insérée dans la plupart des journaux royalistes. Comme elle ne renferme que des démentis et des assertions que rien ne justifie, nous passerons à la seule contradiction qui doive nous arrêter, celle de Maury. Le rédacteur de *l'Ami du roi*, le prêtre Royon, avait déploré, dans son numéro du 1er octobre, la manière dont la *Société qui écrit aussi vite que la parole* avait défiguré la belle improvisation de Maury sur les assignats. Il invitait l'abbé à faire imprimer ses opinions. Celui-ci répondit à ce témoignage d'estime pour ses paroles, en venant dicter à Royon « ce qu'il avait pu retenir du superbe discours improvisé par lui au sujet du rapport de M. Chabroud. » *L'Ami du roi* est heureux que « l'inaction de l'assemblée, dans la séance du soir 2 octobre, lui ait laissé la liberté de faire à ses lecteurs un si beau présent. » Il rend compte auparavant des misères qui ont occupé l'assemblée, notamment d'une adresse du club avignonnais des *Amis de la constitution*. Cette adresse qui prévenait d'un rassemblement de troupes dans le comtat d'Avignon, et d'un amas considérable d'armes et de munitions, avait fourni tout à la fois la preuve d'un rare discernement dans ces séditieux, si jaloux du bonheur de la France; dans M. Bouche, d'une forte passion pour la gloire des conquêtes; dans l'assemblée nationale, d'une prudence qui se manifestait par sa lenteur à prendre un parti. » — Suit l'opinion de M. Maury sur les affaires d'octobre.

Nous avons lu très-attentivement ce plaidoyer avec l'intention d'y trouver quelque preuve décisive, quelque fait irrécusable. Voici le résultat de notre travail :

Dans la première partie, il examine un rapprochement fait par Chabroud sur les fonctions de l'assemblée nationale en cette affaire, et sur celle des grands-jurés, en Angleterre, qui jugent aussi *s'il y a lieu ou non à l'accusation*; là-dessus on lui cria plusieurs fois qu'il ne s'agissait pas de l'Angleterre, mais de la France.

Dans la deuxième, il déclare qu'il ne veut pas préjuger ses collègues; mais qu'il y a lieu à prévention et à poursuite; il cite l'exemple de l'abbé Perrotin. Il nous semble que la parité demandait que Mirabeau et d'Orléans eussent été saisis dans un complot flagrant.

Passant à la conspiration elle-même, il en trouve la démonstration dans ce seul fait, que dans les groupes accourus de Paris, on a vu plusieurs hommes déguisés en femmes. «Je pourrais, dit-il, m'en tenir à cette seule observation pour convaincre tous les bons esprits.» Il énumère cependant ensuite les divers caractères que présenta l'émeute, l'unité de départ; l'ensemble de dix mille personnes; la circonstance inniable d'un rendez-vous; toutes choses qui peuvent aussi bien s'interpréter du besoin commun de manger, qui, selon les gardes-françaises, Maillard, la Reynie, Lecointre et autres, avait seul déterminé le mouvement sur Versailles.

Le reste du discours est une déclamation plus ou moins académique. Nous y remarquons cette périphrase sur la chambre de Marie-Antoinette : *enceinte sacrée de l'auguste fille des Césars, de la digne fille de Marie-Thérèse; d'où cette princesse que l'Europe admire, fut obligée de s'évader en chemise.*

SÉANCE DU 3 OCTOBRE.

Le *Moniteur* est tellement incomplet sur cette séance, que nous substituons à son compte-rendu l'analyse de l'*Ami du peuple*. Comme il s'agit encore d'un trouble en province à l'occasion des grains, et que tous les faits de ce genre nous ont paru de haute importance, nous en avons recueilli tout le détail parlementaire. Marat se servait ordinairement, pour connaître les séances, du *Postillon diligent*. Il rend très-souvent justice à l'exactitude de ce journal, tandis qu'il reproche de nombreuses infidélités à celui des *Débats et décrets*.

« Au commencement de la séance du 5, le sieur de Broglie, au nom du comité des rapports, a rendu compte des plaintes portées par l'administration du département de l'Aude contre le soulèvement de plusieurs habitans des bords du canal du Languedoc, ayant pour objet d'empêcher la libre circulation des grains. L'insurrection est telle, que les propriétés sont menacées, et que même déjà des propriétaires sont désignés comme victimes. Deux compagnies du régiment de médoc ont été repoussées par le peuple. Un grand bâtiment placé sur le canal pour la navigation a été incendié. L'on craint la rupture de plusieurs ponts ; enfin l'administration du département supplie l'assemblée de la soutenir de la force militaire, pour soustraire le Bas-Languedoc à la famine.

» Le rapporteur a proposé de décréter que les citoyens coupables, qui se sont portés aux excès dénoncés par le directoire du département de l'Aude, seront poursuivis suivant toute la rigueur des lois ; d'approuver la conduite de cette administration, celle de la garde nationale, celle du régiment de Médoc et des dragons de Noailles ; de charger enfin le président de se retirer par-devers le roi pour le prier de faire marcher vers le canal de Languedoc, des troupes de ligne en force suffisante pour prévenir de nouveaux excès.

M. l'abbé Gouttes a réclamé du haut de la tribune.

« Les désordres que votre loi sur l'exportation indéfinie des grains occasionne sont extrêmes. Sous ce prétexte, plusieurs gens malintentionnés accaparent des grains, et les font ensuite sortir du royaume.

» Il en arrive de grands maux. Le blé devient très-cher, et les provinces qui en ont le plus besoin ne peuvent s'en procurer. Le Languedoc, la Provence, la Franche-Comté, où on fait semblant de les porter, sont dans ce cas ; car, sous prétexte de les fournir, on les fait porter en Espagne ou en Suisse. »

Il a fait lecture de deux lettres, l'une de Mâcon, l'autre de Châlons, qui le sollicitaient de proposer à l'assemblée des moyens efficaces pour mettre ordre à des mouvemens qui arrêtent à chaque instant l'inexécution des décrets sur la libre circulation des grains. Après avoir observé que le peuple du Languedoc était révolté de savoir que les grains étaient exportés en Espagne, il a proposé pour amendement au projet de décret du comité, que les directoires de départemens et de districts, d'où les grains seraient partis, fussent tenus d'avertir ceux où ils devaient être reçus, et que les marchands fussent déclarés responsables.

» Un député de Castelnaudary a rendu compte que le 4 du mois, dernier le peuple s'était tellement soulevé contre un embarquement de grains, que la municipalité avait été obligée de faire publier la loi martiale, d'ordonner à la garde nationale de faire feu sur le peuple ; que deux hommes avaient été tués et six blessés. L'opinant a appuyé l'amendement de M. Gouttes.

» Le sieur de Custine s'est opposé à cet amendement, en soutenant qu'il fallait laisser à l'intérêt du commerce le soin de veiller à ce qu'on n'abusât pas des lois sur la libre circulation des grains. « Plus vous mettrez d'entraves, disait-il, moins vous remplirez votre objet. C'est à force de précautions que M. Necker est parvenu à mettre, il y a deux ans, la famine dans le royaume. »

» Le sieur Boissy s'est aussi opposé à cet amendement ; il a rappelé que l'année dernière, sur la demande des députés de Languedoc, il fut armé deux corvettes pour croiser entre le canal, la Méditerranée et les côtes d'Espagne, et empêcher l'exportation des grains ; que ce moyen avait réussi ; et il a demandé qu'il fût encore employé.

» Un autre membre voulait que tout embarquement de grains fût défendu dans les ports du Bas-Languedoc.

» Tous les amendemens ont été écartés par la question préalable, et le projet du comité a été décrété. »

Réflexions de Marat. « Les observations de M. Gouttes sont aussi justes qu'elles sont sages. Si la police doit applaudir à son zèle, elle doit être indignée des efforts qu'ont faits les Custine et les Boissy pour en prévenir les bons effets. Quels seront donc les sentimens qu'inspirera le décret de l'assemblée sur la circulation des grains, ou plutôt son insouciance sur leur exportation.

» Si elle a honte de revenir sur ses pas, c'est sottise; si elle est indifférente aux malheurs du peuple, c'est trahison. Mais pourquoi élever là-dessus quelque doute : il suffisait d'autoriser les citoyens à s'opposer à toute exportation de grains, jusqu'à ce que leur destination fût bien connue, et d'obliger les municipalités de chaque ville à constater les quantités de grains ou farines reçues, pour connaître l'instant où les entrées passeraient les besoins des habitans. Ses refus opiniâtres de prendre les précautions nécessaires pour prévenir la disette, pour épargner le sang, ne manifestent que trop ses noirs desseins. Quoi donc! pour assouvir la cupidité du pouvoir exécutif, et lui ménager les moyens de réduire le peuple à la misère par les artifices des accapareurs ministériels, de le soumettre, et de l'écraser ensuite par la force publique, vous exposez vingt-cinq millions d'hommes au danger continuel de périr de faim ; et pour apaiser les inquiétudes, pour calmer les transes des infortunés faméliques, vous ne savez déployer contre eux que l'appareil menaçant de la guerre ou des supplices; et vous les livrez au fer des bourreaux, après les avoir abandonnés au fer des assassins ! Et vous prétendez passer pour de sages législateurs !....

» J'invite quelque écrivain patriote, plus maître de son temps que je ne le suis du mien, à faire le relevé de tous les décrets lancés contre les citoyens des différens cantons soulevés par l'exportation des grains, c'est-à-dire, par les accapareurs ministériels, et d'en offrir au public l'effrayant tableau. Que de sang versé ! Que de pères de famille enlevés à leurs enfans! Que d'honnêtes patriotes jetés dans les cachots et abandonnés sans défense à la merci des jugeurs ministériels! Ah! si vous pouviez douter un instant que le décret sur la circulation illimitée des grains ne soit un piège ministériel; un redoutable artifice des ennemis de la révolution, citoyens, ouvrez les yeux, et voyez les Broglie, les Custine, les André, les Regnaud, les Dupont, les Duval, les Desmeuniers, les Virieu, les Montlausier, les Foucault, les Maury, les Cazalès, presser ces mesures désastreuses contre les réclamations de vos fidèles représentans. » (L'*Ami du peuple*, n° CCXLI, p. 2, 3, 4 et 5.)

SÉANCE DU 4 OCTOBRE.

On fait lecture d'une lettre de M. la Luzerne.

« J'ose représenter à l'assemblée nationale combien il est urgent qu'elle se fasse rendre compte de la lettre que j'ai eu l'honneur de vous adresser le premier de ce mois, et surtout des pièces qui y étaient jointes. Je reçois de Brest des dépêches, en date du 29 septembre, qui m'annoncent que, malgré la prudence et les soins des chefs, des officiers militaires, des commissaires civils envoyés par le roi, la fermentation des équipages ne se calme point. Je vous transmets copie d'une lettre de M. Hector, relative au départ du vaisseau *la Ferme*, qui a mis enfin à la voile. J'ose supplier l'assemblée nationale de donner quelque attention au zèle, à la fermeté, à la sagesse de M. Rivière, capitaine, et de M. Duclesmeur, lieutenant de vaisseau; au soulèvement des matelots, lorsqu'ils ont reçu ordre d'appareiller; à leur résipiscence postérieure; à l'aveu qu'ils ont fait spontanément que d'autres équipages les avaient travaillés à terre. On se hâte de congédier l'équipage du *Léopard*, conformément au décret de l'assemblée nationale, sanctionné par le roi; mais je trahirais mon devoir, en ne rendant pas compte d'un fait singulier dont m'instruit le commandant de la marine. Il m'annonce qu'on distribue à chacun des hommes licenciés, une espèce de certificat, ou plutôt des lettres-patentes, qu'on qualifie de diplôme, et il me fait passer copie d'une de ces pièces que je transcris.

Extrait des registres de l'assemblée générale de la partie française de Saint-Domingue.

« Au nom de la nation, de la loi, du roi, et de la partie française de Saint-Domingue, aux municipalités, à tous les bons Français, et particulièrement à tous les habitans de cette contrée :

» Soit connu que le généreux citoyen, Pierre Richeux, de Saint-Malo, matelot à 21 liv., est un de ceux à qui la nation est redevable du salut de la partie française de Saint-Domingue. Le porteur du présent diplôme doit s'attendre à trouver dans les municipalités, et particulièrement chez tous les habitans de la partie française de Saint-Domingue, les secours en tout genre que son patriotisme peut se promettre de la reconnaissance des bons Français, et de la recommandation de l'assemblée générale.

» Délivré par l'assemblée générale de la partie française de Saint-Domingue, en exécution de son décret du 27 août dernier, à bord du vaisseau *le Léopard*, surnommé *le Sauveur des Français*, le 2 septembre 1790 : par les 43 degrés 31 minutes de latitude nord, et les 30 degrés 31 minutes de longitude. D'Augy, *président*, Bourcet, *vice-président*, Denix et Deaubonneau. Pour copie, *signé*, Hector. »

Il paraît de plus par la lettre de M. Hector, qu'il a été ou qu'il va être frappé une médaille, dont il ne me donne point la description, et que chacun de ces marins s'attend à la recevoir.

Je ne puis prévoir quel effet produiront ces diplômes et ces médailles, dans les divers quartiers où 480 hommes de mer vont se disperser. Il m'a paru, par cette raison, indispensable de vous communiquer ce qui m'est mandé. L'assemblée nationale pesera dans sa sagesse, s'il ne convient pas d'en faire prévenir les municipalités et autres corps administratifs, ou de rendre elle-même un décret pour s'opposer, autant qu'il est possible, à la contagion de l'effervescence et du trouble qu'on veut éloigner de Brest, et qui se répandra peut-être subitement, par ces moyens bizarres, dans beaucoup de parties du royaume.

L'assemblée ordonne le renvoi de ces lettres au comité colonial et au comité de la marine, chacun pour ce qui le concerne; elle décrète qu'il sera donné des ordres à la municipalité de Brest, afin d'empêcher la distribution des médailles.

« L'ambassadeur de France en Danemarck a envoyé à l'assemblée son serment civique dans une lettre; démarche où j'aperçois plus de *civilité* que de *civisme*. N'a-t-on pas établi un comité de révision pour purger les décrets de l'assemblée nationale des erreurs et des contradictions qui pourraient s'y être glissées; ainsi, jusqu'à la dernière édition de la constitution, revue et corrigée par le comité, ratifiée par le peuple français, le serment civique ne peut pas avoir une valeur plus réelle qu'une formule de politesse; car on ne peut pas sérieusement et en conscience jurer de maintenir de tout son pouvoir des erreurs et des contradictions. (*L'Ami du roi*, n° CXXVIII, p. 1.) Qu'on s'étonne après de tels aveux et une semblable théorie de la méfiance du peuple contre les aristocrates qui n'avaient juré qu'à leur corps défendant, Bouillé par exemple. Voir l'article de Marat sur le serment, cité plus haut. — Querelle entre les villes de Pau et de Navareins pour la fixation du chef-lieu du département. Les siéges des tribunaux tels qu'ils avaient été désignés par la loi sur l'ordre judiciaire, donnaient lieu également à des collisions nombreuses. Les villes se les disputaient, et plusieurs portèrent leurs réclamations à la barre de l'assemblée nationale. Les pétitions de ce genre furent écartées par un mot célèbre de Mirabeau : Nous ne devons pas, s'écriait-il, revenir sur nos décisions; ce serait reconnaître le *principe fédéraliste*.

Rapport de Dupont sur les impositions en remplacement de la gabelle, et décret pour leur répartition. Biauzat et Prévôt parlent sur le mode de cette répartition, indiquant pour base la consommation contradictoirement au rapporteur qui la plaçait dans la population. Ajournement. — Treilhard fait adopter la suite des articles sur les traitemens des religieuses. — Vers la fin de la séance, on a fait lecture d'une lettre des membres de l'assemblée générale de Saint-Domingue qui furent entendus le

1ᵉʳ octobre au soir. Alexandre Lameth après avoir fait remarquer l'inconvenance de cette lettre, en fait arrêter le renvoi au comité colonial.

Séance du soir. — Barrère fait un rapport sur des besoins extraordinaires qu'éprouve la ville de Paris, et sur une indemnité de 500,000 liv. qu'elle réclame pour les frais de la démolition de la Bastille. Foucault propose de renvoyer cet objet à la première législature. Cette proposition est combattue par Regnaud-d'Angely et Mirabeau. Sur leur proposition, l'assemblée décrète que les frais pour la démolition de la Bastille seront à la charge de la nation.

Les députés qui réclamèrent contre cette dépense, prétendaient que les provinces devaient être consultées. Ceci donna occasion à Mirabeau de combattre encore le fédéralisme. *L'Ami du roi* soutient dans son commentaire de la séance que les députés représentent les provinces et non pas la nation. Plus bas, sur la dénomination de *biens nationaux*, il expose la même doctrine; il définit la nation, la collection des individus qui composent un État, d'où il conclut qu'il ne peut y avoir que des propriétés individuelles.

Puthod, capitaine des chasseurs de la garde nationale, demande à recueillir les inscriptions dans les archives des monastères. Renvoi au comité d'aliénation. — Barnave qualifie d'insolence l'adresse de la ci-devant assemblée générale de Saint-Marc, et fait décréter que les pièces annoncées par elle seront remises dans les quarante-huit heures. — Chassey fait rendre un décret qui a pour objet la distinction des biens nationaux à vendre ou à conserver.

SÉANCE DU 5 OCTOBRE.

Le complot d'enlever le roi et de le conduire à Rouen, était un bruit public répandu depuis plusieurs jours, et accrédité par une lettre imprimée qu'on disait écrite de Rouen à Bailly.

Extrait des Révolutions de France et de Brabant, n° XLV, p. 286. — « Les régimens les plus suspects d'être fauteurs d'aristocratie, filent du côté de Rouen. On assure que rien n'est plus certain que le projet d'enlever le roi, et de le conduire chez les Hauts-Normands. On dit que c'était l'entrepreneur des bâtimens, Angevilliers, qui s'était chargé de cette difficile entreprise ; que le président Frondeville, cet homme admirable pour qui le drap est diaphane, et qui lit dans vos poches (1) comme le sorcier Bletton lisait dans les entrailles de la terre ; on dit que c'est ce président miraculeux qui conduisait toute l'affaire, et qu'il existait une nouvelle conjuration de robins, de catins, de calotins et de publicains. D'un autre côté, deux Capet, Condé et d'Artois, devaient entrer en Provence avec une armée de ci-devant nobles, c'est-à-dire de Préadamites, pour venir combattre les enfans d'Adam qui habitent les quatre-vingt-trois départemens, et qui ont l'orgueil de croire que la famille de leur père Adam, laquelle ne date que de six mille ans, est aussi ancienne que la leur qui se perd dans la nuit des cent mille ans de l'ère des Égyptiens et des Chinois. Il est incroyable, combien cet espoir de contre-révolution avait enflé le cœur des aristocrates, grands et petits. Leurs auteurs les plus plats étaient devenus d'une arrogance insupportable ; la défaite du parti noir, dans l'affaire des assignats, a un peu rabattu leur fierté. »

Marat fait un article sur le même sujet, et il s'amuse beaucoup des prétendues cages de fer dans lesquelles les contre-révolutionnaires, une fois vainqueurs, devaient enfermer la Fayette et Bailly. Il dit que les aristocrates, la noblesse et le clergé ne sont pas les ennemis les plus dangereux. — « Ceux qui font la loi, s'écrie-t-il, qui mènent la bande, sont les ministres atroces, les royalistes et les députés du peuple, séduits par des promesses ou corrompus par des présens ; les Riquetti, les Montmorency, les Clermont-Tonnerre, les Lanjuinais, les Chapelier, les Glesen, les Sieyès, les Thouret, les Target, les Liancourt, les Desmeuniers, les Dupont, les Emmery, les Martineau, les Regnauld, les Prugnon ; ces lâches déserteurs de la patrie, ce sont eux qui se sont ralliés avec les courtisans, les administrateurs munici-

(1) Allusion à sa déposition contre d'Orléans, voir plus haut le rapport de Chabroud. (*Note des auteurs.*)

paux et l'état-major parisien autour du monarque, pour faire triompher le pouvoir exécutif, et sacrifier la nation à son serviteur.

« Aujourd'hui que ce sacrifice est consommé, ces indignes mandataires sont rentrés dans le club des Jacobins (1), et d'imprudens journalistes s'empressent de célébrer ce retour ; ils se félicitent du renfort que va recevoir le parti patriote, et de la puissante influence qu'il aura désormais sur la tranquillité publique, sur le couronnement du grand œuvre de la constitution. Mais à quoi, je vous prie, des hommes sans vertus, sans honneur, sans pudeur, seraient-ils bons? Et pourquoi des fripons qui ont une fois vendu les intérêts de la patrie, ne les vendraient-ils pas toujours? C'est en vain que le ciel ferait un miracle en leur faveur ; le mal est fait, la constitution est complétement manquée; à part le décret sur la déclaration des droits, et quelques autres que le peuple leur arracha dans des momens de crise, il n'en est aucun qui ne doive être annulé par la prochaine législature, si l'on veut que la liberté soit établie sur les lois : les municipalités, les tribunaux, la flotte, l'armée, sont plus que jamais au pouvoir du prince; tous les ressorts de l'État sont dans ses mains. Or, la machine ne marchera point, ou elle marchera à ses ordres, si le peuple éclairé ne se hâte d'en couper tous les liens.

« Comment donc envisager le retour de ces vils déserteurs au club patriotique ? comme le refuge d'une femme galante au couvent. Ils ont à se réhabiliter dans l'esprit public : après avoir passé leur vie dans la honte, ils viennent enfin mourir au champ d'honneur. » (L'*Ami du peuple*, n° 245, p. 5 et 6.)

Séance. — [*M. Thouret*. Le bruit s'est répandu qu'un complot avait été formé pour enlever le roi et l'emmener à Rouen. Je suis chargé de vous présenter à ce sujet une adresse et une proclamation du corps municipal de la commune de cette ville.

(1) Le lecteur doit se rappeler qu'une portion des Jacobins s'était réunie au club de 1789. Nous avons parlé également de conférences ouvertes entre la Fayette, Barnave, Danton, dans le but de faire cesser ce schisme. En voici le résultat. (*Note des auteurs.*)

Extrait de l'adresse.—Des bruits ont annoncé que le roi devait être enlevé et conduit à Rouen. Ce soupçon est une injure que doivent repousser ceux que la confiance de leurs concitoyens a placés à la tête de l'administration municipale. Ils déclarent et attestent à la France entière que la très-grande majorité de leurs concitoyens a toujours été prête à maintenir de tout son pouvoir les décrets de l'assemblée nationale, acceptés ou sanctionnés par le roi; que les gardes nationales, que le régiment de Salis-Samade et celui des Dragons-Dauphin ont constamment développé un patriotisme si pur, qu'ils ne peuvent laisser aucun espoir aux ennemis de la révolution. Eh! quel avantage notre cité pourrait-elle trouver dans une contre-révolution? Ne sait-elle pas qu'il n'y a nul commerce sans liberté? Ne connaît-elle pas la funeste injustice d'un gouvernement où, par un système révoltant et digne du despotisme oriental, quelques castes privilégiées parvenaient seules aux emplois publics sans partager les charges de l'État? Regrettera-t-elle le droit oppressif de vicomté, acheté 80 mille livres par la maison de Condé, et produisant 110 mille liv. de rente? Regrettera-t-elle la gabelle, la vénalité des charges, les priviléges exclusifs, les ordres arbitraires, les droits de chasse, etc., que vous avez eu le courage de détruire? Non, nos citoyens sentent trop vivement la difficulté et le prix de vos travaux pour qu'ils ne soient pas prêts à tout entreprendre afin d'en assurer le succès. Ce n'est pas que l'orgueil humilié de quelques individus n'ait voulu égarer le peuple ici comme ailleurs; mais les yeux toujours ouverts sur leurs démarches, nous pouvons assurer qu'ils ne troubleront pas impunément la tranquillité publique. Heureux si, par une vigilance constante, nous pouvons jusqu'à la fin épargner à notre ville ces scènes qui ont affligé le réveil de la liberté! Nous venons, par une proclamation, etc. (La partie gauche et les spectateurs applaudissent.)

M. Thouret lit ensuite la proclamation du corps municipal de la commune de Rouen. De nombreux applaudissemens interrompent fréquemment cette lecture, après laquelle l'orateur dit: « Je propose de décréter qu'il sera fait mention de l'adresse et de la proclamation dans le procès-verbal, et que M. le président sera chargé d'écrire à la municipalité de Rouen que l'assemblée nationale, pleine de confiance dans le patriotisme de leur commune, et satisfaite de leur zèle pour les intérêts de la cause publique, les invite à continuer leurs soins pour éclairer la conduite des ennemis de la constitution, qui sont ceux de la nation et du roi. »

Cette proposition est décrétée.]

L'*Ami du roi* reproche amèrement à M. Bailly de n'avoir démenti que le 6 octobre la lettre, à son adresse, qui avait circulé imprimée, et qui donnait quelque autorité à la rumeur de l'enlèvement du roi. Nous trouvons en effet dans le *Journal de Paris* du 6 octobre, la lettre suivante : « J'ai sous les yeux, Messieurs, un imprimé ayant pour titre : *Extrait d'une lettre écrite de Rouen, adressée à M. Bailly, maire de Paris*. Je déclare que cette lettre ne m'a pas été adressée. Signé, BAILLY. » L'*Ami du roi* accuse ce dernier de n'avoir pas plus tôt songé à détromper le peuple qui pouvait, égaré par cette horrible imposture, se porter à de nouveaux excès. »

« Que ces tigres altérés de sang, et qui ne vivent que de carnage, continue M. Royou, aient imaginé cette imposture pour rallumer la fureur du peuple, je n'en suis pas surpris ; mais que M. Bailly, dont je connais la douceur et l'humeur pacifique, l'amour pour l'ordre et la tranquillité, n'ait pas fait publier à son de trompe, etc., je ne puis m'en étonner assez, et dans cette inaction, ce silence, je ne reconnais ni son zèle, ni sa prudence ordinaires. ». (L'*Ami du roi*, n° CXXIX, p. 3.)

L'adresse de Rouen avait succédé à un discours de M. Dédelay d'Agier sur le système de l'impôt. L'orateur s'était proposé la solution de ces trois questions : 1° Que doit-on entendre par le *produit net seul imposable* des propriétés foncières ? 2° Dans quelle proportion doit-on imposer le *revenu net* des différentes espèces de capitaux fonciers ? 3° A quelle somme peut se monter la totalité des revenus fonciers imposables ?

Sur la première question, M. d'Agier pense que le cultivateur intelligent ne doit pas être puni de son industrie ; elle est trop précieuse à la société pour qu'on ne doive pas l'encourager loin de la réprimer. Il faut donc, pour avoir le *produit net seul imposable*, outre les frais de culture et de récolte, déduire le produit de l'industrie personnelle.

Sur la seconde, M. d'Agier distingue trois espèces de biens-fonds : les premiers, qui n'exigent aucun frais de culture ou de récolte, et ne sont point sujets à l'intempérie des saisons, comme les maisons, etc. ; il veut que ceux-là soient les plus fortement imposés. Les seconds, qui redoutent peu l'inclémence des saisons, et n'exigent que les frais de récolte, tels que les prés, les bois, etc., l'impôt pesera sur ceux-ci moins que sur les premiers, mais plus que sur les suivans. Enfin, ceux dont le produit est subordonné aux saisons, et qui demandent tout à la fois des frais de culture et de récolte, comme les terres, les vignes, etc, l'intérêt de l'agriculture lui paraît exiger que l'imposition sur cette troisième espèce de fonds soit très-modérée.

Quant à la somme qui proviendrait de ces différentes impositions territoriales, M. d'Agier trouve, par ses calculs, qu'on pourrait percevoir à peu près deux cents millions.

SÉANCE DU SOIR.

Extrait de l'Ami du roi, n° CXXIX, p. 4. — « Nos lecteurs ont sans doute admiré le généreux dévoûment des avocats et procureurs du parlement de Provence, qui ont déclaré solennellement ne vouloir pas survivre à la magistrature. Mais on sera bien plus étonné sans doute de celui du parlement de Toulouse, qui veut s'ensevelir dans le tombeau de la monarchie. Son arrêté est d'une force et d'une véhémence qui nous glacent d'effroi s'il a les moyens de le faire respecter, et qui nous transporte d'admiration s'il n'a d'autre but que de périr, s'il le faut, victime de son inviolable attachement à la religion de ses pères, aux principes du gouvernement monarchique, aux droits sacrés de la propriété, à la foi due aux traités, aux conventions qui ont fixé la constitution des provinces, et sur lesquels seuls sont fondés les droits de la France sur elles. »

[M. le président fait lecture d'une note de M. le garde-des-sceaux. En voici l'extrait :

« Le roi me charge d'informer l'assemblée nationale de la manière dont les chambres de vacations des parlemens de Rouen, Bordeaux, Douai, Nancy, Grenoble, Toulouse, et le conseil supérieur de Colmar, ont reçu les décrets qui suppriment toute l'ancienne hiérarchie judiciaire. Les chambres des vacations de Rouen et Bordeaux ont ordonné la transcription sur les registres, et l'envoi aux tribunaux inférieurs. Celle de Douai a pris un arrêté par lequel elle déclare que, forcée par les circonstances, elle cesse toutes fonctions. — Celle de Nancy a transcrit sur les registres en déclarant obéir à la force. A Grenoble, le procureur du roi s'est plusieurs fois transporté au palais, sans jamais y trouver personne. La chambre des vacations du parlement de Toulouse a pris, le 25 septembre, un arrêté sur lequel le roi a cru devoir se concerter avec l'assemblée nationale avant de prendre aucun parti. Je vous fais passer copie de cet arrêté.

« La Cour, séante en vacation, considérant que la monarchie française touche au moment de sa dissolution ; qu'il n'en restera bientôt plus aucun vestige ; que les Cours anciennes de justice ne sont pas même respectées : considérant que les députés aux États-Généraux n'avaient été envoyés que pour mettre un terme à la dilapidation des finances, à laquelle les parlemens n'ont cessé de s'opposer ; considérant que ces mêmes députés n'ont pu changer la constitution de l'État sans violer leurs mandats et la foi jurée à leurs commettans ; considérant que, pour qu'ils pussent détruire la magistrature, il faudrait que leurs mandats leur en donnassent charge expresse ; qu'au contraire, plusieurs cahiers des sénéchaussées du ressort demandent expressément la conservation du parlement de Languedoc ; considérant que le clergé a été privé de ses biens, dont une longue possession semblait devoir lui assurer la jouissance à jamais ; que la noblesse a été dépouillée de tous ses droits et de ses titres, contre tous les principes constitutifs d'une véritable monarchie ; que la religion est dégradée et entraînée vers sa ruine; que le nouvel ordre judiciaire ne peut qu'aggraver sur la tête des peuples le fardeau des impôts;

» La Cour, inviolablement attachée à la personne sacrée du roi, aux princes de son auguste sang et aux lois anciennes, proteste, pour l'intérêt dudit seigneur roi, contre le bouleversement de la monarchie, l'anéantissement des ordres, l'envahissement des propriétés, la suppression de la Cour de Languedoc; et vu que les précédens édits et déclarations n'ont été transcrits par elle sur les registres que provisoirement et à la charge de l'être de nouveau à la rentrée de la Cour, clause maintenant illusoire, elle déclare lesdits enregistremens non-avenus.

« Le 27 septembre, le procureur-général du roi entré, et les lettres-patentes de suppression déposées sur le bureau, la Cour, considérant son précédent arrêté, et l'impossibilité où elle est de se détruire elle-même, déclare ne pouvoir procéder à l'enregistrement desdites lettres. »

M. Robespierre. Cet arrêté n'est qu'un acte de délire qui ne doit exciter que le mépris. L'assemblée peut déclarer aux divers membres de Toulouse, qu'elle leur permet de continuer à être de mauvais citoyens. Ce corps se coalise avec le pouvoir exécutif. (Il s'élève des murmures.) Pourquoi le ministre s'empresse-t-il d'en prévenir l'assemblée. (Les murmures augmentent.—M. Robespierre descend de la tribune.)

La lettre de M. le garde-des-sceaux et les pièces qui y sont jointes sont renvoyées au comité des rapports.]

« Il s'est agi ensuite d'ordonner la vente des biens qu'on avait hier désignés comme biens nationaux; quelques membres ont observé que l'intérêt même de la nation demandait qu'avant de vendre des biens chargés de fondations en faveur des pauvres, on commençât par purger l'hypothèque des pauvres; que, sans ce préliminaire, la vente sera très-difficile. M. Madier a le courage de dire que prendre les biens et secouer les charges, *c'est voler impudemment.* Nos conquérans sont intrépides, et fort au-dessus de la honte dont M. Madier les menace. Ils décrètent donc que tous les biens déjà reconnus pour nationaux seront vendus dès à présent, et, en attendant, administrés par les corps administratifs.

» On excepte cependant les biens fondés pour subvenir à l'éducation des parens des fondateurs, qui continueront à être administrés comme par le passé.

» On veut bien aussi soustraire à la vente les châteaux, maisons, domaines et bois réservés au roi. Quelques membres du côté droit demandaient qu'on ajoutât ces mots : *d'après le choix du roi*. Mais le côté gauche a trouvé indécent de laisser au roi le droit de choisir lui-même, parmi les anciens domaines de ses ancêtres, ceux dont il voulait se réserver la jouissance. Il est de l'essence de la constitution, suivant M. de Robespierre, que ce soit l'assemblée nationale qui assigne au roi son quartier, son logement, et le lieu de ses promenades ; en conséquence, par la question préalable, on a repoussé la demande de *la liberté du choix* réclamée en faveur du roi. On a fait plus : sur la motion de M. de Robespierre, afin que l'Europe ne pût pas s'y tromper, et s'imaginer qu'un peuple libre laissait à son roi le choix de ses maisons de plaisance, après ces mots, *réservés au roi*, on a eu soin d'ajouter : *en vertu des décrets de l'assemblée*. Ainsi, sa jouissance n'est que précaire, soumise à la volonté toujours versatile de l'assemblée ; car la même autorité qui lui désigne aujourd'hui un château, pourra demain, sous mille prétextes, le lui enlever. Ne se lassera-t-on donc pas d'abreuver de fiel et d'humiliation le meilleur des rois ; et la nation ne se croira-t-elle pas avilie dans la personne de son auguste chef ? » (Extrait de l'*Ami du roi*, n° CXXIX, p. 3.)

SÉANCE DU 6 OCTOBRE.

M. d'André dépose sur le bureau une grande quantité de pièces relatives à des dénonciations de particuliers et de clubs qui, par leurs manœuvres, cherchent à soulever le peuple. Parmi ces dénonciations, il y en a une contre les sections et la municipalité de Marseille, qui, *au mépris des décrets de l'assemblée*, ont destitué le général de la garde nationale, soutenu par quatre mille hommes qui demandent sa réintégration. — Adoption d'un décret présenté par Chapelier, sur la liquidation des offices. — Suite de la discussion sur le système de l'imposition. — Opinions et plans de Dubois-Crancé, de l'abbé Charrier, de Vernier, de Boussion et de Dédelay d'Agier, sur l'imposition foncière et l'impôt territorial en nature. La décision de cette question est ajournée au lendemain.

SÉANCE DU SOIR.

Extrait du *Journal de Paris*, n° CCLXXXI. — « M. Voidel, rapporteur du comité des recherches, a porté à la tribune des nouvelles affligeantes. Les insurrections qui ont éclaté le long du canal du Languedoc (voir la séance du 5 octobre), sous le prétexte de je ne sais quels abus dans la circulation des grains, continuent avec plus de violence. Elle est si aveugle cette violence, qu'elle veut détruire jusqu'au canal qui sert à la circulation des grains. Le directoire du département de l'Aude, qui instruit l'assemblée de ces tristes détails, prend les précautions les plus sages et les plus vigoureuses pour réprimer ces coupables excès : le régiment de Noailles et d'autres troupes forment un cordon très-étendu ; mais ces fidèles gardiens et défenseurs de l'ordre public ne peuvent pas être partout comme l'insurrection. Le département laisse entendre avec assez de clarté que l'ignorance du peuple et ses fausses terreurs ne sont pas les causes des fureurs auxquelles il se livre ; que des mains habiles préparent et dirigent de sang-froid tous ses emportemens. On lui fait croire qu'on ne fait circuler les grains que pour les lui enlever et l'affamer : ses administrateurs lui sont représentés comme ses premiers ennemis ; sa rage à chaque instant est prête à se jeter sur eux. »

— Le décret porté en cette occasion autorisa provisoirement les tribunaux de Carcassonne, Béziers, Toulouse, Castelnaudary, à juger en dernier ressort les auteurs, instigateurs et complices, etc. Ce qui prouva que les municipalités et le directoire étaient en opposition sur la cause de ces troubles, chose dont le *Journal des Impartiaux* se garde bien de parler, c'est un dispositif de ce décret concernant les officiers municipaux. Ils toléraient au moins ces attroupemens, s'ils ne les conduisaient eux-mêmes; car on rend leur personne et leurs biens responsables des résultats.

— On adopte la suite des articles présentés par Chassey sur les biens nationaux.

SÉANCE DU 7. OCTOBRE.

Les troubles de Marseille, dénoncés par M. d'André à la séance du 6, donnèrent lieu, au commencement de celle-ci, à un débat entre ce dernier et M. Castellanet. Nous le ferons précéder d'une pièce importante, extraite des *Révolutions de France et de Brabant*.

Lettre de la société des Amis de la constitution de Marseille à Camille Desmoulins.

Monsieur,

« Notre société s'empresse de vous faire un récit succinct de la situation politique de notre cité, et elle se flatte de le voir consigné dans vos annales, pour empêcher que la vérité ne soit altérée dans quelque journal. Un nouveau chef de l'armée patriotique vient d'être élu à la presque unanimité des sections, convoquées par une délibération du conseil-général de la commune; nos dissentions intestines étaient à leur comble, et les partis des *Caraman* et *Bournissac* commençaient à lever fièrement leur tête. Il s'était formé entre eux et le sieur *J.-F. Lieutaud*, ex-commandant de la garde citoyenne, une forte coalition qui affligeait les bons patriotes; les méchans ne méditaient rien moins que de nous asservir sous le joug d'une terrible dictature élevée sur les débris de nos premiers tyrans. Le sieur J.-F. Lieutaud, ne reconnaissant plus l'autorité municipale, seule dépositaire de l'autorité légale, ne faisait plus ses proclamations qu'en son nom. Les écrits incendiaires, répandus dans les campagnes, forcément publiés par les curés, se succédaient rapidement. Les partisans, par de sourdes menées, par des insinuations perfides, égaraient le peuple; ils lui inspiraient le mépris le plus marqué pour M. *Martin*, notre digne maire, l'*Aristide de Marseille*. Ils cherchaient à soulever ce bon peuple contre une municipalité chère, ferme dans les bons principes, occupée sans relâche du bien public.

» L'œil surveillant de notre assemblée patriotique des vrais amis de la constitution les arrêtait dans leur marche rapide; ils redoutaient cette sentinelle vigilante; et notre perte fut jurée le 17 août dernier. Une bande effrénée de brigands stipendiés et d'assassins fit irruption dans notre salle au milieu de notre séance, et plus de six cents membres, se retirant paisiblement, échappèrent au carnage : le corps municipal vint à l'instant dissiper l'émeute. Les méchans nous avaient rendus suspects au peuple indignement trompé; mais les proclamations de notre sage municipalité, les écrits multipliés des bons patriotes détrompèrent bientôt ce bon peuple, qui reconnut ses vrais amis. Nous reprîmes le fil de nos travaux patriotiques, et la municipalité poursuit les auteurs de cet attentat. Déjà plusieurs décrets ont été lancés; le parti anti-patriote déconcerté se déclare hautement; le général et l'état-major, guidés par un délire aveugle, au mépris des délibérations municipales, arborent un signe distinctif de rébellion; un chef de bataillon a l'audace de publier au milieu d'une place publique que la municipalité n'est rien, qu'on ne doit obéir qu'au général. Deux jours avant la nouvelle élection, le sieur *Lieutaud* fait signifier au corps municipal qu'il va faire assembler l'armée au flambeau. Le lendemain et le jour suivant, l'étendard de la rébellion est levé ouvertement; il se forme une assemblée inconstitutionnelle et séditieuse, composée du parti anti-patriote : là, se font les motions les plus incendiaires, les déclamations les plus outrageantes contre la municipalité, les protestations les plus attentatoires à la constitution. Les sections indignées dénoncent ces criminelles assemblées. On procède à l'élection du chef de l'armée; et M. *Cabrol de Montcousson*, président de notre assemblée patriotique, aussi recommandable par son civisme que par ses qualités sociales, est élu à la presque unanimité des sections. L'aristocratie frémit de rage ; elle se tait, et la bonne cause triomphe encore aujourd'hui.

« Voilà, monsieur, exactement ce qui vient de se passer dans notre cité, qui joue un rôle principal dans la révolution. Vos principes connus nous sont un sûr garant de la publicité que vous donnerez à notre récit authentique, persuadés que vous avez toujours partagé et nos malheurs et nos succès. — Nous sommes bien cordialement, monsieur, vos frères les amis de la constitution, et membres de l'assemblée patriotique de Marseille, Bernard, *président en second*; J. Étienne, *secrétaire*.

« *Nota*. M. Blanc-Gilli a été et est encore un de nos fermes défenseurs : 1° officier municipal ; 2° administrateur au département des Bouches-du-Rhône ; 3° président de l'assemblée électorale. — M. Lieutaud avait des aides-de-camp qui le mettaient sans façon au-dessus de Scipion l'Africain et de Turenne. Il fut vu dans les rues, allant, à ce qu'on disait, faire visite à quelques districts, suivi d'une cinquantaine de quidams armés, qui criaient dans la rue Saint-Ferréol ; *Vive notre général ! A la lanterne Blanc-Gilli ! à la lanterne les municipaux !* »

Séance. — *M. Castellanet*. M. André vous a dit hier, en dénonçant un administrateur du département des Bouches-du-Rhône, qu'il régnait une division alarmante entre les gardes nationaux et la municipalité de Marseille. Cette ville jouit de la plus grande tranquillité, et c'est à tort qu'on voudrait l'accuser d'être dans une fermentation continuelle. Ce bruit trop accrédité ne peut être que le fruit d'une lettre écrite, il y a quelques mois, à l'assemblée nationale, par M. La Tour-du-Pin. C'est dans cette lettre qu'il annonce que la municipalité et les habitans de Marseille s'opposent au départ du régiment du Vexin, dont le roi avait ordonné le déplacement. L'assertion du ministre est une imposture démentie par une adresse de ce régiment à l'assemblée nationale. La municipalité vient de casser le commandant-général de sa garde nationale : vingt-deux sections, sur vingt-quatre, ont été de cet avis. Il n'y a point d'autres troubles à Marseille.

M. André. Je demande acte de ce que vient de dire le préopinant. Il vous annonce que sur vingt-quatre sections vingt-deux ont été d'avis que le commandant de la garde nationale devait être cassé, et que la commune y avait consenti. Je dénonce ici cette commune pour être contrevenue au décret qui porte qu'il ne sera rien innové quant à présent au régime des gardes nationales. Je ne suis point l'ennemi de Marseille; mais je suis celui du désordre et de l'anarchie. Si l'on fait mention dans le procès-verbal de la réclamation de M. Castellanet, je demande aussi qu'on y fasse mention de ma réponse.

Desmeuniers fait rendre un décret sur l'élection des commissaires de police dans Paris. — Le même propose de détourner la grande route qui se trace dans le département de Seine-et-Marne. — Dédelay réclame la conservation de la direction. L'assemblée ordonne provisoirement la suspension des travaux. — On reprend la discussion sur la contribution foncière. Après quelques débats, l'assemblée décide que la contribution foncière sera payée en argent, et non en nature, et que la somme en sera déterminée chaque année par la législature. Rœderer propose une nouvelle rédaction de l'article relatif à la perception de la contribution foncière; elle est adoptée.

SÉANCE DU 8 OCTOBRE.

Vernier propose un projet de décret sur les remboursemens à effectuer à la caisse d'escompte, et une autorisation à cette caisse d'émettre pour trente millions de ses billets. Camus, Germain et Folleville s'y opposent. Montesquiou présente à ce sujet un projet de décret qui est adopté; il fait aussi rendre deux décrets sur la cessation de l'intérêt des assignats.

On adopte un amendement de Folleville pour le dépôt des assignats dans une caisse à trois clés. — Sur la proposition d'Anson l'assemblée décrète que l'emprunt de quatre-vingts millions sera fermé.

Une lettre de Albert de Rioms annonce qu'il va donner au roi sa démission du commandement de l'escadre. « Un des fruits les plus amers de la licence et de l'anarchie est de rebuter et d'éloigner des affaires les hommes à talens, les hommes vertueux et instruits, que la sottise et l'envie ne cessent de persécuter. » (L'*Ami du roi*, n° CXXXII, p. 5.) On lisait en même temps, dans l'*Ami du peuple* :

Événement.

« Une lettre du sieur Albert de Rioms annonce sa démission de la place de commandant de l'escadre de Brest. Il y a quatre mois que l'*Ami du peuple* a prédit que la crainte d'être jetés à l'eau retiendrait les officiers sur le rivage. Le désir de voir la flotte rester dans le port m'a rendu prophète : le ciel devait cette grâce à la pureté de mes vœux. » (L'*Ami du peuple*, n° CCXLV, page 8.)

On fait lecture d'une lettre adressée par M. Albert à M. le président, en date du 4 octobre 1790.

Voici la substance de cette lettre :

« Quand vous rendîtes le décret honorable qui me concernait, je pris l'engagement formel de consacrer le reste de ma vie au service de ma patrie. Sur les ordres du ministre, oubliant mon âge et l'état de ma santé, je m'arrachai du sein de ma famille, je me rendis à Brest. Le roi me confia le commandement des forces navales. J'appris qu'on suspectait mes principes ; je désirai des marques de la confiance de l'assemblée nationale, et il me fut permis d'assister à la fédération ; mais l'altération de ce décret, et les déclamations inutiles auxquelles elle donna lieu en diminuèrent l'effet..... L'assemblée nationale connaît l'impossibilité de rétablir l'ordre dans l'escadre ; je suis convaincu de l'impossibilité de rétablir cet ordre par moi : je me dois de demander au roi que sa majesté ait la bonté de me retirer l'autorité qu'elle m'avait confiée. Celui qui me remplacera n'aura pas plus de zèle, et sera peut-être plus heureux.... »

M. *Fréteau.* Je pense qu'il faut renvoyer cette lettre au comité de marine. Il ne peut paraître indifférent aux Français de perdre les services d'un officier qui jouissait dans la flotte d'un très-haut degré d'estime : l'assemblée nationale lui a donné des marques de la sienne. La lecture de cette lettre n'étant suivie d'aucune espèce de mesure, on pourrait en conclure que vous voyez avec indifférence une perte dont les ennemis de la France, s'il en existe, se réjouiraient beaucoup. Je pense donc qu'il faut renvoyer cette lettre au comité de marine pour vous proposer un parti à prendre dans cette circonstance.

SÉANCE DU SOIR.

[M. Chassey présente la suite des articles *sur l'administration des biens nationaux en particulier.*

M. *Broglie,* au nom des comités de constitution et des rapports. Jamais les fonctions que vous avez confiées à votre comité des rapports, ne lui paraissent plus pénibles que lorsqu'elles lui imposent l'obligation de provoquer votre juste sévérité contre des citoyens ; mais la considération impérieuse de l'intérêt public, l'importance des circonstances qui nous environnent, cette multitude de projets funestes, toujours prévenus et cependant toujours renouvelés ; enfin, la voix puissante du devoir, tout se réunit, tout concourt pour nous défendre en ce moment d'user d'indulgence. Le salut du peuple, l'achèvement de la constitution, le maintien de l'ordre, de la tranquillité publique, la punition sévère de ceux qui les troublent et qui désobéissent aux lois ; tels sont les objets confiés par le peuple français à la surveillance de ses représentans ; telles sont leurs obligations de tous les jours, de tous les momens. Pénétré de cette idée, votre comité a examiné avec attention les deux arrêtés du parlement de Toulouse des 25 et 27 septembre ; il y a facilement reconnu deux délits très-distincts : le premier est qualifié par la contravention formelle à l'article II du décret du 5 novembre 1789 : Cet article porte : « Que toute cour, même en vacation, tribunal, municipalités et corps administratifs qui n'auront pas inscrit sur leurs registres dans les trois jours après la réception, et fait publier dans la huitaine les lois faites par les représentans de la nation, sanctionnées ou acceptées par le roi, seront poursuivis comme prévaricateurs et coupables de forfaiture. » — L'arrêté du parlement de

Toulouse, du 27 septembre dernier, refuse formellement la transcription sur les registres des lettres-patentes et proclamation du roi, relatives à l'organisation du nouvel ordre judiciaire, et portant suppression de toutes les cours et tribunaux de justice du royaume.

C'est d'après un réquisitoire motivé du procureur-général de cette cour, que cette transcription est refusée. Le décret du 5 novembre 1789 lui était connu, ainsi qu'à tous les membres du parlement de Toulouse. C'est donc volontairement et avec connaissance de cause que le procureur-général et les membres du parlement de Toulouse se sont rendus coupables de forfaiture : leur rébellion à la loi est avérée; l'envoi de leur arrêté au roi constate leur prévarication; le délit est flagrant; la poursuite extraordinaire doit en être la suite. Ici je ne me permettrai qu'une seule réflexion. Si le délit dont je viens de vous rendre compte était le seul dont les membres du parlement de Toulouse se fussent rendus coupables, s'il était possible de n'attribuer leur désobéissance à la loi du 5 novembre 1789 qu'à l'égarement et à des regards inquiets jetés en arrière sur des prérogatives usurpées, prêtes à leur échapper; sans prétendre excuser leur conduite, j'essaierais d'intéresser votre clémence en leur faveur, j'essaierais de vous porter à oublier des fautes, dont les auteurs, maintenant isolés, ne peuvent plus être considérés comme des ennemis dangereux pour la chose publique. Abandonner au mépris leurs efforts désormais impuissans, les livrer à leurs regrets, à leurs remords, ne leur infliger d'autre peine que celle que fait éprouver à de mauvais citoyens le spectacle de la prospérité publique, telles seraient les conclusions que j'aurais voulu pouvoir vous présenter.

Mais un délit plus grave sollicite votre attention. Je dois vous le faire connaître dans ses détails. Il s'agit de venger les lois outragées, et de les venger contre ceux même qui étaient chargés de les conserver et de les défendre. Souffrez que je vous donne une nouvelle lecture de l'arrêté du 25 septembre. (M. le rapporteur fait cette lecture.) Chef-d'œuvre à la fois d'égarement et de perfidie, cet arrêté sacrilége est au-dessus de toute qualification. Il excite une indignation égale, soit qu'on en considère l'ensemble, soit qu'on en parcoure les détails : c'est le tocsin de la rébellion sonné par ceux même dont les fonctions augustes et bienfaisantes ne devaient tendre qu'à la paix et à la tranquillité. Attaquer la constitution dans sa base, contester aux représentans du peuple les pouvoirs que le peuple leur a confiés ; réveiller, si j'ose m'exprimer ainsi, les prétentions éteintes des ordres qui n'existent plus, évoquer le fanatisme, abuser du nom sacré de la religion, qualifier d'adhésions partielles aux décrets à jamais mémorables de la constitution, ce concours unanime de volontés si manifestement exprimées par tous les citoyens français, si saintement, si énergiquement confirmées par le serment civique et par ces fédérations jusque-là sans exemple ; obscurcir la gloire du monarque, en lui présentant comme un hommage le vœu coupable du retour de l'ancien ordre de choses, en osant lui proposer de violer lui-même ces sermens qui le lient à la constitution que nous avons tous jurée ; protester contre les lois émanées de la volonté souveraine du peuple, pousser enfin l'étrange raffinement de la désobéissance jusqu'à retraire, pour ainsi parler, dans le passé, la soumission manifestée pour la loi, par des enregistremens antérieurs : tels sont les caractères principaux qui distinguent l'arrêté du 25 septembre dernier.

L'énormité du délit, les circonstances dans lesquelles il a été commis, l'immensité de l'offense, les suites dangereuses qu'elle pourrait avoir si elle demeurait impunie, tout sollicite un jugement solennel. Mais par qui doit-il être prononcé? Vous l'avez déjà décidé le jour même que cet arrêté vous a été dénoncé, en ordonnant que, dans le délai de huit jours, votre comité de constitution vous présenterait le projet d'organisation de la haute-cour nationale. C'est donc à ce tribunal qu'appartiendront l'instruction et le jugement des magistrats du parlement de Toulouse. Vous avez épargné à votre comité la nécessité de vous rappeler les raisons graves qui n'auraient pas permis de charger le Châtelet de cette procédure fameuse. Votre comité ne pouvant méconnaître votre intention à cet égard, se borne à vous soumettre les motifs d'une disposition préliminaire qu'il croit indispensable d'adopter; elle est sévère sans doute, puisqu'elle consiste à supplier le roi de donner les ordres nécessaires pour s'assurer de la personne des membres du parlement de Toulouse qui ont concouru à la rédaction des arrêtés des 25 et 27 septembre dernier. Prévenus de crime, de forfaiture et de rébellion aux décrets de l'assemblée nationale, acceptés et sanctionnés par le roi, leur liberté est un scandale pour les citoyens fidèles; leur évasion serait un malheur public : il faut la prévenir. C'est au nom de la patrie en danger, c'est pour épargner à ses ennemis de nouveaux crimes, aux citoyens de nouvelles erreurs, à la constitution de nouveaux orages, que votre comité vous propose de frapper enfin les regards du peuple par l'appareil d'un grand exemple. Les membres du parlement de Toulouse ont osé dire que ces arrêtés séditieux étaient *un monument qu'ils consacraient au roi et à la nation*. Leur audace vous prescrit votre devoir. Que la punition sévère de cet arrêté soit l'éternel monument de la vindicte publique et de la puissance formidable des lois. (Ce rapport est très-applaudi; l'assemblée en ordonne l'impression.)

Le comité propose, en conséquence, le projet de décret suivant :

« L'assemblée nationale, après avoir entendu les comités de constitution et des rapports, décrète que les membres de la ci-devant chambre des vacations du parlement de Toulouse, qui ont pris les arrêtés des 25 et 27 septembre dernier, et le procureur-général de cette cour, seront traduits par-devant le tribunal qui sera incessamment formé pour juger les crimes de lèse-nation, pour y être procédé contre eux sur l'accusation de rébellion et de forfaiture, ainsi qu'il appartiendra. Décrète en outre, qu'attendu la nature du délit, le roi sera supplié de donner sans délai des ordres pour s'assurer de leurs personnes, ainsi que tous autres ordres nécessaires pour l'exécution du présent décret. »

M. *l'abbé Maury.* Comme les momens de l'assemblée sont précieux, je demande que la discussion soit fermée.

M. *Alexandre Lameth.* Vous avez entendu la lecture de l'arrêté du parlement de Toulouse; il est de nature à éviter la peine de prouver combien il est coupable. Deux moyens vous ont été présentés pour punir ce délit: d'en livrer les auteurs à la vengeance de l'opinion ou à celle des lois, d'appeler sur eux le ridicule ou le châtiment: le second parti est le seul que vous puissiez adopter. Vous n'avez pas oublié qu'il y a peu de jours, lorsqu'un membre de cette assemblée a proféré la contre-révolution et nous a fait part de son projet à cet égard, j'ai été le premier à invoquer votre indulgence; mais la mesure que vous avez prise relativement à cet individu serait peu convenable lorsqu'il s'agit d'une assemblée délibérante, et quand cette assemblée est un parlement, un de ces corps qui, depuis plus de huit siècles, ont apporté sans cesse des obstacles au progrès de la liberté, en s'en disant les défenseurs; un de ces corps qui, dans ce moment, rallient encore les espérances des mécontens, votre indulgence serait taxée de faiblesse, et vous feriez commettre de nouveaux attentats si vous négligiez de punir celui qui vous est dénoncé. Nous sommes arrivés à une époque de la révolution où de grandes difficultés, de grands obstacles exigent tous vos soins et toute votre fermeté: vous avez détruit les anciennes institutions; vous en avez créé de nouvelles pour le bonheur du peuple; mais il faut maintenant mettre en mouvement ces institutions, il faut faire exécuter dans tous les points ce que vous avez décrété. Ce moment, qui va assurer le succès de la constitution et détruire l'espoir de ses ennemis, est celui où ils réunissent tous leurs efforts; ils seront morcelés par ceux qui ont suivi les événemens, qui les ont même favorisés en croyant que la révolution servirait leur fortune particulière; par ceux qui ont cherché dans la révolution autre chose que la liberté, comme si la liberté et le bonheur qu'elle promet à la nation n'étaient pas le seul but et la seule récompense de nos travaux. C'est contre les efforts impuissans, sans doute, que l'on va opposer à l'établissement définitif de la constitution, que je vous engage de prendre des mesures fermes et énergiques. Celle qui vous est proposée par votre comité des rapports est de ce genre; elle convient seule à la circonstance actuelle : la sévérité est pour vous un devoir, et je demande que l'avis du comité soit adopté.

M. Madier. Je demande la parole pour très-peu de temps, et sans autre objet que de rappeler des principes incontestables. Qu'étaient les parlemens? les dépositaires de l'ancienne constitution. Ils l'avaient reçue de la main du roi, ils avaient juré de la maintenir; ils ont dû, en la déposant, faire, non comme l'a dit M. le rapporteur, une *protestation*, mais une *déclaration*. (On rit et l'on murmure.) Si une nouvelle législature renversait ce que vous avez fait, et que les nouveaux juges protestassent, serait-il juste de les renvoyer devant la haute-cour nationale? La comparaison est parfaite. (Différentes parties de l'assemblée applaudissent, rient et murmurent.)

M. Duval (ci-devant d'Esprémenil.) L'acte du parlement de Toulouse est une *protestation*, et non une simple *déclaration* : il est important que l'assemblée ne s'y méprenne pas..... (M. Duval est interrompu.)

La discussion est fermée.

M. le président. Un membre demande la question préalable sur le rapport.

M. Riquetti l'aîné (ci-devant Mirabeau). Je demande que le nom de ce membre soit connu et inscrit sur le procès-verbal.

Après un court débat, le projet de décret présenté par M. Broglie est adopté.]

Élections. Pendant que l'ancienne magistrature fermait, par des résistances à l'autorité nationale, la longue carrière d'un égoïsme désormais stupide, partout les élections pourvoyaient à la remplacer. Le jour où le parlement de Toulouse, dans lequel semblaient se concentrer l'hétérodoxie albigeoise et les vieilles haines contre l'unité française laissées au-delà de la Loire par l'occupation des Sarrasins et celle des Anglais, ce jour-là même où l'assemblée nationale condamnait le parlement aquitain à être incarcéré et jugé, le bruit se répandit à Paris que MM. Bouche, Biauzat et Robespierre venaient d'être nommés juges de district à Versailles.

« Béni soit entre tous les départemens le département de Seine-et-Oise, et son digne président, *M. Lecointre!* Qui comparerons-nous à *M. Lecointre*, si ce n'est *M. Garran?* Oh! si M. Garran était président de Paris, comme *M. Lecointre* du département de Seine-et-Oise, ah! *çà irait, çà irait.* Je voudrais voir sur ce fauteuil *M. Garran*, ou *M. Camus*, ou *M. Manuel.* Nous recommandons à notre prône ces excellens citoyens, et tout le comité des recherches de la ville. Si la recommandation était de quelque poids, combien d'aristocrates creveraient de rage! C'est la seule manière dont le procureur-général de la lanterne donne encore des conclusions à mort contre eux. C'est ainsi que *M. Lecointre* et les patriotes de Versailles viennent d'empoisonner les aristocrates du district. Comment! me demanderez-vous, les aristocrates de Versailles sont empoisonnés! — Oui, mes chers concitoyens, je vous garantis qu'il est impossible qu'il en réchappe un seul. C'est *Robespierre*, notre *Robespierre*, si pur, si inflexible, le *nec plus ultra* du patriotisme, qui est nommé à Versailles président du tribunal du district. Il doit des remercîmens à M. Peltier d'avoir conté dans ses *Actes des Apôtres* que les Artésiens, sur un faux bruit de son arrivée à Arras, avaient voulu se porter à des excès contre lui. Sur le récit de l'apôtre, les patriotes de Versailles se sont empressés de le ravir à une ville si peu digne de le posséder. L'illustre patriote *Biauzat*, étant de même regardé de travers pour son civisme par les aristocrates de Clermont, le district de Versailles l'a nommé également juge. Et comme si c'eût été une conjuration de nous enlever nos meilleurs citoyens, il a nommé ensuite *MM. Fréteau* et *Bouche*. Mais Versailles eût été trop riche, et la ville d'Aix n'eût pas manqué de former opposition. *MM. Fréteau* et *Bouche* ont remercié. Notre cher et féal Péthion est nommé de même président à Chartres. Ainsi, le patriotisme trouvera sa récompense, tandis que les *d'Esprémenil*, les *Cazalès*, etc. » (*Extrait des Révol. de France et de Brabant*, n° XLVI, p. 301 et suiv.)

SÉANCE DU 9 OCTOBRE.

(*Extrait de l'Ami du roi*, n° CXXXIII, p. 3 et 4.) — « Bien différent de dom Gerles et de sa prophétesse, qui, dans leurs visions extatiques, découvraient tout l'univers prosterné devant la nouvelle constitution française, se lier par des nœuds indissolubles, pour ne former plus avec nous qu'un peuple d'amis et de frères ; M. Fréteau, dans ses méditations politiques, voit au contraire tous les peuples de la terre conjurés contre nous. Déjà, depuis long-temps, il nous a annoncé une irruption prochaine de toute l'Allemagne ; aujourd'hui il dévoile les sinistres projets de l'Angleterre, qui menace, dit-il, nos colonies.

« Est-ce donc là le fruit qu'on devrait attendre de la correspondance établie entre les clubs des amis de la constitution de Londres et de Paris ? Voilà donc, comme je l'avais prédit, le but de cet encens perfide que la politique anglaise prodiguait à nos orgueilleux législateurs pour les enivrer et les endormir. Le comité diplomatique et celui de marine se sont assemblés sur-le-champ pour se concerter sur le parti le plus convenable dans les circonstances embarrassantes où nous nous trouvons.

» M. le baron de Batz a fixé ensuite l'attention de l'assemblée sur les abus qui se sont introduits relativement au contre-seing dont plusieurs membres de l'assemblée se servent avec une liberté plénière, et qui doit étonner de la part de personnes si avares des biens de la nation. Ce ne sont plus des lettres seulement ; ce ne sont pas même de simples paquets, mais des ballots entiers dont nos députés économes surchargent la poste. Depuis que les membres de l'assemblée nationale jouissent du droit de contre-seing, il se trouve tous les jours 6,000 paquets qui partent, 6,000 qui reviennent sous le couvert de ses membres : tous les privilèges ne sont donc pas abolis. M. le baron de Batz propose un long réglement pour remédier à cet abus. Il n'y avait pas moyen de s'y opposer. Il est adopté d'autant plus aisément qu'il laisse une liberté fort honnête à ceux qui pourraient avoir de nombreuses correspondances avec les provinces.

» La fin de cette séance a été remarquable par l'arrivée de M. l'abbé de Barmont (Perrotin), qui, par sentence du Châtelet, avait obtenu la veille sa liberté. Le côté droit et une grande partie des tribunes a témoigné sa joie de voir cette victime arrachée au despotisme du comité des recherches ; mais le côté gauche n'a pas fait paraître le même plaisir de voir son collègue justifié. »

Extrait de l'Ami du peuple, n° 248, p. 7 et 8. — CHATELET DE PARIS. « Rapport fait de l'affaire de Bonne-Savardin et de celle relative à son évasion des prisons de l'Abbaye. Les sieurs de Maillebois et Bonne-Savardin sont décrétés de prise de corps sur l'accusation principale. Sur la plainte relative à l'évasion, deux *quidams*, prévenus de l'avoir favorisée, sont décrétés d'ajournement personnel. Le sieur Gentit, concierge de la prison de l'Abbaye, et sa femme, sont décrétés d'ajournement personnel ; le sieur abbé de Barmont est décrété d'*assigné pour être ouï* ; et il a été ordonné que la garde établie chez lui serait tenue de se retirer, conformément aux conclusions pour lui prises par le sieur de Bruge en son conseil. Il n'a été rien statué à l'égard des sieurs Eggs et Guignard de Saint-Priest.

« Après mille rubriques employées à détourner l'attention publique de dessus cette cause importante, après mille manœuvres mises en jeu pour la lui faire oublier, l'infâme Châtelet devenu l'objet de l'exécration publique, et prêt à être proscrit (1) pour toujours, cherche à retarder de quelques momens sa honteuse expulsion, en faisant mine de poursuivre enfin des traîtres à la nation.

» C'est le sieur de Bruge, praticien subalterne et ministériel fieffé, qui conduit le procès. Il est honteux que dans les affaires

(1) Où êtes-vous Riquetti l'aîné qu'on ne voit pas encore en cause contre le Châtelet. Avez-vous oublié votre engagement solennel ! (*De le poursuivre jusqu'au tombeau*) ou, auriez-vous mis à prix votre renoncement ?
(*Note de Marat.*)

d'état, le tribunal chargé d'en connaître, suive la routine aveugle du Palais. Lorsqu'il s'agit du salut d'une grande nation, peut-on jamais prendre assez de mesures! Il est prouvé que le sieur Gentil n'a pas moins contribué à l'évasion du sieur Bonne-Savardin que les deux quidams décrétés de prise de corps; le sieur de Barmont devait demeurer sous bonne et sûre garde; enfin, le sieur Guignard devait être décrété de prise de corps, comme Maillebois et Bonne-Savardin. Ces prévarications en faveur du principal auteur de la conspiration, et de l'un des principaux complices, font assez pressentir l'issue de ce procès. Guignard sera blanchi, Barmont sera blanchi, et Savardin paiera les pots cassés, s'il a l'imprudence de ne pas demander d'être entendu en public, et la sottise d'épargner le ministre, de prêter l'oreille aux promesses trompeuses de la cour et des créatures du général. »

SÉANCE DU SOIR.

M. Emmery, président, annonce que dans le scrutin pour l'élection de son successeur, sur 400 votans, M. Merlin a obtenu 232 suffrages, et M. Bonnay 155. Les nouveaux secrétaires sont MM. Durand, Maillanne, Regnaud, député de Nancy, et Bouillé.

[M. Rousselet, au nom du comité des recherches. Une insurrection alarmante s'est manifestée dans la ville de Niort, le 5 du mois dernier, à l'occasion de la circulation des grains. A huit heures du matin, le peuple s'attroupa tumultueusement devant l'Hôtel-de-ville, et demanda à grands cris la taxe du blé. Les représentations des officiers municipaux furent inutiles; la violence du peuple ne fit que s'accroître : il assaillit les gardes nationales qui étaient à l'Hôtel-de-ville, arracha et brisa leurs armes, entra en foule dans la salle, menaça les magistrats, et fit sonner le tocsin. Quelques officiers municipaux sortirent, et furent prévenir le directoire du département, qui conseilla de faire publier la loi martiale; mais pendant ce temps, les gardes nationaux placés à la halle furent aussi désarmés, maltraités et mis en fuite, quelques-uns blessés. Les officiers municipaux, à leur retour, furent poursuivis à coups de pierres; plusieurs en furent atteints et ne se retirèrent chez eux qu'au péril de leur vie. Enfin, le régiment de Royal-Lorraine, requis par la municipalité, parut en armes, et par sa prudence et sa fermeté, dissipa l'attroupement sans effusion de sang.

On croyait le calme rétabli; mais la municipalité s'étant rassemblée l'après-midi avec le conseil de la commune et le commandant des troupes, il se forma de nouveaux attroupemens plus nombreux et plus menaçans; point de patrouilles sous les armes, ni sentinelles à la porte. La fermentation était si grande et le peuple si furieux, que pour éviter de plus grands malheurs, la municipalité, le conseil de la commune et le commandant, jugèrent qu'il fallait céder à la violence, et taxer le blé, suivant le désir du peuple, à un tiers environ au-dessous du prix courant.

Le maire fut entraîné par le peuple vers le trompette de la ville; conduit comme en triomphe dans les rues, et obligé de faire proclamer lui-même l'arrêté de la municipalité qui taxait les grains.

Le directoire du département instruit de ces faits, prit un arrêté qui annulait celui de la municipalité; mais les circonstances ne permirent pas de le rendre public. Le peuple se porta en foule au lieu de ses séances, et les administrateurs furent obligés de se séparer pour mettre leurs jours en sûreté.

Depuis on a réuni, un jour de marché, les brigades de maréchaussées voisines au régiment de Royal-Lorraine et aux gardes nationales. La municipalité a retiré son arrêté sur la taxe des grains, et fait proclamer vos décrets sur la libre circulation. L'appareil de la force publique en impose aux malintentionnés et le calme a paru rétabli.

Mais il règne encore une fermentation dangereuse parmi le peuple, et il est à craindre que l'insurrection ne tarde pas éclater de nouveau, si on n'en impose pas par un exemple prompt et par la punition des coupables. Le directoire du département le sollicite vivement et demande avec instance que le jugement en dernier ressort de cette affaire, pour raison de laquelle il y a déjà eu des informations commencées devant le lieutenant-criminel de Niort, soit attribué au tribunal le plus voisin, qui est celui de Fontenay-le-Comte. On assure d'ailleurs, que des agens secrets ont excité le peuple et distribué de l'argent pour le soulever.

Votre comité a en conséquence l'honneur de vous proposer le décret suivant :

« L'assemblée nationale, ouï le rapport de son comité des recherches, a décrété et décrète que le procès encommencé d'instruire devant les juges de Niort, au sujet des insurrections arrivées dans ladite ville, les 2 et 5 septembre dernier, sera continué par les juges de Fontenay-le-Comte, et que les erremens de la procédure, et les auteurs, fauteurs et complices desdites insurrections y seront jugés en dernier ressort, au nombre de sept juges; que son président sera chargé de se retirer par-devers le roi, pour le supplier de faire donner les ordres nécessaires pour l'exécution du présent décret. »

Ce décret est adopté.]

SÉANCE DU 10 OCTOBRE.

Dumetz fait rendre un décret sur la soumission des biens nationaux. — La discussion s'engage sur les dépenses de la marine. Après avoir entendu Malouet, Fréteau et Estourmel, l'assemblée, sur la proposition de Brulart-Sillery, décrète que le ministre de la marine rendra compte de l'armement ordonné de 45 vaisseaux de ligne. — On annonce une lettre du ministre la Luzerne. Fréteau s'oppose à la lecture des lettres isolées des ministres. «C'est une jalousie des ministres de l'assemblée, dit Montlausier, contre les ministres du roi.» La lettre est lue. Le ministre y rend compte de la démission d'Albert de Rioms, et de l'insubordination des équipages de l'escadre de Brest. Renvoi au comité de marine. — Goudart, député de Lyon, présente l'adhésion de la municipalité de cette ville au décret sur une nouvelle émission d'assignats.

—Du 11 au 19 octobre, les séances offrent peu d'intérêt. Dans celle du 12, Barnave termine son rapport sur la situation des affaires de Saint-Domingue, et sur les événemens qui y ont eu lieu. L'assemblée adopte le projet de décret présenté par le rapporteur, qui annule les actes de l'assemblée générale de Saint-Domingue, approuve la conduite du gouverneur-général de cette colonie, des militaires et citoyens qui l'ont secondé, et ordonne l'exécution des décrets des 8 et 28 mars 1790. Les autres sont consacrées en grande partie aux articles sur l'administration des biens nationaux présentés par M. Chasset, et aux articles sur l'installation des tribunaux présentés par M. Thouret. Nous suivrons dans les journaux le mouvement révolutionnaire jusqu'à la séance du 19, où le rapport de M. Menou sur les troubles de Brest donna lieu à une violente attaque contre les ministres.

Correspondance de l'Ami du peuple.

Saumur, ce 6 octobre 1790.

« Vous connaissez, Monsieur, notre patriotisme; vous en avez eu souvent des preuves. Tant que nous pourrons être utiles aux succès de la révolution, nous ne négligerons aucune occasion. Nous sommes en voyage pour nos affaires. Pour peu de patriotes, nous rencontrerons une foule d'aristocrates. A Orléans, l'état-major que nous avons vu n'est composé que d'ennemis de la révolution. Nous les avons mis à l'épreuve; rapportez-vous-en à nous. La Fayette y a un aide-de-camp à séjour : c'est le nommé Julien. Il y avait un club d'aristocrates sous le manteau du patriotisme, que le peuple a découverts et chassés, et qui s'assemblent actuellement dans un nouveau café sur les fossés de la ville. L'on faisait passer les grains par la foire; le peuple s'y était opposé. Nous avons appris que la municipalité est l'auteur de ces accaparemens.

» La municipalité de Blois est de la même trempe, ainsi que celle de Tours. Il y a dans cette dernière ville deux clubs, l'un sous le nom de Société patriotique, se tenant aux Minimes, correspondant avec celui de 1789 de Paris : jugez de son civisme; l'autre, sous le nom des Amis de la révolution, correspondant avec le club des Jacobins, et ce certificat leur suffit. Nous vous donnerons des nouvelles de Saumur, et de toutes les autres villes où nous passerons.

» A Tours, nous avons vu dans le club aristocratique, dont presque tout l'état-major, et notamment les chefs, font partie, nous avons vu un avocat, garde national parisien, et sûrement un émissaire du sieur Mottier : ce qui nous fait présumer qu'il a des émissaires dans chaque département.

» On nous a assuré que le commandant de Tours est à Paris, ainsi que ceux de Blois et de Saumur ; ce qui donne beaucoup à penser pour tous les autres. Mettez dans vos notes que celui de Baugency, Américain très-riche, que nous connaissons, est un aristocrate fieffé.

» Les ministres donnent toujours des ordres pour arrêter les patriotes. Nous avons lu par hasard le signalement de Vandernot, donné par la Tour-du-Pin, entre les mains du brigadier de la maréchaussée de Saumur, qui, comme nous étions dans un café, est venu nous demander un passeport » *Signés*, P.... et S...., membres du club des Jacobins, vos concitoyens et amis.

Anecdotes sur le dictateur Mottier.

« On voyait au quartier-général du bataillon Saint-Méry un canon de fonte se chargeant par la culasse : l'héroïque Mottier, ainsi que le divin Bailly, l'avaient fait demander plusieurs fois, et toujours le bataillon avait refusé de s'en dessaisir. Le dernier septembre, le général renouvela sa demande, et le bataillon ses refus. Que fit le petit intrigant ? il capta les chefs et chargea des chenapans d'enlever le canon pendant la nuit. Le lendemain, l'officier de garde annonça qu'il était venu des ordres supérieurs portant que le roi d'Espagne avait fait demander ce canon par son ambassadeur, et que le général en enverrait un autre le lendemain. On conçoit bien que dès-lors le bataillon n'a entendu parler ni du canon, ni du général, et se l'est tenu pour dit : les bonnes gens !

« C'est un fait donné pour certain que le héros des Deux-Mondes, naguère adoré par les idolâtres Parisiens, voyait son culte abandonné, et craignant de trouver, sous peu, beaucoup de résistance à ses ordres arbitraires, de la part des soldats citoyens d'un âge mûr, a formé des bataillons de jeunes gens au-dessous de vingt ans, qu'il s'appliquera à plier à ses volontés, sous prétexte de les dresser au maniement des armes. » (*L'Ami du peuple*, n° CCL, p. 7 et 8.)

A L'AMI DU PEUPLE.

De Cherbourg, le 8 octobre 1790.

« Nous venons de prendre les armes comme les citoyens de la ville, au sujet de la nomination des juges de paix. En reconduisant les drapeaux chez leurs officiers, les citoyens ont passé devant la maison de M. Chavanac, commandant de la marine. La sentinelle qui était à sa porte a présenté les armes. Le commandant lui a crié de la croisée qu'il le ferait passer pour un homme qui ne connaissait pas le service; qu'il ne devait présenter les armes qu'aux drapeaux de son corps. La sentinelle a répondu que les drapeaux de la nation valaient bien ceux du corps. A l'instant, M. Chavanac l'a fait relever. Du cachot, le soldat a porté plainte à la municipalité de ce qu'on l'avait emprisonné pour avoir présenté les armes aux drapeaux de la nation. A cette nouvelle, les citoyens se sont transportés en armes chez M. Chavanac. Le sieur Gasse, bailli de l'endroit, s'est présenté et les a menacés de faire marcher les troupes contre eux. On est tombé sur lui, et on allait le pendre au mât du pavillon qui est sur la place, lorsque les domestiques et les fournisseurs du commandant sont accourus, et ont prétendu que la sentinelle l'avait injurié. Les citoyens se sont calmés, ont fait sortir le soldat du cachot, et voulaient faire prendre sa place au commandant, lorsque la municipalité s'est interposée pour arranger l'affaire. Cependant le sieur Gasse était venu crier aux armes dans le quartier-général de notre régiment; mais nous n'avons pas bougé : le commandant et le bailli étaient connus pour des anti-révolutionnaires. » — « Je supprime par prudence le nom du grenadier qui m'écrit et celui de son régiment. » (*L'Ami du peuple*, n° CCXLVIII, p. 4, et n. CCLI, p. 1 et 2.)

« Les robins ne s'endorment pas ; jugez de leur activité par le trait suivant. Depuis plus de quinze jours, il a été matin et soir transporté une quantité prodigieuse de papiers, sacs et procédures dans la maison des Cordeliers, et ils ont été déposés dans une tour où l'on monte par l'escalier à gauche, en entrant par la porte en face de la rue Hautefeuille; étant dans la cour, et levant les yeux à gauche, on voit cette tour remarquable par une petite cloche ; on ignore de quel greffe ces papiers ont été tirés, ni par quel ordre ni pour quel sujet. Ne pourrait-on pas en provoquer les scellés, à la suite de ceux que l'on va mettre au greffe des tribunaux?

« — La cérémonie du couronnement de l'empereur à Francfort, a rassemblé dans cette ville un concours nombreux de Français expatriés. Mirabeau-Cravate est du nombre ; il est le héros des soupers, et il met sous la table jusqu'à des Allemands. Le 4 de ce mois, à un souper où il faisait mainte libation bachique : Messieurs, *chargez vos armes*, balbutie le colonel Tonnerre, éloquent comme la Riolle. *Pour une santé intéressante*, continue-t-il, *à notre prochain retour en France*. On fait chorus. A la fin de l'orgie, ces messieurs, croyant être en présence de l'ennemi, mettent l'épée à la main, et se ruent sur les verres et les bouteilles (vides), en criant comme des perdus : *Tue! tue Barnave! tue Lameth! tue Chapelier! tue tout le côté gauche!* Enfin ils ne se sont pas quittés que la contre-révolution ne fût complète.

» — Avant hier les prisonniers du Châtelet devaient exécuter le complot qu'ils avaient d'égorger leurs geôliers, le concierge, et de s'évader. Une lettre écrite par un des conjurés, les a trahis. Un capitaine de la garde nationale est entré dans la salle où ils étaient rassemblés ; et comme ils se sont précipités au devant de lui, il leur a déclaré que s'ils ne se retiraient tous au fond de la prison, il allait foncer avec sa troupe la baïonnette au bout du fusil : ils ont obéi; le capitaine avait commandé à ses grenadiers de venir sans sabre, pour que ces brigands réduits au désespoir, ne parvinssent pas à s'en saisir ! Tout est rentré dans l'ordre, et la garde les surveille de près.

« — Enfin nous l'emportons, et nos augustes représentans vont agiter la grande question du renvoi des ministres. Hier à dix heures du soir, trois comités réunis, du nombre desquels étaient les comités militaire et de la marine, délibérant sur l'affaire de Brest, ont décidé à la majorité de 18 voix contre dix, qu'il serait fait dimanche matin à l'assemblée nationale une motion tendante à exprimer le vœu des trois comités, pour le renvoi de tous les ministres, comme le seul moyen de soustraire la France aux malheurs qui la menacent. M. Fréteau est chargé de rédiger cette motion. ». (*L'Orateur du peuple*, t. II, n° LXV, p. 518 et suivantes.)

Révolutions de France et de Brabant. « Le 15 de ce mois, conformément au décret de l'assemblée nationale, la municipalité de Paris s'est transportée au parlement pour apposer le sceau de la nation sur l'antre de la chicane, et sur toutes les portes des coupe-gorge épars dans ses détours ténébreux. Le corps de ville aurait craint sans doute de déroger en faisant à pied le court trajet de la maison commune au Palais, et a cru ne devoir se montrer au peuple qu'en carrosse. Quatre d'entre eux seulement suivaient à pied le cortége, et comme s'ils avaient eu honte d'aller ainsi sur leurs jambes et de profaner sur le trottoir l'écharpe de 94 liv. à franges d'or et d'argent, ce n'est qu'en montant les degrés du Palais qu'ils ont ceint le cordon municipal. Ce faste, tant soit peu aristocratique, qui sentait l'ancien échevinage et s'éloignait de la simplicité républicaine, a paru déplaire généralement. Tant d'équipages pouvaient faire croire au peuple que ce serait lui qui allait avoir la surcharge de fournir à ce luxe. Était-ce le cas d'étaler ce luxe, en allant congédier l'ancienne magistrature aux robes de pourpre et d'hermine, aux chevaux fringans, aux voitures dorées, aux 100,000 liv. de rente en épices, pour installer à sa place une magistrature à pied, qui ne devait briller que par la sagesse des jugemens, et des présidens à mortier, moins salariés qu'un ci-devant chanoine de la Sainte-Chapelle? Nous sommes perdus, si les municipaux à pied rougissent de leur écharpe, comme autrefois les conseillers à pied faisaient de leur robe rouge. L'esprit de concussion et de rapine va s'emparer d'eux, afin de pouvoir montrer aussi leur cordon tricolore à travers les glaces d'un carrosse, dont la course rapide les dérobe aussitôt aux regards du passant envieux. Le public a aussi trouvé beaucoup trop nombreux les détachemens de la garde nationale qui escortaient les municipaux. Pourquoi avoir l'air de faire avec la puissance de la baïonnette, ce que faisait la puissance de l'opinion? Des municipaux à pied, entourés seulement des acclamations du peuple, et renversant d'un simple signe de tête ce même colosse des parlemens, contre lequel *Brienne* avait employé vainement en 1788 toute la puissance militaire, auraient représenté par un heureux contraste, la majesté du peuple et l'impuissance des rois. Les robins qui, dans ce temps là, avaient été sur le point de soutenir un siége contre les deux régimens des gardes, aujourd'hui avaient tous pris la fuite devant *M. Bailly*, qui, égaré dans la vaste solitude du Palais, n'a trouvé âme vivante que le buvetier. Les salles étaient ouvertes, les greffes et les dépôts fermés, et dans ces lieux consacrés aux clameurs, partout le silence des tombeaux. Dans cette multitude de greffiers et de commis-greffiers, il ne s'était trouvé personne qui fût assez maître de sa douleur pour assister à cet enterrement, et remettre les clefs au corps de la ville. On s'est donc contenté d'apposer les scellés sur les parties extérieures des lieux de dépôt qu'on n'a pas jugé à propos de faire ouvrir. Après avoir entouré tous ces lieux de bandes de papier d'une titre funéraire aux armes de la municipalité, le corps de ville s'est retiré sans le moindre trouble, et tout cet appareil militaire n'eût servi à rien, si un sapeur, pour ne pas retourner chez lui sans se signaler par un exploit, n'eût fait, en passant dans la cour du Palais, tomber d'un coup de hache, l'écusson attaché au mai, les armes du royaume de la Bazoche, cet empire qui avait excité quelquefois la jalousie de François Ier. Puisque les sacs des procès pendans en la cour, n'ont pas été déposés au greffe, et l'inventaire remis à la municipalité, pauvres plaideurs que je vous plains! Combien de grosses vont être antidatées! Cette réflexion n'a pas empêché nombre de zélateurs de la justice, comme M. Parein, avocat, et l'un des vainqueurs de la Bastille, de se prosterner devant l'autel de la grande salle du Palais, et de réciter à genoux et du fond du cœur, le *Te Deum* en action de grâces de la destruction du parlement.... C'est ici que M. Séguier, le grand apôtre, prouvait à *Mably*, à *Raynal*, à *Rousseau*, qu'ils étaient des sots, et s'efforçait de crever les yeux à toute la nation.... M. Linguet dans ses *Annales* vient de faire leur épitaphe. Après leur avoir reproché leurs rapines domestiques, leur avoir montré des conseillers de grand'chambre, des premiers présidens prêtant à la petite semaine, il passe à leurs turpitudes publiques et aux infamies solennelles; et opposant des faits incontestables à l'oraison funèbre que le parlement de Toulouse vient de faire de son zèle à conserver les libertés et franchises des peuples; pour les déterminer, dit-il, à sanctionner les usurpations du trône, il ne fallait que les y associer; pour obtenir d'eux le sacrifice des franchises publiques, il ne fallait que leur en assurer de particulières.... » (n° XLVIII, p. 389 et suivantes.)

» Hier je vous ai appris d'une manière fort succincte cette grande nouvelle, que je tenais d'un membre du comité militaire (le renvoi des ministres). Il faut que les attentats de ces infâmes agens du pouvoir exécutif soient d'une bien scandaleuse énormité; il faut que leurs manœuvres aient investi la chose publique de périls bien urgens pour que les trois comités dont j'ai parlé aient jugé avant tout leur expulsion nécessaire! C'est M. Fréteau qui est chargé d'en faire la motion. Voilà une belle occasion pour lui de s'absoudre des soupçons qu'il a fait naître. »

« — Le patron du bateau des blanchisseuses, nommé Buanderie de la Reine, le modeste capitaine de la grande bande du Châtelet, le zéro de Thémis, M. Boucher d'Argis, est décidément nommé commissaire du roi pour l'élection des juges. On assure que M° Mitoufflet, de réquisitoriale et de placarde mémoire, sera aussi du nombre! Il faut avouer que M. Champion a une grande finesse de tact! Espérons qu'ayant l'installation de toute cette vermine de palais, le garde-des-sceaux sera à tous les diables. »

« — Tous les aristocrates se sauvent de la capitale. Avant-hier bon nombre de berlines (le fait est constant) sont parties et ont pris la route de Metz. Entr'autres émigrans est le sourd et aveugle Raigecourt, témoin dans l'affaire du 6 octobre et député de l'assemblée nationale. La veille de son départ M. Mottier a été rendre visite à madame de Raigecourt, et lui a souhaité un bon voyage. Nous défions qu'on puisse démentir cette particularité, plus importante qu'on ne pense. On nous promet pour demain la liste de plusieurs de ces voyageurs, qui crèvent leurs chevaux sur la route de Metz. Citoyens, jugez par ces démarches de ce qui se prépare. »

« — Mardi dernier 12 du courant, à huit heures du soir, le dictateur de l'armée parisienne est entré au château de Saint-Cloud par le petit escalier situé en face du grand escalier de marbre. Le roi était au conseil; le général ne l'a point vu; mais il a eu une conférence de sept quarts d'heure avec la maîtresse du logis. Citoyens, bénissez, adorez plus que jamais le patriotisme ingénieux de M. Mottier! Voyez comme la pureté de sa conscience et de ses motifs lui fait braver jusqu'à vos soupçons. Pourquoi est-il si assidu auprès des ministres? c'est pour mieux démêler leurs complots, afin de nous en garantir. Pourquoi rend-il de fréquentes visites à la sœur de Léopold? Ingrats que vous êtes! c'est pour servir encore, en la détournant de tous les projets qu'on cherche à lui inspirer contre votre liberté! Ne vous formalisez donc point de son dernier voyage à Saint-Cloud; au contraire, réunissez-vous pour le supplier d'y retourner le plus souvent qu'il lui sera possible, puisqu'il peut, par son éloquence, transformer la reine en citoyenne, et opérer ainsi la plus heureuse comme la plus difficile conversion! *Le héros des deux-mondes* aurait tort de s'envelopper du voile de la modestie. La sentinelle et quatre autres témoins ont proclamé partout ce nouveau trait de civisme; on fera violence même à sa discrétion, jusqu'à dire qu'il s'en est retourné à cheval et sans gardes. *Il suivait tout pensif le chemin de Paris.* »

« — Il se répand depuis quelque jours une nouvelle qui est

trop intéressante pour ne pas la recueillir avec transport, quoique nous n'en garantissions pas encore l'authenticité. On dit que tous les officiers de la marine royale de Brest, enflammés de dépit de ne pouvoir disposer des matelots comme d'un vil bétail, malgré le beau réglement forgé sur l'enclume de Malouet, et qui ouvrait le plus vaste champ à l'arbitraire, viennent tous de donner leur démission. Si cela se confirme, voilà deux avantages bien précieux pour la patrie. Le premier est que l'armée de mer sera enfin purgée en grande partie des aristocrates les plus fieffés; et le second, que dans ce moment-ci nous ne pouvons pas être entraînés dans une guerre que je persiste à regarder comme le tombeau de notre liberté, et l'unique ressource du despotisme pour renaître de sa cendre. »

SÉANCE DU 19 OCTOBRE.

[M. *Menou*, *au nom des comités diplomatique, colonial, militaire et de la marine*, fait le rapport de l'insubordination de l'escadre et des troubles qui se sont manifestés à Brest. Il présente le tableau des faits contenus dans les lettres et autres pièces, dont on a donné lecture dans diverses séances. Après avoir exposé séparément ceux qui concernent l'escadre et la municipalité de Brest, il passe à la troisième partie du rapport. — Je dois vous rendre compte, dit-il, des motifs du projet de décret que je suis chargé de vous présenter. Il est divisé en trois parties. La première est relative à l'insubordination de l'escadre. L'insouciance des agens du pouvoir exécutif, une longue oppression, l'exaltation des esprits, les erreurs de quelques gens ignorans, qui prennent la licence pour la liberté, peut-être même les intrigues et l'argent de quelques puissances étrangères et l'arrivée du *Léopard*, ont produit les désordres qui vous affligent : ils sont immenses, eu égard à notre situation politique; mais ils ne sont pas sans remède.

Espérons que les mesures que nous allons prendre ramèneront l'ordre et l'obéissance. Si notre espoir était trompé, nous trouverions des milliers de citoyens pour remplacer ceux qui, sourds à la voix de la patrie, à celle du devoir, se refuseraient à la subordination qu'exigent la force et la félicité publiques. On s'est occupé dans le comité de savoir s'il fallait changer quelques articles du code pénal de la marine. Nous avons pensé que si l'inconstance des lois était l'attribut du despotisme, leur immutabilité est celui d'une constitution libre. C'est à des chefs qui auraient la confiance des marins à user avec sagesse, peut-être avec clémence, des lois que vous avez portées. Les comités proposent aussi d'ajouter deux commissaires à ceux qui ont été nommés par le roi. Il serait nécessaire que ces commissaires fussent choisis à Paris. Leur choix est important : les matelots croient qu'on les trompe ; et c'est surtout de la confiance qu'il faut leur inspirer. Il faudrait donner à ces commissaires tout droit pour faire arrêter et punir les coupables, et que le commandant de l'escadre fût autorisé à congédier les matelots indisciplinés, ou n'étant pas propres au service de mer. Je dois remarquer qu'on a reçu sur la flotte des gens sans aveu et qui n'étaient pas classés. Le comité regarde aussi comme une mesure efficace de publier incessamment les règles de l'avancement et de changer le pavillon blanc en pavillon aux couleurs nationales ; mais il pense que cette grâce ne doit être accordée qu'au moment où l'insubordination aura entièrement cessé.

La seconde partie du projet de décret est relative à la municipalité de Brest et au procureur de la commune. Sans doute cette municipalité a été trompée par son zèle même et son patriotisme ; sans doute elle n'a vu dans l'assemblée coloniale que des victimes du despotisme, et dans l'équipage du *Léopard* et les troupes coloniales, que des défenseurs de la liberté ; mais la municipalité s'est emparée du pouvoir exécutif, en essayant de retenir le vaisseau *la Ferme* ; elle a ainsi compromis le sort de nos colonies. Que deviendrait l'unité politique si les corps administratifs s'attribuaient tous les pouvoirs ? De quel droit cette municipalité a-t-elle fait comparaître devant elle MM. Albert, Hector, et exigé la représentation des minutes de leurs lettres ? Elle a cru bien faire peut-être ; mais quand il s'agit d'hommes revêtus de fonctions publiques, on ne juge que les actions et non les sentimens. On doit donc un exemple qui apprenne aux municipalités à se renfermer dans les pouvoirs qui leur ont été confiés. Il paraît convenable de prendre une disposition séparée pour le procureur de la commune, qui a fait un discours véhément, propre à augmenter le désordre.

Un décret exclut du ministère les membres de cette assemblée; il doit être maintenu : c'est le *palladium* de la liberté. Les sentimens personnels du roi ne permettent pas de douter que s'il se détermine à choisir de nouveaux ministres, il les prendra parmi les amis de la constitution. La nouvelle organisation s'achevera promptement, la force publique reprendra toute son énergie s'il règne un concours d'intelligence et de zèle entre l'assemblée nationale, le pouvoir exécutif et ses agens. Voici le projet de décret que vos comités vous proposent :

« L'assemblée nationale, ouï le rapport, etc., décrète que le roi sera prié de nommer deux nouveaux commissaires civils revêtus des pouvoirs nécessaires pour, en se concertant avec le commandant de l'escadre, employer tous les moyens propres à rétablir l'ordre et la subordination, et requérir à cet effet les gardes nationales et les troupes de ligne; qu'attendu qu'il s'est introduit dans les équipages des hommes qui ne sont ni marins, ni classés, le commandant sera autorisé à congédier ceux qui ne seront pas propres au service de la mer; que le pavillon blanc sera remplacé par le pavillon aux couleurs nationales, lorsque la subordination sera entièrement rétablie.

» L'assemblée nationale, considérant que le salut public et le maintien de la constitution exigent que les corps administratifs et les municipalités se renferment exactement dans les bornes des pouvoirs qui leur sont confiés, déclare que les corps administratifs et municipalités doivent ne pas s'écarter des décrets sanctionnés ou acceptés par le roi; que la force militaire est indépendante de l'autorité qu'ils tiennent de la constitution, sauf les réquisitions légales; improuve les mesures prises par la municipalité de Brest, en exigeant la représentation des minutes des lettres de MM. Hector, Albert, Marigny, etc. Déclare que les actes émanés le 14 septembre de la même municipalité, l'adresse aux garnisons et équipages des vaisseaux, la réquisition faite au commandant de retarder le départ du vaisseau *le Ferme*, sont illégaux et nuls, et que tous corps administratifs ou municipalités qui s'en permettraient à l'avenir de pareils, encourraient la peine de forfaiture.

» Décrète que le procureur-syndic de la commune sera mandé à la barre pour rendre compte de sa conduite.

» L'assemblée nationale, après avoir arrêté les précédentes dispositions, portant ses regards sur la situation actuelle de l'État, et reconnaissant que la défiance des peuples contre les ministres occasionne le défaut de force du gouvernement, décrète que son président se retirera par-devers le roi, pour représenter à sa majesté que la méfiance que les peuples ont conçue contre les ministres actuels, apporte les plus grands obstacles au rétablissement de l'ordre public, à l'exécution des lois et à l'achèvement de la constitution. »

M. Cazalès. Ce n'est point pour défendre les ministres que je monte à cette tribune; je ne connais pas leur caractère, et je n'estime pas leur conduite: depuis long-temps ils sont coupables; dès long-temps je les aurais accusés d'avoir trahi l'autorité royale; car c'est un crime de lèse-nation aussi que de livrer l'autorité, qui seule peut défendre le peuple du despotisme d'une assemblée nationale, comme l'assemblée nationale peut seule défendre le peuple du despotisme des rois. J'aurais accusé votre fugitif ministre des finances, qui, calculant bassement l'intérêt de sa sûreté, a sacrifié le bien qu'il pouvait faire à sa propre ambition. Je l'aurais accusé d'avoir provoqué la révolution. (Il s'élève des murmures.)

C'est par une honteuse et perfide politique qu'il a laissé l'assemblée nationale s'embarrasser dans sa propre ignorance, et dans cet extrême désordre des finances qui a peut-être nécessité le moyen violent, la dernière mesure que vous avez adoptée. Je l'aurais accusé d'avoir provoqué la révolution, sans avoir préparé les moyens qui devaient en assurer les succès et en prévenir les dangers; je l'aurais accusé d'avoir constamment dissimulé sa conduite et ses principes. J'aurais accusé le ministre de la guerre d'avoir, au sein des plus grands troubles, donné des congés à tous les officiers qui osaient en demander; de n'avoir pas noté d'infamie tous ceux qui quittaient leurs postes au milieu des dangers de l'État; je l'aurais accusé d'avoir ainsi laissé détruire la force publique et la subordination; j'aurais accusé le ministre de l'intérieur d'avoir laissé désobéir aux ordres du roi; je les aurais accusés tous de cette étonnante neutralité; je les aurais accusés de leurs perfides conseils.

Tout peut excuser l'exagération de l'amour de la patrie; mais ces âmes froides sur lesquelles le patriotisme ne saurait agir, qui les excuserait, lorsque, se renfermant dans le *moi personnel*, ne voyant qu'eux au lieu de voir l'État, ayant la conscience de leur impéritie et de leur lâcheté, ces ministres, après s'être chargés des affaires publiques, laissent à des factieux le timon de l'État, ne se font pas justice, s'obstinent à garder leurs postes et craignent de rentrer dans l'obscurité, d'où jamais ils n'auraient dû sortir? Pendant les longues convulsions qui ont agité l'Angleterre, Strafford périt sur un échafaud; mais l'Europe admira sa vertu, et son nom est devenu l'objet du culte de ses concitoyens. Voilà l'exemple que des ministres fidèles auraient dû suivre : s'ils ne se sentent pas le courage de périr ou de soutenir la monarchie ébranlée, ils doivent fuir et se cacher. Strafford mourut. Eh! n'est-il pas mort aussi ce ministre qui lâchement abandonna la France aux maux qu'il avait suscités? son nom n'est-il pas effacé de la liste des vivans? n'éprouve-t-il pas le supplice de se survivre à lui-même; et de ne laisser à l'histoire que le souvenir de son opprobre? Quant aux serviles compagnons de ses travaux et de sa honte, objets présens de votre délibération, ne peut-on pas leur appliquer ce vers du Tasse :

Ils allaient encore, mais ils étaient morts.

J'ai cru devoir exprimer mon opinion sur les ministres présens et passés avec la franchise de mon caractère, avant de combattre l'avis du comité. Je l'attaquerai malgré ma mésestime pour tous ces ministres, parce qu'il touche aux principes constitutifs de la monarchie. Il est dans un État deux espèces de pouvoirs : le pouvoir législatif et le pouvoir exécutif; c'est sur leur entière indépendance que repose la liberté publique. Si le corps-législatif usurpait le pouvoir de nommer les ministres (il s'élève des murmures), la puissance exécutive serait envahie, les deux pouvoirs accumulés, et nous gémirions sous le plus intolérable despotisme. Cependant si l'assemblée nationale s'arrogeait le droit de présenter au roi le vœu du peuple, les vœux du peuple sont, à la longue des ordres pour les rois : le roi n'ayant pas encore le moyen légal de consulter le peuple, il serait obligé d'obéir. Si par son influence l'assemblée excluait du conseil les hommes appelés par la confiance du monarque, elle parviendrait bientôt à les nommer, et nous tomberions dans la plus monstrueuse tyrannie. Je citerai la pratique constante de l'Angleterre, de ce peuple qui connut le premier l'art de la liberté. Vous ne verrez dans l'histoire pas un seul exemple d'un ministre renvoyé sur le vœu du parlement. (On murmure.)

Pendant le long parlement, à cette époque honteuse que l'Angleterre voudrait effacer de son histoire, les communes présentèrent à Charles Ier une adresse pour demander qu'il écartât, disait-elle, des ministres pervers. Cet infortuné monarque, qui garda jusque sur l'échafaud la force de son caractère, savait qu'il tenait de la nature, autant que de la loi, le droit de choisir ses conseillers : il répondit que jamais il n'avait voulu soustraire ses ministres à la loi, et que si on articulait contre eux un chef d'accusation, il les ferait juger et punir. Charles résista. A quelque temps de là, le comité qui gouvernait ce factieux parlement, présenta une adresse dans laquelle il déclara que d'autres ministres avaient perdu la confiance publique; car dans la langue de tous les peuples, mériter la confiance publique, cela veut dire mériter la confiance du parti qui domine. Ces communes, toutes factieuses qu'elles étaient, ces communes qui avaient commis tant de crimes, qui ont fait monter leur roi sur l'échafaud, eurent cependant honte de ce projet : il tomba dans l'oubli. Ces tentatives ont été renouvelées sous Charles II, sous Guillaume III, et toujours vainement.

Enfin cette grande question vient d'être décidée solennellement par le peuple anglais. Charles Fox était ministre : il proposa ce bill célèbre, qui fut rejeté à deux heures; à minuit, Fox n'était plus ministre. Il incendia les communes, qui se plaignirent du nouveau ministre ; c'était Pitt, qui gouverna et gouverne encore l'Angleterre avec tant de gloire. Les communes prétendirent qu'il était inconstitutionnellement *appointé*, c'est l'expression anglaise; le roi répondit que sa volonté était le titre légal de l'*appointement*. Les communes firent une nouvelle adresse, et déclarèrent traître quiconque conseillerait la dissolution du parlement. Le roi répondit : « Il s'est élevé une grande question entre le parlement et moi ; j'en appelle à mon peuple. » Il dit, et le parlement fut dissous.

Telle est l'admirable constitution du gouvernement anglais; tel est l'heureux effet pour la liberté publique, de la prérogative de dissoudre le parlement, que, sans désordre, sans faction, le roi garde une influence légale sur les représentans du peuple. Toutes les fois que les trois parties sont réunies, le peuple obéit; toutes les fois qu'une de ces trois parties diffère d'opinion, le peuple juge. Chaque candidat déclare s'il est pour le roi ou pour l'opposition, et c'est une grande tache en Angleterre que d'avoir changé de parti. Ainsi, par la composition du parlement, le vœu du peuple est légalement connu ; il est évident que la majorité étant pour le roi ou pour le peuple, l'Angleterre prononce si elle blâme les dernières mesures de la cour ou du parlement. Si à la constante pratique du peuple, qui a le mieux connu l'art de se gouverner, il était nécessaire d'ajouter quelque chose et de tirer des considérations des circonstances, je rappellerai que les ministres, dont on propose à l'assemblée de demander le renvoi.... (On murmure.) On me reproche de ne pas me renfermer dans le projet du comité; mais je répète qu'exprimer le vœu du peuple contre les ministres, c'est demander le renvoi des ministres. Je vous représente que plusieurs ministres ont été tirés de votre sein ; que c'était alors l'opinion publique ; que c'est l'opinion de cette assemblée qui les a désignés au roi. (Les murmures augmentent.) Ne craignez-vous pas que cette vacillation d'opinions ne passe pour l'effet de l'intrigue de quelques membres qui veulent monter à la place de ceux qu'on vous demande d'en faire descendre. (Les murmures continuent.) Eh ! ne pensez pas que le décret qui défend aux membres de cette assemblée d'accepter les places du ministère, suffise pour éviter ce soupçon ; on répand déjà dans le public que ce décret va être abrogé ; peut-être serait-ce un bien (on murmure), et peut être si cette question était discutée, les plus zélés partisans de ce décret seraient les plus actifs à demander sa réformation.

M. Charles Lameth. Qu'on mette par amendement que le décret sera conservé.

M. Cazalès. Des membres de cette assemblée ont formé le coupable projet de dépouiller l'autorité royale du peu d'autorité qui lui reste....

Plusieurs voix du côté gauche : Nommez-les.

M. Cazalès. Je suis loin de croire que l'assemblée nationale adopte jamais un projet aussi coupable. Alors sa ressemblance avec le long parlement serait complète. Il ne resterait aux amis du monarque, et il en est beaucoup, et il en est un très-grand nombre, qu'à se rallier autour du trône, qu'à s'ensevelir sous ses ruines. (Des applaudissemens partent d'une partie du côté droit, une personne applaudit dans les tribunes.) Je pense donc qu'il n'est qu'un moyen d'attaquer les ministres qui ont démérité ; c'est de porter contre eux une accusation précise et formelle. (Il s'élève quelques applaudissemens et quelques murmures.)

Je dis une accusation précise, parce qu'une accusation vague serait une tyrannie, parce qu'une accusation vague mettrait le citoyen le plus vertueux dans l'impossibilité de se défendre et serait indigne de la loyauté des représentans de la nation. Je pense que tout autre moyen d'influer sur le choix des ministres, est anticonstitutionnel et dangereux. Tout autre moyen serait contraire à la liberté du peuple, que l'autorité royale peut seule défendre. Si la liberté du roi était gênée par l'influence du corps-législatif, la monarchie serait détruite. Je crois avec M. le président de Montesquieu, que nous serions condamnés à vivre dans une république non libre. Je pense donc, pour l'intérêt de la monarchie, pour l'intérêt du peuple, pour celui de l'assemblée nationale, qui perdrait la confiance publique, que la troisième partie du projet de décret doit être repoussée par la question préalable.]

SÉANCE DU 20 OCTOBRE.

Suite de la discussion sur le rapport fait au nom des quatre comités.

[*M. Alexandre Lameth.* M. André a proposé de traiter séparément les différentes questions renfermées dans le projet de décret proposé par les quatre comités. D'autres membres ont demandé que toutes les dispositions soient discutées dans leur ensemble, en établissant qu'elles ont toutes un rapport intime entre elles. Je dois dire que dans vos quatre comités, en s'occupant de l'insurrection de l'escadre de Brest et de la conduite de la municipalité de cette ville, en voyant que cette municipalité, dont le patriotisme est connu, n'avait motivé les actes répréhensibles qu'elle s'était permis que sur la défiance que lui inspiraient les sentimens et les projets des ministres, vos comités, dis-je, ont cru devoir chercher la cause des désordres qui avaient lieu dans les différentes parties du royaume, et que, voyant que de toutes parts, dans les colonies, dans les flottes, dans l'armée, partout, la méfiance qu'inspirent les ministres actuels, enfante des malheurs, et en annonce de plus grands encore; en voyant le système d'inertie par lequel ils vous renvoient toutes les difficultés pour embarrasser votre marche, ralentir vos travaux, jeter l'incertitude dans l'âme des citoyens, fomenter et accroître les espérances des mécontens, et vous amener peut-être à les suivre, en vous déconsidérant auprès des puissances étrangères ;

Vos comités, dis-je, ont unanimement pensé que, soit incapacité, soit malveillance de la part des ministres, leur existence, à la tête du gouvernement, mettait la chose publique en danger. Les membres qui les composent, partagés sur la manière de présenter la mesure qui vous a été soumise, sont unanimement convenus qu'elle était indispensable. Ainsi donc, traiter les deux premières parties relatives, soit à l'insurrection de la flotte, soit à la conduite de la municipalité, sans discuter et arrêter celle qui a rapport aux ministres, serait une chose inutile; on vous ferait arrêter des mesures diverses sur les effets, sans vous faire prononcer sur les causes: le mal est dans l'existence des ministres actuels à la tête des affaires. Vous devez le faire connaître au roi, et ensuite décider les deux autres parties. Je demande donc que, si l'on sépare les trois dispositions, on commence par celle qui est relative aux ministres.

Cette proposition est mise aux voix et adoptée.

M. Clermont-Tonnerre. On veut que vous disiez au roi que ses ministres n'ont pas la confiance de la nation; mais, ou c'est un ordre que vous intimez au roi de renvoyer ses ministres, et alors la constitution est altérée, les pouvoirs sont confondus et nous sommes despotes; ou bien c'est un simple vœu que vous lui portez, et il est libre de refuser, alors c'est une fausse démarche : nous appelons la désobéissance, nous nous couvrons du tort d'avoir articulé un vœu qu'on n'aura pas suivi. Je demande par quel hasard vos comités fixent en même temps votre attention sur les ministres et sur l'affaire de Brest, sans montrer le fil qui les rassemble. Qu'y a-t-il de commun entre ces objets? Est-ce parce que le ministère est mauvais que l'escadre a refusé le code pénal? (Plusieurs voix s'élèvent. *Oui.*) Le code pénal, voilà l'objet de la révolte: les ministres ne sont pour rien dans cette affaire. Serait-ce parce qu'il faut un coup de vigueur, que l'on préfère de chasser les ministres à faire rentrer dans l'ordre l'escadre qui en est sortie? Est-ce bien la nation qui a émis son vœu ? Les départemens se sont-ils expliqués? Il y a six semaines, autour de cette enceinte, cinquante voix ont tumultueusement demandé le renvoi des ministres; aujourd'hui quatre comités, composés en tout de vingt-cinq membres, ont résolu, à une majorité de quinze contre dix, de vous proposer de confirmer ce vœu ; et voilà ce qu'on appelle le vœu de la nation.

Je ne répondrai pas aux reproches qu'a faits M. Cazalès au ministre qu'il appelle *fugitif et mort*. En prononçant le mot de fugitif, en prononçant le mot de mort, je croyais qu'il se serait interdit toute attaque ultérieure. Je passe à ce qu'il a dit des hommes qui n'adoptent aucun parti. Je suis un de ces hommes faibles et changeans qui n'épousent aucun parti. (On applaudit.) Et je ne réponds qu'un mot : Montrez-moi le parti qui a toujours raison, et dites que je l'ai abandonné. Mais la raison n'est ni là…. ni là…. En venant ici, je me suis dit : J'attaquerai le despotisme. S'il succombe, je ne l'insulterai pas, je ne dépouillerai pas les morts ; si le peuple triomphe, je le soutiendrai, mais je ne le flatterai pas.

M. Brevet. Et moi aussi, je viens défendre, non les droits, mais les intérêts des princes, mais les droits des nations ; et moi aussi, je viens défendre des principes sans lesquels ne peut subsister tout gouvernement où l'on veut trouver encore quelques traces de justice. Je ne m'arrêterai pas à compter les reproches justes encourus par les ministres. Quiconque a suivi leurs opérations et aime encore la vérité, serait prêt à les dénoncer à l'opinion publique, si dès long-temps elle n'avait pris soin de le faire. J'avouerai, avec M. Cazalès, qu'ils ont compromis la gloire du trône et mis l'État en péril ; et j'ajoute qu'ils ont fait surtout l'un et l'autre lorsqu'ils ont vu d'une part le peuple se ressaisissant de ses droits, et l'assemblée constituante détruisant les oppressions de tout genre ; lorsqu'ils ont vu, d'un autre côté, l'intérêt et l'orgueil, prostituant avec audace les mots sacrés : *Religion, prérogatives du trône, principes monarchiques*, pour défendre, et leurs abbayes, et leurs pensions, et leurs parlemens, et la chamarrure de leurs valets. (On applaudit.)

Oui, dis-je, les ministres ont indignement trahi et leur devoir et leur serment, lorsque, témoins de cette lutte longue et terrible entre les passions les plus nobles et les plus sordides passions du cœur humain, ils ont, par leur silence, leur inertie, leur négligence à envoyer les décrets, leur négligence plus grande à les faire exécuter, ils ont soutenu et enhardi une poignée de patriciens et de prêtres rebelles et factieux. (On applaudit. Plusieurs voix de la partie droite: *Nommez-les.*) Les parlemens de Brétagne, Rouen, Metz, Toulouse, etc.; les évêques de Tréguier, de Toulon, de Blois et d'Amiens, etc. Ils ont inquiété les peuples, ils ont retardé l'affermissement de la constitution, ils ont calomnié la probité du prince, qui jura si solennellement et si sincèrement de la maintenir. Et néanmoins ce n'est pas le renvoi de ces ministres si coupables ou si peu habiles que l'on vous propose aujourd'hui de solliciter du monarque; car je maintiens qu'il n'y a nulle parité, nulle analogie entre cette demande de renvoi et cet autre discours: « Sire, vos ministres ont manqué ou de bonne volonté ou d'activité suffisante dans l'exercice de leurs fonctions respectives. Cependant la méfiance est autour des citoyens; les affaires languissent ou se désordonnent, et la chose publique est menacée. Sire, daignez pénétrer vos ministres de votre amour pour les peuples et de votre respect pour la loi. » Or, c'est à quoi se borne la proposition de votre comité. Maintenant si l'on met en doute qu'en parlant ainsi le corps-législatif remplit un devoir, je demande si telle sera chez nous la déplorable condition des rois, que, jouets éternels de toutes les intrigues et séductions des cours, ils ne puissent jamais leur échapper.

Qui ne sait que le premier besoin des princes est la connaissance prompte et nue de la vérité? Qui ne sait toutefois que, trop souvent séduits et égarés par les personnes qui ont le plus d'ascendant sur leur esprit et sur leur cœur, entourés, obsédés de leurs ministres et des seuls amis et créatures de leurs ministres, ils se trouvent tellement enlacés de toutes parts, qu'ils n'ont de liberté que celle qu'on leur abandonne; qu'ils ne voient et n'entendent que ce dont on a intérêt de frapper et de fasciner leurs yeux et leurs oreilles? Que leur manque-t-il cependant pour qu'ils soient arrachés du sommeil de la servitude? Un être quelconque, qui eût assez de courage pour oser braver les redoutables tyrans du prince, assez de puissance pour percer jusqu'à lui, assez de considération personnelle pour en être attentivement écouté. Or, je cherche vainement où cet être pourrait exister en France ailleurs que dans l'assemblée nationale? Comment un citoyen, ou même un corps administratif, pourraient-ils espérer une favorable audience, quand les représentans de cette nation assemblée gardent le silence? Si le monarque doit jouir d'une pleine liberté dans la nomination de ses ministres, je tiens pour maxime incontestable que le corps-législatif, en prononçant des décrets, doit vouloir essentiellement que ses décrets soient exécutés.

Quoi! lorsque jadis il n'y avait pas de si chétive cour de parlement qui ne pût dénoncer les ministres au trône, et demander formellement leur renvoi, les véritables représentans du peuple seraient les seuls qui ne pourraient faire entendre à ce sujet leurs plaintes et leurs observations motivées! Certes, ce serait se faire une étrange idée de l'indépendance des pouvoirs, que de leur refuser tout point de rapprochement et de contact, lorsqu'il est fourni et commandé par une confiance, par un amour, par des intérêts communs et mutuels, et par la prospérité et le salut de la chose publique. Accusez les ministres, nous dit-on. Mais qui ne voit que la conduite d'un ministre peut être très-répréhensible, et ne pas donner lieu cependant à l'accusation nationale; que des ministres incapables pourront à loisir semer les abus et ruiner le gouvernement, tant que vous n'aurez pas déclaré que dans ceux qui se sont chargés de places publiques au-dessus de leurs forces, la faiblesse et l'impéritie seront dorénavant des crimes de lèse-nation.

On nous parle d'intrigues et de projets. J'ignore, et il m'importe peu de savoir si quelque ambitieux parmi nous dévore en espérance des emplois dans un ministère à venir. Ce que je sais, c'est que j'ai porté avec transport la loi qui a exclu de ces places les représentans de la nation; c'est que, fût-elle vingt fois reproduite, elle serait vingt fois confirmée. Défions-nous au reste de ces bruits exagérés ou menteurs que fomentent les inimitiés, et qu'accréditent quelquefois les frayeurs estimables du patriotisme et de la vertu. Encore une fois, laissons surtout gronder autour de nous ces éternelles déclamations par où l'on se plaît à menacer le trône de renversement, et la monarchie de dissolution.

Nature, égalité, liberté, voilà le livre que le despotisme avait scellé, et que vous avez ouvert aux nations. Votre tâche a été d'en développer et d'en appliquer religieusement les principes, et vous arriverez intrépidement au terme à travers les discours incendiaires, les allusions perfides, et cette foule de complots impuissans, mille fois ourdis et mille fois avortés ; ou bien, si par impossible, car qui peut lire dans les décrets éternels, si par impossible ils pouvaient jamais s'éteindre ces sentimens généreux qui brillèrent d'abord au milieu de nous avec tant d'éclat et d'énergie ; si les Français n'avaient si glorieusement conquis la liberté que pour cesser presque aussitôt d'en être dignes ; si enfin, découragés et abattus, ils retombaient un jour comme d'eux-mêmes sous le joug de l'esclavage ; impassibles comme la nature et la vérité, dont vous auriez défendu les droits, vous survivriez encore à cette mort universelle, et vous resteriez debout et immmobiles au milieu de l'anéantissement des lois et de la ruine de la liberté. (Une grande partie de l'assemblée applaudit.)

On demande l'impression de ce discours.

Elle est décrétée à une grande majorité.

Un de MM. les secrétaires fait lecture d'une lettre de M. Guignard. — Le ministre se hâte de faire parvenir à l'assemblée, même avant de les avoir mises sous les yeux du roi, les dépêches des commissaires envoyés par le roi à Brest ; elles portent que les lieutenans de vaisseau, la société des amis de la constitution, les gardes nationales et la municipalité se proposent de faire une adresse aux marins de l'escadre pour leur rappeler l'obéissance qu'ils doivent à leurs chefs. Les commissaires ne croient pas devoir laisser ignorer que M. d'Estaing est le commandant désiré de l'escadre.

M. Virieu. Au lieu de nous occuper de rétablir l'ordre dans l'escadre de Brest, on vient nous entretenir des ministres ; on vient faire jouer dans le sein de l'assemblée nationale des cabales et des intrigues. Après avoir moi-même attaqué les ministres, lorsqu'ils étaient les agens du despotisme, je ne crains pas de paraître suspect en les défendant dans la parfaite nullité à laquelle ils sont réduits. Que leur reproche-t-on? Quel est leur crime ? S'ils en ont commis, pourquoi éluder cette sage loi de responsabilité que nous avons décrétée? Si, au contraire, ils ne sont attaqués que par des intérêts particuliers ; je dis intérêts particuliers, car, malgré qu'il soit impossible à chacun de nous de parvenir au ministère, on peut avoir des vues sur des amis, sur des créatures : l'assemblée nationale ne se laissera pas prendre à de pareils pièges.... Dans les temps d'orage j'ai levé fièrement la tête. Le 13 juillet, sur les cinq délibérations vigoureuses que vous avez adoptées, j'en avais proposé quatre. C'est toujours contre le despotisme que je veux lutter, et je ne crois pas qu'on puisse me taxer de faiblesse.... Je finis par appuyer le projet de décret présenté par M. Malouet ; seul il peut ramener le calme et la subordination, dont on tente tous les jours par de nouveaux efforts de se débarrasser.

M. Barnave. On s'efforce, soit par des écrits, soit par des paroles publiquement articulées, soit par des inculpations secrètes, de suspecter les motifs de vos comités ; d'obscurcir la vérité, et de vous supposer des intentions étrangères à celles qui doivent vous déterminer. Je commence donc à ramener la question à sa pure simplicité, en laissant de côté les calomnies pour et contre ; elle se réduit à ceci : est-il vrai que le gouvernement ait constamment souffert, soit de l'incapacité de ses ministres, soit de leur malveillance, soit de la méfiance qu'on leur oppose? Si cela est vrai, devez-vous mettre cette vérité sous les yeux du roi? L'organisation publique est prête à s'achever : il reste à donner le mouvement aux institutions que vous avez établies. Jetez les yeux sur l'empire, vous verrez dans toutes les parties un état de crise en bien ou en mal qui peut devenir funeste. Si le ministre agit dans tel ou tel sens, si ses dispositions sont suspectes, vous verrez les finances non-seulement rétablies, mais dans un état de richesse qu'aucune autre puissance ne peut présenter ; vous verrez notre situation politique forte encore de toute l'énergie de la nation, prêtes à péricliter par la faute de ceux à qui notre force est confiée. Voyez les colonies ; elles vous présenteront toutes la plus grande méfiance pour le ministère. Parcourez la campagne ; vous verrez le peuple conduit par un patriotisme qui jusqu'alors lui était inconnu prêt à payer les impôts, mais les percepteurs soigneux d'en arrêter la rentrée.

Il faut imprimer le mouvement aux tribunaux : des places importantes sont restées à la nomination du roi ; vous verrez le chef de la justice revêtu d'une grande influence à cet égard. Les corps administratifs ne sont point encore suffisamment instruits de vos décrets ; ils n'ont pas encore la connaissance parfaite des bornes et de l'étendue des fonctions qui leur sont attribuées. Comment ne s'égareraient-ils pas, si vous n'aviez pour ministres de l'intérieur des hommes amis constans de la révolution, qui, mettant leur gloire dans le succès de la constitution, réprimassent avec rigueur tous les actes qui tendraient à faire sortir ces corps des limites tracées? Si tel est notre état, s'il est vrai qu'au moment où il a fallu tout recommencer, nous soyons près de la plus grande félicité ou du plus grand dépérissement, de quelle lumière ne doit pas être pour nous le parallèle de la conduite des premiers agens du pouvoir exécutif avec les besoins de l'État ! Tous les orateurs qui ont paru dans cette tribune ont dit que l'inertie et l'incertitude forment le caractère de ces hommes placés au timon des affaires ; tous ont dit que par leur faiblesse l'autorité royale légitime était anéantie ; tous les ont accusés de retard dans l'envoi de vos décrets, de lenteur dans leur exécution, d'affectation à vous surcharger de toutes sortes de matières d'administration. Aussi vos comités ont été unanimes sur l'incapacité, sur l'impuissance des ministres actuels. Il n'est aucun comité qui n'en recèle des preuves. Le comité des rapports reçoit de toutes parts des témoignages d'une méfiance trop certaine; le comité militaire a vu que la cause la plus puissante de l'insubordination, c'est la méfiance dans le ministère et dans ses agens.

M. Félix Wimfen. C'est une assertion fausse : il n'y a pas au comité militaire une seule plainte contre M. La Tour-du-Pin.

M. Noailles. Je certifie que le comité a été si fort surchargé d'affaires étrangères à ses fonctions, de demandes de soldats, d'officiers ou autres, qui ne s'adressaient pas au ministre, qu'on proposa de nommer à cet effet un comité contentieux : ce qui prouve sans réplique que le ministre n'a pas la confiance des corps.

M. Estourmel. C'est en vertu d'un décret formel que les officiers et les soldats ont adressé leurs demandes au comité militaire.

On passe à l'ordre du jour.

M. Cazalès. Le seul moyen de rétablir la force du pouvoir exécutif, c'est de supprimer tous les comités administratifs de l'assemblée, et de rendre les ministres responsables.

M. Noailles. M. Rostaing annonce qu'il veut s'élever contre ce que je viens de dire; je demande la parole pour lui, et je la réclame ensuite pour moi.

M. Rostaing, membre du comité militaire. J'ai l'honneur d'assurer que le comité militaire n'a aucune connaissance de plaintes directes contre le ministre de la guerre.

On demande à passer à l'ordre du jour.

L'assemblée décrète de nouveau cette demande.

M. Noailles. J'avais demandé la parole; je dois une explication à l'assemblée…. J'ai le droit d'être entendu…… je réclame contre cette injustice….

M. Barnave. L'agitation d'une partie de l'assemblée et de quelques membres du comité militaire aurait été moins forte si l'on m'avait mieux entendu. Je n'ai pas dit en effet d'une manière bien précise qu'il fallait accuser le ministre de la guerre de l'insubordination; j'ai dit que souvent la méfiance avait servi de prétexte aux actes d'insubordination, et le comité militaire en a sûrement des preuves : j'en ai vu entre les mains d'un grand nombre de personnes.

Les circonstances sont bien plus positives pour le comité des colonies, puisqu'il n'est pas une de nos colonies d'où l'on n'ait reçu des plaintes contre le ministre de ce département. Elles étaient dirigées par des partis ; mais tous les partis se confondaient sur ce point : donc il a recueilli, il a obtenu la défiance universelle dans les colonies. On ne niera pas, quant aux finances, que des plaintes multipliées n'aient été portées au sujet des impôts, au sujet des mesures à prendre pour le succès des assignats que vous aviez précédemment décrétés.

Je quitte les faits et je passe à la question. Si la méfiance que la nation a conçue pour les ministres actuels, oppose les plus puissans obstacles à l'établissement de l'ordre public et de la constitution, avons-nous le droit et le devoir de mettre cette vérité sous les yeux du roi? Notre droit est incontestable : organes de la nation, premiers conseillers du roi, nous devons faire connaître au monarque ce qui est nécessaire pour le bonheur du peuple. Toujours les corps administratifs ont joui de ce droit, ont dû se conformer à ce devoir ; vous-mêmes l'année dernière, vous avez déclaré au roi que les ministres n'avaient pas, n'obtiendraient pas la confiance de la nation. Alors ils agissaient ouvertement contre vous; aujourd'hui il ne s'agit que de leur incapacité, que d'une inertie volontaire ou involontaire. La circonstance est différente, le principe est toujours le même.

On a dit que le seul moyen à employer était l'accusation formelle et précise. Mais si, en occasionnant des maux graves et réels, les ministres n'ont pas commis de crimes ; si, ayant commis des crimes, les délits sont cachés, si les preuves ont été soustraites; si même les preuves sont authentiques et certaines, il faut du temps pour que l'accusation justifiée les fasse descendre du poste où ils compromettent le salut de l'État; il faudrait, et c'est la traduction de ce raisonnement, laisser périr la chose publique plutôt que d'articuler contre eux une méfiance générale. L'année dernière, ils étaient certainement coupables ;

on vous dit aussi alors qu'il fallait une accusation formelle et précise; mais la méfiance était palpable, mais le danger était pressant : il fallait vous hâter, et vous dîtes au roi que ses ministres avaient perdu la confiance de la nation. Cet usage est constant chez un peuple qui depuis long-temps connaît l'art de se gouverner. On a à ce sujet bien altéré l'histoire. Toutes les fois qu'en Angleterre la proposition qu'on vous fait a été proposée ou admise, elle l'a été comme une marche constitutionnelle, et nul ne l'a regardée comme un attentat à l'autorité royale, à la constitution. On l'a rarement employée, parce que les ministres, délibérant dans la chambre des communes, ne peuvent servir utilement que quand ils ont la majorité; quand ils ne l'ont plus, le roi, averti qu'il ne peut leur conserver plus long-temps sa confiance, la leur retire.

C'est une chose constitutionnelle en Angleterre que la chambre des communes peut présenter telle adresse qu'elle veut, et, quant à la déclaration que les ministres ont perdu la confiance publique, il est certain que vous devriez adopter cette forme plutôt encore qu'en Angleterre, où le roi est averti par un signe extérieur. Vous n'avez pas d'autre moyen de lui faire connaître une vérité nécessaire à l'intérêt de la constitution et décisive pour lui. Portez actuellement vos regards sur la position de l'empire, et vous sentirez qu'il est impossible que l'autorité royale ait toute son énergie, si elle est dans des mains sans force et sans activité. C'est donc sous tous les points de vue un devoir que vos comités vous proposent de remplir. Ne vous exposez pas à la responsabilité qui peserait sur vous si vous laissiez plus long-temps l'État entre des mains incapables de gouverner. Du moment où vous aurez dit la vérité, vous aurez fait ce que vous aurez dû, et les reproches tomberont sur ceux qui, par des conseils perfides, auront déterminé le roi à conserver de semblables ministres. Déclarez en même temps que vous persistez dans le décret par lequel vous avez exclu tous vos membres du ministère. Ce décret est immuable; chacun sait au fond de son cœur que nous n'en reviendrons jamais. Je me borne donc à demander que la proposition faite par les quatre comités soit décrétée; et, s'il fallait un mot de plus, je dirais que ceux qui sont contens de l'administration des ministres se lèvent. (On applaudit.)

M. Vaudreuil se lève.

M. Noailles. M. le président, vous m'aviez fait espérer la parole après M. Barnave.

M. le président se dispose à consulter l'assemblée pour savoir si M. Noailles sera entendu.

Une partie de l'assemblée demande la parole pour lui.

M. Noailles. M. Rostaing a dit un fait qui n'est point opposé à ce que j'ai avancé. (On demande l'ordre du jour.) Je n'ai que deux mots à dire. Un fait différent ne détruit pas un autre fait, quand il ne lui est pas contraire. (On réclame encore l'ordre du jour.) Mon allégation subsiste, puisqu'elle n'est pas combattue.

On passe à l'ordre du jour.

M. l'abbé Jaquemard. Le titre de ministre n'est pas à mes yeux un titre de réprobation. Je n'ai pas l'ambition de vouloir monter à leur place. Mais, dit-on, ils ont perdu la confiance de la nation; c'est le vœu de la nation que l'assemblée exprime. Qu'est-ce que le vœu de la nation? Sont-ce les cris que vous avez entendus il y a quelques semaines; les cris de ce peuple qui demandait la tête des ministres et celle de son vertueux général? Si quelques provinces s'élevaient contre les ministres, je les accuserais. On dit qu'ils veulent la guerre, et l'on prétend qu'ils se refusent aux dispositions que la guerre exige. Mais la guerre est le triomphe du pouvoir des ministres; mais peut-on penser qu'ils ne prennent pas les mesures pour assurer le succès qui ferait leur gloire? Si c'est une prière que vous voulez adresser au roi, vous compromettez l'assemblée nationale; si c'est davantage, vous nommez les ministres, et alors il sera vrai de dire qu'au lieu d'un roi de France, on en aura douze cents. Gardez-vous de donner ainsi un aliment aux intrigues de l'ambition : vous avez un grand frein pour retenir les ministres, la responsabilité. Craignez d'éloigner du ministère, par des accusations vagues, les gens vraiment capables, et de ne voir ce poste périlleux rempli que par des intrigans. Usez loyalement de la responsabilité que vous avez établie, et instituez promptement un tribunal pour juger les agens du pouvoir exécutif.

On ferme la discussion.

M. Cazalès. Je demande la question préalable sur le projet de décret présenté par les quatre comités.

M. Beaumetz. Puisque la discussion est fermée.....

M. Madier. M. le président, vous n'avez pas le droit de fermer la discussion. Il faut, aux termes du réglement, qu'elle dure pendant trois jours. Je vous rappelle à l'ordre.

M. Beaumetz. Je vous prie, M. le président, de me déclarer si la discussion est fermée.

M. le président. L'assemblée consultée sur la question de savoir si elle était fermée, a décidé qu'elle le serait.

M. Beaumetz. Je ne conçois pas comment on a demandé dans cette occasion la question préalable : il s'agit d'un fait à révéler au roi ; ou les ministres ont perdu la confiance, ou ils l'ont conservée. C'est ce qu'il faut nier, ou ce dont il faut convenir. Je ne conçois pas davantage comment on mettrait en question si l'assemblée nationale a le droit et le devoir de faire ce que la vertu, ce que le patriotisme exige de tout bon Français. Il est du devoir de tout bon citoyen de porter, s'il le peut, la vérité dans le cabinet des rois. Je demande si l'assemblée nationale, qui n'a voulu aucun intermédiaire entre elle et le monarque, n'a pas eu l'intention de faire parvenir jusqu'à lui toutes les vérités, et s'il le fallait, la vérité importante, qu'il faut lui dire aujourd'hui. (Plusieurs voix de la partie droite : *est-ce la vérité?*) Comment peut-on le demander, lorsqu'il n'est pas un orateur qui, dans cette tribune, n'ait cru devoir attaquer la conduite individuelle des ministres? lorsque ceux qui ont combattu avec éloquence et chaleur la motion des comités, ont encore avec plus de chaleur et d'éloquence combattu les ministres? N'est-ce pas la vérité, quand tous les partis ont été obligés d'en convenir? (Une grande partie de l'assemblée applaudit.)

M. Duval (ci-devant d'Esprémenil.) On abuse de l'opinion de M. Cazalès.

M. Beaumetz. Quand les opinions les plus opposées se sont réunies sur ce point, je n'ai pas besoin de parler ni des entraves, ni des gaucheries, ni des lenteurs, par lesquelles les ministres ont arrêté l'achèvement de la constitution.

M. Faydel. L'opinant oublie que la discussion est fermée.

M. Beaumetz. L'observation que je voulais proposer est non-seulement contre la question préalable, mais encore contre l'étendue trop indéfinie de la proposition. L'intérêt de la vérité, de la justice me paraît exiger de séparer un ministre. (Il s'élève quelques murmures dans la partie droite.) Je m'attendais aux murmures, et certes je ne les craignais pas.... (Les applaudissemens de la partie gauche sont unanimes.) Je demande, dis-je, que l'on sépare le ministre qui, par la nature des soins extérieurs qui lui sont confiés, n'a pu exciter contre lui cette malveillance malheureuse, un ministre dont le patriotisme est bien connu. (La partie droite murmure, la partie gauche répond par des applaudissemens.) Ce ministre n'est dangereux que pour ceux qui craignent qu'il ne fasse entendre au roi un langage bien différent des insinuations coupables dont vous ne doutez pas que la personne du monarque ne soit trop souvent entourée. (Nouveaux applaudismens, nouveaux murmures.) Je déclare, pour répondre aux rumeurs dont je suis entouré, que je ne connais pas ce ministre; mais j'ai toujours observé sa conduite, et comme représentant de la nation, je ne faisais que m'acquitter d'un devoir; je demande donc que M. Montmorin soit formellement excepté. (Toute la partie gauche applaudit à plusieurs reprises.)

M. Menou. En ma qualité de rapporteur, j'adopte l'amendement.

M. Cazalès monte à la tribune.

M. Riquetti l'aîné (ci-devant Mirabeau), placé dans la partie gauche près de la tribune, demande la parole.

M. l'abbé Maury se place dans la même position, dans la partie droite.

M. Cazalès. Je commence par déclarer formellement....

M. le président lit une longue liste des personnes qui sollicitent la parole sur la question préalable.

On demande à aller aux voix sur l'amendement.

M. le président. La question préable étant proposée, il faut la mettre aux voix avant l'amendement.

M. Leboys. L'amendement est la division de la question préalable ; la division doit être délibérée la première.

M. Chapelier. Je demande la parole pour une observation d'ordre. Le ministre des affaires étrangères ne devait pas plus être compris dans la motion que dans la discussion. Les comités se sont appuyés sur ce que la méfiance, que la nation a conçue pour les ministres actuels, oppose les plus puissans obstacles à l'établissement de l'ordre public et de la constitution. Le ministre des affaires étrangères, quand il aurait mérité cette défiance, ne pourrait jamais être considéré comme la cause de ces obstacles ; mais qu'il soit permis à un député de Bretagne de dire que, pendant dix ans, il a vu ce ministre gouverner cette province avec une probité et un zèle qui lui ont mérité les hommages de tous les citoyens. C'est le seul qui ait montré qu'il savait aussi être ministre auprès d'une assemblée nationale. Si la question préalable était mise aux voix, mon opinion ne serait plus libre ; je serais obligé de l'admettre ; car mon avis est que le ministre des affaires étrangères n'a pas perdu la confiance de la nation, depuis le moment où cette même confiance l'a élevé au poste qu'il occupe. Je crois donc qu'il est indispensable de mettre l'amendement aux voix en ces termes : « L'assemblée nationale déclare que M. Montmorin n'a pas perdu la confiance publique depuis le moment où il en a reçu le témoignage. »

M. Digoine. Je demande la question préalable sur l'amendement.

M. le président pose la question préalable.

M. Cazalès. Je demande que l'assemblée décide si la discussion sur l'amendement sera fermée avant d'être ouverte.

La discussion est fermée à une grande majorité sur la question préalable demandée sur l'amendement.

L'assemblée décide, à une très-grande majorité, qu'il y a lieu à délibérer.

On demande que la discussion soit fermée sur le fond de l'amendement.

M. *Cazalès.* Délibérer, n'est-ce pas discuter? Décider qu'il y a lieu à délibérer, n'est-ce pas décider qu'il y a lieu à discuter? Je ne connais qu'une manière d'accuser les ministres. Quand il s'agit de délit formels, c'est d'articuler un délit précis, particulier à chaque ministre; mais quand il s'agit d'avertir simplement le roi que les ministres ont perdu la confiance publique, il peut y avoir deux manières de motiver cet avertissement. Le premier motif, c'est quand un ministre s'est mal conduit dans son département, et alors il faut s'expliquer clairement. Le second motif, c'est quand les ministres, en bloc, ont donné des conseils dangereux au roi, et alors aucun ne doit être excepté. Comme je suis et serai constamment de bonne foi, je demande qu'on réponde à ce dilemme. Si je cherchais des motifs sur chacun des ministres, je rappellerais qu'à cette tribune, M. Charles Lameth a accusé le ministre des affaires étrangères d'avoir donné des avis tardifs sur les dispositions hostiles des puissances.

L'amendement est mis aux voix et décrété à une très-grande majorité.

L'assemblée consultée décide, à une très-grande majorité, qu'il y a à délibérer sur la question principale.

La partie droite réclame.

M. *le président.* J'ai prononcé le décret, conformément à ce que j'ai vu, et à l'avis unanime des secrétaires sur la majorité.

La partie droite demande l'appel nominal.

La partie gauche demande que l'appel nominal se fasse sur la motion principale et non sur la question préalable.

L'assemblée le décrète ainsi.

On procède à l'appel nominal.

La proposition des quatre comités est rejetée à la majorité de 403 voix sur 540.

La séance est levée à six heures.]

SÉANCE DU 21 OCTOBRE.
Suite de la discussion sur l'affaire de Brest.

[*M. Vaudreuil.* Nous ne pouvons nous dissimuler l'alarmante position de la France. L'intérêt de la constitution sollicite une mesure prompte : des puissances armées nous environnent ; les Anglais sont prêts à déployer toutes leurs forces contre nos alliés. Le rapporteur des quatre comités vous a fait un tableau effrayant de tous les désordres. Quel est le bon citoyen qui ne tremble pas pour le salut de sa patrie ? L'escadre de Brest a résisté à toutes les mesures, et je suis forcé de témoigner tout mon étonnement de ce que le rapport ne nous a pas été plus tôt présenté. Voici mon projet de décret : « L'assemblée nationale, ayant entendu le rapport de ses quatre comités sur l'insurrection des équipages en armement à Brest, a décrété 1° que le procureur-syndic de la commune de Brest se rendra à la barre de l'assemblée nationale dans quinze jours, à compter de la publication du présent décret, pour y être entendu sur la conduite qu'il a tenue relativement à l'insurrection des équipages ; 2° qu'elle improuve la conduite de la municipalité de Brest pour avoir forcé le commandant à lui communiquer sa correspondance, pour avoir mis des obstacles au départ du vaisseau *la Ferme* ; 3° qu'il sera nommé de nouveaux commissaires pour se joindre à ceux qui sont déjà envoyés, lesquels seront autorisés à faire rentrer dans le port les vaisseaux qui persisteraient dans leur rébellion, pour les désarmer. »

M. André. Il y a un décret qui porte qu'on discutera article par article. Je demande que ce décret soit suivi.

M. Vaudreuil. J'ai une observation à faire sur le nouveau pavillon qu'on propose d'arborer. C'est le même que celui des Hollandais.

M. Menou. En ma qualité de rapporteur des quatre comités

réunis, j'ai dû vous représenter le projet de décret qui y a été arrêté. Mais, après avoir rempli ce devoir, il m'est sans doute permis d'exprimer ici mon opinion personnelle sur l'insubordination de l'escadre armée à Brest, et sur la conduite de la municipalité de cette ville. Lorsque vos quatre comités se sont réunis, quelques-uns des membres qui les composent, et moi personnellement, nous n'avons envisagé l'insubordination de l'escadre que comme une suite nécessaire de l'impéritie et de la malveillance des ministres (on applaudit), et, puisqu'il faut le dire ici, de l'horreur que plusieurs d'entre eux témoignent pour la révolution. Convaincu de cette vérité, j'ouvris le premier contre eux, dans les comités, l'avis qui n'a été rejeté hier que parce que malheureusement leur influence, semblable à un souffle empoisonné qui flétrit tout ce qu'il rencontre, s'est fait sentir jusque parmi les anciens fondateurs de la liberté ; et cet avis, après quelques discussions, fut adopté par la presque unanimité. (On applaudit à trois diverses reprises. — La partie droite demande que l'opinant soit rappelé à l'ordre.)

M. *Goupilleau.* Quand on parle des fondateurs de la liberté, ce n'est pas à vous qu'on s'adresse.

L'assemblée décide qu'elle passera à l'ordre du jour.

M. *Menou.* Plusieurs d'entre ceux qui hier ont opiné pour sa réjection, avaient le plus contribué à sa rédaction. Il était convenu que le décret serait indivisible, que les trois mesures seraient présentées à la fois ; et c'est à ces conditions seulement que plusieurs d'entre nous, ainsi que moi, avions consenti à prendre des mesures sévères contre la municipalité de Brest.

En effet, il était simple qu'en présentant le décret contre les ministres nous n'épargnassions personne, et que nous fissions sentir aux patriotes que les erreurs même involontaires, et qui souvent ne sont que le résultat de l'intention la plus pure, que les erreurs, dis-je, doivent être réprimées par la loi. Mais aujourd'hui l'affaire change entièrement de face : si, les ministres restant en place, nous sévissions contre la municipalité de Brest, qui est-ce qui nous resterait dans ce pays pour défendre la liberté ? La journée d'hier, de timides et obscurs ennemis qu'étaient les ministres, en a peut-être fait d'audacieux tyrans. (On applaudit.) Et nous voudrions encore nous aliéner ceux qui, aux extrémités de la Bretagne, intrépides et magnanimes défenseurs de la liberté, n'ont commis de faute que par un excès de patriotisme ; qui, entraînés par ce sublime sentiment, n'ont vu dans les fugitifs de Saint-Domingue que des malheureuses victimes du despotisme ; qui, en demandant au commandant de la marine de suspendre le départ du vaisseau *la Ferme*, ont été persuadés que c'était empêcher la scission ou la révolte des colonies; qui, en invitant MM. Hector, Albert et autres à se rendre au conseil général, et à faire part de leurs lettres, n'ont eu d'autres prétentions que d'apaiser un peuple irrité ! Ah ! si nous avons quelque chose à dire officiellement à la municipalité de Brest et au procureur de la commune, que ce soit seulement pour les avertir que l'excès de la vertu est quelquefois nuisible ; encourageons-les, soutenons-les dans leur patriotisme ; disons-leur qu'avant d'exercer leur bienveillance, il est utile d'examiner si ceux qui la réclament en sont dignes. Voilà comme nous devons punir les amis de la révolution, les défenseurs de la liberté naissante. Un seul mot de notre part éclairera plus leur patriotisme que les décrets les plus sévères. Je ne le dis qu'à regret, si ce feu sacré, cet amour de la liberté qui tant de fois a embrasé les représentans de la nation française, se fût manifesté hier dans l'assemblée nationale, si....

Mais je dois m'arrêter : sans doute ce saint amour de la liberté n'est pas détruit ; il n'est pour ainsi dire qu'assoupi : il suffit pour le réveiller de vous avertir que la patrie est en danger. (On applaudit.) Non, la corruption ne viendra pas nous souiller par le désir d'obtenir ou faire obtenir des places, ne viendra pas flétrir nos couronnes civiques, et nous redeviendrons ce que nous étions, lorsque nous avons fondé les premières bases de la liberté.

Quant à la partie du décret qui concerne particulièrement l'insubordination de l'escadre, je suis d'avis de laisser subsister les dispositions qu'elle contient, à l'exception de la fin du premier article qui a pour objet le pouvoir donné aux comités de requérir toutes les forces publiques qu'ils croiront nécessaires pour l'exécution des décrets de l'assemblée nationale. Mon motif est la persuasion dans laquelle je suis que les équipages sont plutôt égarés que malintentionnés; que l'insubordination est excitée par des hommes qui ne sont ni marins ni classés, et qu'en donnant au commandant le pouvoir de congédier ceux qui ne seraient pas propres au service de la mer, il détruira la gangrène qui existe actuellement dans les équipages.

D'ailleurs, les dernières nouvelles portent que le repentir se manifeste parmi les véritables marins, parmi ceux qui ont tant de fois et si glorieusement exposé leur vie pour le salut et la défense de la patrie. Il ne faut donc pas leur dire, ni leur donner à penser que nous nous persuadons qu'il faudrait employer la force pour les ramener à l'obéissance; laissons au contraire à leur patriotisme mieux éclairé, à celui de la municipalité, à celui de la Société des Amis de la constitution de cette ville, à celui du commandant qu'il plaira au roi de nommer, à celui du comité, enfin, à celui de tous les habitans de Brest, le soin d'établir l'ordre et la subordination. Voici le projet de décret relatif à la municipalité et au procureur de la commune :

« L'assemblée nationale, ouï le rapport de ses comités de marine, militaire, diplomatique et des colonies, décrète que le roi sera supplié de nommer deux nouveaux commissaires civils, lesquels se réuniront à Brest avec ceux que sa majesté a précédemment nommés, et seront revêtus de pouvoirs suffisans pour, en se concertant avec le commandant qu'il plaira au roi de mettre à la tête de l'armée navale, employer tous les moyens et prendre toutes les mesures nécessaires au rétablissement de l'ordre dans le port et la rade de Brest.

» Décrète, qu'attendu qu'il a été embarqué sur l'escadre, en remplacement de quelques gens de mer, des gens qui ne sont ni marins ni classés, le commandant de l'escadre sera autorisé à congédier ceux qui ne lui paraîtront pas propres au service de mer.

» Décrète, que le pavillon blanc, qui jusqu'à présent a été le pavillon de France, sera changé en un pavillon aux couleurs nationales ; mais qu'il ne pourra être arboré sur l'escadre qu'au moment où tous les équipages seront rentrés dans la plus parfaite obéissance.

» L'assemblée nationale, considérant que le salut public et le maintien de la constitution exigent que les divers corps administratifs et les municipalités soient strictement renfermés dans les bornes de leurs fonctions, déclare que les corps administratifs et les municipalités ne peuvent exercer d'autres pouvoirs que ceux qui leur sont formellement et explicitement attribués par les décrets de l'assemblée nationale, et que les forces militaires en sont essentiellement indépendantes, sauf le droit de les requérir dans les cas prescrits et déterminés par les lois.

» L'assemblée nationale, persuadée que l'excès du patriotisme a pu seul entraîner la municipalité et le procureur de la commune de Brest dans des démarches irrégulières, inconstitutionnelles, et qui pouvaient avoir de dangereux effets, décrète que son président sera chargé de leur écrire pour les rappeler aux principes de la constitution, ne doutant pas d'ailleurs qu'ils ne fassent tous leurs efforts pour concourir, avec les commissaires du roi et les chefs de la marine, au rétablissement de l'ordre et de la discipline parmi les équipages des vaisseaux actuellement en armement à Brest. » (On applaudit à plusieurs reprises).

M. Dubois-Crancé. Il y a déjà trois jours que l'assemblée est occupée de cette affaire. Je demande qu'on aille aux voix sur le décret dont il vient d'être fait lecture.

M. Virieu. Il est certain que la constitution et la sûreté de l'empire sont compromis, si nous ne faisons pas rentrer dans l'ordre les équipages. Nous ne saurions prendre des mesures trop rigoureuses.

Plusieurs membres demandent à aller aux voix. — D'autres

demandent que la discussion soit fermée.—Quelques minutes se passent dans le trouble.—Les cris *aux voix !* redoublent.

M. André. Que signifient ces cris-là ?

La partie droite se lève en désordre.

M. Virieu. Deux observations principales s'étaient présentées à mon esprit, lorsque les quatre comités réunis vous ont présenté leur projet de décret. Celui particulier à M. Menou ne m'a pas fait changer. Les ennemis de la France arment sur terre et sur mer : l'insurrection se manifeste dans l'armée. Les corps municipaux, par un patriotisme mal entendu, s'arrogent tous les pouvoirs, et le désordre s'accroît. Il est donc de la plus haute importance de prendre des mesures générales pour réprimer un mal qu'il serait bientôt impossible d'arrêter. Je propose de décréter que les citadelles et remparts des places de guerre, lorsqu'il y a garnison, les arsenaux de terre et de mer, soient déclarés être continuellement sous l'effet de la loi martiale : elle sera censée y être toujours proclamée. (On demande la question préalable.) Cette idée n'est pas de moi ; elle vous a déjà été annoncée par M. le vicomte de Noailles. (Plusieurs voix s'écrient : *Plus de vicomtes !*) Je le désigne comme je veux.

M. le président. M. l'opinant, je vous rappelle à l'ordre.

M. Virieu. La nation serait en droit de nous demander un compte sévère de l'usage que nous avons fait de sa confiance. Je ferai aussi quelques observations sur le pavillon qu'on se propose de substituer à celui qui a toujours fait l'honneur et la gloire du nom français. Tous les bons citoyens seraient alarmés si la couleur en était changée ; c'est ce pavillon qui a rendu libre l'Amérique : un changement tendrait à anéantir le souvenir de nos victoires et de nos vertus. Je partage le sentiment qui a engagé le comité à nous proposer d'arborer ce signe de notre liberté ; en conséquence, je demanderai qu'à la couleur qui fut celle du panache d'Henri IV on joigne celles de la liberté conquise, c'est-à-dire qu'il y soit joint une bande aux couleurs nationales ; et pour rappeler une époque nouvelle, je vous dirai : Contemplez ce drapeau suspendu aux voûtes de cette enceinte ; il est blanc :

c'est devant lui que vous avez marché à la fédération du 14 juillet.

M. Guillaume. Je demande que la discussion soit fermée.

L'assemblée décide que la discussion est fermée.

On demande la priorité pour la motion de M. Menou, et la question préalable sur les amendemens.

M. Menou fait lecture du décret présenté avant-hier par les quatre comités, et de celui qui lui est particulier.

M. la Chèze. Je demande la priorité pour le décret présenté par les quatre comités. Je n'examinerai pas s'il y a de la convenance, lorsqu'on a été chargé d'un rapport, de venir ensuite présenter un projet tout différent. La priorité est déjà accordée, puisque depuis trois jours vous discutez le plan des comités.

M. l'abbé Maury demande la parole.

On demande que la discussion soit fermée sur la question de priorité.

M. l'abbé Maury. Je ne dirai rien sur la priorité....

On demande la question préalable sur le projet de M. Menou. —L'assemblée décide qu'il y a lieu à délibérer.—La priorité est accordée à ce projet de décret.

M. Menou fait lecture de la première disposition de la première partie de son projet de décret.—Elle est adoptée.

M. Menou fait lecture de la seconde disposition de la première partie.

M. Malouet. Le premier article comprend implicitement le second. Le second ne contient que des mesures de détail qui ne sont pas de notre ressort. Je demande donc la suppression de cet article.

M. Charles Lameth. On se plaint de ce que nous nous mêlons des mesures de détail. Eh! n'y sommes-nous pas obligés, soit parce que les ministres ne veulent pas s'en occuper, soit parce qu'ils n'en sont pas capables? Leur système est de faire croire le pouvoir exécutif paralysé, et leur système en cela n'est pas bien malin : ils espèrent qu'on leur accordera toujours de nouveaux droits. Je le disais hier à un de mes collègues : le pouvoir exécutif fait le mort. (On applaudit.) Puisque l'assemblée n'a pas cru pouvoir déclarer que les ministres ont perdu la confiance publique, il faudra bien qu'on s'occupe de convaincre les plus incrédules qu'ils ne l'ont pas, qu'ils ne la méritent pas. (Les applaudissemens redoublent.)

M. Raynaud (ci-devant Montlausier). Je demande que M. Lameth soit rappelé à l'ordre ; ma motion est appuyée.

M. Folleville. Vous faites le mort, M. le président.

M. Raynaud (ci-devant Montlausier). Mettez aux voix ma motion.

M. l'abbé Maury. Les plaideurs ont vingt-quatre heures après la perte de leur procès.

M. Raynaud (ci-devant Montlausier). Je retire ma motion par considération pour M. l'abbé Maury.

M. Charles Lameth. Le comité des rapports vous dira que l'administration souffre dans toutes ses parties. Quand un orage est formé, quand une sédition est commencée, le ministère s'empresse de vous la renvoyer, et voilà sa mission remplie, et il veut que vous soyez responsables des événemens. (Plusieurs voix s'élèvent dans la partie droite : *Vous n'êtes pas dans la question.*) On se plaint que je ne suis pas dans la question. M. Malouet vous a dit que nous nous occupions des articles de détail : j'ai voulu prouver que par notre situation nous y étions contraints. Et puis ensuite on crie à l'usurpation, au despotisme ; on dit que l'assemblée usurpe tous les pouvoirs. Il faut bien suppléer, ou à la mauvaise foi, ou à l'impéritie des ministres. Je ne finirais pas si je voulais raconter tous les maux qu'ils font, et tous les biens qu'ils ne font pas.

M. Raynaud (ci-devant Montlausier). M. Lameth vient d'établir que le ministère était détruit et qu'il fallait s'en saisir. Je demande s'il est possible d'adopter une mesure qui sous-entend la spoliation du pouvoir exécutif. On veut confondre tous les pouvoirs, c'est-à-dire nous jeter dans l'anarchie.

L'amendement de M. Malouet mis aux voix est rejeté.

La seconde disposition de la première partie du projet est adoptée.

M. *Menou* fait lecture de la troisième disposition.

Plusieurs membres de la partie droite demandent la question préalable.

M. Millet. Je demande qu'on renvoie au comité la proposition de changer le pavillon; car, quoique je sois de cet avis, je ne veux pas que les trois couleurs nationales soient divisées en parties égales.

M. Laréveillère-Lépeaux. On peut simplement décréter le principe que le pavillon sera aux trois couleurs, et on renverra au comité sur la forme à lui donner. Je suis bien étonné, lorsque le monarque lui-même a ordonné aux chefs de toutes les troupes de faire arborer aux soldats ce signe de la liberté, que la même proposition trouve ici des contradicteurs. Peu m'importe laquelle des couleurs y sera en plus ou moins grande étendue. Ce n'est pas de cela qu'il s'agit. La circonstance exige peut-être que je fasse ici une observation générale. Le peuple français est dans l'impossibilité de revenir en arrière; il faut qu'il achève la conquête de la liberté, ou qu'il périsse au sein du désordre et de la plus affreuse misère. (On applaudit.)

M. la Galissonnière. Il est d'autant plus nécessaire de conserver la couleur de notre pavillon, que celui des Anglais et des Hollandais est aux trois couleurs. D'ailleurs vous occasionneriez des dépenses considérables : il faut conserver à la monarchie son ancien pavillon. Je demande la question préalable sur l'article proposé.

M. Chapelier. Je vais vous proposer une rédaction qui, en consacrant le principe, terminera tous les débats : « Le pavillon des Français portera désormais les couleurs nationales. L'assemblée renvoie à son comité de marine les dispositions nécessaires pour l'exécution du présent décret. »

On demande que la discussion soit fermée.

M. *Riquetti l'aîné* demande la parole.

M. Foucault. Soit que vous adoptiez la motion de M. Menou, soit que vous adoptiez la rédaction de M. Chapelier, vous consacrerez toujours le même principe. (Il s'élève de violens murmures dans la partie gauche.) Jugez cet article avec l'impartialité dont vous êtes capables. Je vous demande quels sont les départemens, quels sont les militaires qui vous ont proposé de profaner ainsi la gloire et l'honneur du pavillon français; voilà la véritable cause des désordres de l'escadre : laissez à des enfans ce nouveau hochet des trois couleurs.

M. Charles Lameth. Je demande que l'opinant soit rappelé à l'ordre; il insulte les couleurs nationales.

M. Foucault. Les préjugés sont respectables; il faut les ménager. Ne nous laissons plus amuser de frivolités, de cet amour pour les modes (les murmures de la partie gauche interrompent l'opinant); il est dangereux de prendre une mesure inutile, puisque nous n'avons aucune réclamation; il est inutile de délibérer; je demande la question préalable.

M. Riquetti l'aîné (ci-devant Mirabeau.) Aux premiers mots proférés dans cet étrange débat, j'ai ressenti, je l'avoue, comme la plus grande partie de cette assemblée, les bouillons de la furie du patrotisme jusqu'au plus violent emportement. (Il s'élève à droite des murmures que couvrent de nombreux applaudissemens. L'orateur s'adresse au côté d'où partent les murmures, et dit) : Messieurs, donnez-moi quelques momens d'attention; je vous jure qu'avant que j'aie cessé de parler, vous ne serez pas tentés de rire.... Mais bientôt j'ai réprimé ces justes mouvemens pour me livrer à une observation vraiment curieuse, et qui mérite toute l'attention de l'assemblée. Je veux parler du genre de présomption qui a pu permettre d'oser présenter ici la question qui nous agite, et sur l'admission de laquelle il n'était pas même permis de délibérer. Tout le monde sait quelles crises terribles ont occasionnées de coupables insultes aux couleurs nationales; tout le monde sait quelles ont été en diverses occasions les funestes suites du mépris que quelques individus ont osé lui montrer; tout le monde sait avec quelle félicitation mutuelle la nation entière s'est complimentée quand le monarque a ordonné aux troupes de porter, et a porté lui-même ces couleurs glorieuses, ce signe de ralliement de tous les amis, de tous les enfans de la liberté, de tous les défenseurs de la constitution; tout le monde sait qu'il y a peu de mois, qu'il y a peu de semaines, le téméraire qui a osé montrer quelque dédain pour cette enseigne du patriotisme, eût payé ce crime de sa tête. (On entend de violens murmures dans la partie droite; la salle retentit de bravos et d'applaudissemens.)

Et lorsque vos comités réunis ne se dissimulant pas les nouveaux arrêtés que peut exiger la mesure qu'ils vous proposent, ne se dissimulant pas les difficultés qu'entraînera le changement de pavillon, soit quant à sa forme, soit quant aux mesures secondaires qui seront indispensables pour assortir les couleurs nouvelles aux divers signaux qu'exigent les évolutions navales, méprisent, il est vrai, la futile objection de la dépense; on a objecté la dépense, comme si la nation, si long-temps victime des profusions du despotisme, pouvait regretter le prix des livrées de la liberté! comme s'il fallait penser à la dépense des nouveaux pavillons, sans en rapprocher ce que cette consommation nouvelle versera de richesses dans le commerce des toiles, et jusque dans les mains des cultivateurs de chanvre, et d'une multitude d'ouvriers! Lorsque vos comités réunis, très-bien instruits que de tels détails sont de simples mesures d'administration qui n'appartiennent pas à cette assemblée, et ne doivent pas consumer son temps; lorsque vos comités réunis, frappés de cette remarquable et touchante invocation des couleurs nationales, présentée par des matelots, dont on fait, avec tant de plaisir, retentir les désordres, en en taisant les véritables causes, pour peu qu'elles puissent sembler excusables; lorsque vos comités réunis ont eu cette belle et profonde idée de donner aux matelots, comme un signe d'adoption de la patrie, comme un appel à leur dévoûment, comme une récompense de leur retour à la discipline, le pavillon national, et vous proposent en conséquence une mesure qui, au fond, n'avait pas besoin d'être ni demandée, ni décrétée, puisque le directeur du pouvoir exécutif, le chef suprême de la nation, avait déjà ordonné que les trois couleurs fussent le signe national.

Eh bien! parce que je ne sais quel succès d'une tactique frauduleuse, dans la séance d'hier, a gonflé les cœurs contre-révolutionnaires, en vingt-quatre heures, en une nuit, toutes les idées sont tellement subverties, tous les principes sont tellement dénaturés, on méconnaît tellement l'esprit public, qu'on ose dire, à vous-mêmes, à la face du peuple qui nous entend, qu'il est des préjugés antiques qu'il faut respecter : comme si votre gloire, et la sienne, n'étaient pas de les avoir anéantis, ces préjugés que l'on réclame! qu'il est indigne de l'assemblée nationale de tenir à de telles bagatelles, comme si la langue des signes n'était pas partout le mobile le plus puissant pour les hommes, le premier ressort des patriotes et des conspirateurs, pour le succès de leurs fédérations ou de leurs complots! On ose, en un mot, vous tenir froidement un langage qui, bien analysé, dit précisément : Nous nous croyons assez forts pour arborer la couleur blanche, c'est-à-dire la couleur de la contre-révolution (la droite jette de grands cris, les applaudissemens de la gauche sont unanimes), à la place des odieuses couleurs de la liberté. Cette observation est curieuse sans doute, mais son résultat n'est pas effrayant. Certes, ils ont trop présumé. Croyez-moi (l'orateur parle à la partie droite), ne vous endormez pas dans une si périlleuse sécurité; car le réveil serait prompt et terrible. (Au milieu des applaudissemens et des murmures, on entend ces mots : *c'est le langage d'un factieux*). (A la partie droite) : Calmez-vous, car cette imputation doit être l'objet d'une controverse régulière; nous sommes contraires en faits : vous dites que je tiens le langage d'un factieux. (Plusieurs voix de la droite : *Oui, Oui.*)

M. le président, je demande un jugement, et je pose le fait (nouveaux murmures) : je prétends, moi, qu'il est, je ne dis pas irrespectueux, je ne dis pas inconstitutionnel, je dis profondément criminel, de mettre en question si une couleur destinée à nos flottes peut être différente de celle que l'assemblée nationale a consacrée, que la nation, que le roi ont adoptée, peut être une couleur suspecte et proscrite. Je prétends que les véritables factieux, les véritables conspirateurs sont ceux qui parlent des préjugés qu'il faut ménager, en rappelant nos antiques erreurs et les malheurs de notre honteux esclavage. (On applaudit.) — Non, messieurs, non : leur folle présomption sera déçue, leurs sinistres présages, leurs hurlemens blasphémateurs seront vains : elles vogueront sur les mers, les couleurs nationales; elles obtiendront le respect de toutes les contrées, non comme le signe des combats et de la victoire, mais comme celui de la sainte confraternité des amis de la liberté sur toute la terre, et comme la terreur des conspirateurs et des tyrans...... Je demande que la mesure générale comprise dans le décret soit adoptée; qu'il soit fait droit sur la proposition de M. Chapelier, concernant les mesures ultérieures, et que les matelots à bord des vaisseaux, le matin et le soir, et dans toutes les occasions importantes, au lieu du cri accoutumé et trois fois répété de *vive le roi!* disent : *vive la nation, la loi et le roi*. (La salle retentit pendant quelques minutes de bravos et d'applaudissemens.)

La discussion est fermée à une grande majorité.

M. l'abbé Maury monte à la tribune. — On demande à aller aux voix. — Il entre en fureur; il saisit la tribune et l'ébranle, comme pour la lancer sur le côté gauche.

La troisième disposition de la première partie du projet de décret de M. Menou est décrétée avec l'amendement proposé par M. Riquetti l'aîné, et conçu en ces termes : « Décrète en outre, qu'au simple cri de *vive le roi!* usité à bord des vaisseaux, le matin et le soir, et dans toutes les occasions importantes, sera substitué celui de *vive la nation, la loi et le roi!* »

Un grand tumulte s'élève au milieu de la salle. — M. Guilhermy monte à la tribune. — On lui crie de descendre à la barre. — Après de longues agitations, il se fait un moment de silence.

M. Menou. M. Guilhermy a traité M. Mirabeau d'assassin et de scélérat; je demande que, pour l'honneur de l'assemblée, elle autorise son président à faire arrêter sur-le-champ M. Guilhermy.

La gauche se lève et demande à aller aux voix.

M. Guilhermy. D'après la motion que M. Menou vient de faire contre moi, il me paraît qu'il n'a entendu que la moitié de ma phrase. Toute l'assemblée a été témoin de la manière dont M. Mirabeau a empoisonné le discours de M. Foucault. Il l'a accusé d'avoir méprisé les couleurs nationales. (La partie gauche s'écrie : Il a eu raison de l'accuser!)

M. Foucault. Je suis prêt à redire ce que j'ai dit.

M. Guilhermy. M. Foucault avait insisté sur le danger du changement de pavillon ; M. Mirabeau l'a accusé, ainsi qu'une partie de cette assemblée, de vouloir la contre-révolution, parce qu'on voulait conserver le drapeau blanc ; comme si lorsque l'oriflamme suspendue à la voûte de cette salle, ne porte pas les couleurs nationales, c'était un signe de contre-révolution. M. Mirabeau, parlant du triomphe d'hier, a dit qu'il serait court ; il a traité de factieux les membres qui composent une partie de cette assemblée. J'ai dit que M. Mirabeau voulait faire assassiner cette partie de l'assemblée. (Il s'élève des murmures.)

M. l'abbé Maury. Je demande que l'assemblée envoie deux officiers aux Tuileries, pour déclarer au peuple que je n'ai nulle part au propos qui s'est tenu, et qu'on l'a trompé sur mon compte.

M. Cazalès. Je demande la question préalable sur la proposition que fait M. l'abbé Maury ; car rien n'est plus dangereux, plus factieux que de mettre l'assemblée nationale en correspondance avec le peuple.

M. Guilhermy. Je demande si c'est un mépris des couleurs nationales que de demander la conservation du pavillon blanc ? (Plusieurs voix disent : *Ce n'est pas là la question.*) M. Mirabeau a dit que celui qui aurait osé tenir un semblable propos trois semaines plus tôt, aurait payé ce crime de sa tête. Or, je demande si celui qui aurait fait tomber la tête de M. Foucault n'aurait pas été un assassin ? Si celui qui l'aurait conseillé n'aurait pas été un assassin ? Je demande si ce discours de M. Mirabeau n'est pas séditieux, s'il ne tend pas à attirer la vengeance du peuple sur un parti qui n'est pas le sien ?.... (La partie gauche applaudit.) Je dis qui n'est pas le parti de M. Mirabeau : certainement celui-là n'est pas le parti du peuple. (La partie droite applaudit.)

J'ai dit à M. Beauharnais, qui était près de moi, je l'avoue, je l'ai dit bien haut; ou le propos de M. Mirabeau tend à faire assassiner une partie de l'assemblée.... (Plusieurs voix : *Non, non, vous n'avez pas dit cela.*) Je demande si quand un accusé est interrogé, on doit l'interrompre par des murmures. J'ose le dire, cela est indécent. Je répète; j'ai dit que le propos tendait à faire assassiner une partie de l'assemblée, ou que le propos de M. Mirabeau était celui d'un assassin. M. Mirabeau sait combien le peuple est aisé à tromper; il y a quelque temps qu'il en a fait l'épreuve. Je veux croire que cette intention n'était pas dans son cœur; qu'il rétracte son propos, je rétracterai le mien. Quant à M. Menou, je ne sais s'il demande contre moi une lettre de cachet indéfinie, ou si je serai arrêté à la requête de M. Menou ou de M. Mirabeau.

M. Menou. Je déclare d'abord sur la conscience et sur l'honneur (quelques membres de la droite murmurent; la très-grande majorité applaudit) que M. Guilhermy a dit : *M. Mirabeau est un scélérat et un assassin.* (Beaucoup de membres de la partie gauche disent : *Oui, oui; il l'a dit; il l'a dit.*)

M. Mirepoix. J'entends dire là-bas : oui, oui. Comment est-il possible qu'on ait entendu de là ce qui s'est dit auprès de la barre ?

M. Guilhermy. Il se peut que M. Menou n'ait pas bien entendu. J'étais près de la barre, et lui près du bureau. Je ne me rappelle pas les propres termes dont je me suis servi. Si ces Messieurs ont entendu les derniers mots, je ne les nie pas; mais ils n'ont point entendu les premiers.

M. Riquetti l'aîné (ci-devant Mirabeau) demande qu'on passe à l'ordre du jour.

M. l'abbé Prades. Je certifie que le fait est tel que M. Guilhermy l'a rapporté.

M. Cazalès paraît à la tribune.—On demande à aller aux voix.

M. Rœderer. L'accusé a eu deux avocats: le premier c'est lui;

l'autre, plus généreux sans doute, c'est M. Mirabeau, qui vient de demander qu'on passe à l'ordre du jour. Au surplus, dans la motion de M. Menou, il ne s'agit pas de juger l'accusé, mais de son arrestation provisoire.

On demande à aller aux voix.

M. *Cazalès.* Certes, une pareille doctrine est asssez étrange : il est bien étonnant qu'on veuille empêcher d'entendre un membre qui veut défendre son collègue. L'assemblée ne peut oublier qu'un de ses premiers, comme un de ses plus grands bienfaits, c'est le conseil qu'elle a accordé aux accusés : j'espère qu'elle daignera m'écouter avec bonté, même avec faveur, quand je tâcherai d'excuser l'imprudence d'un de mes collègues. S'il était possible de justifier cet inexcusable propos, il faudrait convenir que la motion de M. Mirabeau est incendiaire, il faudrait convenir qu'il a dû paraître étonnant de l'entendre désigner au peuple une partie de cette assemblée, qui peut être dans l'erreur, mais dont les intentions sont pures (il s'élève de grands murmures), de la désigner comme n'étant pas du parti du peuple que nous aimons aussi, et qui, connaîtra un jour, par l'excès de son malheur, non ceux qui le trompent, car personne ici ne veut le tromper, mais ceux qui se trompaient eux-mêmes. Le discours de M. Mirabeau était tellement incendiaire, que je l'aurais rappelé à l'ordre, sans mon respect pour la liberté des opinions, et c'est cette même liberté que j'invoque. L'usage de l'Angleterre est que toute invective personnelle ne soit punie que par le rappel à l'ordre. Si vous voulez suivre les lois du parlement d'Angleterre, M. Guilhermy doit être rappelé à l'ordre ; si vous voulez suivre les lois françaises, il est sans exemple dans l'histoire de cette monarchie, qu'un décret de prise de corps ait été décernée pour un délit verbal. Si vous voulez suivre les règles éternelles de la justice et de la raison, il est contre toute convenance sociale, qu'un mot dit à son voisin, d'une manière privée et non articulée à la tribune, soit un délit. Certes, un jugement de cette nature serait lui-même un délit. Je dis donc que vous ne devez pas vous occuper d'un propos privé, d'un propos qui n'est pas dit publiquement ; car il n'y a de propos publics ici que ceux qui sont tenus à la tribune. Je demande donc que l'assemblée se laisse aller à un sentiment si doux, et qu'elle passe à l'ordre du jour, ou si vous voulez suivre les règles de la police de toutes les assemblées législatives de l'Europe, je propose de rappeler à l'ordre M. Guilhermy. Si vous prononcez une peine plus sévère, il n'y a plus de liberté dans les opinions, car qui peut, dans la chaleur de la discussion, être assez maître de ses expressions, pour qu'il ne lui échappe pas quelque chose de répréhensible. J'avoue qu'il serait possible que je commisse une faute de cette nature, et je désirerais alors obtenir l'indulgence de l'assemblée.

M. Riquetti l'aîné (ci-devant Mirabeau.) Je serais bien fâché de me présenter en cette occasion comme accusateur, mais je ne puis cependant pas consentir à être accusé. Non-seulement mon discours n'était pas incendiaire, mais je soutiens qu'il était de devoir pour moi, dans une insurrection si coupable, de relever l'honneur des couleurs nationales, et de m'opposer à l'infamie, *il n'y a lieu à délibérer*, que l'on osait espérer de notre faiblesse. J'ai dit, et je tiens à honneur d'avoir dit, que demander que l'on ménageât les préjugés sur le renversement desquels est fondée la révolution, que demander qu'on arborât la couleur blanche proscrite par la nation, à la place des couleurs adoptées par elle et par son chef, c'était proclamer la contre-révolution. Je le répète, et je tiens à honneur de le répéter, malheur à qui, parmi ceux qui, comme moi, ont juré de mourir pour la constitution, se sent pressé du besoin de m'en faire un crime! Il a révélé le secret exécrable de son cœur déloyal. Quant à l'injure de l'homme traduit devant cette assemblée, et soumis à sa justice, cette injure est si vile, qu'elle ne peut m'atteindre. J'ai proposé que l'on passât à l'ordre du jour, au lieu de s'occuper de sa démence; et peut-être s'il eût conservé quelque sang-froid, m'aurait-il demandé lui-même pour son avocat. Je ne puis donc être suspecté d'un désir de vengeance, en prenant la parole pour requérir de votre justice un jugement. En réfléchissant à ce qui vient de se passer, j'ai compris qu'il ne convenait pas à un représentant de la nation de se laisser aller au premier mouvement d'une fausse générosité, et que sacrifier la portion de respect qui lui est due, comme membre de cette assemblée, ce serait déserter son poste et son devoir. Ainsi, non-seulement je ne propose plus, comme je l'avais fait, de passer à l'ordre du jour; mais je demande qu'on juge M. Guilhermy ou moi. S'il est innocent, je suis coupable ; prononcez. Je ne puis que répéter que j'ai tenu un langage dont je m'honore, et je livre au mépris de la nation et de l'histoire, ceux qui oseraient m'imputer à crime mon discours.

M. Guilhermy. Le propos incendiaire, c'est d'avoir dit que trois semaines plus tôt M. Foucault eût payé de sa tête le propos qu'il a tenu.

On demande à aller aux voix.

M. le président. Plusieurs motions ont été proposées ; voici celle qui, d'après l'ordre naturel de la délibération, doit être mise la première aux voix : M. Guilhermy sera-t-il rappelé à l'ordre, son nom inscrit sur le procès-verbal, et passera-t-on ensuite à l'ordre du jour?

Une première épreuve est douteuse.

M. Goupil. Je demande à faire une observation. Je suis pour le parti le plus sévère ; mais lorsqu'il y a du doute, il faut de droit adopter le plus doux.

M. Cazalès. Recommencez l'épreuve, l'accusé renonce à cet avantage.

L'assemblée consultée décide que l'épreuve sera recommencée.

Cette seconde épreuve est également douteuse.

On demande l'appel nominal.

M. Dubois-Crancé. Pour éviter l'appel nominal, que ceux qui sont de l'avis de l'affirmatif de la question passent du côté droit.

M. Rœderer. Il faut poser ainsi la question : Est-il permis à un membre d'en appeler impunément un autre scélérat et assassin?

M. Regnault, député de Saint-Jean-d'Angely. Les défenseurs de M. Guilhermy n'ont pas cherché à le disculper. L'assemblée a condamné une fois un membre, qui lui avait manqué, à garder, pendant huit jours, les arrêts ; je demande que l'assemblée, qui ne peut oublier ce nouveau manquement, condamne M. Guilhermy aux arrêts pour trois jours.

Cette proposition est décrétée.

Les deux dispositions de la seconde partie du projet de décret de M. Menou, sont adoptées presque sans discussion.]

SÉANCE DU 24 OCTOBRE.

[*M. Nompterre* (ci-devant Champagny). Le comité militaire s'est occupé avec zèle, de l'article que vous lui avez renvoyé sur la forme du pavillon national. Je vous apporte le résultat de son travail : il a voulu satisfaire à l'empressement qu'ont les marins, d'arborer sur les mers ce signe de notre liberté. La forme et la disposition des couleurs adoptées par le comité, rendront notre pavillon absolument différent de tous ceux des puissances maritimes de l'Europe : il est simple dans sa forme. Voici le projet de décret que je suis chargé de vous proposer.

« L'assemblée nationale a décrété et décrète : 1° que les pavillons de beaupré, de misaine, etc., porteront trois bandes verticalement placées, dont la première sera rouge, la seconde blanche, et la troisième bleue ; 2° la flamme des vaisseaux de guerre sera rouge, blanche et bleue, et le guidon portera les mêmes couleurs ; 3° les pavillons des marins-quartiers seront rouges, blancs et bleus ; l'assemblée nationale ne prétendant point, par l'adoption des pavillons aux couleurs nationales, nuire à la division nécessaire des bâtimens qui composent l'escadre ; 4° les pavillons et la flamme aux couleurs nationales seront arborés le plus tôt possible ; 5° le roi sera instamment prié de donner sa sanction au présent décret, et de prendre les précautions et mesures nécessaires auprès des puissances étrangères, pour faire arborer le pavillon rouge, blanc et bleu aux vaisseaux français qui se trouvent dans leurs ports.

M. Camus. Je demande qu'il soit ajouté à l'article que ces pavillons seront d'étamines ou étoffes manufacturées en France.

L'amendement et l'article mis aux voix sont adoptés.]

La motion du renvoi des ministres, rejetée par l'assemblée nationale, donna lieu à diverses appréciations de la part des journaux. Nous allons en rapporter quelques-unes.

Extrait de Desmoulins. — La nation française est naturellement si polie, qu'il lui faut non-seulement des griefs extrêmes, mais des crimes notoires; il faut qu'elle ait surpris cent fois ses mandataires en flagrant délit et sur le fait, pour se déterminer à prendre le manche à balai. Les patriotes de l'assemblée nationale, toujours occupés de faire marcher la constitution, voyant que quatre ou cinq vauriens de ministres ne passaient leur temps qu'à mettre des bâtons dans la roue, et ne voulant pas néanmoins les culbuter du timon par les épaules, ne savaient comment s'en défaire; ils ont épuisé tous les moyens de douceur pour leur insinuer qu'ils devaient en descendre de bonne grâce, et donner leur démission. *Marat, Carra, Gorsas, Brissot,* l'orateur du peuple (*Fréron*), et tous les journalistes patriotes leur ont été tour à tour lâchés aux jambes. J'ai fait le coup de dent comme un autre : la verge du journaliste et toutes ses étrivières n'ont fait que les endurcir, et on a su que *Champion* avait dit : *Les autres donneront leur démission s'ils veulent; pour moi, je ne sors point de ma place qu'on ne me chasse.* A cet excès d'impertinence: *Holà, Martin-bâton!* s'est écriée la nation courroucée; et ses fidèles représentans dans l'assemblée nationale, voyant que *Champion*, malgré le cri général, boutonnait encore plus sa simarre et croyait s'en faire comme un second épiderme, se sont déterminés à la lui déchirer sur le dos, dût l'opération faire crier l'archevêque autant que l'excoriation faisait crier Marsyas. »

Vient ensuite l'analyse de la séance, que Desmoulins termine ainsi : « En général les discours des patriotes ressemblaient trop aux cheveux de 89, plats et sans poudre. Où étais-tu, Mirabeau, avec ta chevelure élégante et bien nourrie! Depuis quelque temps dans les grandes délibérations de l'assemblée nationale, c'est toujours la harangue de M. Barnave qu'on garde pour le bouquet, et la discussion est fermée après lui. J'espère que l'illustre maire de Grenoble me pardonnera de dire que cette fois du moins, après sa péroraison, ce n'était pas le cas, comme on dit, de tirer l'échelle. Pourquoi les deux *Lameth*, que nous aimons tous, ont-ils crié : *Aux voix ! aux voix !* quand l'énergique *Rewbell*, l'éloquent *Pétion* demandaient à parler, quand l'hercule *Mirabeau*, arrivant avec sa massue, allait écraser tous les pygmées du cul-de-sac ? » (*Révolut. de France et de Brabant*, n° XLVIII, p. 401.)

Fréron, qui avait annoncé le premier la décision des trois comités réunis, s'exprime ainsi sur le résultat........ « On a fermé la discussion, et l'on a procédé à l'appel nominal. C'est ici, chers concitoyens, qu'éclatent dans tout son jour la turpitude et la corruption de vos représentans. A peine commence-t-on cet appel nominal, que la déroute se met dans le parti jadis patriote. O éternelle abjection ! deux cents désertent à la fois le champ de bataille, qui reste aux noirs imperturbables ; une foule d'avocats, au cœur gangréné, se précipitent de leurs siéges, abandonnent votre cause, parce qu'ils ont du garde-des-sceaux la promesse d'être commissaires du roi.

« Vos Bretons, les parjures Bretons sont les premiers à donner ce coupable exemple : quatorze membres de la députation de Paris les imitent, M. Camus à la tête. Quelle confiance veut-on à présent qu'on ait dans le patriotisme des représentans de la nation ? Les sifflets et les huées des tribunes ont manifesté l'indignation publique. Quatre cent huit voix (du côté des noirs) l'ont emporté sur trois cent quarante du côté des jacobins.

» L'assemblée nationale a donc décidé que les ministres seraient conservés dans leurs fonctions ! Malheur aux membres apostats de la cause du peuple ! il va opposer à sa stupide et oppressive décision son redoutable *veto* ! Malheur aux Desmeuniers, aux Dupont, aux Camus même ! L'insurrection ne peut manquer de s'allumer de la manière la plus terrible. Quand on foule aux pieds les vœux du peuple d'une manière aussi dérisoire, on doit s'attendre que, révolté d'un si grand déni de justice, il ne tien* à rien qu'il ne prenne les armes pour se la faire lui-même. » (*L'Orateur du peuple*, t. II, n° VI, p. 46 et suiv.)

Marat attachait peu d'importance à cette question. Après avoir cité, dans son n° CLIV, le passage de Fréron, dans lequel ce dernier annonce le projet de renvoyer les ministres, il ajoute : « Entendons-nous, mon cher confrère ; si les ministres doivent quitter leurs places pour être traînés dans une prison, puis sur un échafaud, je le veux bien ; rien au monde ne saurait nous arriver de plus heureux que le châtiment exemplaire de ces audacieux scélérats qui, sous la protection du trône, passent leur vie à machiner la ruine de la nation. Mais s'ils ne doivent être renvoyés que pour en prendre d'autres à leur place, je m'y oppose de tout mon pouvoir. Pourquoi cela? direz-vous. Parce que ceux qui les remplaceraient, ne vaudraient certainement pas mieux. »

Marat reprend ensuite le plus vif côté révolutionnaire de la polémique, *Affreuses malversations du gouvernement.* — « J'ai annoncé plusieurs fois que le pouvoir exécutif poursuivait le système désastreux de l'accaparement des grains. J'ai inculpé les municipaux des diverses provinces d'être eux-mêmes des agens ministériels de cet infâme monopole, que l'assemblée nationale semble vouloir favoriser en lançant des décrets fulminans contre le pauvre peuple qui essaie de s'opposer aux entreprises des scélérats qui veulent l'affamer ; et j'ai dénoncé nommément les municipaux de Niort, de Toulouse, d'Orléans, etc. ; enfin j'ai indiqué les pays de Gex et de Nantes comme les deux principaux points de la France par où nos récoltes s'écoulaient dans l'étranger.

» Le lecteur, qui ne sait pas juger des malversations du gouvernement à la marche générale des affaires, veut des preuves ; c'est pour lui que je me hâte de mettre celles-ci sous ses yeux :

Extrait d'une lettre de Dunkerque, du 20 septembre 1790, à l'AMI DU PEUPLE. — « Étant hier de garde, je fus commandé dans la nuit avec neuf autres citoyens pour faire une patrouille dans un quartier de la ville : j'observai à l'officier du poste qu'il était plus à propos de se porter sur le port, où je venais de voir trois navires anglais en charge, que je soupçonnais être du grain. Il s'y opposa formellement. Sa résistance fit naître des soupçons ; j'insistai ; mes camarades m'appuyèrent, et nous nous rendîmes sur les lieux, malgré les ordres de l'officier. Je n'ai pas besoin de vous dire, monsieur, que mes conjectures se vérifièrent ; vous m'avez déjà prévenu. Effectivement, ces vaisseaux, que l'on finissait de charger, étaient pleins de sacs de blé, et ils devaient passer en Angleterre le surlendemain. Nous les avons arrêtés ; l'affaire est portée devant la municipalité : j'attends ce qu'elle deviendra. *Signé*, F. B., sergent de la garde citoyenne de Dunkerque. »

*Extrait d'une lettre de Cherbourg, du 14 octobre 1790, à l'*Ami du peuple. — « Votre zèle patriotique à poursuivre les scélérats acharnés à nous perdre, m'engage à vous prier de publier les faits ci-après :

» Les habitans de Hainneville, gros village à cinq quarts de lieue de Cherbourg, viennent de s'emparer de plusieurs navires chargés de grains destinés pour l'Angleterre. A leur approche, les matelots se sont sauvés et ont abandonné les navires.

» On vient d'y faire marcher à l'instant un bataillon du régiment de la reine, infanterie.

» On cherche à découvrir les auteurs : on soupçonne quelques uns de nos gros bonnets d'être à la tête des accapareurs. » *Signé*, A. D., citoyen actif de Cherbourg. »

Après la fameuse séance du 19, Marat fait les réflexions suivantes : — « Citoyens, vous vous lamentez comme des enfans de cette honteuse défection (la retraite de quelques patriotes au moment de l'appel nominal) ; vous gémissez que les ministres soient encore en place. Mes chers compatriotes, vous ne savez pas ce qui vous convient : cette expulsion si désirée ne vous eût menés à rien ; ce n'est pas leur retraite, c'est leur tête qu'il vous faut ; c'est celle de tous les ministériels de l'assemblée ; c'est celle de votre maire, de votre général, de presque tout l'état-major, de la plupart des municipaux ; c'est celle des principaux agens du pouvoir exécutif dans tout le royaume. Il n'y a qu'une insurrection générale qui puisse finir nos malheurs ; mais souvenez-vous qu'elle ne vous mènerait à rien si vous négligiez de vous nommer un tribun du peuple pour faire couler le sang de vos implacables ennemis. Le grand point est de choisir un homme courageux, digne de votre confiance. » (L'*Ami du peuple*, n° CCLVIII, page 4.)

SÉANCE DU 25 OCTOBRE.

Présidence de M. Barnave.

M. le président annonce que le résultat du second scrutin, pour l'élection d'un président, a donné la majorité à M. Barnave. (On applaudit.)

L'élection de Barnave à la présidence, fut accueillie avec joie par les journalistes constitutionnels. Marat seul en parle ainsi dans une note du n° 265 de *l'Ami du peuple.* — « Quelques écrivains trop confians ont chanté victoire à la nomination de Barnave au fauteuil sénatorial. Je la crois de mauvais signe. Les amis de la liberté peu réfléchis me jetteront la pierre ; je suis fâché de les scandaliser ; mais je ne trahirai pas la patrie pour leur plaire. Je ne parle pas de Riquetti, il ne fut jamais à mes yeux qu'un redoutable suppôt vendu au despotisme. Quant à Barnave et aux Lameth, j'ai peu de foi en leur civisme ; je les invite à me faire passer pour un sot, en se montrant patriotes zélés. »

Discussion sur la haute-cour nationale.

[M. *Chapelier*. Le comité de constitution doit nous exposer les principes qui l'ont dirigé dans son travail. Il a pensé d'abord qu'étant nécessaire que tous les fonctionnaires publics fussent surveillés par chaque citoyen en particulier, il fallait cependant, pour éviter les dangers des accusations téméraires, conférer le droit de les intenter aux seuls et légitimes représentans du peuple.

La haute cour nationale sera composée d'un haut-juré et de cinq grands juges, pris dans le tribunal de cassation. À l'égard de ce dernier tribunal, le comité a pensé qu'il devait être divisé en plusieurs sections, d'abord pour éviter le danger de l'esprit de corps ; en second lieu pour exciter l'émulation entre les juges. Il a pensé ensuite que la cassation des jugemens, en contravention à la loi, n'était pas un droit du pouvoir exécutif, auquel appartenait seulement celui de réprimande envers les juges, mais à un tribunal de cassation, qui, placé entre les tribunaux particuliers et la loi, serait chargé d'en surveiller constamment l'exécution. Ce droit de surveillance doit être conféré par le corps-législatif, parce qu'après le pouvoir de faire la loi, venait naturellement celui d'en surveiller l'observation, de telle manière que si cela était possible, il serait dans les véritables principes que les jugemens contraires à la loi fussent cassés par des décrets. C'est donc au corps-législatif à faire le choix des trente membres qui devront composer le tribunal de cassation, sur les quatre-vingt-trois qui seraient élus par les départemens. Avant que de discuter article par article le projet de décret que je vais vous soumettre, je demande qu'il soit permis de faire, sur l'ensemble du plan, des observations générales.

M. Robespierre. J'ai quelques observations à vous soumettre sur l'organisation de la haute cour nationale. Les crimes de lèse-nation sont des attentats commis directement contre les droits du corps social. Il en est de deux espèces; ceux qui attaquent son existence physique, et ceux qui cherchent à vicier son existence morale. Ces derniers sont aussi coupables que les premiers. Celui qui attente à la liberté d'une nation, est autant son ennemi que celui qui voudrait la faire périr par le fer. Dans ce cas, ce n'est plus une nation, ce n'est plus un roi; il n'y a que des esclaves et un tyran. Les crimes de lèse-nation sont rares quand la constitution de l'État est affermie, parce qu'elle comprime de toutes parts, avec la force générale, les individus qui seraient tentés d'être factieux. Il n'y a alors que les hommes publics armés de grands pouvoirs qui puissent ruiner l'édifice de la liberté publique. Ce n'est donc que sur eux qu'il est utile de fixer alors la défiance d'un tribunal. Mais dans un temps de révolution, lorsqu'un peuple secoue le joug, que le despotisme fait des efforts pour se relever, alors le tribunal de surveillance doit scruter plus particulièrement les factions particulières. Il faut que ce tribunal soit composé de personnes amies de la révolution. Il ne doit ressembler en rien à ce siége anticonstitutionnel à qui vous avez remis le soin de punir les forfaits des nombreux ennemis qui ont entouré le berceau de la liberté ; il faut que le tribunal que vous ayez formé soit investi de courage, de force armée, puisqu'il aura à combattre les grands, qui sont ennemis du peuple. De-là découle cette vérité incontestable, que le peuple seul a droit de nommer ses protecteurs. Conférer au roi une partie de ce droit d'élection, ce serait faire un écueil de ce qui doit être un rempart pour la liberté.

Le comité a donc commis une erreur, en vous proposant de faire nommer les juges par le roi. Ce n'est pas même assez, il faut que, pour éloigner de ce tribunal l'illusion des promesses et la séduction des grâces, ceux qui seront membres de ce tribunal ne puissent accepter aucune grâce ou commission du pouvoir exécutif, avant deux ans ; et même, s'il est possible, il faut fixer une époque plus reculée. Où peut-on mieux placer ce tribunal que dans Paris, cette ville qui a tant rendu de services à la révolution, et qui fut de tout temps le centre des lumières? Je me borne à ces réflexions ; je n'ai point eu le temps de rédiger un projet de décret ; une discussion plus mûre, et vos lumières y suppléeront.

M. l'abbé Maury. On nous propose l'établissement d'une cour spécialement occupée de punir les crimes de lèse-nation : il est temps de mettre fin au comité des recherches, à ces institutions odieuses qui révoltent les bons citoyens, et qui ne sont utiles à aucun. Le plan proposé se divise en deux parties. Je parlerai d'abord de l'établissement d'un tribunal de haute-cour nationale; je porterai ensuite mes regards sur les articles qui m'ont paru renfermer le plus d'inconvéniens. Le plan qu'a suivi le comité ne me paraît pas conforme à l'ordre naturel des idées. Avant que d'établir une haute-cour nationale, il faudrait savoir de quoi elle s'occupera. Il faut faire les lois avant de créer le tribunal qui les appliquera. Je me plains donc de ce que l'incertitude sur les délits et les peines jette de l'obscurité sur tout l'ensemble du travail. Il est impossible de décider plusieurs questions qui en supposent d'autres antérieurement résolues. Il y a eu sous la première race des *jurys* ou pairs; on en trouve encore des traces dans les juridictions consulaires, les conseils de guerre et les officialités. Mais vous voulez établir des *jurys* pour tous les délits. Le *jury* que l'on vous propose n'est ni celui de l'Amérique, ni celui de l'Angleterre. Le *jury* anglais n'est appliqué que pour un seul délit, ou plutôt pour les délits jugés dans une même session.

Si vous en voulez faire un tribunal permanent pendant deux ans, ce sera une institution redoutable. Une autre base du jury anglais, c'est que les jurés ne soient pris que dans le lieu où le délit a été commis. Les grands jurys doivent être nécessairement pris dans les divisions des comités qu'on appelle *centaine*, et on nous propose une collection de jurés recueillis dans toutes les parties du royaume. Je n'examine pas en ce moment si l'institution qu'on vous propose est meilleure que celle des Anglais ; je ne le crois pas ; mais je dis qu'il faut définir les délits et déterminer les peines, avant que les tribunaux soient établis. J'observe encore que le juré anglais doit nécessairement, pour pouvoir être appelé à cette fonction, payer une cote d'imposition supérieure au marc d'argent, que vous avez si sagement décrété. Je passe à la discussion des articles : l'article IV porte, « la haute cour nationale connaîtra de tous les crimes et délits dont le corps-législatif jugera nécessaire de se rendre accusateur. » Je demande quels sont ces délits. Il me semble impossible que vous votiez l'institution des juges, avant d'avoir déterminé les crimes qu'ils jugeront. — Il faut que le roi ait le droit d'être accusateur par l'organe de son procureur : sans cela, vous en feriez un roi *in partibus*.

Le pouvoir exécutif est une partie intégrante de votre constitution : l'attaquer dans l'exercice de ses fonctions, voilà ce qu'on appelle se rendre coupable d'un crime de lèse-nation. Si le roi n'a pas le droit d'accuser, ce n'est qu'un grand pensionnaire, ce n'est pas un magistrat. L'art. VI porte : « Elle se réunira à une distance de quinze lieues au moins, du lieu où la législature tiendra ses séances. Le corps-législatif indiquera la ville où la haute-cour nationale s'assemblera. » Cette disposition me paraît digne de la sagesse de l'assemblée ; mais je voudrais que, dans l'arrondissement de quinze ou vingt lieues, le choix appartînt à l'accusé. La justice et l'humanité réclament cette disposition : je passe à l'article VIII. « Avant de porter le décret d'accusation, le corps-législatif pourra appeler et entendre à sa barre les témoins qui lui seront indiqués. » Je demande que l'on puisse entendre à la barre l'accusé lui-même ; quant aux témoins, il y aurait de l'inconvénient. On a accordé de tout temps le droit aux témoins de varier jusqu'au récolement. Lorsqu'ils auraient fait une déposition devant le corps-législatif, il serait possible que, par une fausse pudeur, ils refusassent de se rétracter. L'article XII est ainsi conçu : « Les accusés auront huit jours pour déclarer leurs récusations. » Vous ne dites pas en quel nombre ils pourront récuser les juges, ni comment. En Angleterre un accusé a droit de récuser son juge à vue ; il suffit qu'il lui déplaise pour que dès-lors il cesse d'être son juge.]

Buzot fait décider qu'avant de délibérer sur la haute-cour nationale, l'assemblée organisera le tribunal de cassation. « Il existe, dit Robespierre, un tribunal inconstitutionnel et frappé de la haine de tous les bons citoyens, le Châtelet ; je demande que sur-le-champ il soit supprimé. » Chapelier demande qu'il soit encore conservé, mais qu'on lui retire la connaissance du crime de lèse-nation. — Maury présente des observations contre cette dernière proposition, qui néanmoins est décrétée. — Foucault s'élève contre le comité des recherches, et il demande qu'un général d'armée qu'il a fait arrêter, soit relâché. — Voidel annonce que le comité a fait arrêter à Mâcon Bussy et huit autres personnes prévenus d'un projet de conjuration contre l'État ; il demande leur translation à Paris. — Sérent défend Bussy. Renvoi de cette affaire à une prochaine séance.

SÉANCE DU 26 OCTOBRE.

[*M. Nompterre* (*ci-devant Champagny*). Le comité de marine vient de recevoir de Brest des nouvelles très-satisfaisantes. On a présenté avec éclat les désordres auxquels s'étaient portés des matelots dans l'erreur ; le comité croit nécessaire de donner le même éclat à leur repentir et à leur retour à l'ordre. (La partie gauche applaudit.) Il m'a chargé de vous lire deux pièces, et de vous proposer les dispositions qu'il lui paraît convenable d'adopter.

On fait lecture de ces pièces.

La première est une lettre des commissaires envoyés par le roi à Brest. Elle est datée du 22. En voici l'extrait : « Le concours de tous les citoyens et celui des troupes nous était nécessaire ; nous l'avons obtenu. La Société des Amis de la constitution a envoyé des députés à bord de tous les vaisseaux. Leur zèle a été récompensé, et l'obéissance généralement promise. Sur l'*Apollon*, commandé par M. Duchilleau, les matelots, dans l'épanchement de la joie la plus vive, ont protesté de leur attachement pour l'état-major et pour leur capitaine. Partout on entendait ce cri de joie : *Vive la nation, la loi et le roi!* Tous les commandemens s'exécutent maintenant avec la plus grande exactitude. Enfin, nous espérons que l'escadre sera bientôt comme le désirent tous les bons citoyens. MM. Hector, Souillac, Marigny et d'autres officiers sont venus témoigner leur reconnaissance aux citoyens dont les démarches ont obtenu un si grand succès. On a promis, comme le prix du rétablissement de l'ordre, de solliciter la réforme des articles du code, pour lesquels les matelots présentent une grande répugnance. Vous aurez une armée qui soutiendra la gloire des armes françaises avec une grande ardeur. Tous les citoyens et les troupes méritent des éloges. C'est le moment de vous déclarer que nous n'avons aucune part aux rapports défavorables qui ont pu être faits contre les officiers municipaux. Nous ne les avons point accusés dans nos lettres à M. le garde-des-sceaux et à M. Guignard : sans doute elles auront été mises sous vos yeux. Si la municipalité était blâmée par un décret, il serait à craindre qu'il n'en résultât quelque haine entre la marine et les citoyens, dont les officiers municipaux ont mérité l'estime. » (La partie gauche applaudit, la partie droite reste dans le silence.)

On annonce la lecture du procès-verbal de la Société des Amis de la constitution à Brest. (Il s'élève dans la partie droite de violens murmures, que couvrent les applaudissemens réitérés de la partie gauche.) Cette pièce contient le récit des efforts et des succès de la députation envoyée à bord des vaisseaux par cette société. (La gauche applaudit, la droite reste dans un profond silence, et quelques-uns de ses membres se retirent.)

M. *Nompterre (ci-devant Champagny.)* Le comité de marine a partagé l'intérêt que l'assemblée vient d'éprouver. Il a senti quelle reconnaissance méritait cette Société des Amis de la constitution, quels égards étaient dus à ces commissaires dont la mission s'annonce par des succès ; il a senti que si l'assemblée avait dû repousser avec dignité des réclamations tumultueuses, il convenait peut-être à présent de prendre en considération des réclamations respectueuses (la partie gauche applaudit) dirigées contre un petit nombre d'articles de peu d'importance, puisque la loi n'en prescrit pas l'observation rigoureuse ; des réclamations d'ailleurs fondées sur des sentimens de délicatesse et d'honneur, toujours précieux à des Français.

Sur la proposition de M. Nompterre, et sur les observations de plusieurs autres membres, les dispositions suivantes sont décrétées :

1° L'assemblée autorise son comité de la marine à lui présenter demain un projet de décret sur la réformation des articles du code pénal qui ont occasionné les réclamations de l'escadre. 2° Le roi sera prié de surseoir à l'exécution du décret portant adjonction de deux commissaires civils aux commissaires actuellement à Brest. 3° M. le président écrira à la société des Amis de la constitution à Brest, aux commissaires du roi et aux corporations qui ont contribué au rétablissement de la paix, pour leur témoigner la satisfaction de l'assemblée.

M. *Nérac.* Je demande l'impression des deux pièces qui ont été lues ; on ne saurait trop faire connaître un si bon exemple. Une insurrection commence à se manifester parmi les matelots de Bordeaux...

L'impression de ces pièces est décrétée.]

SÉANCE DU SOIR.

On fait lecture de quelques adresses. — Plusieurs sections de Paris expriment leur vœu pour la retraite des ministres. — Les juges du tribunal de district de Saint-Florentin protestent de leur respect pour les décrets de l'assemblée nationale, et offrent de supporter sur leur traitement une réduction de six cents livres.

L'assemblée applaudit à cet acte de désintéressement.

[*M. Viellard*, député de Coutances, au nom du comité des rapports. Au mois de mai dernier, des troubles eurent lieu à Castres, comme à Montauban et à Nîmes. Deux tailleurs, les frères Gisard, parcoururent à cette époque les cabarets, engagèrent à prendre la cocarde blanche, et à fouler aux pieds la cocarde nationale. La municipalité les fit arrêter; ils subirent des interrogatoires, et toutes leurs réponses annoncèrent le fanatisme de la religion : des témoins chargèrent les accusés, que le sénéchal décréta de prise de corps. Sur l'appel, le parlement de Toulouse cassa la procédure, mit les frères Gisard hors de cour, et condamna la municipalité et le procureur de la commune aux dépens. Cette municipalité réclame contre la disposition qui la concerne, et, pour apprécier cette réclamation, il suffit d'observer que les officiers municipaux de Castres ont agi comme fonctionnaires publics, et qu'en cette occasion, comme en toutes les autres, ils ont montré leur sagesse, leur prudence et leur zèle pour le maintien de l'ordre public. Le comité m'a chargé de vous présenter le projet de décret suivant :

« L'assemblée nationale, après avoir entendu son comité des rapports sur la réclamation des officiers municipaux de la ville de Castres, charge son président d'écrire à la municipalité de ladite ville, pour lui témoigner la satisfaction de l'assemblée sur la conduite sage et patriotique qu'elle a tenue à l'occasion des troubles qui se sont manifestés au commencement du mois de mai dernier dans ladite ville. Déclare l'arrêt rendu par la chambre des vacations du ci-devant parlement de Toulouse, le 24 septembre dernier, en ce qui touche les officiers municipaux et le procureur de la commune de Castres, nul et comme non avenu. »

Ce projet de décret est adopté.

M. Voidel, au nom du comité des recherches. Vous nous avez demandé des détails sur l'affaire de M. Bussi, arrêté près de Mâcon. Il nous manque encore des pièces qui seraient nécessaires à notre rapport. Ce que nous allons vous exposer suffira pour justifier la nécessité de la translation de M. Bussi et autres particuliers dans les prisons de l'Abbaye. Le 12 octobre, les officiers municipaux de Valence apprirent que deux jeunes gens avaient fait faire des uniformes différens de ceux des gardes nationales. Ils demandèrent M. Dupuis, tailleur, qui déclara avoir fait des habits verts, ayant un passe-poil rouge, et auxquels on s'était réservé de mettre les boutons. La municipalité apprit ensuite que MM. Blin et Borry, anciens gendarmes, qui avaient fait faire ces habits, étaient partis de nuit pour se rendre au château de Villers, chez M. Bussi, où ils devaient, disait-on, s'armer de pied en cap, se joindre à d'autres personnes, et marcher au nombre de deux cents vers Besançon, où commande M. d'Autichamp. On disait aussi que trois armées des puissances voisines devaient en même temps entrer en France, se rendre à Paris, enlever le roi et dissoudre l'assemblée nationale. La municipalité de Valence, sans accorder beaucoup de confiance à ces bruits, crut cependant devoir prévenir les municipalités du Pont-de-Beauvoisin, de Lyon et de Mâcon. Cette dernière fit partir pour le château de Villers deux officiers municipaux, et 200 hommes de la garde nationale pour faire des perquisitions chez M. Bussi. A l'arrivée du détachement, M. Bussi se mit sur la défensive.

Des témoins déposent qu'il voulut tirer un coup de fusil, dont l'amorce seule brûla, et que les domestiques du château couchèrent en joue la garde nationale. La résistance ne fut pas longue ; on entra dans le château, où l'on trouva des armes, des balles, et quatre-vingts livres de poudre. Une partie de la troupe, postée dans les dehors et sur les derrières, s'empara d'une malle que les domestiques avaient jetée par une fenêtre, dans laquelle étaient six habits d'uniformes neufs, absolument semblables à ceux qu'avait faits le tailleur de Valence. Le détachement amena à Mâcon M. Bussi et M. Servant, qui se trouvait en ce moment au château de Villers. Le premier a été interrogé ; il a répondu qu'il avait eu l'intention de former une compagnie de quinze hommes pour défendre son château qui, ainsi que plusieurs autres du voisinages, était menacé d'être incendié ; que s'il avait voulu résister à la garde nationale, c'est parce que ses domestiques lui avaient dit qu'on escaladait les murs de son jardin. Dans le même temps, une lettre adressée à M. Bussi fut interceptée. L'auteur de cette lettre écrivait qu'il s'était heureusement sauvé de Lyon, où on le traitait de contre-révolutionnaire : il conseillait à M. Bussi de partir bien vite, et disait qu'il le verrait à Chambéry. Il paraît que ce même homme a été arrêté au Pont-de-Beauvoisin avec un domestique de la maison de Condé. Ce particulier a déclaré se nommer Borry, et être natif de Valence. Tous ces détails ont paru au comité des recherches mériter quelque considération, et il m'a chargé de vous proposer de faire transférer les prisonniers à l'Abbaye, et de faire apporter les effets et papiers saisis, pour être ensuite ordonné ce qu'il appartiendra.

M. Sérent. Quoique les pièces dont on vient de vous rendre compte, présentent des allégations qu'il me serait facile de contester, quoique je pusse surtout m'élever contre les inductions qu'on a prétendu en tirer, je ne viens point m'opposer à la proposition qui vous est faite, de décréter que M. Bussi soit transféré à Paris. Ceux de ses amis qui m'ont parlé de son affaire (car je ne le connais pas personnellement), sont tellement convaincus de son innocence, qu'ils ne redoutent aucune des épreuves auxquelles on pourra vouloir le soumettre. Lorsqu'une enquête sévère aura fait connaître la vérité, j'oserai peut-être faire remarquer à l'assemblée de combien de vaines terreurs on a cherché depuis long-temps à alarmer son patriotisme ; de combien de faits puérils, transformés en complots imaginaires, on a tenté de former des fantômes de contre-révolution, qui se sont facilement évanouis au flambeau de la justice, pour ne laisser après eux d'autres traces que les vexations qu'ils ont causées ; alors, peut-être, il sera temps de rappeler l'assemblée nationale à ses propres principes, trop souvent méconnus ou méprisés ; de lui représenter combien sont contraires à l'esprit de la constitution qu'elle veut établir, ces arrestations illégales, ces emprisonnemens arbitraires que provoquent trop souvent, d'un bout du royaume à l'autre, l'inquiétude d'une municipalité, ou la malveillance d'un individu; enfin combien il est absurde et monstrueux, de vouloir appliquer à la défense de la liberté, des attentats contre la liberté.

Aujourd'hui toutes mes pensées se concentrent sur M. Bussi. Il lui importe que son innocence soit manifestée; son intérêt, son honneur, l'exigent. C'est déterminé par cette considération que, sans m'arrêter à présenter aucune observation sur le mode illégal et vexatoire de son arrestation, je conclus, comme le comité, à ce que, sans rien préjuger sur son affaire, il soit transféré à Paris.

Après quelques débats, l'avis du comité est adopté.]

SÉANCE DU 27 OCTOBRE.

[*M. Rabaud.* Je dois vous rendre compte des mouvemens qui ont eu lieu dans le comtat Venaissin. On est dans la plus grande inquiétude de ce que l'assemblée nationale ne prend aucun parti. Il y a eu une escarmouche entre les habitans d'Avignon et ceux de Cavaillon. Les Avignonais ont perdu quelques hommes. Les relations de commerce que nous avons avec Avignon et le comtat Venaissin, nous imposent la loi de remédier à ces maux. Je crois donc qu'il faudrait mettre Avignon et le comtat Venaissin sous la protection de la loi, sans rien préjuger sur la grande question de la réunion : je demande en conséquence que le comité diplomatique et celui d'Avignon fassent au plus tôt leur rapport.

M. André. L'affaire de Brest a occupé tous les momens du comité diplomatique, et il ne lui a pas été facile de se réunir au comité d'Avignon.

L'assemblée décide que le rapport de l'affaire d'Avignon lui sera fait à la séance de samedi soir.

M. Nompterre (ci-devant Champagny.) Le comité de la marine a vu dans les événemens qui ont eu lieu dans la rade de Brest, moins un esprit de licence et d'insubordination, que des inquiétudes sur la délicatesse et l'honneur; il a vu que les articles au sujet desquels ces inquiétudes s'étaient élevées, ne tenaient pas essentiellement au Code pénal; il a pensé qu'on pouvait revenir sur ces dispositions sans inconvénient, et que la justice même permettait cette condescendance pour des hommes rentrés dans l'ordre, et qui veulent vivre et mourir pour défendre la patrie. Il m'a chargé en conséquence et d'après vos ordres, de vous présenter un projet de décret, qui n'est autre chose qu'une rédaction nouvelle de l'article II du titre Ier, et de l'article Ier du titre II. Dans l'un, le comité a retranché ce qui concernait la liane que les maîtres d'équipage et principaux maîtres étaient autorisés à porter en signe de commandement, et dont il leur était permis de se servir pour punir les hommes de mauvaise volonté dans l'exécution des manœuvres; dans l'autre, il a supprimé les fers avec un petit anneau au pied, les fers avec un anneau et une chaîne traînante, la peine d'être attaché au grand mât et celle d'être à cheval sur une barre de cabestan. Voici le projet de décret :

« L'assemblée nationale, satisfaite des témoignages d'obéissance et de soumission sans bornes donnés par les équipages de l'escadre en rade à Brest, ouï le rapport de son comité de la marine, sur les observations des commissaires du roi, a décrété ce qui suit :

» Art. Ier. L'article II du titre Ier du Code pénal de la marine sera rédigé en ces termes : « Le commandant du bâtiment, et même l'officier commandant le quart ou la garde, pourront prononcer les peines de discipline contre les délinquans, à la charge par l'officier de quart ou de garde d'en rendre compte au capitaine.

» Art. II. L'article Ier du titre II sera conçu comme il suit : « On ne pourra infliger aux matelots et officiers mariniers comme peine de discipline, que celles ci-dessous dénommées : le retranchement du vin, qui ne pourra avoir lieu pendant plus de trois jours; les fers sur le gaillard, au plus pendant quatre jours; la prison, au plus pendant le même temps.

» Art. III. Cette nouvelle rédaction sera incessamment présentée à la sanction, et le roi prié de la faire proclamer et insérer dans le Code pénal de la marine. »

Ce projet de décret est adopté à une très-grande majorité.]

SÉANCE DU 28 OCTOBRE.

Don d'une somme annuelle de 6,000 liv. pour l'encouragement de la marine, fait par les patrons pêcheurs de Marseille. Mirabeau fait décréter une lettre de remercîmens. — M. Fleurieu annonce que le roi vient de le nommer au département de la marine.

Rapport et projet de Merlin sur la suppression des droits seigneuriaux des princes d'Allemagne en Alsace. Mirabeau lit un autre projet que l'assemblée adopte : il porte que les décrets précédens concernant les droits féodaux et seigneuriaux, doivent être exécutés dans les départemens du Haut et Bas-Rhin, comme dans toutes les autres parties de l'empire, et que néanmoins, il sera accordé une indemnité aux princes allemands possessionnés.

[*M. Antoine.* Je vais vous rendre compte, au nom du comité des rapports, des nouveaux événemens arrivés à Montauban. Les désordres augmentent de jour en jour. Le 17 du mois dernier, ils ont été portés au comble. Les patrouilles ont été insultées ; un homme a perdu la vie ; plusieurs ont été blessés, et ces malheurs ne semblent être encore que l'avant-coureur d'un désastre plus général. Le directoire du département du Lot et les commissaires que vous avez fait nommer pour remplacer provisoirement les officiers municipaux suspendus, avaient prévu ces événemens malheureux. Ils espéraient les prévenir avec le secours de la garnison ; mais ils ont appris que le commandant des troupes de ligne dans le département, M. Esparbez, se disposait à en faire déloger une partie, pour l'envoyer à Moissac, tandis que par délibération du conseil de la commune de cette dernière ville, jointe aux pièces, la municipalité réclame avec force contre l'envoi des troupes de ligne. Ces vives réclamations n'ont abouti qu'à faire suspendre le départ d'un détachement de Tourraine, et c'est dans cet état des choses qu'arrivèrent les événemens consignés dans la lettre en date du 20 de ce mois, signée des membres du directoire du département du Lot; je vais vous en donner lecture.

« D'après notre lettre du 17, notre ville a couru les plus grands dangers; une patrouille du régiment de Royal-Pologne fut assaillie par le peuple, à coups de pierres, de pots cassés, de chandeliers, de bûches et autres ustensiles. Des soldats ayant senti siffler plusieurs balles à côté d'eux et apercevant une autre patrouille du régiment de Tourraine, crurent que les coups partaient de cette troupe. Les deux patrouilles se couchèrent en joue pendant près d'une minute. Un sergent de celle de Tourraine parvint à éclaircir les faits. Le calme se rétablit. Le lendemain les soldats des deux régimens firent une espèce de fédération. Depuis cette époque nous avons passé deux journées assez tranquilles; mais nous apprenons par nos espions, que nous sommes à la veille de nouveaux malheurs. Les chefs de cette ville demandent le régiment de Noailles, sur la sagesse et le patriotisme duquel ils reposent toute leur confiance. »

Votre comité des rapports a connu, par l'examen des autres pièces, que loin que votre décret du 26 ait été exécuté, loin d'avoir envoyé deux régimens complets à Montauban, M. d'Esparbez a voulu encore en soustraire une partie. Cette ville demande donc, en exécution de votre décret du 26 juillet, deux régimens complets, et elle réclame le régiment de Noailles, que le désir seul de perpétuer la guerre civile pourrait faire refuser à ses vœux. Plusieurs observations ont été faites à votre comité sur les causes immédiates de ces troubles, il est de votre prudence et de votre patriotisme d'arrêter un instant vos regards sur ces observations.

Le clergé, forcé de restituer au peuple le fruit de ses pieuses usurpations, s'agite en tous sens, et depuis la Picardie jusqu'à la Corse, les évêques et les abbés ne cessent de prêcher la guerre au nom d'un Dieu de paix. Les cerveaux inflammables de nos provinces méridionales sont bien plus propres à recevoir ces funestes impressions. Nîmes, Uzez et Montauban offrent de tristes exemples de cette vérité: Les chapitres de Strasbourg en feraient bien autant en Alsace s'il était aussi possible de fondre la glace des têtes germaniques. Le maire de Montauban est à Paris; il a des relations intimes avec les ministres, et surtout avec M. Marguerites, maire de Nîmes et membre de cette assemblée.

Un fait récent sur lequel votre comité ne s'est permis de rien préjuger, mais qu'il croit devoir livrer aux méditations de l'assemblée, afin de la rapprocher de plus en plus de la découverte de la vérité : c'est que M. Champion, garde-des-sceaux de France, prêtre-archevêque, bénéficier-ministre, vient d'élever à la place de commissaire du roi à Moissac, le procureur de la commune de Montauban, mandé à la barre de cette assemblée, accusé et fortement soupçonné d'être un des fauteurs de la guerre civile, suspendu comme tel de ses fonctions, et exposé à subir la rigueur d'une procédure criminelle, ordonnée par le même décret. L'assemblée se demandera si le garde-des-sceaux a voulu seulement se jouer de vos décrets, braver l'intérêt sacré du peuple, avilir la dignité du choix royal, ou s'il a prétendu récompenser l'auteur des troubles de Montauban. Je n'ajouterai aucunes réflexions à l'exposition de ces faits : le plus instant de vos soins est de rendre la tranquillité à la ville de Montauban; vous avez entendu sa pétition : votre comité vous propose le projet de décret suivant :

« L'assemblée nationale, après avoir entendu son comité des rapports, décrète que son président se retirera par-devers le roi, pour le prier de donner les ordres nécessaires, afin que la garnison de Montauban soit sans délai composée de deux régimens complets, du nombre desquels sera le régiment de Noailles. »

M. Feydel défend le ministre La Tour-du-Pin inculpé dans ce rapport.

M. ...., *député de Montauban*. Vous voyez que c'est la guerre qu'on déclare aux commissaires, et au régiment de Tourraine qui fait régner la paix dans la malheureuse ville de Montauban.

Je déclare que tous les faits avancés par le préopinant sont absolument faux. Quant aux plaintes dont on vous a parlé, voici ce qui en est. La nouvelle de votre décret sur Montauban répandit la consternation parmi les auteurs de la guerre civile, qui était prête à s'éteindre. Les municipaux furent obligés de requérir le régiment de Tourraine, le premier jour de son arrivée, pour dissiper les attroupemens des mécontens, et l'on se récria contre une mesure de pure police. Quand on dit que ce régiment a frappé, maltraité des citoyens, on dit une absurde calomnie, que je défie de prouver. Voici les pétitions dont vous a parlé le préopinant : des déclarations informes, signées par 50 citoyens non actifs ; le seul connu est un officier municipal suspendu de ses fonctions. Les autres signataires sont des manouvriers qui ne savent pas écrire, et des enfans qui vont encore aux écoles chrétiennes. (On applaudit.)]

Le projet de décret du comité est adopté. — MM. Tramier, Olivier et Ducros, députés du Comtat Venaissin, sont admis à la barre ; ils présentent le tableau des malheurs qui affligent leur patrie ; se plaignent du parti avignonais qui veut s'unir à la France, et terminent en demandant, au nom de leurs compatriotes, à rester sous la domination du pape.

SÉANCE DU 29 OCTOBRE.

Extrait de l'Ami du roi, n° CLIV, p. 3. — « Il est arrivé une lettre de M. Bouillé qui donne le détail des excès commis par deux régimens et quelques officiers de la garnison de Béfort. On ne laisse pas transpirer quelle est l'étendue de la faute. Le comité est chargé d'en faire le rapport ; mais il est bon qu'on sache que les coupables ont cependant été provoqués *par les propos insultans de quelques habitans* qui ont osé leur reprocher comme un crime cette expédition de Nancy qui leur a mérité l'estime et l'approbation de l'auguste assemblée nationale. On sera moins étonné que ces braves militaires, échauffés par le vin, se soient livrés à quelques excès quand ils se sont vus outragés pour le dévouement généreux et patriotique qui devait leur attirer la reconnaissance des citoyens.

» J'appuie sur cette considération, parce que si cette circonstance ne peut excuser, elle diminue du moins de beaucoup la faute des régimens coupables. »

Extrait de l'Orateur du peuple, t. 2, n° XIV, p. 110. — « Les hussards de Lauzun, au nombre de deux cents, et le régiment Royal-Liégeois arrivent à Béfort en Alsace; les officiers leur donnent un grand repas. A la suite de cette orgie, calquée sur celle des gardes-du-corps, les soldats se répandent dans la ville, pillent les maisons, et, le sabre nu, crient : *Vive l'aristocratie! au f..... l'assemblée nationale!* Les officiers, ivres de fureur, montent à la municipalité; insultent les officiers municipaux; le sieur de Latour, lieutenant-colonel, propriétaire du régiment Royal-Liégeois, frappe des coups de plat de sabre sur le bureau, avec des imprécations horribles. Le maire veut hasarder quelques représentations : *Est-ce que je vous connais, moi!* telle fut l'arrogante réponse qu'on lui fit. Les officiers municipaux, sans s'émouvoir, revêtent leurs écharpes et montrent un front serein sous cette égide sacrée. La ville est dans la consternation; plusieurs jeunes citoyens provoquent les officiers à des combats particuliers : ceux-ci, aussi lâches qu'insolens, refusent. M. Bouillé arrive à Béfort, dans une tournée qu'il venait de faire sur cette frontière; on l'instruit du fait; il s'écrie : Quoi! ce régiment fera-t-il donc toujours quelque nouvelle sottise! Il lui donne l'ordre, ainsi qu'à Lauzun, de quitter à l'instant la ville. Remarquez que ces deux corps étaient de l'expédition de Nancy. On ajoute que M. Bouillé, soit pour jouer le patriotisme, soit pour tout autre motif, a fait arrêter M. de Latour, ainsi que le major, et qu'il les envoie à Paris. »

Séance. — Dupont présente un projet de décret sur la suppression des droits d'aides. La discussion est ajournée, d'après les observations de Lajaqueminière, Regnaud-d'Angely et Chapelier.

— Montesquiou entre dans quelques détails relatifs à la fabrication des assignats; il propose d'en confier l'impression à Didot aîné. Mirabeau penche pour Anisson-Duperron, et demande que des commissaires soient chargés d'examiner le projet. Adopté.

On fait lecture d'une lettre de M. la Tour-du-Pin à M. le président. Elle est ainsi conçue :

« J'ai l'honneur de vous adresser copie d'une lettre qui m'a été écrite par M. Bouillé, pour me rendre compte de la conduite extrêmement blâmable qui a été tenue à Béfort par le colonel, le major et deux officiers du régiment de Royal-Liégeois, ainsi que par un officier des hussards de Lauzun. Je m'empresse de rendre compte à l'assemblée nationale que, d'après celui que j'ai rendu au roi de la lettre de M. Bouillé, sa majesté, en apprenant la punition provisoire que cet officier-général a jugé à propos d'ordonner, d'un mois d'arrêt, a décidé que ces officiers seraient mis pour six semaines en prison, et que le colonel y resterait deux mois. J'ai déjà fait passer, en conséquence, à M. Bouillé les ordres de sa majesté; et, sur la demande du comité des rapports, j'y ai fait parvenir une semblable copie de la lettre de M. Bouillé. Je suis, etc. »

Lettre de M. Bouillé.

« En écrivant aujourd'hui à Béfort, j'ai été informé qu'à la suite d'un repas de corps, quelques officiers des régimens de royal-liégeois et de Lauzun hussards, en garnison dans cette ville, se sont portés, sans doute dans l'ivresse, à des excès punissables, et qui sont déduits dans un procès-verbal que la municipalité m'a communiqué.

J'ai pris sur-le-champ tous les renseignemens nécessaires; il en résulte que Royal-Liégeois est le plus coupable; mais c'est le moindre nombre. Le corps de délit consiste dans des propos qui m'ont paru assez graves pour m'engager à sévir rigoureusement. J'ai mis aux arrêts M. de Latour, colonel de Royal-Liégeois, M. Gremsteins, major du même régiment, et deux officiers du même corps, ainsi qu'un de Lauzun ; ils resteront détenus jusqu'à ce que le roi ait prononcé sur leur sort. Je fais partir demain le régiment de Royal-Liégeois pour l'envoyer momentanément à Sanebourg, d'où il se rendra à Bitche. Dans trois ou quatre jours le régiment de Lauzun partira aussi de Béfort pour Brisach. J'ai cru devoir faire un exemple aussi sévère pour en imposer aux troupes, et les empêcher désormais de contrevenir aux lois et de sortir des bornes qui leur seront prescrites. Je dois ajouter que les officiers et soldats des deux régimens se plaignent que depuis qu'ils sont à Béfort, ils ont été provoqués par quelques habitans d'une manière insultante, et qu'on leur a notamment reproché d'avoir servi à l'expédition de Nancy. J'ajouterai encore qu'en descendant de voiture, on m'a remis une lettre anonyme très-injurieuse, dans laquelle on me fait les mêmes reproches; j'y suis insensible, parce que je n'ai agi dans cette malheureuse expédition que pour l'exécution des lois et des décrets de l'assemblée nationale. Je ne parlerais pas de cette lettre, si elle ne prouvait qu'il existe quelques mauvais esprits dans cette ville, et que les plaintes des deux régimens peuvent être fondées à certains égards. »

L'assemblée ordonne le renvoi de cette lettre à ses comités réunis des rapports et militaire.

Dans la séance du lendemain, Muguet fait le rapport de cette affaire. En voici un extrait :

[*M. Muguet* (ci-devant de Nanthou.) Les désordres commis à Béfort dans la journée du 21 octobre dernier, vous ont été dénoncés par les officiers municipaux de cette ville; vous en avez renvoyé l'examen à vos comités réunis militaire et des rapports, et c'est en leur nom que je viens vous en rendre compte. Le 21 octobre, les officiers du régiment de Royal-Liégeois ont donné un repas de corps à celui des hussards de Lauzun : au sortir du dîner et devant le café, le major du régiment de Royal-Liégeois dit : «Nous sommes les maîtres; nous avons des sabres, il faut hacher les bourgeois. Alors ont commencé les désordres. Un nombre considérable d'officiers crient : *Vive le roi! vive la joie!* courent devant la maison du major du régiment de Lauzun. M. de Latour, colonel du régiment de Royal-Liégeois, se réunit à eux, et crie : *Vive le roi! au diable la nation!* Le délire s'empare des esprits ; on tire les épées et les sabres, au bout desquels on attache des mouchoirs blancs. Le mépris le plus insultant contre la constitution fut affiché, et l'on vomit les injures les plus grossières. C'est ainsi que les officiers parcourent les différentes rues de la ville.

Ils se rendent ensuite aux casernes pour soulever les soldats. La circonstance était favorable, car les hussards de Lauzun ayant régalé deux cents de leurs camarades qui arrivaient de Troyes, étaient tous dans le vin. Les soldats sortent; les citoyens sont frappés et assaillis jusque dans leurs maisons par les soldats et les officiers; on les oblige de crier : *Au diable la nation!* En vain appelle-t-on la garde. Un sergent du régiment de Royal-Liégeois, de garde à la porte de Brissac, retient quelque temps ses soldats; enfin il les laisse aller en leur disant : Si ce sont des bourgeois, assommez-les; si ce sont des soldats, faites-les évader. Les chefs se transportent devant l'hôtel-de-ville, où s'étaient rendus les officiers municipaux et le procureur-syndic, dans le dessein sans doute d'apaiser les désordres. Ces officiers sont insultés, maltraités; les portes de l'hôtel-de-ville sont enfoncées. Le major de la place et les officiers municipaux parviennent enfin à rétablir le calme. C'est sur le réquisitoire du procureur-syndic de la commune que la municipalité a dressé procès-verbal des faits dont je viens de vous rendre compte.

Le lendemain, l'arrivée de M. Bouillé mit fin aux alarmes. Il donna ordre au régiment de Royal-Liégeois de partir sur-le-champ, et promit de faire partir celui des hussards de Lauzun. Il ordonna au colonel, au major et aux deux officiers de Royal-Liégeois, et à un officier de Lauzun de se rendre aux arrêts.

Après avoir examiné toutes les pièces, nous avons demandé au ministre de la guerre s'il n'avait pas de nouvelles officielles; il nous a répondu qu'il en avait reçu depuis trois jours, et qu'il en avait rendu compte au roi, qui avait donné des ordres pour que les officiers, à qui M. Bouillé avait ordonné de garder les arrêts, fussent mis en prison. Eh quoi! le ministre était instruit depuis trois jours, et il laissait ignorer à l'assemblée de pareils délits!

Je l'avouerai, je ne puis me défendre d'un juste étonnement, lorsque je compare son officieux silence pour des officiers, avec le zèle qu'il a toujours mis à nous dénoncer les délits, j'ai presque dit les erreurs des soldats. (On applaudit.)

L'assemblée décrète que les auteurs de ces délits seront arrêtés et jugés.]

Ce fut dans cette séance que les trois premiers articles du projet de décret sur le reculement des barrières aux frontières furent adoptés : «A compter du 1er décembre, les douanes de Lyon, Languedoc, La Rochelle, la Lorraine, etc.; tous les tarifs des péages du royaume, et généralement tous les péages royaux seront annulés et remplacés par un tarif unique et uniforme.»

Le journal *la Bouche de fer*, commencé en janvier 1790, et rédigé par l'abbé Fauchet et Bonneville, devint, au 1er octobre de la même année, l'organe d'un club philosophique, ouvert par ses fondateurs au cirque du Palais-Royal. Ce club, connu sous le nom de *Cercle social*, était auparavant une loge maçonnique. Il s'annonça comme voulant opérer la confédération universelle des amis de la vérité. Parmi les membres de cette société, les uns, tels que Bonneville, Goupil de Préfeln, Mailly de Château-Regnaud, Condorcet, étaient francs-maçons; ils pensaient ou paraissaient penser que les symboles et les traditions de la maçonnerie renfermaient les solutions de tous les problèmes soulevés par la révolution française; ils attribuaient à Bacon les premiers éclaircissemens scientifiques sur le système politique enveloppé dans les mystères des loges, et ils se mettaient à l'œuvre pour en livrer le sens complet et en procurer la réalisation. D'autres membres, tels que Fauchet, accédèrent à cette entreprise au nom de la doctrine de Jésus, qui comprenait très-explicitement la franche-maçonnerie, quant aux principes d'égalité et de fraternité, et qui, de plus, avait choisi pour base le principe social qui, seul, expliquait et justifiait ces préceptes : à savoir, la charité universelle.

Le cercle social est une origine très-précieuse à constater dans l'intérêt des idées nouvelles. L'histoire de la philosophie ne peut manquer d'y recueillir des renseignemens importans pour donner toute leur valeur d'invention ou d'élaboration aux travaux du dix-neuvième siècle. En conséquence, sans préjuger aucun des essais philosophiques émis par le *Cercle social,* nous les consignerons à tour de date. Seulement, afin qu'il soit facile de juger la nature des obstacles que ces essais rencontrèrent, nous dirons que les savans du *Cercle social* avaient marché politiquement avec les électeurs de 1789, tandis que les Jacobins étaient entrés dans une voie plus franchement révolutionnaire. Aussi ces deux sociétés se heurtèrent tout d'abord, et, ce qui paraîtra assez bizarre, c'est que les Jacobins accusaient les *Amis de la vérité* de vouloir la loi agraire. Nous verrons que ceux-ci reprochaient à leurs adversaires de s'emparer de leurs idées, de leurs projets, et puis de les injurier. Au reste, dès 1790 la société philosophique avait dit qu'il fallait *délivrer les hommes de l'esclavage de la faim;* que les trois conséquences de la révolution devaient être: *égalité, propriété et liberté* pour tous. Nous commencerons par une analyse des deux premières séances du *Cercle social;* nous donnerons ensuite un article de Prudhomme sur ces deux séances.

ASSEMBLÉE FÉDÉRATIVE.—*Première séance.*

« L'inauguration de l'assemblée fédérative des *Amis de la vérité* a eu lieu au cirque national, le mercredi 13 octobre, à l'heure indiquée.

» Un grand nombre de députés à l'assemblée nationale, MM. les électeurs de 1789, les anciens représentans provisoires de la commune, plusieurs membres de la nouvelle municipalité et de toutes les sociétés patriotiques de la capitale, des étrangers et les *vieux enfans de la nature* (∴); en très-grand nombre, formaient une assemblée de quatre à cinq mille personnes, sans y comprendre les attentives spectatrices dont les galeries du cirque étaient remplies, presque toutes les épouses ou les mères des premiers *Amis de la vérité* qui aient pu se réunir avec autant de solennité, et s'occuper paisiblement et franchement d'un parti fédératif du genre humain.

« A peine a-t-on vu monter à la tribune le procureur-général du directoire, que l'assemblée a témoigné, par de vifs applaudissemens, une grande espérance d'être émue. Son attente n'a pas été trompée: la reconnaissance a été profonde.

« Quand l'orateur a parlé, au nom de l'amour et de la vérité, de la longue enfance de l'espèce humaine, aveuglée, enchaînée, glacée, mutilée, méprisée, on se rappelait avec vénération cet électeur intrépide, qui avait porté, sous les tours de la Bastille, la paix ou la guerre à un gouverneur impitoyable. C'était là l'ami du peuple qui parlait dans la tribune; et à l'énergie de ses paroles on eût dit que la tyrannie, immobile sous le miroir de la vérité, était sommée, par une voix toute-puissante, de déposer son masque, ses triples voiles, son empreinte à fausses légendes, qui faisait passer les hommes pour ce qu'elle voulait, et non pour ce qu'ils valent.

« C'est encore un prêtre, disaient d'abord quelques hommes qui ne connaissaient pas ce tribun du peuple franc; mais bientôt, par la magie toute naturelle de son éloquente voix, ils l'ont tous vu, ainsi que nous, comme s'il eût été revêtu de cet habit de *garde national* qu'il a reçu du sénat français, « non comme un lucre, mais comme un trophée. » On dira de lui ce qu'Eschine disait de Démosthènes: « Ce n'est rien que de lire son discours; il fallait l'entendre à la tribune aux harangues. »

Extrait du premier discours prononcé par Claude Fauchet pour l'inauguration de la confédération universelle des Amis de la vérité.

Messieurs,

Une grande pensée nous rassemble: il s'agit de commencer la confédération des hommes, de rapprocher les vérités utiles, de les lier en système universel, de les faire entrer dans le gouvernement des nations, et de travailler, dans un concert général de l'esprit humain, à composer le bonheur du monde.

La société en est encore aux élémens: nulle part ces élémens n'ont été combinés pour l'avantage commun. Les législateurs ont tracé des lignes, où ils ont enfermé les peuples pour les contenir, et non pour les rendre heureux. Les lois générales ont oublié l'amitié qui associe tout, pour ne s'occuper que de la discorde qui divise tout. Aucune encore n'a pris pour base sociale que l'homme est un être aimant, et n'a dirigé vers ce penchant conciliateur les institutions publiques. Toutes ont supposé, au contraire, l'homme égoïste et adversaire de son semblable. En conséquence, elles ne se sont occupées que de prohibitions, d'isolement d'intérêts, de priviléges, de garanties individuelles, de jouissances pour les uns, de répression pour les autres, d'activité à ses classes peu nombreuses, de passivité à la grande multitude, de surabondance dans les palais, de famine dans les chaumières; elles ont défendu l'humanité aux riches, en protégeant leurs insolentes délices; elles ont interdit les droits de la nature aux pauvres, en étouffant jusqu'à leurs plaintes. Après avoir casé ainsi à part tous ces animaux supposés féroces, et rendus tels par les institutions même qui, en les enchaînant, les isolaient les uns parmi les autres, elles ont fermé l'enceinte des prétendues sociétés nationales, et ont dit : « Les autres nations vous sont étrangères, soyez toujours prêts à les regarder comme ennemies. » En sorte que l'univers entier est dans un état continuel de guerre; au-dedans des empires, chaque homme l'un contre l'autre, et au-dehors, chaque nation contre toutes....

Il ne peut y avoir qu'une religion vraie, celle qui dit aux hommes : « Aimez-vous tous, » et qui leur donne, pour accomplir ce devoir unique, les moyens les plus doux et les plus puissans motifs. Cette religion existe; elle est éternelle comme la loi de l'amour : les hommes désassociés par les lois de discorde qui régissaient les empires, l'ont méconnue; il faut la leur montrer dans sa nudité chaste, dans sa vérité pure, et le genre humain, épris de sa beauté divine, n'aura qu'un cœur pour l'adorer.

L'orateur parle ensuite des sociétés maçonniques, « sociétés antiques, qui se sont perpétuées jusqu'à nous avec les principes de franchise, d'égalité, de liberté, de fraternité, d'amitié, de concorde et d'union. » Il ajoute que ces *sociétés vestales*, si elles n'ont pu vaincre pour elles toute l'influence des gouvernemens qui dépravaient les hommes, du moins elles ont conservé le feu sacré de la *nature sociale*, etc.; que, s'il a été prudent jusqu'à ce jour de redoubler les voiles du mystère autour de ce précieux dépôt, « l'instant approche où le feu sacré sera rendu libre, et où la statue du genre humain va être animée par les Prométhées qui ont gardé la flamme céleste, seule propre à donner la vie aux nations. »

L'orateur montre après cela les germes profondément enfouis dans les symboles et dans les allégories, se développant par la culture philosophique. « La liberté de la presse a donné le mouvement accélérateur aux élémens combinés de cette seconde création. Bacon avait commencé de remuer toutes les idées vraies et tous les bons sentimens qui doivent anéantir les erreurs du genre humain; Montaigne, Charron, Locke, Descartes, Leibnitz, avaient sondé des abîmes de métaphysique et de morale.... Des têtes altières se sont élevées du milieu de la France; elles rayonnèrent de philosophie au milieu des ténèbres du gouvernement, et, se portant quelquefois jusqu'à la licence, elles appelaient du moins la liberté. Les colosses du despotisme restaient encore debout; mais ils étaient minés dans l'opinion, et ce que l'opinion ne soutient plus, touche à sa ruine, le premier souffle de l'occasion le renverse.

« Vouloir est tout. Douze hommes ont voulu; ils ont renversé les temples et anéanti toutes les religions des nations alors connues. Il étaient animés d'une force divine, il est vrai; mais cette force divine était dans la plénitude et l'accord de leurs volontés. Cette force manquera-t-elle à ceux qui formeront la résolution ferme et concordante de rallier le genre humain à cette doctrine de l'amour, qui est la religion du bonheur? Veuillons, et nous créons, et nous sauvons l'univers. »

Ici Claude Fauchet prouve, par l'exemple des sociétés politiques existantes, la force que ne peut manquer d'acquérir une assemblée centrale où tous les amis de la liberté, de la vérité, du bonheur des hommes, divisés en sociétés particulières, se réuniront pour une coalition commune, à l'effet de faire concorder les opinions qui doivent régir le monde. Il fait l'éloge des Jacobins, qui ont rendu d'immortels services à la patrie. Sa pensée sur le club de 1789 nous paraît importante en ce qu'elle concourt avec son attachement connu pour la Fayette, à marquer la ligne politique que Fauchet avait choisie. « Le club de 1789, avec les intentions d'une modération civique que les circonstances ont rendue périlleuse, et par le seul désaccord des patriotes qui devaient vouloir les mêmes moyens puisqu'ils voulaient la même fin, a vu la chose publique en danger ; tant la concordance des volontés est l'âme des succès, tant l'union des hommes fait leur toute-puissance. »

L'orateur termine en donnant le premier aperçu du plan de la fédération universelle, qui pourra être ensuite modifié et perfectionné par les délibérations de l'assemblée lorsqu'elle aura pris sa forme. Ce plan est une organisation générale des cercles maçonniques recevant le mouvement d'un consistoire unique séant à Paris, Paris étant le centre, la capitale de l'humanité. Il appelle à la coopération de cette œuvre, toutes les âmes ardentes et bonnes qui veulent la concorde et la fraternité de la famille humaine. Il finit en disant : « Tout ce que j'ai de force, de patriotisme, d'amour des hommes, de zèle et de courage pour la vérité, sera consacré à concourir, selon ma mesure, à cette œuvre suprême. Ma plume et ma voix seront à vos ordres. Mon esprit s'agrandira de vos pensées ; mon cœur seul, j'ose le dire, ne pourra pas devenir plus vaste par l'émulation d'étendre, à votre exemple, mes fraternelles affections ; car je sens que je possède déjà, dans une latitude infinie, la charité du genre humain. »

Fauchet prononça ensuite quelques paroles sur Loustalot. Nous les transcrivons par le même motif qui nous a fait nous arrêter sur les appréciations du club de 1789.

« Le programme de cette séance annonçait que je devais faire l'éloge d'un jeune homme mort depuis peu, les armes du génie à la main, pour la révolution. Il m'aurait été d'autant plus doux de le louer, qu'il m'avait critiqué avec quelque amertume. Le zèle de la liberté lui donnait des appréhensions exagérées qui doublaient son courage. Il avait conçu les plus vives inquiétudes sur un des premiers hommes de la patrie. L'amour qu'on lui portait, excitait ses alarmes. Il ne me pardonnait pas de le chérir et de le louer dans la vérité d'un cœur dont le patriotisme ne pouvait lui être suspect, et qui, par la même raison, augmentait sa colère contre moi. Mais le motif de son courroux était si pur, ses préventions tenaient à tant d'ardeur pour la cause commune, il développait un caractère si mâle dans l'excès de ses censures, il était si patriote en chargeant la conduite de ceux qu'il ne croyait pas l'être assez, qu'il fallait l'estimer et l'aimer encore, lors même qu'on avait à s'en plaindre. Aussi, le général qui est voué, par ses destins, à la liberté, et qui, à tout prix, doit lui être fidèle, n'a-t-il jamais fait un mouvement pour gêner l'essor de ce jeune athlète qui harcelait sa renommée ; et c'est, Messieurs, un beau trait dans sa gloire. Il a senti, comme tous les vrais zélateurs d'une constitution libre, combien il importe que des écrivains courageux ne ménagent pas les citoyens élevés qui envahissent les suffrages. Cette audace patriotique balance une idolâtrie qui tend toujours à la servitude : elle éveille toutes les attentions ; et quand le mérite attaqué ne répond que par de plus grandes preuves de civisme, elle ne sert qu'à le montrer dans un plus beau jour.

« Un auteur, jeune aussi, censeur intrépide, aussi l'ami et l'émule de celui que nous regrettons, a fait son éloge dans une grande assemblée, et a pleinement acquitté, à son égard, la dette de la patrie. Au lieu d'un discours, je ne consacrerai à sa mémoire qu'une simple inscription : « Loustalot a vécu une année, et il est immortel : cette année était celle de la liberté française, et il en avait le génie. »

DEUXIÈME SÉANCE.

« Formez d'abord une cohue, disait Mably dans son examen

des droits et des devoirs de l'homme, et soyez sûr que le sens commun y pénétrera bientôt.

« Nous avons eu déjà deux séances nombreuses; la première d'environ cinq mille personnes, et la seconde de huit à neuf mille, et le plus grand calme a régné; nous avons vu aller aux voix, à l'unanimité, pour l'élection du premier président, Goupil de Préfeln, proposé par M. le procureur-général Claude Fauchet, dont la nomination a été sanctionnée par l'assemblée fédérative des *Amis de la vérité*.

» C'est qu'au milieu du peuple, la justice règne essentiellement et qu'on ne peut l'égarer que sur des choses qu'il ne connaît point assez, ce qui deviendra impossible dans la suite, lorsqu'il sera bien persuadé que dans tout ce qu'il n'a pas examiné *par soi-même*, il doit rester passif, comme n'existant pas en CETTE CAUSE, où la réflexion intime lui donnera bientôt un principe actif et un MOI particulier.

« On est arrivé avec sa canne, avec ses armes, comme on a voulu, et l'assemblée n'a été ni orageuse ni dangereuse, l'assemblée fédérative a aussi nommé, pour secrétaires, Barrère de Vieuzac, député de l'assemblée nationale, jeune homme de hautes espérances; Michel, médecin, ancien président de la commune de Paris; le ci-devant chevalier Pio, secrétaire d'ambassade de la cour de Naples; M. Lapoype, ancien officier plein de zèle pour la révolution.

» L'assemblée a témoigné sa reconnaissance à M. Pio, quand elle a su par la bouche du procureur-général, qu'il avait renoncé à ses titres, à son ambassade et à ses protections, pour se naturaliser parmi nous.

Second discours de Claude Fauchet, prononcé le 22 octobre 1790.

Messieurs,

« Les vues générales de l'association que nous voulons établir pour le bonheur de l'humanité ont été présentées dans notre première séance, et ont suffi pour vous attirer au cercle qui doit servir de centre à la confédération universelle. Nous voici déjà coassociés pour ce vaste dessein. Nous allons commencer aujourd'hui la constitution de notre assemblée, et la formation des premiers comités de correspondance. Avant d'y procéder, il est essentiel de faire quelques observations sur le cercle préexistant auquel tout doit se rallier, et sur la marche que nous devons suivre dans nos travaux pour fixer d'une manière graduelle et sûre tous les principes du pacte de la fédération du genre humain.

« Il a été observé que les anciennes sociétés fraternelles qui existent dans les diverses parties du monde étaient les seuls nœuds qui, rapprochant déjà des hommes de toutes les nations et de tous les cultes sous les rapports d'égalité, de liberté, d'union, puissent servir de moyen pour rattacher la famille humaine aux droits de la nature et aux lois du bonheur. Il faut donc choisir avec confiance ce lien de correspondance universelle, sans chercher à soulever le voile qui enveloppe encore des mystères antiques. Les Francs-Frères les dévoileront eux-mêmes, lorsqu'ils verront que leurs allégories, leurs hiéroglyphes, sont devenues inutiles, et que la vérité peut se montrer pure au genre humain régénéré.

» Mais je sens, messieurs, que tous ceux de cette assemblée qui, ainsi que moi, ne participent point aux initiations, doivent appuyer sur des motifs solides, la confiance qui les fixe autour d'un centre pour ainsi dire invisible, et qui semble échapper à leur pensée comme à leurs regards. Nous ne connaissons point les secrets intérieurs des loges, mais l'univers en connaît l'objet général qui n'est que concorde et amitié. Nous savons que les cérémonies maçonniques, assez mal comprises par la plupart des initiés, ne font que retracer des traditions, quelques unes anciennes, les autres modernes, sur les droits de l'homme dans la nature, ses malheurs dans la société, ses espérances d'un meilleur ordre de choses, enfin, les assurances de la régénération universelle et du triomphe de la vérité sur la terre. Ces grandes vues de la maçonnerie en général sont incontestables, puisqu'elles sont avouées dans tous les systèmes; voilà déjà un grand point de confiance. Les plus simples initiés qui composent la multitude des Francs-Frères, et qui n'ont subi que les épreuves vulgaires parmi eux, ont à peine une idée vague de la signification des formules maçonniques dont ils ont l'usage, et des états figuratifs par lesquels on les fait passer. Leurs relations subséquentes se bornent ensuite à des repas en commun, à d'innocens plaisirs, à des secours réciproques, à des sentimens plus ou moins vifs, plus ou moins profonds d'union et de confraternité; voilà encore des frères très-nombreux dont évidemment l'on n'a rien encore à craindre, et en qui l'on doit mettre une confiance tranquille. Ils serviront la cause de l'humanité avec une sécurité douce, et une cordialité franche; ils feront tout, et d'un grand cœur pour la concorde et la félicité de l'univers. Reste donc la classe très-restreinte des sociétés qui ont approfondi les doctrines, et des dépositaires plus ou moins fidèles des premiers secrets. Ici, messieurs, j'appelle toute votre attention sur les combinaisons variées que les lumières inégales et les diverses effervescences de l'esprit et du cœur humain ont dû produire dans l'explication des signes, la complication des symboles et l'extension des systèmes. Les notions sublimes avoisinent les exagérations ineptes. L'immensité de la nature va de Dieu à Dieu, sans passer par le néant qui n'est un passage que pour l'absurdité; mais l'absurdité infinie est une grande pensée pour les esprits faux, ils s'y attachent comme à une prodigieuse découverte. Les périodes, les successions, les ruines, les rénovations, les détériorations nouvelles, enfin, la régénération totale de l'ordre, présentés dans de frappans emblêmes, et de vivans tableaux, poussent les imaginations à leurs dernières limites; et là, elles enfantent ou des pensées divines, ou des idées épouvantables. Les effets peu connus de quelques combinaisons artificielles, quelques secrets dérobés par des génies rares à la nature, donnent une apparence magique qui poussent les unes à une superstition pleine de duperies, et les autres à une présomption pleine d'audace. Dans les sphères très-élevées de la maçonnerie, il doit donc y avoir des perceptions d'une lumière vive pour les intelligences supérieures, et des sentimens d'une ardeur suprême pour les grandes âmes, il doit y avoir aussi des appréhensions remplies de fausses lueurs pour les esprits moindres, et des mouvemens d'une extrême violence pour les imaginations mal réglées. Il est incontestable, messieurs, que les premiers, dès qu'ils sont seuls, les vrais concepteurs des antiques et des nouveaux mystères des loges, sont des amis sûrs de l'humanité, qu'ils n'aspirent qu'au bonheur d'une régénération universelle, et qu'ils doivent y tendre par des voies dignes de la hauteur et de la beauté de leurs espérances ; les autres paraîtraient véritablement les plus dangereux des hommes; non pas dans leur but, puisqu'ils veulent aussi le rétablissement de tous les droits naturels et sociaux, mais dans leurs moyens d'y atteindre; parce que des séductions superstitieuses, des destructions terribles, de grandes ruines leur paraissent nécessaires pour élever le temple de la concorde et de l'harmonie. Mais saisissons deux motifs d'une pleine sécurité à leur égard.

Ces faux interprètes des allégories maçonniques, et qui les ont surchargés d'odieux emblèmes, d'épreuves pleines d'épouvante, sont en petit nombre, sont désavoués par les grands frères qui possèdent toute la pureté de la doctrine antique recueillie par Bacon et ses fidèles disciples, ainsi que par la multitude des frères simplement francs qui ne s'attachent qu'aux belles perspectives de l'union et de la concorde universelles, sans se tourmenter des moyens qui doivent les réaliser. Or, Messieurs, ces deux classes sont tout pour notre projet ; car, dès qu'il en sera temps, « et bientôt, les hauts génies dépositaires des pures et antiques vérités dissiperont d'un trait de lumière vive les fantômes des loges erronées, et verseront toutes leurs clartés divines au milieu des ombres qui cachaient aux autres le vrai sens des mystères. » Le second motif qui doit dissiper toute inquiétude sur ceux qui calculent de faux et cruels moyens de régénération, c'est qu'il est impossible que des hommes qui veulent en effet la concorde et le bonheur de l'univers, s'arrêtent plus long-temps à des moyens destructeurs quand ils en apercevront de plus doux et de plus faciles. Au contraire, laissant là les vues qui les fatiguent, et les appréhensions qui les tourmentent, ils seront les plus empressés à seconder le mouvement universel vers la concorde unanime et la bonne égalité, objets de leurs plus véhémens désirs. Nous n'avons donc rien à craindre, et nous avons tout à espérer du grand PEUPLE FRANC dispersé par toute la terre ; c'est en lui qu'est l'espoir de l'union du genre humain. Voltaire a dit, avec cet accent de mépris si familier dans ses ouvrages, que les mystères des francs-maçons étaient fort plats. Mais il en parlait comme de tous les mystères de la nature et de la divinité, que personne ne connut jamais moins, et qu'il semblait railler par dépit de ne pas les entendre. Il exerçait sur tous les objets qui exigent des réflexions profondes, hors de sa mesure, un despotisme moqueur qu'applaudissaient les têtes vides, et qui faisait sourire les vrais savans. D'ailleurs, toutes les idées d'égalité répugnaient à son orgueil. Il trouvait la plupart des abus de notre ordre social fort bons, à raison de ce qu'il était gentilhomme ordinaire, seigneur châtelain, homme à grand ton, et fort aristocrate en société comme en littérature, parce qu'il y était fort riche. Ce philosophe qui ne creusait aucune idée par lui-même, mais qui revêtissait avec grâce les pensées données, n'a pas eu le génie de concevoir que des traditions toujours cachées et toujours transmises par toute la terre, ne pouvaient avoir qu'un objet d'un intérêt universel, et qui tenait aux premiers principes de la nature. Je dirai à cet écrivain aussi étonnant par les inconstances de son esprit que par les beautés de son talent, qui a versé dans l'opinion publique tant de vérités et tant d'erreurs, qui passait par une alternative journalière d'un déisme exalté à un matérialisme absurde, je lui dirai que ce sont les mystères des matérialistes eux-mêmes qui sont *fort plats*, et qui ne sont propres qu'à éteindre toutes les lumières et toutes les vertus en méconnaissant la dignité de l'homme et l'esprit de l'univers. Je lui dirai, ainsi qu'à tous les menteurs en philosophie, que ce sont ceux qui font du genre humain un troupeau sans âme, et de tous les mondes harmonieux qui emplissent l'immensité une production sans principe et sans dessein, qui sont en cela des penseurs forts étroits, fort méprisables, et pour reprendre son expression, *fort plats*. Mais les traditionnaires antiques, les conservateurs des idées primitives, qui ont de grandes notions de l'architecte universel, de grandes pensées sur les droits des êtres intellectuels, et qui regardent l'homme comme un Dieu, ceux-là sont élevés, nobles, sublimes. Quand la vraie et sérieuse philosophie aura tout examiné, tout appelé à la lumière, alors ces vieux secrets paraîtront au grand jour, et il se trouvera que c'était la vérité même, perdue pour la multitude, et persécutée en tout lieu, qui s'y était retirée comme dans un refuge, et qui attendait, pour se reproduire à tous les regards, que les yeux du genre humain fussent assez dessillés pour n'être pas blessés de son éclat. Or, comme les philosophes n'ont point de coalition, ne forment société en aucun canton du monde, il est évident que leurs pensées qui commencent à éclairer les esprits, ne peuvent rallier tous les hommes à leurs droits et à leur bonheur qu'à l'aide de ces éternels amis de la nature, que la Providence elle-même a tenus fraternellement réunis partout pour cette rénovation totale des idées et des sentimens des nations.

» Vous verrez, Messieurs, combien les francs-frères serviront à l'établissement de nos deux grands desseins, la religion de l'univers et la réorganisation de la société. Tout est plein d'idées religieuses et de sentimens moraux dans leur système général de concorde. Tout rallie leur doctrine à Dieu et à l'amitié ; tout tend par leurs principes à élever dans le monde entier le temple de l'univers. Vénérables frères ! dignes amis des hommes ! je n'ai pas voulu, je n'ai pas dû être initié à vos mystères, parce que la vérité m'échappe, et que je n'aurais pu promettre de l'ensevelir dans un profond silence ; mais j'en connais assez pour être sûr qu'aucun de vous ne peut démentir ces données fixes sur le fond de vos traditions doctrinales ; et je vous adjure, au nom du genre humain, de servir de toute votre influence cette grande cause de l'humanité qui touche maintenant à sa décision, et dont vous serez les patrons par toute la terre.

» Pous nous, simples frères dans la grande alliance de la nature, et adorateurs nullement mystérieux de l'éternelle vérité, approchons-nous d'un esprit franc et d'un cœur unanime de ces cercles d'hommes initiés dans tous les lieux du monde à la liberté, à l'égalité, à l'union. Agrandissons ainsi de toute part la sphère de la concorde et l'empire de l'amitié. Élevons cent millions de voix à l'unisson de l'humanité dans le grand concert de l'harmonie fraternelle. Dressons de nos mains toutes puissantes, dès qu'elles agiront d'accord, le trône de l'opinion, et forçons-la par une générale, et douce et sainte violence, de confier à l'amour seul le sceptre du genre humain.

» Charme de l'unité! empare-toi de nos âmes, vivifie nos cœurs, divinise nos volontés. Allons ensemble au bonheur; séduisons tous les peuples par un invincible attrait; et conquérons l'univers pour le rendre heureux. La confiance mutuelle, la résolution unanime, amis des hommes, vous les sentez mieux que ne peuvent l'exprimer mes paroles, sont le gage assuré de nos succès. Commençons. Le cercle social de Paris servira nos efforts; il m'a choisi hors de son sein pour vous l'assurer. Il établira ses relations avec les autres cercles : il secondera nos correspondances avec les associations extèrnes qui se formeront à l'exemple de la nôtre chez les nations. Cette belle concordance réalisera le plan du créateur, remplira l'espérance des siècles, sera la joie de l'éternité. Ainsi l'a combiné, selon les oracles antiques des prophètes, le souverain ordonnateur des êtres. « Au
» milieu des temps, l'œuvre de la création sera vivifiée : les na-
» tions ne formeront qu'une famille; les hommes n'auront qu'un
» cœur et un langage, langage choisi parmi tous les idiomes du
» genre humain pour l'union des peuples, *tunc reddam populis*
» *labium electum*. L'abondance sera universelle, tous goûteront
» les jouissances de la vie, et participeront aux bienfaits de la
» nature. Alors s'écouleront les jours de la paix, et sera établi
» l'empire de la justice dans l'univers. » Telle est, Messieurs, l'ordre des éternelles destinées; telle est l'attente du Ciel que nous allons remplir.

» Hâtons-nous de régler la marche de nos travaux pour avancer rapidement dans notre divine carrière. Tout doit dériver d'un seul principe ; et ce principe, le voici : *Bannir la haine de la terre, et n'y laisser régner que l'amour*. Dans ce point unique, comme l'a dit le législateur par excellence, consiste toute la loi tant pour la religion que pour la société. Examinons sur cette règle absolue toute institution religieuse et toute législation sociale : ce qui s'en écarte est mauvais, et ne produit que la désunion ; ce qui s'y conforme est bon, et n'enfante que l'ordre. Aimer est tout pour la sagesse et pour le bonheur.

» Nous pèserons donc dans la balance infaillible de l'amour universel pour connaître la vraie législation qui convient à tous les hommes, le contrat social de Rousseau. Nous adopterons tous les articles qui sont en pleine harmonie avec ce principe ; dans ceux qui s'en éloignent, ce grand génie, qui a rendu de si grands services à l'humanité, nous paraîtra avoir perdu son poids, ne plus s'être compris. Nous le trouverons en contradiction avec la vérité comme avec lui-même. Nous pourrions soumettre à la même épreuve l'énigmatique Montesquieu, le grave Mably, l'éloquent Raynal, et tous les profonds écrivains législateurs ; mais Rousseau suffit, car il a dit substantiellement tout ce qu'il y a de meilleur dans les meilleurs auteurs qui ont parlé des lois.

» Dans l'autre côté de l'amour universel, nous mettrons, pour connaître la vraie religion faite pour le genre humain, quoi, Messieurs ? Je ne parle pas en prêtre, je parle en homme, et je dis l'*Évangile*. Il rapporte tout à l'amour. Il divinise ce sentiment en le réduisant à l'égalité, à l'unité entre Dieu et toute la famille humaine sans exception. C'est la seule religion du monde entier qui ait cette base absolue : c'est donc la seule qui mérite d'être considérée dans notre principe d'union et d'affection générale. Toutes les autres sont exclusives, sont haineuses, sont étrangères à nos vues de pleine concorde comme elles le sont au vrai bonheur des hommes. Si, à l'examen, nous trouvons que l'Évangile est en effet le code religieux qui exige l'amour universel, et qui porte les cœurs par les plus doux et les plus puissans motifs à s'y livrer sans réserve ; il sera sous ce rapport la religion du genre humain. Il nous sera aisé ensuite de renverser d'un souffle tout puissant l'édifice barbare de haine, de servitude et de discorde, élevé par les théologiens sur cette base divine d'amour, de liberté, d'union. Déjà la philosophie a fait voir en eux, avec une évidence irrésistible, les despotes des consciences, les fauteurs des tyrans, et les boute-feux des nations. Il faut à tout prix que la religion ne soit qu'amour, et si l'Évangile en exceptait un seul homme, il faudrait y ramener l'Évangile ; car ce serait une erreur contradictoire à ses principes qui s'y serait glissée ; et ce sont ceux qui ont faussé cette sainte règle, si non dans le texte, du moins dans l'interprétation, qui l'ont empêchée d'avoir conquis l'univers.

» Pardonnez, Messieurs, si, lorsqu'il s'agit d'un examen qui suppose le doute méthodique du philosophe, je mêle dans un discours fait au nom des amis du genre humain une affirmation qui peut paraître prématurée sur la vérité fondamentale de l'Évangile. Ma persuasion particulière, que je n'ai pas dû trahir, n'oblige que moi, et laisse à chacun son droit de discussion et d'impartialité ; mais j'assure d'avance que l'Évangile bien conçu, bien réduit à lui-même, convient à tous les esprits, parce qu'il les unit tous ; est fait pour tous les cœurs, parce qu'il les enchaîne tous ; est complétement la religion universelle, parce qu'il relie à l'unité d'un Dieu ami des hommes, le genre humain. Enfin, Messieurs, je tiens pour facile de démontrer contre tous les prêtres fanatiques, contre tous les théologiens haineux, contre tous les dévots atrabilaires, que l'Évangile n'est que tolérance et affection, et bonne espérance, et condescendance, et fraternité, amour, en un mot, amour immense, amour infini, qui embrasse le ciel et la terre, tous les êtres et tous les temps. Nous examinerons, Messieurs, nous examinerons ; et ce qui sera convenu de toutes les parties du globe par la généralité des frères amis de la vérité, sera infailliblement constitué la religion qui convient à tous les hommes.

» Nous commencerons par la meilleure législation sociale, parce que c'est de législation qu'on s'occupe en tous lieux. D'ailleurs ce sont les gouvernemens qui ont dépravé la religion chez tous les peuples ; ramenons donc les lois fraternelles et unitives dans la famille humaine, ensuite nous ferons descendre du ciel l'amour divin, pour donner sa sanction au bonheur de l'univers.

» Voilà nos vues et nos projets. Les malveillans, qui déjà commençaient à répandre que nous voulions semer de nouveaux principes de discorde et incendier les esprits, vont se trouver bien empêchés dans leurs calomnies et leurs haines. Nous ne cherchons qu'à rapprocher et qu'à unir les hommes : nous ne voulons qu'amour et bonheur.

» Les premiers chapitres du contrat social seront l'objet de l'examen et des discussions de l'assemblée, qui se réunira dans huit jours. Quand on sera convenu d'un article, on l'enverra par la feuille périodique, avec des développemens, dans tous les chefs-lieux de nos correspondances, et de grandes lumières arriveront de toutes parts pour éclairer les principes de la vérité.

» Nous engageons cependant, pour connaître la disposition générale des peuples, les mouvemens des esprits et les espérances des régénérations nationales, tous ceux des membres de l'assemblée qui entretiennent des relations soit d'amitié, soit de science, soit de commerce, de prier leurs correspondans de mettre dans chacune de leurs réponses quelque nouvelle morale ou politique des lieux qu'ils habitent. Cinq ou six lignes seulement dans chaque missive sur ces objets, suffiront pour donner souvent les notions les plus importantes. Les négocians connus pour être de l'association universelle des Amis de la vérité, gagneront sous ce rapport une grande confiance chez les nations ; car notre assemblée, quelque nombreuse qu'elle soit, ne sera composée que d'hommes d'une probité intacte. Aucune inquisition sur le passé, sans doute, ce doit être une de nos premières lois ; car les hommes ayant été jusqu'ici exposés à la dépravation par un gouvernement qui commandait tous les vices, il serait injuste d'exiger d'aucun de nous les mœurs anticipées de la régénération. Mais actuellement nous sommes libres, les vertus sociales qu'exige la liberté nous sont devenues nécessaires ; on ne peut dispenser aucun des Amis de la vérité de s'en montrer revêtu. Les malhonnêtes gens capables de manquer aux règles de la stricte droiture, seront bannis de nos séances : le témoignage de trois frères suffira pour obliger le procureur-général du directoire à dénoncer, non pas la personne, qui ne sera jamais nommée, mais l'action malhonnête. On ira aux voix pour l'expulsion du frère inconnu qui s'en sera rendu coupable, et le même procureur-général lui dira en secret de ne plus reparaître. Une telle mesure ne compromet personne et donne l'assurance à la grande association de n'avoir que des hommes d'honneur dans son sein. »

Claude Fauchet se fit beaucoup de querelles à cause de ses opinions sur Voltaire; il eut là-dessus une correspondance avec Anacharsis Clootz, dans laquelle le procureur-général de la Vérité et l'apôtre du genre humain luttent de politesse et de sensibilité (style du temps). Nous en donnerons les extraits les plus curieux. Charles Villette, l'un des derniers élèves du patriarche de Ferney, défendit aussi la mémoire de son maître. Nous trouvons dans le n° X de *la Bouche de fer*, octobre 1790, un extrait de son apologie, suivi d'une réfutation pleine de verve et de logique. Ici nous jetons en note la réponse du *Cercle social* au rédacteur des *Révolutions de Paris*; elle est dans le n° XX de son journal, novembre 1790, et porte pour épigraphe : *Haro sur le baudet !* (1)

---

(1) « Il est un degré d'impertinence où il ne faut pas laisser monter impunément les sycophantes de la liberté, qui se croient des Luciens, des Voltaire, et qui ne sont que des Zoïles et des Gascons. Ces gens-là outragent les bons citoyens et le bon goût; ils se targuent de patriotisme, et se renflent de zèle; mais ils n'aiment de la révolution que le droit d'insulter, à tort et à travers, et tout leur amour de la patrie est dans le produit du colportage de leurs libelles (1). Le successeur de Loustalot veut être ardent, satyrique comme ce brûlant jeune homme, et n'est que détracteur affecté comme un eunuque en colère. Une basse envie le tourmente; il mord la vérité, dans son dépit contre ceux qui l'adorent. Le mot de Piron ne lui est cependant pas

---

(1) Et ne vous y trompez pas ; nous ne voulons pas même proscrire les libelles : « La licence qui produit quelquefois des libelles, prévient un mal plus grand que produirait l'ignorance des citoyens » *Vid.* lettre V de l'introd. à *la Bouche de Fer*.

Extrait des Révolutions de Paris. — « La vérité vient d'établir son trône au cirque du Palais-Royal. Cette galerie a plusieurs usages : les mardi, jeudi et dimanche, on y chante des ariettes ; les mercredi et samedi, les nymphes circonvoisines des entresols y dansent, et les lundi et vendredi on y dit la vérité.

» C'est sous les auspices apparens de M. l'abbé Fauchet que cette société s'établit ; nous n'en voyons pas encore les fondateurs réels, et nous n'en verrons les instigateurs que le plus tard qu'il se pourra.

» Établie au cirque du Palais-Royal, si cette association n'est pas mystérieuse, elle est du moins mystique par les principes qu'elle affecte.

» L'abbé Fauchet a prononcé plusieurs discours pour appeler les citoyens sous l'apostolat dont il est chargé.

» Dans le premier, il nous a démontré que l'établissement des *Amis de la vérité* reposait sur deux bases : la franche-maçonnerie mieux subtilisée ou mieux développée dans ses allégories, et l'évangile de Jésus-Christ, d'où doivent résulter deux conséquences

---

applicable dans son entier, *Il ne fait rien et nuit à qui veut faire*. On fera, malgré lui; il ne nuira qu'à Prudhomme ; il faut convenir que Loustalot n'a pas été, en effet, aussi bien loué au cirque, qu'il l'est par l'héritier de son journal ; *c'est un vide éloge pour un tel devancier qu'un tel successeur.*

» A qui ce phraser malencontreux persuadera-t-il qu'un homme qui ne manque pas de sens, ait eu l'ineptie de dire à une grande assemblée de Français, que Voltaire n'était *philosophe* sous aucun rapport ; qu'il n'a *rien fait* pour disposer les esprits *à la révolution* ; que c'était un être vil et un plat personnage ? N'est-ce pas pousser trop loin l'impudence, que d'écrire ces mots en gros caractères, de les faire saillir à tous les regards, comme pour affirmer que ce sont les propres paroles qu'on a entendues, et pour appeler le zèle des adorateurs de ce grand homme, contre un orateur imbécile qui viole en face du public, les oracles de l'opinion et les décrets de la renommée ? Que M. Villette qui rend au patriarche de la philosophie et des lettres, le culte du Thibet, se courrouce contre une critique juste, modérée, mêlée d'hommages, et qui se borne à ne pas admirer les inconstances notoires, les injustices partiales, les erreurs palpables, les flagorneries ministérielles, le despotisme en société comme en littérature, enfin, la matière fécale de ce puissant génie : à la bonne heure, l'amitié couvre tout d'un beau voile, et peut adorer tout à son gré. Mais qu'a de commun le journaliste des *Révolutions de Paris* avec Voltaire ? Pourquoi ce nain ment-il avec tant d'enflure pour la vengeance de ce géant ? Il n'est pas seulement digne d'encenser ses déjections ; et pour me servir d'une expression *que le grand homme a répétée souvent*, il mériterait d'en déjeûner.

« Nous savons que M. le journaliste a été oratorien, comédien, puis rien

inévitables, et inutilement cherchées jusqu'à ce jour, *la vérité et l'amour universel*. L'orateur ayant à lier le dictionnaire oriental et les hiéroglyphes de la maçonnerie, avec les miracles et le vocabulaire naïf de l'Évangile, et voulant y intercaler le nouveau glossaire de la révolution ; l'orateur, dis-je, s'est servi d'un style mixte, mais toujours soutenu, pour éviter les disparates, de manière que ce mélange de phrases apocalyptiques, de figures orientales, de paraboles judaïques, de termes politiques et d'expressions amoureuses, liés dans une texture poétique, donnait à tout son ensemble une physionomie de prophète qui a merveilleusement étonné l'auditoire.

» Cette oraison a été suivie d'un supplément qui contenait l'oraison funèbre de Loustalot, et dans laquelle Loustalot n'a été

Il veut se reguinder : il transforme son journal en chaire oratorienne, et il prêche la liberté dans le style de la Gazette ecclésiastique avec des injures et des mensonges ; ensuite il change de costume, et se montre comme sur des tréteaux de la comédie ; mais il ne fait rire personne, si ce n'est de ce rire niais qu'occasionne les balourdises pleines d'affectation du pendant d'arlequin. Il retombera bientôt dans sa nullité ; c'est très-fâcheux pour son payeur de feuilles. *Les quartiers de vérité* qu'on fait solder au cirque, à la fin de chaque séance, seraient, de la part de l'observateur, une pasquinade assez plaisante, si, en effet, on avait jamais eu l'idée de demander un abonnement à personne. Mais il faut que cette pensée d'*argent* tourne habituellement dans la tête du révolutionnaire de Paris, s'il a cru qu'en invitant les citoyens à s'inscrire pour les comités de correspondance, ce fût leur dire : « Abonnez-vous au journal et payez ». Il est vrai qu'au grand déplaisir d'une âpre rivalité, d'une certaine classe de folliculaires sans pudeur et sans gloire, les souscripteurs abondent pour l'écrit périodique du cercle social, où les intérêts de la vérité ne se traitent ni en pasquinades ni en calomnies : mais, c'est l'écrit qui les invite, ce n'est pas nous. Au surplus les auteurs de cet ouvrage ressemblent bien peu aux marchands de phrases. Le produit de leur travail sert à l'entreprise même comme pour l'alliance de tous les hommes. Nous payons le local, l'illumination, tous les frais de l'assemblée. M. le journaliste qui vient se pavaner chez nous, et qui, en reconnaissance, nous rend des injures, est-il aussi désintéressé avec ses souscripteurs ? C'est l'argent, qui le fait penser, qui le fait parler, qui le fait *calomnier*. Nous ne lui ressemblons en rien : nous pensons, nous agissons, nous parlons, nous disons le vrai uniquement pour être utiles, et nous trouvons que c'est un grand gain. Voilà les *amis de la vérité*, ils ne craignent pas les moqueurs, ils les montrent ; c'est une dure justice ; mais il fallait la faire une fois. Nous ne respirons que concorde et amitié ; que le méchant se le tienne pour dit : qu'il nous laisse en repos. On dit que la colère de l'agneau est violente quand on veut l'irriter ; mais elle est courte : rendu à sa bonté native il reprend son calme, il parcourt tranquille les champs de la nature et se livre sans fiel aux doux instincts de la paix.

rien moins que loué; mais en place l'orateur y a louangé le général la Fayette d'une façon un peu surprenante. L'orateur a trouvé sublime, admirable et *inconcevable*, que M. la Fayette ayant été mal mené quelquefois par Loustalot, ne se fût cependant jamais servi de son pouvoir et de ses baïonnettes pour le molester. Cette partie du supplément n'a pas été fort bien accueillie, pas même des aides-de-camp du *cheval blanc*.

» Dans une autre séance, et dans un discours subséquent, l'abbé Fauchet, voulant développer son système de mysticité amoureuse et sa nouvelle philosophie évangélique, a commencé par tomber à bras raccourci sur Voltaire. Pour le coup, il a été clair, et l'on a bien vu qu'il s'agissait là d'une autre affaire; mais aussi l'auditoire a perdu patience, et M. l'abbé Fauchet, interrompu à chaque mot, s'est aperçu qu'il n'était pas dans la chaire de Bourges (1).

» Voltaire, *selon lui, n'était pas un philosophe, il n'a rien fait pour la révolution, c'était un être vil, un aristocrate, un plat personnage,* etc.: on n'a rien à répondre à ces belles choses. J.-J. Rousseau a paru sur les rangs après Voltaire, il a été trouvé admirable tant qu'il a parlé de l'amour évangélique, et passable en politique. Son *Contrat social* doit être discuté dans le *Salon de la vérité*, où l'on démontrera ce qui est bon, et pulvérisera ce qui est *mauvais*. Voilà la matière des séances.

» Au reste, M. l'abbé Fauchet est *procureur-général* de la vérité (c'est le titre de sa charge), et il est bon d'observer qu'il est le seul maintenant en France en possession de cette dénomination aimable; car Desmoulins a donné sa démission de l'office de procureur-général de la lanterne (n° LXIX).»

NOVEMBRE 1790.

La présidence de l'assemblée passa, le 8 novembre, de Barnave à Chassey, et le 20, de Chassey à Alexandre Lameth.

(1) M. l'abbé Fauchet est vicaire général de l'archevêque de Bourges.
(*Note de Prudhomme.*)

Dans l'intervalle du 29 octobre au 6 novembre, l'assemblée nationale continua ses travaux législatifs sur la vente des biens nationaux, sur les impositions, sur les ponts et chaussées, sur les assemblées électorales, sur l'ordre de liquidation et de remboursement de la dette publique, etc. Divers incidens que nous allons rapidement exposer vinrent du dehors se mêler à ses séances. Au commencement de celle du 2 novembre, Viellard fait adopter un projet relatif aux troubles élevés à Nîmes. L'ordre du jour ne nous présente de remarquable que l'opinion de Grégoire sur l'inégalité du partage entre les enfans. Il demanda qu'elle fût enfin détruite, et malgré l'opposition de Cazalès et celle de Foucault, l'assemblée ajourna la question à un bref délai. Le 2 au soir, Vernier fait un rapport sur une affaire de la municipalité de Chinon. On entendit ensuite Regnier, relativement aux troubles arrivés à Haguenau. L'*Ami du roi* nous paraît, sauf ses ironies et ses arrière-pensées fédéralistes, avoir très-bien saisi l'aspect révolutionnaire de ces deux événemens. Voici quelques-unes de ses réflexions : « Voici un grand attentat d'une petite municipalité, non pas précisément contre la révolution, mais contre l'ordre public.

« Les officiers municipaux de la ville de Chinon, considérant que l'intérêt et le bien-être du peuple, le soulagement des pauvres sont l'objet essentiel du nouveau gouvernement; que ce sont là les promesses solennelles des représentans de la nation ; que l'espoir seul d'un sort plus heureux a soulevé la classe indigente et opéré la révolution ; que cependant on ne voit aucun effet de ces promesses, que le nouveau système d'imposition est beaucoup plus onéreux que l'ancien, que la cherté des denrées, jointe à la cessation des travaux, à l'absence du numéraire, réduit les dernières classes de la société à la plus affreuse misère, ont résolu de donner une bonne leçon à l'assemblée nationale, et de faire par eux-mêmes le bonheur de cette portion d'individus confiée à leurs soins. La ville de Chinon se trouvant imposée pour treize mille livres, ils ont jugé avec quelque fondement qu'on n'avait aucun reproche à leur faire s'ils continuaient de fournir au trésor public cette même somme de treize mille liv., et que, du reste, ils avaient le droit de la répartir de la manière la plus avantageuse au peuple. Appuyé sur ce principe incontestable de Jean-Jacques Rousseau que celui qui n'a que le simple nécessaire ne doit rien payer, et que toutes les taxes doivent être établies sur le superflu des riches; ils ont commencé par abolir les droits sur les vins et sur la viande, parce que les droits sur les denrées de première nécessité grèvent surtout les pauvres, parce que le bas prix des vivres est réellement ce qui soulage le plus le peuple, ce qui corrige le plus efficacement l'inégalité des fortunes. Ensuite ils ont imposé tous les gens aisés, tous les ci-devant privilégiés de la ville à une somme proportionnée à leur fortune, et qu'ils pouvaient payer sans se priver du nécessaire.

» La cause des pauvres n'a pu trouver grâce devant le directoire de Saône-et-Loire, que je soupçonne être composé d'aristocrates dont l'assemblée nationale doit se défier.

» L'affaire a été portée devant elle. La municipalité de Chinon devait s'attendre sans doute à obtenir justice et vengeance des pères du peuple et de la liberté, des législateurs de l'égalité; mais peu conséquens dans leurs principes, et plus jaloux de leur autorité que du soulagement des pauvres, ils ont déclaré nul le rôle fait par la municipalité de Chinon, et ont ordonné la confection d'un nouveau rôle.

— » Encore une municipalité sur la scène, c'est celle de Haguenau : c'est peut-être de toutes les municipalités du royaume la plus disgraciée auprès de nos législateurs qui, dernièrement, viennent de la livrer au ressentiment et à la vengeance de la municipalité de Strasbourg, leur favorite déclarée.

» Il faut convenir que Haguenau s'est un peu attiré sa disgrâce par une conduite équivoque. Pourquoi, par exemple, ses officiers municipaux se sont-ils avisés de vouloir différer jusqu'au 28 la fête de la fédération, qui s'est partout célébrée le 14 juillet? Pourquoi surtout ont-ils fait proscrire, dans cette solennité, le costume militaire, si beau, si imposant, et qui plaît tant aux femmes? Pourquoi ont-ils ordonné que le serment civique serait prêté par les citoyens, sans armes et en habits bourgeois; n'était-ce pas ôter au serment plus de la moitié de son mérite et de sa valeur : de pareils écarts n'ont point l'excuse du patriotisme; aussi l'assemblée nationale a-t-elle improuvé hautement la conduite de la municipalité de Haguenau. » (N° CLVIII, pag. 1 et 2.)

Dans la séance du 3, Gérard demande que, puisque l'assemblée nationale ne veut pas avancer sur la constitution, elle ne soit pas payée passé cette année. (Applaudissemens du côté droit.) Montlausier appuie cette motion, et demande qu'on la mette aux voix. D'après les observations de Chapelier et de Charles Lameth, l'assemblée passe à l'ordre du jour.

Dans celle du 4, Fermont rend compte de la situation actuelle des affaires de Brest. Voici son discours :

M. Fermont. J'ai à vous instruire de l'état de la ville et de l'escadre de Brest. (Il s'élève de grands murmures du côté droit; qui, plus nombreux que de coutume, demande le rapport de l'affaire d'Avignon.)

Voici la lettre des deux commissaires : « Les équipages de tous les vaisseaux s'empressent de donner à l'envie des preuves de leur repentir et de leur amour pour la paix et le bon ordre. Un seul mauvais sujet, depuis long-temps reconnu comme tel, voulut faire une motion; on l'a fait taire; il a insisté, a insulté plusieurs officiers : l'équipage a demandé son débarquement, ce qui a été exécuté, et il a été renvoyé comme chef d'émeute.

Une députation de l'équipage est venue nous prier de le faire mettre en prison. Il va y être conduit. On voit par ce trait d'un équipage l'esprit qui règne dans toute l'escadre. (On applaudit.) Les commissaires ont en même temps envoyé au comité deux adresses que les équipages des vaisseaux l'*America* et le *Superbe* ont fait parvenir à la société des *Amis de la constitution*, établie à Brest. Voici celle du *Superbe* : « Rien ne pourra désormais altérer les sentimens patriotiques que vos actions, vos discours, ont imprimés dans le cœur de tous les citoyens de l'armée navale. Cet amour fraternel, ce zèle infatigable que vous avez montrés, exige de nous un retour qui justifie l'espérance que vous avez conçue des marins. Nous écarterons de nous les moindres vestiges du vice; nous jurons d'être fidèles à la nation, à la loi et au roi, et de défendre jusqu'à la mort le pavillon national; nous promettons d'aimer notre chef, de lui obéir, de rejeter de notre sein tous ceux qui seraient parjures à leur serment. »

L'adresse de l'*America* contient les mêmes sentimens. Les matelots viennent de demander aux commissaires la permission de députer deux hommes par équipage pour rédiger une adresse à l'assemblée nationale.

L'assemblée ordonne que les adresses des vaisseaux le *Superbe* et l'*America* aux *Amis de la constitution*, seront insérées dans le procès-verbal.

Dans celle du 5, Noailles fait rendre un décret sur les traitemens et pensions accordés, conformément aux capitulations, aux officiers, sous-officiers et soldats suisses. — Plaintes de Duquesnoy sur l'inexécution des décrets relatifs à la constitution civile du clergé. Ordre du jour. — Dauchy et Larochefoucauld font adopter le reste des articles de la contribution foncière. — Lebrun présente un tableau de l'arriéré sur le recouvrement des impôts. La discussion s'engage sur cet objet. Charles Lameth demande si les vingt-deux millions arriérés sont dus par les receveurs-généraux ou par le peuple. Anson donne des explications sur ce fait. Charles Lameth s'élève contre les compagnies de finances et les receveurs-généraux; il opine pour que le contrôleur-général soit mandé à la barre, à l'effet de rendre compte des motifs qui ont occasionné le retard de la perception. Duquesnoy dit que le gouvernement fera rentrer les deniers quand il voudra. Regnaud-d'Angely propose d'autoriser les districts à faire le relevé des recettes des collecteurs. Cazalès adopte cet avis. Maury veut, non pas que le contrôleur-général soit mandé à la barre, mais qu'il se rende au sein de l'assemblée pour soulever le rideau derrière lequel sont tous les obstacles; il assure que des paroisses entières se sont liguées pour ne plus payer aucun impôt. Le président Barnave annonce à l'abbé Maury qu'il le rappellera à l'ordre, s'il ne prouve ses allégations. Maury cite dix-sept paroisses de Saintonge qui, dit-il, ont pris l'engagement de ne payer aucun impôt et d'assassiner les collecteurs. Il ajoute : « Si les peuples refusent de payer, vous n'avez rien de mieux à faire que de vous en aller. » Regnauld-d'Angely accuse Maury de vouloir altérer le crédit public; il réfute ses allégations, et offre de se mettre en ôtage pour ses concitoyens accusés. Lecouteulx et Chevalier accusent quelques curés d'exciter le peuple à refuser le paiement des impôts. Les débats se prolongent.

FIN DU SEPTIÈME VOLUME.

TABLE DES MATIÈRES

DU SEPTIÈME VOLUME.

PRÉFACE. — Motifs de la domination des intérêts bourgeois au commencement de la révolution. — Ce fait engendre une doctrine contraire au principe même de la civilisation moderne. — Exposition de la doctrine de la responsabilité.

AOUT 1790. — Réflexions de Loustalot sur le parti ministériel, p. 1, 6. — Rapport de Thouret sur l'organisation du ministère public, p. 7. — Désordres des campagnes, p. 9. — Insurrections des colonies, p. 10. — Insubordinations des troupes de ligne, p. 11. — Rapport du ministre de la guerre sur ce sujet, p. 11, 15. — Projet de loi sur le même sujet, p. 15. — Troubles dans le Var, p. 15. — Esprit des tribunaux, p. 15, 17. — Le Châtelet dépose sur le bureau de l'assemblée son rapport sur les affaires d'octobre, p. 17. — Discussion sur ce sujet, p. 19, 25. — L'assemblée renvoie à son comité du rapport, afin de savoir s'il y a lieu à accuser quelques-uns de ses membres, p. 25. — Troubles dans le Gâtinais, p. 25. — Troubles pour les grains, p. 28. — Rassemblement de 50,000 gardes nationaux à Stenay sur la nouvelle de l'entrée des Autrichiens en France, p. 29. — Arrestation de lettres chiffrées adressées au ministre des affaires étrangères, p. 29. — Discussion sur l'organisation du ministère public, p. 30, 48. — Troubles de Montauban, p. 48. — Duel de Barnave et de Cazalès, p. 49. — Réflexions de la presse à ce sujet, p. 50. — Théorie de l'égoïsme par les impartiaux, brochures publiées par ce club, p. 51. — Accusations du comité des recherches contre le Châtelet, affaires d'octobre, p. 55, 56. — Libelle prétendu de Lameth, p. 56. — Décret sur le régiment de Languedoc, p. 57. — Suppression de la compagnie des

TABLE DES MATIÈRES.

Indes, p. 58. — Troubles des provinces, p. 58, 59. — Affaire de Nancy, p. 59, 86, 119, 125, 127, 129, 162. — État de l'armée, p. 60. — Émeute à Paris, p. 77. — Mort de Loustalot rédacteur des révolutions de Paris, p. 79. — Troubles dans l'armée de mer à Brest, p. 87. — Affaire de l'abbé Perrotin, p. 88, 103, 117, 181, 568. — Décret du code pénal maritime, p. 96. — Émeute à Toulon et à Metz, p. 98. — Insubordination dans le régiment Royal-Champagne caserné à Hesdin, p. 99. — Dénonciations contre la presse, p. 102, 103. — Troubles d'Avignon, p. 118, 123. — Réclamations pour la propriété des gens de lettres, p. 119. — Décret diplomatique sur l'alliance avec l'Espagne, p. 122. — Remboursement de la dette, p. 123. — Rapport de Necker, p. 123, 125. — Mouvemens des troupes Autrichiennes vers la Belgique, p. 127. — Discours de d'Esprémenil sur le prix de la justice en France, p. 128.

Septembre 1799. — Démission de Necker, p. 165. — État de la dette publique, p. 165. — Discours de Dupont sur la cause des émeutes à Paris, p. 168. — Camp fédératif de Jalès, p. 174, 177. Trouble de St.-Étienne, p. 177. — Nouvelles émeutes dans l'armée, p. 182. — Rapport du comité des recherches sur une nouvelle conspiration, p. 185. — Pamphlet de Dupont contre les assignats publié sous le nom d'Ami du peuple, p. 186. — Adresse des Amis de la constitution de Paris (club des Jacobins), sur la concorde, p. 192. — Arrestation de Necker à Arcis-sur-Aube, p. 196. — Arrestation, à la frontière, d'un espion, p. 199. — Difficulté de percevoir les impôts, refus des percepteurs de recevoir, p. 202. — Troubles d'Orléans, accaparemens de grains, p. 207. — Saisie des écrits de Marat, p. 210. — Accaparemens des grains, p. 213. — Observations de Robespierre dans l'intérêt des pauvres religieux, p. 214. — Députation des Liégeois, p. 215. — Dénonciation de Libelles adressée à l'armée, p. 216. — Troubles de Brest, p. 217, 225. Rapport sur la dette publique, p. 227. — Mesure contre les crieurs et colporteurs, p. 228. — Subsistances, p. 229. — Discussion sur les assignats, p. 230. — Assemblée générale des représentans de la commune, serment de loyauté, et de pureté dans leurs fonctions, p. 233. — Assignats, p. 234. — Discours de Mirabeau sur les assignats, p. 236, 273. — Décret sur le remboursement de la dette en assignats, p. 274. — Rapport de Chabroud sur les affaires des 5 et 6 octobre 1789, p. 275, 555.

TABLE DES MATIÈRES.

Octobre 1790. — L'élection aux emplois militaires est donnée au roi, p. 536. — Discussion sur le rapport de Chabroud, p. 536. — Subsistances, p. 538. — Troubles de Brest, affaire de St.-Domingue, p. 542. — Bruits sur un complot de conduire le roi à Rouen, p. 546. — Résistance des parlemens, p. 551. — Dénonciation contre les clubs, p. 553. — Troubles pour les subsistances en Languedoc, p. 554. — Troubles de Marseille, p. 555. — Démission du commandant de l'escadre de Brest, p. 559. — Rapport de Broglie contre le parlement de Toulouse, p. 560. — Élection de Robespierre président du tribunal de Versailles, p. 568. — Troubles à Niort, p. 569. — Correspondance de l'Ami du peuple, p. 572. — Troubles à Cherbourg, p. 574. — Anecdote sur les émigrés, p. 575. — Opposition des scellés sur les greffes du parlement de Paris, p. 576. — Anecdotes sur la reine et le général la Fayette, p. 579. — Rapport sur l'affaire de Brest, proposition d'une adresse pour le renvoi des ministres, p. 580. — Discussion orageuse sur ce double sujet, p. 584, 422. — Le pavillon tricolore est décrété, p. 422. — Réflexions de la presse sur la persistance du ministère, p. 423. — Subsistances, exportations de grains, p. 425. — Opinion de Marat sur Barnave, p. 427. — Discussion sur l'institution d'une haute cour nationale, p. 427, 431. — Discours de Robespierre, p. 428. — Discours de Maury, p. 429. — Nouvelle conspiration à Mâcon, p. 431. — Nouvelle du rétablissement de l'ordre à Brest, p. 431. — Rapport de Viellard sur les troubles de Castres, p. 434. — Rapport de Voidel sur l'affaire de Bussi, p. 434. — Nouveaux événemens à Montauban, p. 439. — Excès commis à Béfort par les hussards de Lauzun, extraits de l'*Ami du roi*, de l'*Orateur du peuple*, p. 442. — Notice sur le journal *la Bouche de fer*, p. 447. — Assemblée fédérative ; *première séance*, p. 448. — Extrait du premier discours de Claude Fauchet, p. 449. — Second discours de Claude Fauchet, p. 454. — Extrait des *Révolutions de Paris*, p. 463. — Réponse du *Cercle social*, note de la page 464.

Novembre 1790. — Introduction, p. 463. — Extrait de l'*Ami du roi*, p. 464. — Fermond rend compte de la situation actuelle des affaires de Brest, p. 470.

FIN DE LA TABLE DES MATIÈRES.

ENCYCLOPÉDIE

DE CABINET,

SUR LE PLAN DE LA COLLECTION ANGLAISE INTITULÉE

CABINET CYCLOPÆDIA,

publiée par le docteur LARDNER,

AVEC LE CONCOURS DES SAVANS LES PLUS DISTINGUÉS.

L'ENCYCLOPÉDIE DE CABINET sera publiée dans le même format que la collection anglaise et avec le même luxe d'impression et de gravure ; mais l'éditeur français n'empruntera à la collection anglaise que les ouvrages d'un mérite incontestable, comme il a déjà fait pour le *Traité d'astronomie* d'HERSCHEL, comme il fait en ce moment pour le *Discours sur l'étude des Sciences physiques*, excellent ouvrage du même auteur ; pour le *Traité de mécanique*, un des meilleurs traités élémentaires qui ait jamais été publié, accompagné d'un très-grand nombre de figures ; et encore ces traductions, confiées à des hommes habiles dans chaque partie de la science, seront arrangées pour la France et complétées par les procédés et les découvertes de nos praticiens et de nos savans ; en sorte que les ouvrages anglais, d'ailleurs si parfaits, seront la base et le fond plutôt que la copie des traités que nous publierons. Nous pensons que, pour être vraiment utiles, les ouvrages de science doivent être ainsi traduits. Les autres parties de la collection se composeront de traités originaux écrits par des auteurs français. C'est ainsi que *la Musique mise à la portée de tout le monde*, par M. FÉTIS, 2ᵉ édition, augmentée de plus du double, fera partie de l'*Encyclopédie de Cabinet*, et sera publiée, malgré l'augmentation de matière, en un seul volume in-18, semblable au *Traité d'astronomie* d'HERSCHEL, et pour le même prix. On sait que la première édition de *la Musique* était en un volume in-8° de 7 fr. 50 cent.; la seconde devait former deux volumes in-8° de 15 fr. Nous donnerons très-lisiblement, et dans un format plus gracieux et plus commode que l'in-8°, la même matière en un seul volume in-18 pour 4 fr. 50 cent. Enfin, tous les volumes de notre collection seront cartonnés à l'anglaise pour 50 cent. de plus. Ce cartonnage élégant vaut la reliure, et dispense des frais considérables que celle-ci entraîne.

OUVRAGE PUBLIÉ.

TRAITÉ D'ASTRONOMIE,

Par sir John F.-W. HERSCHEL, membre de la Société royale de Londres, correspondant de l'Académie des Sciences de Paris, traduit de l'anglais et suivi d'une addition sur la distribution des orbites cométaires dans l'espace, par AUGUSTIN COURNOT, docteur ès-sciences, ancien élève de l'École normale, un vol. grand in-18 de 530 pages.

Prix : 4 fr. 50 cent.; cartonné, 5 fr. *Cabinet cyclopædia.*

POUR PARAITRE LE 1ᵉʳ JUILLET :

LA MUSIQUE

MISE A LA PORTÉE DE TOUT LE MONDE;

Par FÉTIS ; 2ᵉ édition, augmentée de plusieurs chapitres, d'une *Bibliographie* de la musique et d'un *Dictionnaire* de tous les termes de musique. Un vol. grand in-18, semblable au *Traité d'astronomie.*

Prix : 4 fr. 50 c.; cartonné, 5 fr. (*Original.*)

POUR PARAITRE LE 10 JUILLET :

DISCOURS

SUR L'ÉTUDE DES SCIENCES PHYSIQUES,

Par sir John F.-W. HERSCHEL, etc., traduit par B*****. Un volume grand in-18.

Prix : 4 fr.; cartonné 4 fr. 50 cent. (*Cabinet cyclopædia.*)

POUR PARAITRE LE 15 JUILLET :

ÉLÉMENS DE MÉCANIQUE,

Par le capitaine KATER et le docteur LARDNER, traduit par AUGUSTIN COURNOT, traducteur du *Traité d'astronomie* par HERSCHEL. 1 vol. grand in-18, avec 224 figures.

Prix : 4 fr. 50 cent.; cartonné, 5 fr. (*Cabinet cyclopædia.*)

N. B. Tous ces ouvrages et ceux que nous annoncerons bientôt se vendent séparément ; il n'est pas nécessaire de souscrire à la collection. Ils sont tirés à très-grand nombre, ce qui explique le bas prix de chaque volume.

PAULIN, ÉDITEUR, place de la Bourse, nº 51.

TABLEAU DES PRIX DE SOUSCRIPTION

A LA

MAISON RUSTIQUE

DU XIXE SIÈCLE.

COURS COMPLET ET MÉTHODIQUE D'ÉCONOMIE RURALE.

Démontrée par plus de 2,000 figures, imprimées dans le texte.

PUBLIÉ EN 130 LIVRAISONS.

Paraissant le lundi de chaque semaine.

Les prix et les remises sont INVARIABLEMENT fixés comme il suit, pour MM. les libraires, commissionnaires et dépositaires :

I. Chaque livraison prise aux bureaux à Paris................ 00—25
   D° envoyée par le poste ou remise à domicile... 00—30
II. 26 livraisons, ou 6 mois d'abonnement, payées d'avance et prises à Paris.. 6—50
   D° envoyées par la poste ou remises à domicile.. 7—75
III. 52 livraisons, ou un an d'abonnement, payées d'avance et prises à Paris.. 13—00
   D° envoyées par la poste ou remises à domicile.. 15—50
IV. Les 130 livraisons, formant l'ouvrage complet, payées d'avance, envoyées par la poste ou remises à domicile...... 32—50

AINSI LES SOUSCRIPTEURS A L'OUVRAGE COMPLET JOUIRONT DE LA REMISE DES FRAIS DE POSTE QUI SONT DE 6 FR. 50 CENT.

NOTA. On s'engage à fournir gratis *tout ce qui dépassera* les 130 livraisons.

REMISES.

V. Les remises se font sur un certain nombre de livraisons *prises à la fois*, ou sur un nombre d'abonnemens. ON DONNE 7 POUR 6 ET 12 POUR 10.
VI. Les libraires, commissionnaires, dépositaires et souscripteurs auront la faculté d'échanger toutes les livraisons contre d'autres, à leur choix ; de remplacer, aux prix ci-dessus indiqués, toutes les livraisons gâtées ou perdues.
VII. Tous les lundis, chaque livraison sera remise, par les soins de l'administration de la *Maison rustique*, chez les commissionnaires ou correspondans de Paris, pourvu que la souscription soit au moins de 12/10 abonnemens.
VIII. Toute autre condition de souscription ne sera reçue, à l'avenir, que comme un à-compte, et l'ouvrage ne sera servi que jusqu'à concurrence de la valeur adressée aux éditeurs.

On souscrit chez **PAULIN**, ÉDITEUR, place de la Bourse, n° 31;
et au BUREAU, rue du Jardinet, n° 8.

www.ingramcontent.com/pod-product-compliance
Lightning Source LLC
Chambersburg PA
CBHW060234230426
43664CB00011B/1645